读客®图书

司马懿吃三国

热闹的三国，为何最终属于沉默的司马懿？

4

隐忍二十年，司马懿野心毕露

长篇小说

李浩白 著

同心出版社

图书在版编目（CIP）数据

司马懿吃三国. 4 / 李浩白著.
-- 北京：同心出版社, 2012. 11
ISBN 978-7-5477-0632-9

Ⅰ. ①司… Ⅱ. ①李… Ⅲ. ①长篇小说－中国－当代
Ⅳ. ①I247.5

中国版本图书馆CIP数据核字（2012）第269390号

司马懿吃三国. 4

出版发行： 同心出版社
地　　址： 北京市东城区东单三条8-16号 东方广场东配楼四层
邮　　编： 100005
电　　话： 发行部：(010) 65255876
总编室：(010) 65252135-8043
网　　址： www.beijingtongxin.com
印　　刷： 北京正合鼎业印刷技术有限公司
经　　销： 各地新华书店
版　　次： 2013年1月第1版
2013年7月第3次印刷
开　　本： 680毫米×990毫米　1/16
印　　张： 24
字　　数： 348千字
定　　价： 32.00元

目录

第七章　蜀魏之争 /242

司马师答道：“父亲问的可是写给三叔的那封信吗？昨天下午师儿就派人送出去了！不过师儿有些不解，父亲大人为何要特别交代送信的信使不走秘密偏僻的小径，却非走引人注意的官道不可？那是很容易被蜀军发现和逮住的呀！”

司马懿哈哈一笑道：“为父就是要让他被蜀军发现和逮住的呀！师儿呀！你以为这封信真的是写给你三叔的吗！为父这封信其实是写给诸葛亮看的。”

第八章　帝室的沉浮 /284

“那么，依仲达之见，此事本该如何处置方才妥当？”

“依本帅之见，凡事皆有本末，而治事者重在执本而御末……而今公孙渊反状已萌，今若不诛，后必生变……不如趁其乍起夺位之际，境内人心不一，有党有仇、有恩有怨，朝廷先其不意而雷霆出击，发兵临之，开设赏募，斩枝断叶、孤弱其势，则可不劳师而定！”

第九章　吴蜀联盟 /320

司马懿一边从水壶里喝了口水漱着，一边转身过来笑着看向诸将：“怎么？你们的意思是看到本帅身居高位要职，就嚼不得草根吗……诸位将军，这没什么可羞的！《道德经》里讲，‘天下难事，必作于易；天下大事，必作于细。’这才是咱们治军齐民的要诀啊……”

第十章　司马氏权倾朝野 /345

司马懿脸上始终带着似有若无的隐隐笑意，摆了摆右手，道："郭牧君此言差矣……若无郭牧君你此番咄咄逼责，咱俩这一出双簧戏又岂能骗过军中上下？又岂能骗过诸葛亮的耳目？诸葛亮不是想处心积虑地逼本帅离开关中大营吗？好！本帅就离开一段时间，瞧一瞧他日后如何腾挪使诈！"

第一章
司马懿初掌兵权

渔翁之利

一幅荆州军事地形黄杨木浮雕制图在长乐殿的青玉案几上方方正正地摆放着，图上那层峦叠嶂的荆西夷陵一带被朱砂笔自左向右划了一条粗粗的红线！在青玉案几两侧观看着它的人都知道：这一条红线的寓意就是刘备在那里摆下的八百里蜀军连营。

“诸位爱卿，你们怎么看刘备老贼在这夷陵布下的八百里连营之阵？”曹丕用手指慢慢地揉按着自己的太阳穴，带着一脸的冥思苦想之色缓缓抬起头来，看向了坐在他对面长席上的太尉贾诩、镇西将军曹真、镇东将军曹休、镇南将军夏侯尚、尚书令陈群和尚书仆射司马懿，“江东孙权那边招架得过来吗？”

曹丕尽管在表面上摆出了一副“察纳雅言、从谏如流”的姿态，但熟悉他脾性的人都晓得：这个陛下口口声声说要“兼听则明”，而实际上最是喜欢倾听顺耳之言、中意之语的了。群僚若有一言而恰合他之心意，他必视为知己，褒扬有加；群僚若有一语而稍逆他之心意，他必心怀成见，嗔意难消。所以，在他面前，贾诩等人均不敢造次，都互相谦辞着，谁也不肯先行开口答话。

曹丕只得开始点名："曹休，你的意见呢？"

曹休暗暗揣摩着曹丕的心意，沉吟着开口了："陛下，依微臣之见，刘备摆下的这是'一字长蛇阵'，正与您当年随先皇亲征袁绍孽子袁谭时在南皮之役所见到的那一场战阵相似，依山傍林，恃险而列，易守难攻，可进可退——江东方面未必对付得了！"

曹丕在南皮之役时不过是位居偏裨而已，哪里还记得曹操到底是摆下了什么"一字长蛇阵"还是其他的什么阵法？但曹休既然这么暗暗吹捧他有"宿战经验"，这让他听起来心底还是很感舒服的。于是，他笑眯眯地微微颔首不已，又瞧向了曹真。曹真亦是颇为乖巧之辈，连忙应声而答："曹休将军说得对！微臣之意正与他相仿！"

曹丕目光一转，看向了夏侯尚。

夏侯尚却微微皱起了双眉："陛下，刘备列下的这'一字长蛇之阵'固然厉害，倘若江东方面从其首、腰、尾三处同时发兵狙击，只怕刘备亦是左支右绌、难以招架！"

陈群这时却开口辩道："夏侯将军所言不无道理。不过，据微臣得知：此番在夷陵与刘备老贼对峙者，乃江东韩当、周泰诸将也。他们均是中人之材，战术平平，纵是想到了自刘军连营首、腰、尾等处'三管齐下'的狙击之计，也未必能奈刘备他何？"

"但这依山傍林摆设'一字长蛇阵'的弊病也确实很明显啊：山野丛林之间，不同于南皮平阔之地，要想'首尾呼应''前后回环'，这是何等不易啊！"夏侯尚听了，不禁立即反唇相驳起来。

就在此刻，曹丕大袖一举止住了他，缓缓言道："数日前曹仁大将军从襄阳前线送来军情讯报，韩当、周泰等在夷陵与刘备老贼交战不利，已经连输了四五仗——陈令君所言是也，夏侯爱卿不得妄驳。"

夏侯尚见曹丕这般说来，只得悻悻然闭住了口。

"贾太尉，您是两朝重臣、智士之杰，却不知对刘备老贼与江东方面在这夷陵对峙之事有何高见？还请指教。"曹丕转过来脸来，朝向端坐于自己右手一侧的太尉贾诩，恭恭然而问。

贾诩轻轻抚着胸前花白的胡须，脸上浅浅地笑着，抬眼向司马懿那边一瞥，徐徐而言："陛下，老臣年衰神惫、体弱意荒，实是不堪受您垂询。不过，老臣倒是记得，司马仆射多年跟从先帝周旋疆场，颇晓兵机、嘉谋屡中，当年暗联孙权以制关羽的绝妙奇计便是他适时而发，终于大见成效。陛下何不向他询问？”

“唔……贾太尉这一番推贤让能、高风亮节之举，当真是，当真是难能可贵啊！”曹丕初听贾诩之言时，脸上不禁微微一滞，倏地便又反应过来，马上从眉眼间溢出浓浓的笑意来，将所有灿烂的表情都投向了坐在对面长席末尾的司马懿。

司马懿假意装出受宠若惊的模样，急忙双手一拱，谢过了贾诩的推举，然后转身迎视着曹丕那一脸的假笑，不疾不徐地开口奏道：“贾太尉如此谬赞微臣，微臣实在是汗颜之极。不过，对这刘备老贼在夷陵一带依山傍林摆下的八百里连营，微臣倒是确有另外一番看法。依微臣之愚见，此乃刘备老贼的‘示敌以弱、欲擒故纵’之计。他岂不知八百里连营、一字长蛇之阵的种种弊端也？恰恰相反，他正是以此破绽为香饵，故意置己于险地而诱敌来攻，然后伺隙而发、反手一击。江东孙权先前任用韩当、周泰等心浮好胜之徒以敌之，自然是连战连败，难以得手了……”

听到这里，夏侯尚与陈群不禁相顾而惊：这司马懿此言，既知夏侯尚所见之弊而更巧，又察陈群所言之情而更实，同时洞悉了他俩共见而不深的兵机之精微处，委实不同凡响——他俩急忙屏住呼吸继续认真听他讲了下去：“……倘若孙权觑破其中的玄机，及时选调持重老成之士而临之，则刘备危在不测矣……”

这句话一出，曹丕比夏侯尚、陈群显得更为震惊，睁大了双眼直盯着司马懿：“司马爱卿，今晨卯时朕刚刚收到曹仁大将军送来的八百里加急快骑讯报，还没来得及告诉诸位：孙权已于前日临阵换将，设坛亲拜陆逊为江东三军大都督，赶赴夷陵与刘备对敌……”

“哦？孙权已将陆逊换成了抗蜀主将？”司马懿听了，双眸亮光隐隐一闪，眨了眨眼帘，若有所思地讲道，“对于陆逊此人，微臣倒是略知一二。当年微臣辅佐先帝在许昌（曹魏开国后改“许县”为“许昌”）一带抵抗关羽北侵之际，微臣从江东方面报来的机密消息中得知，正是这个陆逊苦心施展的‘骄兵纵敌’之计麻痹了关羽，使得关羽妄自尊大，放松了对江东方面的警惕戒备，才让吕蒙后来‘白衣渡江、乘夜奇袭、偷取江陵’的诈谋一举功成！这陆逊深有韬略、诡计多端，刘备只怕前景有些不利……”

“司马仆射，休倒是听闻那个陆逊不过是孙权之兄孙策的上门女婿而已，完全是凭着裙带关系攀附而上的‘暴发户’之徒罢了！他哪有你说得那么厉害？恐怕江东军中韩当、周泰等孙氏宿将都未必信服于他……”曹休闻言，不禁在旁撇了撇嘴，嗤然而笑。

司马懿双目顿时寒光凛凛，深深盯向了他：“曹休将军，陆逊此人到底厉不厉害，日后我等自然会知道的。”

“那么，依司马爱卿之见，我大魏此刻又当如何因应此事？”曹丕脸上的神情恢复为了一片沉静，慢慢开口问道。

司马懿面色一正，肃然奏道：“陛下，当今之际，孙权既已将其得力干将陆逊和江东大部分精锐主力调往夷陵西抗刘备，则他的东翼一线必是大为空虚……微臣恳请陛下速速调遣一位方面大将担起东征之任，与驻守淮南的张辽、臧霸等将军自合肥城齐头并进，直捣江东腹地——如此‘天降神兵’，则孙权定然难撄其锋，必会举众而降！待得孙权一降，我军沿西而进、长驱直入，再与陆逊合兵一处，乘隙击破刘备老贼，则大魏‘一统六合’之伟业指日可成矣！”

“这个……张辽、臧霸等大军万一渡过长江，而孙权却仍拼死不降，届时又当如何？”曹丕面有疑容，蹙额而道。

“孙权若是拼死不降，我等自当戮力进取，夺下武昌！武昌一得，孙权纵是不降，所剩者也唯有束手待毙一途而已！倘若曹仁大将军再从襄阳南下横扫而来，连陆逊亦是自顾不暇……”

“可是，假如孙权逃到荆西之境，反而又与刘备老贼如同建安十三年赤壁之战那时一样联手对抗朕之王师呢？”

“这一点，确也不可不虑。不过，陛下，您此刻于东则据有武昌以扼之，于北则雄踞襄阳以压之，同时自东、北两路发兵袭之，孙权、刘备纵是有心联手，而大势所逼、实不能敌，他俩至多也只能窜回巫峡苟延残喘罢了……”

“这个……此事须得容朕下来后再细细思量一番。”曹丕默思半晌，最后仍是摇了摇头，“依朕之见，还是应当等到刘备老贼与陆逊小儿在夷陵一带斗得两败俱伤之后，我大魏王师再乘隙而出，方可坐收渔翁之利……”

司马懿一听，脸上表情不禁一僵：“陛下，古语有云，‘智者贵于乘时，时至而勿疑。’如今孙刘双方在夷陵相持不下，角斗正酣，恰是我大魏乘隙出击一举底定的天赐良机！倘若稍有迟疑，我大魏应之恐又不及矣！怎可守株待兔坐失良机？”他讲到这里，不禁触动了衷肠，恳切无比地奏道：“请恕微臣直言，当年先皇在世之时戮力征伐多年，也没有等到眼下这般良机——而陛下天降洪福、幸得此机，若是任其逝去，日后定然悔之不及！”

曹丕一言不答，只是满面铁青，用手掌紧紧地按着那幅黄杨木雕地图，低下了头粗粗地喘着大气。

一瞧他这副表情，司马懿便懂得他是要固执到底了——自己再谏下去，他说不定就要勃然发作了！他侧头瞟了一下贾诩，只见贾诩正深深苦笑着给自己递来了一个意味深长的眼色。他在心底暗暗长叹一声，只得俯首而答：“陛下圣明。微臣愚见，实是有劳圣虑了。”

曹丕听到他这“有劳圣虑”四个字，便知道他仍不死心，还在暗暗劝谏自己要慎重考虑他的建议。隔了半盏茶的工夫，曹丕慢慢稳定了情绪，干笑数声，借着其他事项把话题扯了开去。

半个时辰过后，御前朝议终于结束了。曹丕坐在御座龙床之上，目送着贾诩、曹真、曹休、夏侯尚、陈群等先后辞去，最后却看到司马懿仍是停坐在原席不动。

他微微皱了皱眉：“司马爱卿……朕已经说过了，朕会慎重考虑你的建议的……”

司马懿在席位上伏身下来，平静而道：“微臣恭请陛下恕罪——此刻微臣所要启奏的，并非征伐武备之事，而是经国文治之略。”

“哦？你且奏来听一听。”曹丕听他这么说，倒是有些好奇起来。

“微臣启奏陛下，自朝廷颁布实施‘九品中正举士之制’以来，尚书台屡奉恩诏征辟察举天下贤士，不料仍是应者寥寥——微臣很是揪心哪！如今大魏代汉而立，却还不免‘野有遗贤’之讥，实乃微臣等的失察失职之过啊！”

“哼！这些所谓的‘名士高人’恃才孤傲，自绝于朕——他们既不奉诏应征，就任由他们待在草野之间孤芳自赏一辈子吧！司马爱卿您何必还为他们操这份苦心？”

“陛下，天下名士高人滞留乡野不得其用，终是于国不利。陛下且当抑情顺理，虚怀折节，屈己从人，广开贤路才是！”

“可是……可是，朕贵为一国之君，总不成像当年一方诸侯西伯姬昌那样御驾亲出访贤渭滨吧？若是这样做了，我大魏皇家威仪何存？朕……朕也不好将他们都绑缚了来啊……罢了，罢了，随他们去吧！”

司马懿一听，心中暗想道：这曹丕终究还是顾念虚荣，贡高我慢，不肯屈驾折节访贤于野啊！不过，他事先早已料到了这一层，在暗暗嗟叹之余，便依着先前想好的思路继续奏道：“陛下若能屈驾折节求贤于野，本是最好。但眼下陛下忙于筹划南征，无法亲自出宫访贤，这一点朝野上下亦是十分理解。其实，天下贤士所以窥测庙堂者，只是‘听其诏，观其行’一途而已。汉高祖初定关中，便与朝野父老‘约法三章’，便以易简之道而获士庶之心。陛下欲得天下贤士之心，就当效仿汉高祖之所为也！”

“朕究竟须当如何效仿汉高祖以易简之道而获天下贤士之心？司马爱卿但讲无妨！”

“这个……请陛下先恕微臣肆言之过。以微臣冒昧之见：这些名士高人在草野之间与朝廷离心离德、徘徊观望，多半是出于对当年先皇诛杀孔融一事心有余悸。而今陛下顺天应人开基建业，须当汲取前车之鉴，切实力行崇文尊儒，廓清王道之举措，方能纳尽天下贤士之心！”

“唔……那么，如何才是崇文尊儒，廓清王道之举措？你且详细奏来。”

“启奏陛下，依微臣之见，崇文尊儒，廓清王道之举有三：一是修缮孔庙以正其位，二是荣显孔氏以彰其宠，三是选贤取士以儒为本！”

曹丕微微点头，道：“司马爱卿所言甚是。那就有劳你下去后拟写一道诏书文稿来，朕要用玺发布天下。”

司马懿面容一敛，缓缓从袍袖中取出一封帛书呈递上来，郑重说道："这是微臣事先与王司空、陈令君共同构思拟写的一道诏书文稿，恭请陛下审阅。"

曹丕似是吃了一惊，目光熠熠地看向了司马懿，脸上流露出复杂之极的表情来。他欲言又止，沉吟片刻，俯下头去翻开那帛书细细观阅起来，只见上面写道：

昔日仲尼资大圣之才、怀帝王之器，当衰周之末，无受命之运，在鲁、卫之朝，教化乎洙泗之上，凄凄焉、遑遑焉，欲屈己以存道，贬身以救世。于时五公终莫能用之，乃退考五代之礼、修素王之事，因鲁史而制《春秋》，就太师而正《雅颂》，俾千载之后，莫不宗其文以述作，仰其圣以成谋。咨！可谓命世之大贤，亿载之师表者也！今遭天下大乱，百祀堕坏，旧居之庙毁而不修、褒成之后绝而莫继，阙里不闻讲颂之声，四时不睹蒸尝之位，斯岂所谓崇礼报功、盛德百世必祀者哉？其以议郎孔羡为宗圣侯，邑百户，奉孔子祀。并令鲁郡修起旧庙，置百户吏卒以守卫之；又于其外广建室舍以居四方前来求学之士。

读罢之后，曹丕连连嗟叹，再无二话，随手提起朱笔就在帛书文稿右上角重重地批了一个"可"字。

搁下朱笔之后，曹丕又蓦地抬起头来，再一次直视着司马懿，嘴角咧开一片深深的笑意："司马爱卿！似你这忠勤敏达、深沉笃实之才，当朝无人能及啊！这大魏内外的军政万机、四方庶务几乎都被你替朕打理得粗细无遗、本末无失，朕差不多就只该待在皇宫里垂拱无为、逍遥度日、坐享太平了……"

在柔和而明亮的宝树形铜枝宫灯的灯光照耀下，曹丕转动着手中所握的那只孙权进贡来的"虎皮纹金螺杯"，静静地欣赏着：这只杯盏其实就是一个天然形成的碗口般大的纯金色海螺，形状宛若一只虎头；杯身上下缠绕着一绺绺五彩斑斓的花纹，仿佛编织成了一张鲜活亮丽的虎皮，煞是好看。

他一边入神地欣赏着，一边喃喃地说着："听说这只'虎皮纹金螺杯'是产自交州[1]之南的天涯海角，每到夜深人静之时，它里面还会发出阵阵悠扬动听的涛鸣之声……华司徒，朕这三十余年来，只在中原地带辗转纵横，却从来未曾到过苍天之涯、瀚海之角呢……朕真希望有朝一日可以渡过长江御驾南巡，像秦始皇一样直驱海滨射鲨猎鲸以显王者之威啊！"

坐在曹丕对面那张锦垫坐枰上的华歆欠了欠身，款款答道："以陛下的神武圣明，御驾南巡直驱海滨，射鲨猎鲸以彰天威，有何难哉？必是指日可待！老臣若能有幸陪侍大驾同行，实乃三生造化、感激不尽！"

听着华歆的逢迎之词，曹丕瘦削的脸颊上露出了一丝满意的笑容。这个华歆，在庙堂之上装得威仪凛然不可侵犯，但在私底下却最是善于迎合"圣意"了。想当年，先帝曹操多次以自居"周文王"而暗示群僚，表明自己去世之后须当以"文"为谥号。是啊，"文"这个谥号的含义是多么完美啊——"经纬天地、慈惠爱民"！朕自己也很喜欢啊！朕是要把它留给自己来加谥的！当朕向陈群、司马懿、贾诩、钟繇他们刚一透露此意，他们个个都含含糊糊、吞吞吐吐的。只有这华歆，最能领会朕的心意，立刻搁着那张老脸不要，当场跳出来奏道：先皇战功赫然，应该冠之以"武"的谥号，因为"武"有"克定祸乱、威强敌服"之含义，这不正与先皇戎马一生、神威远播相符吗？于是，在他的倡议下，先皇终于被立谥为"武皇帝"。从那时起，朕就知道这个华歆是最能与自己心意相通的亲信重臣了！不像那个司马懿，隐隐然以帝王之师自居，总是一副"绵里藏针"的态度，指导着朕做这做那，让朕在他面前始终像一个门生弟子一般有些直不起腰来！可是，司马懿为人处世又太圆融练达了，自己不止一次想要抓他的把柄来立一立威，却又总是逮不着机会！唉……朕手下的大臣们如果个个都像华歆这么低眉顺眼老于世故的，就太好了……罢了！罢了！去想这些烦心事儿干什么呀？曹丕

[1] 交州：古地名，包括今天越南北、中部和中国广东、广西的一部分。

晃了晃脑袋，随口吟出一首自己作的诗来排解心中的隐隐郁闷：

乘辇夜行游，逍遥步西园。双渠相灌溉，嘉木绕通川。卑枝拂羽盖，修条摩苍天。惊风扶轮毂，飞鸟翔我前。丹霞夹明月，华星出云间。上天垂光彩，五色一何鲜。寿命非松乔，谁能得神仙？遨游快心意，保己终百年。

华歆一边静静地听着曹丕在对面的御座龙床上轻声吟诵着这首《游芙蓉池诗》，一边用手掌在膝盖上慢慢地击打着节拍。

“保己终百年……保己终百年……”曹丕喃喃地反复吟诵着那首诗的末尾一句，目光幽幽地看向了华歆，“华司徒……您虽已年近七旬，却是体气康健，朕好生羡慕啊！唉，朕若有一天能够享得华司徒这般的高龄，可谓是天赐洪福了！”

“啊呀！陛下正值春秋鼎盛、大有可为之际，为何口出如此不祥之言？”华歆一听，慌得乱了手脚，急忙伏席失色而道，“老臣恳请您收回此言！”

“华司徒不必这般急为掩讳……朕自己的体质到底如何，朕自己心里最清楚……”曹丕沉沉地叹了口气，放下那只“虎皮纹金螺杯”，又把目光遥遥地投向了南方的天际，“所以，朕是夜以继日、殚精竭虑，想在有生之年扫平吴蜀，不留后患给子孙啊！”

华歆泪流满襟，伏在坐枰之上，只是叩首无语。

“言归正题吧，朕今夜召请华司徒前来密议，是为了此番南征吴蜀二寇一事……”曹丕敛起了忧郁之色，极为肃重地缓声而道，“华司徒您看过中书省抄录给您的帛书邸报了？五日之前，夷陵那边传来消息，陆逊小儿乘刘备老贼不备，于蜀军八百里连营‘首、腰、尾’三处‘三管而下’，放火齐攻，竟然烧得刘备一败涂地，仓皇逃往巫峡而去……此刻，正是朕调遣奇兵‘坐收渔翁之利’的最佳时机……”他一边这么说着，一边却在心底暗暗想道：那个司马懿果然极有先见之明——刘备在夷陵与陆逊相持数月，终于士气懈怠、破绽横生，被陆逊伺隙施以火攻之计而一击即溃！他的预言又一次准确无比地灵验了！

“朕将在最快的时间里，御驾亲往宛城坐镇指挥……只是目前征南大将军一职尚未确定人选，朕召请华司徒您深夜前来，便是共商此事……”

“这个……举荐军中将领人选，乃是太尉所掌之职事，老臣焉敢妄议？”

曹丕眸中精光一亮，炯炯然盯向他来：“华司徒，贾太尉联合了钟大夫、王司空等爱卿一齐将共同认定的那位征南大将军人选之姓名奏报上来了——他们联名举荐的是尚书仆射司马懿……”

“司马懿？”华歆闻言，惊得浑身乍然剧震，连自己的双袖都瑟瑟然抖了起来，“贾太尉他们举荐的居然是他？陛下……请恕老臣拂颜直言——司马懿此人重用不得！当年先帝临终之际可是为他专门留有遗诏叮嘱备至的……”

曹丕缓缓闭上了双眼，脸庞的肌肉禁不住微微抽搐起来。

“老臣现在就将那道遗诏里的话复述给陛下听——‘司马懿鹰视狼顾，居心叵测，才大难驭，不可付以兵权，久后必为国家大患。’陛下！司马懿如今已得相权，倘若他再获兵权，岂非如虎添翼？”

曹丕的心情蓦地变得有些莫名地烦躁起来：“这些话，朕都很明白。但是，朕若不将兵权交付于他，却又要交付给谁？华司徒，您说——这满朝上下，还有谁人接得下这南征兵权为朕建功拓业？”

华歆微微垂敛了眼帘，在心底暗暗寻思起来：俗谚有云，“打虎须靠亲兄弟。”先前的任城王、武威将军曹彰本是万夫莫当的一代枭将，若由他来接手此番南征大任，必会建功拓业！可惜，他在去年三月份来洛阳参加朝贡盛典之际，已经不明不白地暴毙于驿馆了。而文武兼备的东阿王曹植又因当年的立嗣之争一向被陛下视为最大的仇敌，更是绝对不会被陛下纳入征南大将军人选视野之中的……他冥思苦想之下，只得开口奏道：“这个……依老臣之见，朝中曹真、夏侯尚、曹休等将军都是陛下龙潜东宫时的亲密旧交，而且他们又是大魏皇室之旁系宗亲，在交情和名分上应该都不会给陛下您构成威胁的。您尽可以放心大胆地起用他们……”

“唔……对曹真、夏侯尚、曹休他们的耿耿精忠，朕倒是放心得下。朕也知道应该起用他们……”曹丕的眉头紧紧锁了起来，“只是他们的韬略之才，恐怕不足以在此番南征之役中为朕建功拓业啊！”

“这……孟子曾言‘鱼，我所欲也；熊掌，亦我所欲也。二者不可得兼’，陛下心中此惑，老臣亦是无力为您排解了……不过，依老臣愚昧之见，以曹真、夏侯尚、曹休等三位将军的联手合力之长，难道也不能在南征之役中稍建寸功乎？”

曹丕听了这话，面色终于微微有些松和了：“唔……唉，朕此番南征，就带上这三位将军一同上阵而去……朕便依华司徒您之所言，让他们各显神通，勉力试上一试吧！”

锦囊妙计

曹魏黄初三年六月十六日，在刘备于夷陵惨败的十五日后，曹丕在洛阳南郊设坛封拜曹真为征南将军、夏侯尚为镇南将军、曹休为平南将军，以尚书令陈群为军师，亲率三十万大军，御驾移往宛城，欲趁陆逊追袭刘备而深入巫峡之际狙击江东孙氏诸军。

在临行之前，他颁下了两道诏书，其中一道是特意写给留守在洛阳的司马懿的：“朕今当南征，深以后事为念，故而一委于卿。曹参虽有战功，而萧何为重。使朕无后顾之忧者，尽在卿矣！”他这道诏书写得情理交融、匠心独运，司马懿纵是怀有再大的不满，自然也是只得恭然受之。

另一道诏书却是颁给后宫的：“皇后甄氏，言行乖戾，屡触礼法，不堪母仪天下，掌领六院，特此废位赐死。”当时，御史大夫钟繇、司空王朗、侍中辛毗、议郎桓范，以及中书省、尚书台等官员纷纷上表劝谏，亦是无济于事。随着皇后甄宓的被赐自尽，郭贵嫔在后宫中的地位从此异峰突起，愈加凸显。而且，她最后还俨然以三宫六院未来之主的身份大摇大摆地陪着曹丕出宫南征同行而去。

这日傍晚，余晖如金，洛阳城郊的老君庙院坝里荒草萋萋，在晚风中瑟瑟而抖。

司马懿让手下的死士们守住了庙中四角，独自一人迈步登上了老君庙后院“三清阁”的第六层阁楼。远远望见一个风姿绰约的美妇背对着他，正自倚窗远眺。她的长发没有如同往常一样盘在头上结成灵芝髻，而是仅用素带一挽，瀑布般披肩而下。身着白裙，无一装饰，腰间素锦轻束，流淌着碎碎的细弱光泽，盈盈然不堪一握。腰侧洁白的绸带在略带凉气的风中轻轻飘舞，更显得体态轻盈之极，仿佛便要乘风飞去。抚在窗栏上的素手明净如玉，晶莹剔透。

用着眼角的余光，她分明看到：司马懿远远地在楼梯阁门处站定，目光有些痴痴地凝视了自己片刻，唇角蓦然抽动了几下，终于还是微微地俯下身去，嗫嗫地轻呼道：“贵嫔娘娘，司马懿这……这厢有礼了……”

听着这熟悉而又有些陌生的声音，方莹的心口宛若被剜了一下似的剧痛了一阵儿：这个司马懿，终身都忘不了礼法的拘束，终究是不敢迈出那艰难的一步来！

她苦苦一笑，缓缓仰起头来，望向沉入灿烂金海般的晚霞丛中的那一轮圆日，长长地叹出一口气来，慢慢吟道：

蒲生我池中，其叶何离离。傍能行仁义，莫若妾自知。
众口铄黄金，使君生别离。念君去我时，独愁常苦悲。
想见君颜色，感结伤心脾。念君常苦悲，夜夜不能寐。
莫以豪贤故，弃捐素所爱。莫以鱼肉贱，弃捐葱与薤。
莫以麻枲贱，弃捐菅与蒯。出亦复苦愁，入亦复苦愁。
边地多悲风，树木何修修。从君独致乐，延年寿千秋。

司马懿静静地听着。他已经知道这首《塘上行》之诗乃是甄皇后在生前遭到曹丕疏远之时所作，其中的哀婉凄切之情曾经令他听了潸然泪下，感慨不已！

这时，方莹已然吟罢，脸颊两边的清泪犹如断线珍珠一般滚滚滴落下来。司马懿看在眼里，心头更是隐隐刺痛，却听她怆然而道：“说什么‘但使情似金钿坚，天上人间永不弃’……想当年陛下于邺城初见甄姐之时，爱慕之情何等之浓；而如今陛下手诏赐死甄姐之际，刻薄之意又何等之深！莹见了，亦是心寒如冰凛然自危啊！”

他听了这话，眸中泪光顿时隐隐闪烁，却是低头暗暗沉吟不已，几乎将双唇都咬得滴出血来。

“师兄，您要切加小心啊！陛下对待夫妻结发之情尚且如此凉薄，于君臣之交、骨肉之义更是全无章法不足为恃……当年他在寻求师兄您帮他登上嗣位的艰危关头，装得比周文王还要礼贤下士！没想到他一旦登基掌权之后，就换了另外一副面孔！不过，现在细细想来也没什么奇怪的，他本就是为贪权夺利而生，自然也就习惯了为保权护位而不择手段、机关算尽……曹彰将军其实早就遵从先皇之命归顺于他了，他还是不放心，直到将他这个耿直豪爽的二弟亲手毒死才罢手；三公子曹植若不是有卞太后为他苦苦求情，只怕也难逃陛下的毒手！师兄，您与他相处，须要多加小心啊！”

待得方莹的话讲完之后，司马懿才慢慢开口了，他的声音在晚风中显得十分坚硬：“师妹不必过虑——懿自有方法让曹丕退避三舍，不敢加害的！哼！想当年曹操对懿是何等的忌惮？！他尚且奈何不得懿，又何况区区一个曹丕乎？”

方莹听了他这番自信满满的话，方才渐渐平静下来。她倚着窗栏静立了片刻，款款言道：“司马师兄……莹今日秘密约会于您，是有要事相商。莹亲受甄姐临终嘱托，要求莹代她照护她的儿子平原王曹叡、女儿东乡公主曹妍……如今郭贵嫔那贱人在宫中极力挑唆陛下废长立幼，企图令平原王不得入继大统，另立徐贵人所生的六岁幼子元城王曹礼为储君，为她日后‘垂帘摄政’作好铺垫……”

“这是她痴心妄想！”司马懿冷冷而笑，“平原王曹叡如今年近弱冠，正可担负社稷重器，岂是区区一个郭氏便可阻挠他入继大统的？眼下正是兵戈交争之乱世，朝野上下俱知宜立长嗣以镇四海，此乃人心所向、大势所趋——便是陛下自己亦难违逆！陛下若立幼子曹礼为嗣，岂不是甘愿将万里江山拱手让给刘备、孙权乎？此等至愚至拙之事，陛下决不会贸然为之！师妹尽可恬然高枕无忧，平原王必无易储之患！”

“虽说人心大势的趋向对叡儿他确实有利，但莹还是忍不住很为他担心哪！师兄，您有什么立竿见影，绵密细致的锦囊妙计授予平原王吗？”

司马懿沉思了一会儿，肃然正视着方莹，徐徐而道：“微臣唯有短短数语请师妹务必转告平原王——‘莫交外臣、莫议时事、潜结内党、恭行子道’。切记！切记！”

方莹听罢，在心底细细思忖起来：“莫交外臣、莫议时事、恭行子道”这三句话都好理解——曹丕当年自己就是依靠私交外臣、广树朋党、蓄养羽翼、伪装孝顺而夺嗣成功的。那么，反过来，曹丕必定会对平原王曹叡背着他暗植外廷羽翼的举动格外敏感多疑——万一曹叡日后因担忧易储之患而“病急乱投医”，周章失措之际去乱交外臣以自保，则必会适得其反，弊莫大焉！只不过，司马懿所教的这“潜结内党”又究竟是何含义呢？于是，她开口问道：“司马师兄，您这‘潜结内党’指的是……”

司马懿双目微微垂帘，精芒内敛，语气淡淡地说道：“本座建议平原王‘莫交外臣、莫议时事’，其背后的蕴意是指本座与钟大夫、王司空、陈令君等台阁外臣自会为平原王的储位稳定而奔走效劳，不需平原王前来联络。这是我等身为社稷之臣的职责所在，只要平原王心里有数就行了。

“至于‘潜结内党’之策嘛，依本座之见，平原王可不交外臣，但却不能不在内廷中暗纳内援！曹真、夏侯尚、曹休等如今都是陛下跟前的宗室宠臣，在陛下那里也很能说进话去……平原王便可以求觅侍读之友为名，与曹真的儿子曹爽、夏侯尚的儿子夏侯玄、曹休的儿子曹肇等结为骨肉之交，在东宫中以亲室助力对抗郭氏外戚！毕竟郭氏意欲在后宫当中‘一手遮天’，也会大大损及曹家宗室的利益，他们自然是不会坐视不理的！师妹，你觉得呢？”

“嗯！师兄，您这条计策实在是精妙！”方莹听罢，双眉一舒，展颜而笑，“师妹一定会牢牢记住，并一字不差地转告平原王。同时，师妹在这里也代表平原王多谢师兄您的出谋暗助之功了！”

司马懿摆了摆手，深深一叹：“师妹，这是哪里的话？当年甄皇后与师妹在陛下龙潜东宫之时对微臣的多方栽培扶持之恩，微臣点点滴滴俱是牢记于心……如今微臣于平原王保嗣之际终有区区一报，已是深感万幸，又岂堪受你们的谢意呢？”

方莹粲然一笑，忽又蛾眉一蹙，遥遥望向天际那一抹金边似的晚霞，幽幽而道：“师兄，您不知道，自甄姐去世之后，师妹在这森森宫苑之中再无留恋之人，再无系心之事……待师妹将您的‘锦囊妙计’转告给叡儿之后，师妹便要振翮高飞而去了。唉，您不知道，师妹真的是太累太累了……先前呢，师妹还有甄姐在宫中左右照应，大家还可以聚在一起说说话，解解闷。现在，师妹待在后宫那里，就像待在一个大坟墓里，几乎要成一个‘活死人’了……”

司马懿腮边泪流如珠，一时哽咽着说不上话来。过了许久许久，他才颤声道：“师妹，这么多年来你为懿在后宫中实在是吃尽了太多太多的苦楚……师兄我没有什么可以回报你的，但为了让你实现‘振翮高飞而去’的心愿，师兄却立誓要竭尽全力为你搏上一搏……”

……

一个月后的一个深夜，方莹在皇宫内院所居的寝阁猝然失火，烧了整整两个时辰。宫中的侍卫武士们扑打了几乎一宿的工夫，才在拂晓之际扑灭了大火。他们后来在寝阁的废墟中搜寻到了一具被烧得面目全非的华服女尸。那女尸身材的高矮肥瘦都与方贵嫔别无二致，而且她的手腕上还戴着当年陛下钦赐给方贵嫔的七宝灵珠钏——这一切都证明方贵嫔已香消玉殒于这熊熊烈焰之中了……

智斗郭氏

曹魏黄初四年三月，曹丕沿着宛城、许昌、沛郡、广陵一线来往奔走指挥作战了八九个月后，终于御驾返回了洛阳。他这一场旷日持久的南征之役就这么虎头蛇尾地结束了：曹真、曹休、夏侯尚拼尽了全力，也仅仅从江东方面手中夺得了一座江陵城；而且，江东主将陆逊在率领大军渡江撤退之前，早已将江陵城烧成了一座空城！这就等于说，曹丕举三十万雄师之力投入此番大战下来，最终连一丝一毫的实质性胜利也没捞到！更具有嘲讽意味的是，就在他返驾回京的第二天，孙权以非常露骨的示威姿态在武昌城拜天登基，自立为王，宣其国号为“吴”！

然而，曹丕虽然对外征伐寸功未立，却在对内收揽兵权之上连连“丰收”：先帝时期的头号虎将张辽在与陆逊的较量过程之中，被拖得心力交瘁，溘然而逝；镇东将军兼徐州刺史臧霸则因遭到曹休的竭力排挤，而被气得啮指呕血，辞位归京，当了一个“执金吾”的高级闲职后便闭门养病了；右将军徐晃则非常识趣地向朝廷主动交回了兵权，将所有的符节、印绶呈还给了曹丕，然后奉表致仕，携着一家老小返回自己的故乡——河东郡去安享天年了。

曹丕当然还是假惺惺地对他们这些老将进行了一番慰留。在做足了表面功夫之后，曹丕也就当仁不让地抓回了所有兵权，全部分配给了他的那三个宗室心腹——封拜曹真为镇西大将军，统辖雍、凉二州之兵马；封拜夏侯尚为镇南大将军，统辖荆、豫二州之兵马；封拜曹休为镇东大将军，统辖徐、扬二州之兵马。至此，曹丕完全排除了异姓大臣执掌兵权的现象，也完全推翻了曹操生前“任人唯贤”的用人方略，而完全改换成了他自己“任人唯亲”的用人之道。从这一刻起，魏室曹氏一族“吞吐宇宙、挥洒风云”的泱泱气象开始土崩瓦解。原本一直向外勇于扩张、咄咄逼人的曹魏帝国，而今就像缩头乌龟一样变得内敛自保，锐气渐消！

“老爷，有些事儿得向您禀报一下。”张春华掀开门帘进了密室，向正伏案观览着四方送来的情报文牍的司马懿禀道，“昨儿妾身和寅管家商量着把张乐、余普等几个仆人‘办了’……”

司马懿当然懂得这“办了”一词背后的复杂含义，头也没抬，继续看着那些情报文牍，沉声而道：“该办就得办好，不要留什么破绽。只是你盘问清楚了吗，他们是从哪条线里‘钻’进来的？”

“余普是招了，他说自己是被内廷校事府里收买来的，是陛下安插进来的眼线。不过，那个张乐却死活没肯招供。”

“唔……陛下派人到我司马府中‘掺沙子’也不是一次两次了。

别看他现在明面上正宠信着曹真、曹休、夏侯尚他们，据为夫得到的情报，他在他们府中也都派了内线……”司马懿这时才抬起了头，沉吟着看向张春华，“那个张乐怎么就不肯招供呢？他究竟是哪里派来的内奸？”

“老爷，对这个人的来历，您只怕是万万想不到的。虽然他死撑着被打断了两腿也不说，但妾身和寅管家最终还是摸清了他的身份——他居然是郭贵嫔绕了不知多少道弯儿安插进来的人！而且，瞧他这一副拼死硬扛的样儿，他的姓名说不定也全然是假的，很有可能姓‘郭’……”

“郭贵嫔？郭贵嫔怎么会盯我司马家的？”司马懿闻言，双眉倏地一跳，脸上现出几分莫名的诧异来。

“这个并不难猜啊！”张春华有些意味复杂地瞅了司马懿一眼，“一定是郭贵嫔这个妖妇从我司马家与甄皇后、方贵嫔先前的一些亲密交往中嗅出了什么味儿！毕竟，这世界上没有什么不透风的墙。如今甄皇后、方贵嫔都已经身殁了，难保她俩先前手下没有一两个见利忘义的奴婢跑去向郭贵嫔那里卖主领赏……”

“唔……春华你说得是。郭贵嫔这个人和曹丕都是一路货色，都是贪心太重、刻薄阴深，我司马家亦不能不严加提防。”司马懿微微皱起了眉尖，沉沉地说道，“当然，凭她那点儿伎俩，也未必抓得到我司马家的什么漏洞。但是俗话里讲‘不怕贼来偷，就怕贼惦记’，为夫须得找个机会好好教训她一下，让她‘烫了手才晓得真是疼’。”

张春华却是柳眉一扬，建议道：“夫君您那边且先想着法子狠狠教训她，妾身这边还是照样备着厚礼珍品，鞠躬作揖地去‘麻痹’她……”

司马懿听了，只是垂下头去继续阅起了情报文牍，没有回答。但熟知他脾性的张春华却清楚，司马懿这时闭口不答，而实际上就是无声地默认了她的做法。

正在这时，司马寅在密室门外轻声禀道：“启禀老爷，中书令孙资大人前来谒见。”

张春华有些愕然地抬眼看了一下司马懿。司马懿略一思忖，向司马寅吩咐道："请孙资大人且到后院书房稍候，本座即刻便去。"

待得司马寅应声而去之后，张春华忍不住开口问道："真是奇了怪了，孙大人在这不早不晚的酉末之时到府上来谒见您做什么……"

司马懿从榻席上站起身来，整了整衣冠，道："大概他是带了陛下的什么诏书过来了吧。"他刚向前走了几步，忽又想起了什么，回过头来对张春华吩咐道："待会儿你出去备下一箱金饼，让司马寅送到孙资来时乘坐的那辆马车里……唉！说起来孙资还当着中书令这内廷要职，官秩也不过才正四品，俸米就那么两三千石，实在是有些寒酸！为夫平日里也很是瞧不过去……"

孙资在司马府后院的书房里静静地等候着。在满朝大臣中，他和司马懿之间的关系算是相当熟稔了：他先前曾是司马懿大哥司马朗担任曹操主簿时的佐吏，从那时起就与司马懿颇有交往；再加上后来又和司马懿一道拜投在大汉敬侯、尚书令荀彧的门下为同窗学友，那自然是情好日甚了。所以，在司马府中，他也并不感到十分拘谨。等了片刻之后，他干脆起身在书房里背着双手踱起步来。

忽一瞥眼间，他看到房中那张案几上堆放着一摞厚厚的书牒，便上前拈起其中一份翻阅了起来：里边的内容竟然都是兵曹署关于蜀汉方面的军政情报，而且每一页的眉角和边栏上都写着司马懿密密麻麻的小字批注。孙资慢慢地读着那些批注，只觉司马懿见解之深刻足可洞穿七札，不禁暗暗叹服。

"哎呀！有劳孙君在书房里久候了……本座失礼了，失礼了。"正当他读得津津有味之际，司马懿已是徐步走进屋来，向他笑着招呼道。

孙资急忙放下那份书牒，回身作揖一礼："司马大人，孙某这厢见礼了。"

司马懿还了一礼，请他在房中客席坐枰上落了座，自己再退回主席坐下，微微笑问："孙君此番光临，有何贵干？"

孙资从袍袖中取出一叠奏章来，捧在手上，谦恭之极地答道："司马大人，孙某今天是专程送陛下批了红、用了玺的奏疏和诏令过来的……"

“哎呀！这些文书怎能叨扰孙大人您亲自送交过来呢？本座真是于心不安哪！明日本座要到尚书台里训责一下那些不懂礼数的郎吏们，这些东西该他们进宫到中书省您那里去取啊！他们岂可如此玩忽职守？”

“司马大人不必去训责他们了。他们今日中午到中书省里来取过这些文书的。是孙某回绝了他们，自己甘愿上门送将过来的。”

司马懿一听，便立刻猜出这孙资必是“无事不登三宝殿”，只是他有些忸怩不肯马上和盘托出罢了！他就淡淡一笑，道：“哦……其实孙君本不必这么客气的。孙君此番前来鄙府，可有什么军国大略与本座相商吗？”

孙资也不好一上来就那么“单刀直入”地展开实质性交谈，便先借了一个话头说道：“司马大人，您且先恕孙某无礼——刚才孙某一时好奇，翻看了一下您书案上放着的那些文牍，发现它们几乎都是关于伪蜀的军政情报……司马大人您好像对伪蜀的军政动态特别关注呢！孙某真是有些纳闷了：如今大魏上下，差不多都认为伪蜀经过夷陵惨败、刘备暴毙之后，已是元气大伤，不足为虑。而孙权割据江东、自立称王、耀武扬威，方才堪称我大魏之首要劲敌——他们伪吴才应该是最值得司马大人您时刻关注的呀！”

“唔……孙君所言亦不无道理。不过，依本座看来，伪吴目前在明面上虽然确是地广势众，且又据有长江天险，其富强远胜伪蜀。但吴、蜀二贼之间，论锋芒之利、后劲之强，伪蜀必在伪吴之上！您可能不清楚，当今伪蜀丞相诸葛亮精于治国、长于韬略，而且素怀鲸吞四海之野心，万万不可轻觑啊！倘若他生聚休养、蓄足兵力之后，就一定会乘隙而出，举全蜀之势向我大魏发难啊！”

“哦？司马大人，您这些话不是在危言耸听吧？据孙某所知：伪蜀国中近来爆发了南蛮孟获之内乱，诸葛亮此刻怕是早已手忙脚乱、自救不暇，又焉能与我大魏为难？”

“呵呵呵……兵诀有云，‘欲拓外者，必先实其内也；欲克敌者，必先固其本也；欲远谋者，必先定其近也。’南蛮孟获之乱，说不定正给诸葛亮提供了一个训兵练战、整合国威的契机！他们纵然悍勇善战，又岂是足智多谋、机变无穷的诸葛亮之敌手？日后必被诸葛亮制服于股掌之中！到了那时，大魏真正的麻烦才是兜头而来了……”

孙资也是通晓兵机之士，听得司马懿此言，亦不禁暗暗颔首，忽地心念一动，又道：“依司马大人所言，那伪吴孙权据地数千里、拥兵三十万，就真的不如仅恃一州之势的伪蜀诸葛亮厉害？”

“天下强弱之分，在于其理，而不在其势。孙权为人圆滑多变，念念唯以划江而治、割据吴越为本，而且自知以区区寒门孙氏之德望不足以在中原地域一呼百应地蛊惑人心，动摇不了大魏的根基，所以‘守则尽全力、攻则劲不足’，难以成为我大魏之深忧！

“倒是这伪蜀诸葛亮，时时处处祭出匡复汉室、一统六合之旗号，志不在小、意不在虚，竭力鼓动蜀境之民舍生忘死、秣马厉兵，一心一意要以灭我大魏、重振炎汉为己任，这才是我大魏社稷的心腹之患啊！所以，防蜀重于防吴、攻蜀重于攻吴，算是本座的一贯认识。孙君，你现在可明白了？”

孙资一听，不由得击掌而叹：“孙某记得当年敬侯荀令君老师曾经讲过，‘于萌芽未动、形兆未见之际，昭然独见存亡之机、得失之要，预禁乎未然之前，使主君超然立乎显荣之处而天下归美者，乃圣臣也。’司马大人既有这等远见卓识、奇谋大略，真可谓我大魏‘一代圣臣’也！孙某若能时时留在您身边聆听教诲，实在是荣幸之至！”

“时时留在本座身边聆听教诲？这如何使得？”司马懿一下就听出了孙资话中有话，呵呵一笑，“孙君啊！如今你伴在陛下身侧，位处中书省权要之职，无时无处不是耳闻经国之妙论、目睹治世之华章，岂不远胜在我这尚书台里埋首琐务、溺于冗杂？你可真是取笑本座了……”

“孙某怎敢以言语嬉戏取笑于司马大人之前乎？”孙资的脸色肃然一正，拱手而道，“今日孙某特来谒叩司马大人，实不相瞒，就是深深希望司马大人念在与孙某当年的荀门同窗之谊的份儿上，施以援手出面协调，将孙某从中书令之位上移调出来！”

“哦？此话怎讲？”司马懿虽已隐隐猜到了他的这一层来意，但此刻听到他亲口道来，却仍是不免吃了一惊，“中书省之职事何等机要，孙君你却为何意欲调离开去？”

“唉！司马大人您有所不知啊，当今大魏官场流传着这样一段谚语，‘三公爵位，显而不要；尚书台座，显而且要；中书省阁，要而不显。’咱们中书省哪里比得你们的尚书台？说穿了，咱们就是一班帮陛下收发文牍，抄抄写写的小小佐吏罢了，没什么前程的！而且，陛下自恃文才过人，他的批红、拟稿，也很少吩咐咱们帮他起草……有那么一两次，孙某有幸帮他草拟了两三份诏稿，却被他拿笔修改得面目全非——唉！那一份郁闷劲儿，甭提孙某心底多难受了……”

司马懿慢慢端起茶杯来，深深呷了一口，然后正视着他，饱含真情地说道：“这些憋屈郁闷嘛，孙君你无论到哪里任职都是会碰到的。这些话，你也只能在本座这里说一说，切不可在外面轻易发泄了！从明面上看，以孙君的运筹帷幄、精谋善断之能，在中书省若然埋头文牍也确是有些屈才了！你随便外放出来，哪一个部堂的尚书你做不下来？不过，孙君哪，请听本座直言相劝：中书令一职，虽是秩低官卑，然而身处军政万机丛中，锻炼你自己的机会多了去也！你切切不可妄自菲薄，须得念念以师尊荀令君、鄙兄司马主簿为楷模，博学多问、深研苦习，日后自能前程远大的。本座嘛，到适当的时候自会出手相助的……但此刻你若执意要去，只怕万一引得陛下对你心生他念，则有些反为不美。孙君你说，是也不是？”

孙资听到司马懿如此真挚的鼓励之言，心底登时油然生出了一股浓浓的感激之情，华歆、钟繇、陈群他们自恃位高资深，哪里曾把自己和刘放放在眼里？充其量至多也只当自己和刘放是两个天子近侍、内廷佐吏罢了……只有眼前这个司马仆射对自己和刘放时时优礼、处处尊敬，而且也不求回报，其言其行之真诚全然是发自内心的。看来，这司马懿在朝廷上下人缘极佳，倒真不是凭空得来的！他的人缘好，那也全是因为他待人接物圆融豁达、体贴入微，而决不会像是其他政客那般一味靠着小恩小惠而拉拢人心！

“其实呢，孙某在中书省里干事干得苦着点儿，倒也没什么熬不过去的。只是孙某最受不得别人刻意的傲慢与显摆！您可能已经知道了宫中近来将会发生一件大事吧？郭贵嫔在这几日可能就要被立为正宫娘娘了……这一下，可真是‘一人得道，鸡犬升天’！郭贵嫔的弟弟郭表仗着他姐姐做靠山，从先前一个小小的黄门丞一步就蹿到了少府寺副卿的位置上……司马大人，您应该晓得那个少府寺副卿可是富得淌油的‘肥差’哪！他在副卿之位上又是专门掌管四方贡品和廷殿珍藏的……”

一谈起宫里边的有些事情，孙资就是满腹牢骚：“唉！咱们在中书省里累死累活地苦干，不单单要受陛下的气，要受‘三公’元老的气，要受你们尚书台一些人的气，末了连官秩、待遇也不如有些人靠着裙带关系来得便当！这也罢了，一切该怨咱们自己的命苦……可是那个郭表有一天还趾高气扬地跑来中书省里向人炫耀，得意洋洋地嘲笑咱们是坐在御书房侧室的‘文抄公’！您说这可气不可气？而且，他还厚颜无耻地吹嘘他马上又要升任正二品的卫尉之职了……孙某一想到这些，心里就很是憋闷！想当年先帝在世执政之际，那是何等的大公无私、唯才是举，怎会有今天这种攀龙附凤、不公不正的现象发生哟！”

司马懿静静地听着他的唠唠叨叨，脸上表情定若深渊，然而眼底之间却隐隐似有两道冰刃般凛冽的寒光倏地一闪而过……

四日之后，曹丕在长乐殿召开了京中四品以上官员参与的朝议大会，提出了两件大事：一是准备册立贵嫔郭氏为正宫皇后，二是准备拟任郭贵嫔之弟郭表为内廷卫尉。

不料，他话音刚落，殿堂之上顿时炸开了锅：议郎桓范、博士栈潜、大鸿胪辛毗等一批直谏之臣，首先站出来明确表示反对晋立郭氏为正宫皇后，并联名呈上了一道辩驳奏，其内容是这样写的：

> 在昔帝王之治天下，不唯外辅，亦有内助；治化所由，盛衰从之。故西陵配黄、英娥降妫，并以贤明，流芳上世。桀奔南巢，祸阶妹喜；纣以炮烙，怡悦妲己。是以圣哲慎立元妃，必娶先代世族之家，择其令淑以统六宫、虔奉宗庙、阴教聿修。《易》曰：“家道正而天下正。”由内及外，先王之令典也。《春秋》书宗人衅夏之辞云：“无以妾为夫人之礼。”齐桓誓命于葵丘，亦曰：“无以妾为妻。”而今后宫嬖宠，常亚乘舆。若因爱登后，使贱人暴贵，臣等恐后世下陵上替、开张非度，乱自上起，而贻天下之讥也！

曹丕阅罢，龙颜大怒，便欲斥而不纳。没想到御史台、尚书台、宗正府、大理寺等诸多大臣也纷纷闻风投袂而起，上疏反对。他们拿出的最有力的武器就是先帝曹操留下的祖制举措：在曹操生前，他对卞氏外戚便是一直抑而不用的，以致连卞太后的亲弟弟——国舅卞秉目前也仅是一个领着虚衔、毫无实权的关内侯而已！倘若曹丕非要荣宠郭氏一族不可，那么出自皇太后一脉的卞氏外戚们又该如何搁平？而曹丕因卞氏一族在当年立嗣之争中曾经偏向曹植，对他们一直都是刻意疏远的——这个时候，他又岂会为荣显郭氏而间接地褒赏卞氏？

最后，这一场争议愈演愈烈，几乎所有的魏室大臣都卷了进来。曹丕最终陷入了彻底的孤立：他平时最为宠信的华歆、曹真、曹休、夏侯尚等也递进密表劝阻此事！

接着，司隶校尉董昭、河南尹司马芝、廷尉高柔等又猝然出手，给了后宫郭氏一党重重一记狙击：司隶署、河南府、廷尉署三个部堂日前联合行动，在洛阳街坊集市间查到郭表府中仆人竟在外面擅自售卖少府寺宝库中所珍藏的皇室贡品，而且是人赃俱获，使郭表平日监守自盗、中饱私囊的丑行一下曝光于天下！

这一下，形势陡转直下，连曹丕自己也对郭氏姐弟大为不满起来；郭表非但不能再升卫尉之职，而且反被调离少府寺副卿之位，降了两级，贬去玄武门当了一个守宫校尉。而郭贵嫔在素服待谴、苦苦哀求之后，终于在三个月后才勉强登上了正宫皇后之位——但是作为交换条件，元老重臣、宗室宿将们逼着曹丕在册立她为皇后的同时下了一道金牒诏书颁布天下：

> 夫妇人与政，乱之本也。自今以后，群臣不得妄行奏事后宫及太后；后族之家不得当枢要之职、辅政之任，又不得横受茅土[①]之爵、公侯之赏。特以此诏传诸后世，若有违背者，天下共诛之。

---

① 茅土：王、侯的封爵。古天子分封王、侯时，用代表方位的五色土筑坛，按封地所在方向取一色土，包以白茅而授之，作为受封者得以有国建社的表征。

宗室重将

“仲达，这些日子老夫总是感到精神有些恍惚，常常白日打瞌睡……”贾诩对坐在自己面前的司马懿自嘲自笑着，“呵呵呵，大概是武皇帝在想念老夫了……在召唤老夫赶快到地下去侍奉他了吧……”

“贾太尉……您可万万不能这么想啊！”司马懿的眸光里不禁流露出深深的关切来，“大魏朝怎么离得了您的坐镇经纶啊……”

“人总是要死的。老夫从来不会避讳这个问题。而且这世界离了谁就真的不可开交啦？那一年武皇帝去世之时，大家不也是觉得简直要天崩地塌了吗？结果，第二天的太阳照样升起！大魏朝在当今陛下和司马君你们手里照样欣欣向荣！呵呵呵……在这白骨遍野、血流漂杵的大乱之世，老夫以一介西凉寒士之身出生入死，能够活到七十多岁，这已经足够了！真的，真的——老夫已经很知足了。”贾诩捋着自己长长的花白胡须，悠然而笑，“对了，那个以‘触龙鳞、敢直谏’而闻名的议郎桓范倒是很有趣——他有一天竟坦坦直直地问老夫，‘贾太尉，你辅董卓而董卓亡、佐李傕而李傕灭、助张绣而张绣降……这些难道就是您身为谋士之杰、一代“鬼才”的成就吗？’”

司马懿一听，急忙将话头转圜了开去：“哎呀……贾太尉，这个桓范最是口无遮拦的了……您千万不要把他的这些话放到心里去！为着他这直言无忌的脾性，听说陛下正准备将他外放到沛郡去当太守呢！别说是您，就是和他素有同乡旧交之谊的陛下也受不了他了……”

“没关系……没关系……老实说，对桓范君的这一派清刚方正之气，老夫打心眼里一直是暗暗欣赏的。陛下若真是要将他外放到州郡任职，那可真是朝堂激浊扬清大业的一大损失啊……”贾诩先是微微笑着，听到后来又不由得轻轻摇头，“当时他那么质问老夫时，老夫也不恼不怒，笑着回答他道，老夫的侍上之道，乃是顺势而为、因时制宜、择人而发，从来不以‘事必成’‘功必立’为唯一鹄的。老夫当年佐董卓和牛辅，并不等于老夫就非要全力助其作恶不可，也不等于老夫便是一味以搅乱天下为乐，那都是给王允司徒那道针对西凉人士的‘绝杀令’所逼的；至于李傕，他真心信任老夫的时候老夫自会全力回报，他若起意疏离老夫的时候老夫也自会识趣地选择离开；而张绣将军，他的心思本就不在逐鹿天下，老夫又何必强人所难呢？至于那些昏主庸才，如段煨之流的叶公好龙之徒，老夫与之共席便觉得有些辱没了自己，终是不屑一顾。只有太祖武皇帝，能用度外之人、能驭非常之士，所以老夫在他手下纵横中原的近二十年时光是一段最为畅快惬意的日子……不过，老夫讲得情意谆谆，可是看起来桓范君却听之藐藐：他大概还是以为像比干忠事纣王、范增殉身项羽那样才是谋臣智士的最佳结局吧……”

讲到这里，他忽地又向司马懿眨了眨眼，莞尔笑道：“司马君也不要以为他的看法就错了：其实，这些见解，只是老夫与桓范君二人之间‘仁者见仁，智者见智’罢了……”

司马懿敛容正色，深深颔首道：“贾太尉，您现在是愈来愈超凡脱俗了——您的修为已经达到了‘无可而无不可，无为而无不为，从心所欲不逾矩’的至高至妙之境了……”

“‘无可而无不可，无为而无不为，从心所欲不逾矩’这等至高至妙之境，老夫何曾达到了？！依老夫看来，这普天之下、千年之间，也唯有荀令君一人足以当此——司马君以为如何？”

司马懿深深埋下头去，泪水缓缓流下，打湿了他的胸襟：“贾太尉说得是。”

贾诩的目光从书房的窗户遥遥投射出去，望向了荀彧的故乡颍川郡那个方向，悠悠叹道：“老夫一生自命不凡，能运阴阳万机而如掌上弄丸，却终是不如荀令君德行周备，生死不朽啊！在这纷纭乱世之间，老夫还是做不到像他那样始终如一的执著与淡定啊……”

司马懿只是伏席而泣，哽咽无语。

过了许久许久，他俩的心情方才渐渐沉静下来。贾诩拭去颊边的淡淡泪痕，心底却飞快地思忖着：在这一次挫败郭氏外戚一党的斗争中，自己站在暗处窥测，不禁对这个真正的幕后操纵者司马懿炉火纯青的纵横捭阖之运作叹为观止！连钟繇、王朗、董昭、辛毗等这样的元老宿臣都对司马懿如影随形、马首是瞻、同声呼应、内外联动，这除了当年的敬侯荀彧具备这样的影响力与号召力之外，谁能与之匹敌？司马懿真是厉害啊！他经过这近二十年的苦心经营，竟已神不知鬼不觉地全盘接纳了颍川荀门在大魏一朝所留下的一切政治遗产！并且，在他的幕后操纵之下，朝中各大世家豪族已经暗暗联成一气，形成了以河内司马氏为核心的庞大势力圈，甚至连皇室的权威在他们面前也唯有敬而从之！由此可见，老夫倘若在他司马懿身上投下重重一注，日后定是极有收益的！

心念一定之后，贾诩目光一抬，深深看向司马懿道："司马君，不瞒你说，老夫这一生之中真正主动用心辅助的人，最多只有两三个……当年的李傕勉强算一个，武皇帝自然是最重要的一个……"他说到这里，忽又垂下了眼帘，将幽幽的目光转向了别处，用极轻极轻的声音说道："老夫在这临终离世之前，还想竭尽全力再辅助一个人……"

司马懿有些没听清他这后边的一段话，诧异地问道："那第三个值得你认真辅助的人到底是谁？懿怎么没听明白……"

贾诩静了片刻，转过眼来正视了他一下，淡淡而道："司马君，上一次南征之际，朝廷没有任命你为方面大将，你一定有些不愉快吧？"

司马懿听了，双目粲然一亮，脸上却微波不兴，徐徐叹道："贾太尉您这话可就说得有些偏了！懿虽不才，但也断断不会以区区官位往事为意！只是如今西蜀有名相诸葛亮厉兵秣马而虎视，东吴有智将陆逊麾师长沙而狼顾，社稷之忧日渐深重——这才是懿心中闷闷不乐之根源也！倘若韬略无双的贾太尉您万一又有什么不测，这煌煌大魏还有几人能够真正撑持得住？"

贾诩听了他情真意挚的一番话，不禁感动得双眸泪光隐隐闪动。他慨然而道："司马君何必如此悲观？依老夫之见，只要司马君你在世一日，这煌煌大魏的基业就定会始终固若金汤！眼下你虽未能获得方面大将之任，这并不意味着你以后永远不会取得此职……有时候，大势所逼，谁也阻挡不了啊……"

司马懿心底也是这么想的，所以他纵然有些不快，但却根本没有丝毫焦躁。真正属于你的东西，别人从旁边死挡也挡不住、硬抢也抢不去的……

贾诩的话现在是越讲越深入了："不过，司马君，在老夫看来，你目前'藏器于身，待时而动'，可算一条良策；但你若能'主动进取、未雨绸缪'，亦可谓是另外一条良策！"

"这个……懿恭请贾太尉明示：当今之际，懿该当如何'主动进取、未雨绸缪'？"

贾诩轻轻咳嗽了一声，忽然将话题引了开去："司马君，你恐怕也知道，前汉建安十八年武皇帝晋爵魏国公之前，曾经遭到三条在朝野上下传播甚广的流言袭击：一曰武皇帝既已身任丞相，便不当再兼任冀州牧，否则会予人以武皇帝'狡兔三窟'之讥；二曰汉献帝诸皇子已经成人，可立为储君或封藩就国；三曰武皇帝功比周公，为保全名节，勿使小人诽谤，须当不再执掌兵权……"

司马懿静静而听，心里却暗暗想道："我怎么会不知道这些往事呢？而且，我还知道这三条在当时影响颇广的流言，乃是当年荀令君为了捍卫汉室而向曹操发起的一轮声势浩大的舆论攻击……"

"这三条流言的攻势十分凌厉，处处点中了武皇帝的要穴：其一，当时魏室的根本在冀州。倘若武皇帝将冀州牧之职卸去，是自弃根本之地，易为奸人暗算。

"其二，汉献帝已有三个嫡子，俱已成人，若将他们一个立为储君、两个封为藩王，则必使汉室多一东宫、多二藩屏，此足以巩固汉室之翼而削弱魏室之势。

"其三，武皇帝兵权若失，则是自寻死路、任人宰杀也！"

司马懿听着，若有所思地点了点头："这三条流言当真厉害！懿当时也曾听闻了一些风声，至今想来仍然甚是惶恐。"

"那么，依司马君之见，这三条流言之中，哪一条最是厉害？"

"从明面上看，好像是第三条。但实际上最厉害的，是第二条。"司马懿微微皱着眉头，似是在一边说着，一边苦思。

"哦？此为何故？"

"依懿之见，恐怕当时那些散布流言的人自己也明白，想让武皇帝放弃兵权，那是痴人说梦，绝无可能。要迫使武皇帝在彼时彼刻卸去冀州牧之职，亦是千难万难。但引诱武皇帝去实行第二条流言，却有成功的可能。”

“何以见得？”贾诩浅浅而笑，目光炯炯地盯视着他。

“贾太尉，当时懿正任丞相府东曹属之职，也了解那时丞相府内外的一些形势。其时东有孙权、西有马超，各拥强兵，正与武皇帝为难；武皇帝可谓内外交困，彼时若不向大汉天子有所表示与安抚，只恐会激出什么不测之变来！所以，在当时让汉献帝立了储君、封了藩王，将是武皇帝无奈之中的一个选择……”

“是啊！是啊！老夫当时正准备陪同武皇帝西征马超，时常见到他是焦心苦思、犹豫难决……最后他竟‘剑走偏锋’‘兵行奇径’，一下就将这三条流言消弭于无形……”

“武皇帝用了什么奇招？”司马懿装作吃了一惊。

“当时你应该猜得到啊！武皇帝在最短的时间内将自己的三个女儿曹宪、曹节、曹华送入汉宫之中，当了献帝的贵嫔！他一跃而成大汉国丈，与汉室结为姻亲、同为一体，就再也不必卸去冀州牧之职与掌兵秉钺之权，从而巧妙避开了一切典章礼法上的舆论攻击……”

“妙计！妙计！妙不可言！”司马懿听了，一边抚掌赞叹着，一边却拿眼看着贾诩，暗暗想道：我当时不但已经猜到了，而且我还清楚地知道这一条“剑走偏锋”的妙计当年就是你贾诩暗中给曹操进献的呢……

贾诩伸手摸了摸自己的须髯，这时才又将话题绕了回来：“至于对你目前如何‘主动进取、未雨绸缪’的良策，老夫倒有些建议。兵诀有云，‘善战者省敌，不善战者益敌。省敌者昌，益敌者亡。’如今陛下将兵权交付给了曹真、夏侯尚、曹休等三个旁系宗亲手中——他们都是司马君你眼下绕不过去的三大障碍！司马君你暂时不能压倒他们，那就不如效仿武皇帝在前汉建安十八年前夕之所为，卑意敛伏、舍刚取柔、舍战取和，尽量与他们拉近关系、化敌为友，从而巧妙获得他们的助力，这才是上上之策！”

关于这个问题，司马懿先前自己也曾多次暗中谋划过。但今天第一次听到贾诩这样一个外人如此深切地给他指点出来，这让司马懿心头极为感动——这样私密切己的计谋，若非贾诩念念之间与自己易心而处、体察入微、忧乐与共，断断是设想不出来的！他只觉胸中一热，当场便湿了眼眶——自己这十多年来在宦海浮沉之际不懈努力所取得的成就，终于在今天换来了像贾诩这样一代人杰自觉而主动的归附和襄助，自己此刻当真是多么的惬意和兴奋啊！但自己这时还不能显得太过得意——这会让别人小看了自己的城府之量的！他暗暗咬着牙忍住了这一切的心情波动，脸上神情依然淡若秋水，只低低而道："懿在此多谢贾太尉披肝沥胆如此竭诚相助！只是懿尚有小小疑惑：懿应当如何施为才能真正与曹真他们拉近关系、化敌为友呢？"

贾诩目不转睛地直盯着他，缓声言道："司马君，这个事儿老夫已经替你思虑了很久了。对了，你家大公子司马师今年不是刚满十六岁了吗？他已经到了婚娶之龄……依老夫看来，你司马家若能就此与他们曹家或夏侯家联姻结亲，你们双方自然便化敌为友、亲密无间也！"

司马懿听了，微微低头，沉沉而吟。过了半盏茶的工夫，他忽地抬起幽幽亮亮的双眸，直视着贾诩："若要借着与曹真、夏侯尚他们联姻结亲以求助力，懿何不一步到位，径直与皇家帝室联姻结亲？懿听闻陛下嫡生的东乡公主已届及笄之年……"

"东乡公主？唔……当今陛下确是非常宠爱他这位嫡生长女……只不过，如今甄皇后已死，而郭皇后又掺杂在中间，陛下对东乡公主的宠爱是否能够长盛不衰，似乎还在未知之间……还有，陛下一向猜忌多疑，司马君你此刻向他提出娶以东乡公主为媳，他肯定会怀疑你另有图谋，倒是有些反为不美了……"

听了贾诩这段话，司马懿这才暗暗彻底地放下心来：刚才他那番讲要娶东乡公主为媳的话其实是抛出来试探贾诩对自己是否真心襄助的——因为，假若贾诩真是别有用心，他就肯定会建议司马懿采取这条"外表光鲜而暗藏危机"的"馊主意"。然而，他却全然没有此意此举！如今看来，贾诩确实是完完全全地站在自己司马家的立场、角度和长远利益的取向来建言献策的！他是真正值得信任的！念及此处，他也就向贾诩开诚布公地讲道："不错。贾太尉为我司马家的所思所谋实在是纤毫无失——看来，懿只能在曹真、夏侯尚、曹休等三家当中做选择了！"

贾诩此时却显得神情一松，悠然问道："那么，在这三家大魏宗室之中，司马君你自己认为与哪一家联姻结亲方才较为稳便呢？"

"这个……懿在贾太尉面前就直说了！依懿之见，曹真、曹休等都是赳赳武夫，门户渊源浅薄，懿不愿与他们两家联姻结亲。那夏侯尚却是一向崇儒好文、通达礼法，其子夏侯玄又拜王朗司空为师，其女夏侯徽亦有贤淑之名，可谓门第馨芳。再加上平日里懿与夏侯尚交谊不浅，想当年武皇帝的梓宫就是我俩一同护持着送回邺城安葬的呢！所以，懿有心与他家结为秦晋之好。"

贾诩一听，心念电转之下，却不禁对司马懿这一选择而暗暗称绝：所谓"崇儒好文、门第馨芳、交谊不浅"云云，都不过是司马懿的虚语托词罢了！司马懿真正看中夏侯尚家族的关键原因是：夏侯尚的妻子、德乡公主曹茹，正是曹真的亲妹妹！司马家族若与夏侯尚家族结为秦晋之好，实际上是"一箭双雕"，同时和夏侯尚、曹真搭上了紧密的亲戚关系！这样一来，曹丕手下的三大宗室重将中就有两个与司马懿关系非同寻常，那么他日后潜取兵权的幕后助力岂非大大增加？看透这一点之后，顿让贾诩不得不对司马懿的精谋明断、算无遗策叹服不已！

"这样吧！司马君既然与夏侯尚将军有意结为秦晋之好，那老夫就厚着脸皮自告奋勇亲自出马，挑个黄道吉日便去夏侯府帮你司马家说媒和亲，如何？"贾诩笑眯眯地望着司马懿开口说道。

"贾太尉的鼎力相助之恩，懿真是没齿难忘！懿真不知该当如何报答您才好！"

"老夫和你司马君一样，哪里会是施恩望报的人？老夫今日的一切所作所为，都是在为我大魏社稷的长治久安而苦心斡旋啊……老夫坚信，只有司马君你，才能真正继承武皇帝的遗志，将'横扫吴蜀、一统六合'的大业一举底定！"

司马懿一边在口头上向贾诩谦辞不已，一边却将幽亮的目光远远投向了窗外，心底倏然冒起了一股怪怪的滋味：我司马仲达本有用兵若神、运谋如鬼之奇才，而且朝野上下尽人皆知，到了今天却不得不靠着"裙带关系"来谋取军权，真不知是该当可悲呢还是该当可笑啊！

黄初四年五月，在太尉贾诩的极力“撮合”之下，司马懿的长子司马师迎娶夏侯尚的长女夏侯徽为妻，从此司马家族与夏侯氏、曹氏等魏朝宗室连成了紧密异常的亲戚关系。司马懿通过这条由姻亲关系编织而成的“渠道”，源源不断地获得了来自魏室宗亲明里暗里的各种支持和助力。

过了半个多月后，一代谋略奇士、乱世“智囊”之杰贾诩在洛阳底邸溘然病逝，享年七十七岁。身为尚书仆射的司马懿率各部卿僚领衔上奏，呈经曹丕亲笔批准，追赠贾诩为“肃侯”之谥，并荫封其子贾穆为吏部郎。他的子孙后来在晋朝纷纷荣显贵达：他的嫡孙贾模曾任晋惠帝时的散骑常侍、护军将军之职，食邑三千户，以尽忠于晋而著名；他的曾孙贾胤亦任晋惠帝时的黄门侍郎，位居列侯；贾胤之弟贾龛历任凉州刺史、秦州刺史等职，踞为方面大吏；贾胤从弟贾疋担任晋愍帝时的骠骑大将军，封为酒泉郡公。这一切丰硕的回报，实际上都与当年贾诩潜心暗助司马懿谋取兵权终于得手而有着莫大的关系。而且，因着贾诩的缘故，司马懿也对他的族弟贾逵高看了一眼，在后来的政治攀升历程中一直着意拉拢贾逵成为自己的左膀右臂。

随着司马懿与曹真、夏侯尚、曹休等魏国宗室方面大将的亲密关系日益加深，他现在推行起“军屯养兵”之国策来也愈是如鱼得水——很快，一道由他精心拟撰，由曹丕用玺颁布的《督促垦办军屯诏》灼然出炉了：

> 兴国之本，在于强兵足食。自世乱兵兴以来，连年饥馑，田地荒芜，兵无宁居，民无储粮——朕甚悯焉！倘若军粮尽资于民，而民何以堪？故须尔等将士自力屯田，且耕且战。现令荆州[①]、扬州、徐州、雍州、凉州等地军营将士广加开垦以收地利，庶几兵食充足，而国有所赖。

---

① 荆州：赤壁之战后的荆州，曹操有南阳郡、章陵郡、襄阳郡、江夏郡、南乡郡(原枝江以西的临江郡地盘已为刘备所有)；孙权有江夏郡、汉昌郡；刘备除江南四郡还有南郡、宜都郡。三家所占荆州地盘，均称是自己的荆州。

这道诏书迅速在荆州、扬州、徐州、雍州、凉州等地得到了贯彻落实。司马懿欣慰地笑了：在他的苦心运作之下，利国利民、强兵足食的“军屯”拓垦事业终于如火如荼地在各大州郡中蓬勃而兴了！

殷红如血的晚霞铺满了苍蓝的天幕，沉沉密密地压将下来，仿佛要把世间的一切都压进这一片漫漫的血色之中。

司马府后院的庭坝上，一身戎装的夏侯尚正与身着便服的司马懿肩并着肩缓缓地踱着步。

“伯仁（夏侯尚的字为“伯仁”），你和子丹（曹真的字为“子丹”）此番进京入朝述职还没过几天呢……眼下你们就又要离去了，这真让懿很是有些依依不舍啊！”司马懿一边背负手慢步踱着，一边悠悠地叹了一口气。

“唉！你又不是不知道，陛下乃是铁了心决定又要御驾东征了——这一次他是亲率文烈（曹休的字为“文烈”）一道挥师二十八万从庐江向伪吴发起雷霆之击……尚也是奉了密旨，要赶回江陵城从西线呼应陛下和文烈，尽量争取把孙权和陆逊的精锐兵力多多地牵制在荆州一带……你说，尚眼下重任在肩，还敢在洛阳城中稍有逗留吗？”

司马懿沉沉一笑，并不多言。他自然是懂得曹丕这几年来不断地发起东征、南伐的用意的：曹丕这么做，是拼了全力想要尽快在自己生前拿下吴蜀二国，借此想为自己大魏一朝的江山永固夯下坚实根基啊！而且，从他心底最深处的隐秘想法来推测，不能排除他其实是在企图凭借自己御驾亲征可能取得的煌煌战绩来阻断司马懿攫取兵权的道路！只不过，你曹丕和曹休究竟有没有这份荡平吴蜀底定四海的能耐呢？恐怕眼前这一场东征又和前面几番东征、南伐一样，其结局仍是战而不胜、劳民伤财、有损国威！

他一边这么暗暗想着，一边却微妙之极地点了一下：“伯仁啊！懿总是喜欢作破格之想，也可能是懿有些多虑了——当今朝廷上下皆是一心只以东吴孙权为意，而对肘腋之侧的西蜀伪汉之潜窥暗算视若无睹，只怕日后会有顾此失彼、左支右绌之隐患啊……”

“仲达，你这么说可真是有些太过虑了：西蜀伪汉本就国小民寡，后来又遭天降之厄——刘备、关羽、张飞等英杰枭将尽皆折损，哪里还是我巍巍大魏之敌手？他们还敢冒出头来自寻死路？我大魏朝没顾得上去收拾他们就算对他们不错了……”

司马懿听着他这番骄气十足的话，不禁微微苦笑了一下。他正欲开口继续深说下去，那夏侯尚却伸手一指前面的满月形门洞口，呵呵笑道：“好一座天然生成的翠绿屏风——不知它的背面关住了你们司马府中多少烂漫春色啊？”

司马懿听出他是在“王顾左右而言他”，就不再在那些敏感话题上“跟进”，举目往前一看，却见那满月形门洞里边一座高高的竹架上缠满了鲜绿的爬山虎，层层叠叠覆盖下来，形成了一面绝妙的高大屏风。他也微笑而答：“这个屏风乃是春华她精心构设而成的。懿也觉得她做得漂亮：一来巧妙掩住了满园的景致，以免让外人一眼瞧去竟是全无遮蔽，毫无回味之余地；二来这座屏风本身也是一道精巧的风景，既合乎自然又不乏灵韵，可谓深得天工之巧！”

“亲家母真是心灵手巧、别具匠心！”夏侯尚啧啧地称叹着，“尚也曾听闻徽儿回府谈起过你们司马府后花园的景色甚是迷人，仲达，你且领尚进去欣赏一下吧！”他口里一边说着，一边已是举步迈入。

他俩转过那座翠绿屏风，眼前顿时豁然开朗，果然别有一番天地！司马懿走在前头，一边领着夏侯尚从东边的长廊徐徐行进，一边像一个导游一样向他娓娓解释起来：西北角落里种了一排杨柳树，边上的便是翠竹小亭，每值春季，那里便是一派杨柳依依的旖旎春光；长廊尽头是一座高楼，雕梁画栋，挺入云霄——名为“倚天楼”，登楼之际仰可观星赏月、闻风听雨，俯则一园之胜尽拥入怀；花园中央是一泓盈盈绿水，小湖中间有一座精致的弯月形榭台，那正是司马懿平时最为喜爱流连的所在——夏日可在榭台之上一边抚琴挥毫，一边欣赏湖中婢女汇舟采莲；湖面有一架“会心桥”，从湖中的水心榭台如一弧彩虹一直通往北面的凤鸣轩，桥下水底悠然可见群鱼穿梭畅游、怡然自乐，桥上之人看得此情此景便也欣然会心、与鱼同乐；西边长廊的尽头是栖鹤观，冬天可在此处坐看流风回荡、瑞雪翩跹，围着博山之炉，温着银樽新醅美酒，听雪而小啜，临风而轻啸，何等潇洒飘逸；北面正中就是富丽堂皇的凤鸣轩，周围环绕着千竿翠篁，当真是迎风摇摇，恍若凤尾森森，荡起细细龙吟，其清其幽不可胜言！夏侯尚见了，不由得赞不绝口："想不到以仲达这样的名宦贵族之家，竟能营造出这般的人间仙境来——不带烟火之气，不含浮华之韵，令人实在是心旷神怡，当真难得、难得！"

司马懿有些傲然自得地淡淡一笑："怎么？在伯仁的眼中，身居庙堂之高、世族之家，就不能有心游江湖之远、神通八荒之极的情趣？入世之乐与出世之趣，懿自信足可兼而有之也！"他讲到这里，语气里忽又带出了几分慨然："唉……当年若非武皇帝三番五次遣使辟召懿出仕，懿此生说不定已是栖心此园而终老于山水林泉之间了！"

"仲达真是'大隐隐于朝'的一代高人啊！我那玄儿，近来亦是颇醉心于老庄清虚之谈。他若是知道你这位长辈也好此道，说不定会前来向你求教呢！"

"哦……好啊！你回去便转告玄侄，让他把我这里就当作他自己的家，随时来玩，莫要拘礼。他在这里会碰到一个知音的：我家昭儿亦是喜好研习老庄修身养性之学，可能会和玄侄谈得来呢……"

他俩一边谈着，一边进了湖心榭台坐下。

"对了，懿有一件事情要和伯仁你谈一谈：子元（司马师的字为"子元"）从小就爱好练兵习武，立志想当卫青、霍去病那样的名将。他近来一直很想去军界开一开眼界、增一些阅历……懿呢，一直拗不过他，又瞧在他一意为国建功效力的份儿上，也不好拂了他这股志气，就只得允了。但是要将他送到哪里的军旅去锻炼，懿却一直没想好……"

"哦？师儿想来军旅中锻炼？好！好！好！好男儿就应当志在天下，以才立身、以功扬名！这样吧，他也不用去乱想哪里锻炼了，就陪在尚的身边先做一个从事中郎……"

"伯仁哪，懿就在此多谢你照应成全了……"司马懿正视着夏侯尚，脸上带着笑微微的表情，口吻里却透出一丝深深的坚定，"只是，师儿既然真是要去军旅之中锻炼，依懿之见，就不能靠着我司马家的这个名头压下去……不然，伯仁你那些手下，听到他是你夏侯伯仁的女婿、我司马仲达的儿子，岂不是个个都将他供而远之、敬而避之？那他在下面还锻炼得什么本领呢？懿要让他改姓换名，就叫做‘马斯’，从伯仁你军营中职阶最低的十夫长做起……”

“好！好！仲达，你怎么吩咐，我就怎么办吧！我也希望师儿他能够大有出息，早早成为我大魏的栋梁之材啊！”夏侯尚连连点头，抚须而笑。

场中稍静下来之后，夏侯尚呷了一口清茶，好似又想起了什么，微一皱眉，凑拢过来向司马懿附耳低声道：“仲达，尚听闻陛下此番东征之际，你向他举荐了一个兵曹参军，就是那个名叫蒋济的，据说他来自徐州九江郡？这个事情，在外面好像让人有些说道呢……”

“说道？他们说道什么？”司马懿两道浓眉一竖，诧然道，“不错，这个征东参军蒋济确是懿向陛下极力举荐的。懿还亲笔写了状语，评他是‘才兼文武、志节慷慨、忠诚奋发、可堪重任’——陛下带他东征，必有裨益的。在这个事情上，懿是为国举贤、坦荡无私的。”

“仲达你知人善察、取人以长的能力，尚自然是心服口服、决无二话的。只是，尚却听到子丹那里对蒋济有些异议：子丹当年随同武皇帝参加过赤壁之战，见到过蒋济的堂兄蒋干夸夸其谈，最后献上连环舟之计误了军国大事——子丹很是担心这蒋济也和他的堂兄蒋干一样华而不实、浮而无用啊！”

“伯仁，你要相信懿啊！我什么时候把人看错过？蒋济和他的堂兄蒋干完全不同，他满腹韬略、深晓兵机，绝无浮夸张扬之气，陛下带他东去，仓促之间必获暗助之益的！”

“仲达，尚当然是完全相信你的，否则今日尚也不会在此和你提及此事了。”夏侯尚慢慢转动着掌心里的茶杯，斜眼瞧着司马懿，轻轻笑着说道，“当今朝野上下，谁人不知你司马仲达有如当年敬侯荀彧一样最是善于举贤任能、兼收并蓄、公正无私的了？！只不过，日后像是举荐蒋济这样富有争议之名的杂家之士，你也不必都要一一出头独力经办。毕竟人各有命、穷通在天，倘若其中万一有人出了些许纰漏，那就是你的失察了……这会给人留下口实的！你日后若有自己不太方便公开举荐的人士，可以暗中向尚知照一声，尚来出面帮你经营……”

司马懿听了，眼眶暗暗一热，抬头深深注视着夏侯尚：“伯仁！你待懿的这一片真心，懿真是难以为报！”

“瞧你这话说的——你司马家的事情，就是我夏侯家的事情！咱们两家亲如一体，你再这么客气就太见外啦！”

司马懿静静地凝视了他片刻，脸色一定，右掌一举，重重一拍：“来人！”

只见司马寅应声带着几个健壮的家仆抬着一只二尺见方的红漆木柜，缓步上得榭台而来。

夏侯尚微微侧头瞧着司马懿，眼中满是惊疑。

“值此伯仁南去立功之际，懿思来想去，唯有以此物相赠，或许略有薄用，还望伯仁笑纳。”司马懿站了起来，亲自上前打开了那只红漆木柜。

夏侯尚淡淡地笑着一眼瞥去，倏地却呆住了——那柜中竟盛着一副材质奇特的铠甲。粗粗一看，那副铠甲似是陈旧之极，紫沉沉之中现出一道道利刃划过的痕印。但细细一瞧，就会看到那副铠甲在熟铜冶炼而成的暗紫色中隐隐透出一派沉厚凝重的光华，仿佛坚不可摧。

“这……这莫非就是传说中的‘灵犀宝甲’？”夏侯尚看罢，激动得失声嚷了出来。

“不错。这正是当年西楚霸王项羽所披的‘灵犀宝甲’，其坚其韧足以与陛下身上所穿的那件‘金丝软玉甲’相媲美！”司马懿用双手捧起了那副铠甲，直视着夏侯尚，款款而言，“伯仁此去举师牵制东吴寇贼，必会亲冒矢石、冲锋陷阵，恐有‘兵凶战危’之虑——你若穿有这件‘灵犀宝甲’贴身防护，懿就大大放心了。”

夏侯尚这个人生性秉直，听到司马懿这么说，也就不再虚加谦辞，当下便慨然应道：“仲达说得是！这可是西楚霸王所披的‘灵犀宝甲’啊！尚穿上它后冲锋作战，说不定还真能沾染上西楚霸王的几分神通之气呢！这样，尚就可以为朝廷多打几个胜仗了！”

司马懿笑呵呵地说道：“是啊！是啊！宝鞍配骏马，犀甲赠英雄——伯仁你一定能在荆州之役中旗开得胜的！”他说到此处，忽又眉头一皱，“不过，关中子丹那边，懿还是有些放心不下啊！”

“仲达，你担心关中那边什么？不过只是有些西凉羌贼不时跑来在边境上抢抢粮、偷偷马罢了！子丹大军一出，他们必成齑粉矣！”

“区区西凉关贼作乱，岂在懿之眼内？而是那伪蜀诸葛亮万一趁着陛下东征吴贼而西翼空虚之际，率师杀出汉中，由祁山、陈仓、斜谷口三处偷袭而来，则关中危矣！”

“又是西蜀伪汉诸葛亮！仲达你怎么对他这般忌惮啊！他有那么厉害吗？”

“伯仁，这样吧，懿只给你举一个事例来证明他的韬略之才——蜀中南蛮酋长孟获，盘踞于深山丛林之天险，手握三万凶悍藤甲兵，背后又暗通东吴之势力，岂是小敌？结果他在一年之内竟被诸葛亮巧施妙计七纵七擒而败得心服口服！这等用兵奇才，谁能及之？伯仁你须得及时转告子丹，让他对这个诸葛亮切切不可等闲视之！”

夏侯尚听司马懿这么一说，倒是渐渐有几分相信了。他沉吟片刻，不无诧异地问道："既然仲达你如此洞明伪蜀军情，自己为何却不向子丹当面相告？”

“伯仁哪！你应当明白，懿乃治国宰辅，而子丹乃宗室重将，于礼于法本不当妄交私语。况且子丹为人一向高傲自负，懿若向他当面告知伪蜀诸葛亮之情形，说不定他倒暗暗以为懿要插手他的关西军机要务，反而可能会心生歧念。懿思前想后，唯有告诉给伯仁你，请你辗转告知子丹——在他面前，你可切莫提起这些乃是懿之所言也！只说就是你胸中揣想出来的就行了！”

“唉！仲达，你也是太小心谨慎了！好！好！关于你对伪蜀诸葛亮的这些看法，尚一定会巧妙转告给子丹的——你还有什么话需要尚转告给他的吗？就一股脑儿都讲出来吧！”

“难得伯仁如此古道热肠！懿就代大魏社稷谢过你了——你且再去转告懿的三条建议：一是谨防诸葛亮与西凉羌贼暗通声气，联手作乱！子丹一定要抓紧时间调兵遣将，速速荡清陇西全境，就如诸葛亮扫平南蛮孟获一般，为自己的御蜀大业拔掉一切隐患！

“二是陈仓要塞最与蜀寇边境接近，倘若诸葛亮起兵来犯，它必会首当其冲。懿暗中观察雍州屯骑校尉郝昭，其为人行事谨厚笃实、处变不乱，须当将他派去驻守陈仓，必能力拒蜀寇于国门之外，为我大魏驰援赢得宝贵时间。

“三是雍州刺史郭淮、凉州刺史孟建都曾与懿同在武皇帝时兵曹署里共事过，懿对他俩颇为了解。此二人均有良将之材，万望子丹能够倚为臂膀，委以重任！如此则社稷幸甚！关中安矣！”

最后的嘱托

黄初六年十一月，曹丕以曹休为先锋大将，亲率二十八万大军浩浩荡荡一路东下征伐孙权，结果在合肥、庐江一带与吴军陷入了胶着状态。他在谯郡坐等了五十五天之后，见双方战局仍是难分难解，不得已返驾退回许昌城准备过年度节而聊以散心。

然而，就在黄初七年的正月初七，镇南将军夏侯尚病重难愈的消息如晴空霹雳猝然传来，牵动了他所有的神经和心弦！现在，曹氏宗室当中勇猛善战的大将之才是越来越少了，去年曹仁、曹洪等已是相继去世，眼下夏侯尚又报了病危，怎能不令曹丕生出“臂膀若失”之感?

与夏侯尚病重难起这个消息同来的，是夏侯尚的一道紧急求谒表——他在奏表中，明确谈到自己有特别重大的身后之事须向曹丕当面陈述，恳请曹丕及时准允，否则他以后就没机会奏陈出来了！曹丕一见，当即便搁下了东征军务，携着一大群宫廷御医，匆匆忙忙连夜起驾火速驰往夏侯尚退居养病的宛城，准备在最后的关头给夏侯尚带来枯木回春的奇迹！

飞雪漫天，位于宛城北坊的征南将军行署庭院里一片银白，走在其间，恍若置身于朦朦胧胧的水晶琉璃世界。

行署后堂的帘幕沉沉低垂。空气中到处弥漫着刺鼻的药汁苦涩之味。夏侯尚半躺在病榻上，面色黄中透青，带着十分明显的病容。

“陛下驾到！”门外侍卫们那含有深深惊诧惶恐之意的传呼之声此起彼伏，不断回荡在后堂的廊阁之中。

“陛下！陛下……”满脸憔悴的夏侯尚霍然睁开了紧闭的双眼，

拂去了身上的棉被，嘴唇激烈地嚅动着，拼命地用臂肘支撑在榻床边沿上，一边粗粗地喘息着，一边就要爬起身来迎驾。

“伯仁！伯仁！”曹丕坐着朱漆镶金雕龙乘辇，被一队羽林军虎贲武士簇拥着一溜烟儿似的奔来！还没等乘辇停稳，他就“咚”地跳了下来，冲进大堂关切地向夏侯尚喊道：“伯仁，你身体不好——不要乱动！”

然后，他扭过头来就朝着身后趋随而来的御医们连声吩咐道：“快！快！快给夏侯将军把脉，用药诊治！”

“陛下请慢！”夏侯尚咬着牙重重地奏道，“微臣有紧急要事相奏！”

“伯仁，你的奏议之事稍后再说吧！朕此次探望你，是专门带了皇宫大内医术最佳的一批御医前来的……还是给你诊病的事儿重要啊！你先诊着病吧！”

“陛下！请容微臣将此要事奏完之后，再行接受诸位御医们的治疗！”

“这……好吧！”曹丕目光一掠，见到夏侯尚连咳带喘憋得一脸铁青，知道他心意已定，就只得挥了挥手，让所有的虎贲武士和皇宫御医们全都退了下去。

一时之间，行署后堂变得空空如也，只剩下了曹丕和夏侯尚君臣二人对面而坐。

“陛……陛下！”夏侯尚强撑着坐直了身子，俯头向曹丕奏道，“微臣今日抱病陈奏的，正是微臣万一若有不测之后，这镇南将军一职的接替人选之事……”

“哎！伯仁哪！瞧你说的——你而今只是偶感风寒，用不了多久身体就会好起来的！现在来讨论你镇南将军之职的接替人选之事，是不是未免太早了些？”

“不早，不早。微臣与陛下奏议此事，实乃正当其时啊！这事儿丝毫也拖延不得了！”夏侯尚微微有些嘶喘地说道，“微臣所执掌的荆州乃是大魏心腹枢纽之地，东有孙权于武昌虎视眈眈，南有陆逊于长沙枕戈伺隙，位处要冲，两面受敌，实非大将之才而不能镇守之！微臣担心自己若是万一有所不测，则荆州危矣！”

曹丕紧紧地蹙起了两道浓眉，在印堂间挤出了一个深深的“川”字来：“依卿之见，却有何人可以接任此职？”

夏侯尚双目灼灼正视着曹丕，每个字儿都像从自己的牙缝间迸撞出来一样讲道：“启奏陛下，依微臣之愚见，满朝百官之中，唯有司马仲达文武双全、能谋能战，可以担当荆襄方面之任！”

“司马仲达？伯仁……你也建议要由司马仲达来接任镇南将军之职？”曹丕的眼底里怦然跳起了几点火星似的亮光，“这个，除了他一人之外，你就没有其他合适的人选了吗？贾逵难道不行吗？裴潜难道不行吗？”

“陛下，贾逵、裴潜两位大人固然亦有驭兵之才，但他们均是长于勇锐而短于谋略，怎会是老奸巨猾的孙权和足智多谋的陆逊的敌手？所以，依微臣看来，只有司马仲达才是接任镇南将军一职的唯一合适人选！”夏侯尚斩钉截铁地答道。

曹丕的脸色沉郁下来，双目微垂，仿佛陷入了深深的犹豫之中。

“陛下，微臣知道您是认为司马仲达非我曹家同宗之亲，乃是异姓外臣，不敢放手信任。但眼下荆州形势如此危殆，襄阳要塞若无仲达前去镇守，日后必被孙权、陆逊所夺矣！”

曹丕阴沉着脸，仍是默然不语。他心里竟是这么暗暗想着：这夏侯尚莫非私底下得了司马懿的什么好处而被他收买过去了——所以才会对司马懿极力举荐？又或许是司马家和夏侯家表面上温情脉脉的姻亲关系蒙蔽了他夏侯尚的眼睛？司马懿对我曹家江山的隐隐威胁，他居然就没有看出来吗……

在他杂七杂八的沉思浮想之中，只听夏侯尚又气喘吁吁地开口了：“微臣恳请陛下再加细细思量，司马仲达日后虽是出任荆州方面之职，但他东有文烈拥兵江淮而掣肘，西有子丹执钺雍凉而监临——他纵有异志暗萌于心，却左右受制，又济得何事？陛下大可对他放心使用！”

听罢夏侯尚这番话，曹丕此刻方才暗暗打消了对他的疑忌。他面色一松，流露出几分感动来：“这个……伯仁，你且只管安心养病。你的这个建议，朕会好好考虑的。荆州那边，依朕之见，暂时就先让裴潜和牛金他们先顶着吧！他们的进取拓业之力虽是不足，但固守自保之能却应是可以的吧？”

“陛下……裴潜、牛金面对陆逊这样的劲敌，哪里还有多少固守自保之能？这几日他俩的告急求援文书不知往微臣这里发了多少份过来！只怕他们竭尽全力，也未必撑持得了多久——您对这事儿的决断一定要赶快啊！这事儿与荆州存亡紧密攸关，千万拖不得！”

“朕……朕知道了……”曹丕喃喃地答应着。他心底里却又暗暗盘算了起来：如今曹休在江淮一带与孙权交手，近日来可谓出尽了风头，似乎也变得有些趾高气扬了！眼下这夏侯尚看来也是危在旦夕了，曹真一个人日后制衡曹休只怕就愈发吃力了……为今之计，说不得也只有放出司马懿这头“猛虎”去隐隐震慑曹休了，让他懂得一些谦逊自敛之道！不然，他的尾巴都快要翘到天上去了……

在他思虑之间，夏侯尚仍是唠唠叨叨地奏道：“微臣之为人，陛下应当熟知，微臣一向念念在公，决不会徇私诡随。微臣与孟达素来情同手足，但微臣仍然建议陛下对他严防密备、不可轻信，此乃陛下所亲闻目睹也；微臣与司马仲达亦有联姻之亲，但微臣今日依然奏请陛下对他用中有防，不可掉以轻心！微臣的一切所思所为，都是为了我煌煌大魏能够基业永固、传世万代啊！”

曹丕听到这里，不禁紧紧握住了他一双枯瘦如柴的手，泪流满襟，哽咽着说道：“伯仁！你的这一片耿耿忠心，朕永世不忘……”

夏侯尚脸色涨得一片潮红，也紧握着曹丕的手，挣扎着挺身凑近前来，几乎要靠近了曹丕的耳畔，压低了声音奏道：“陛下，微臣在此向您禀告一个秘密：微臣的女儿夏侯徽，是一个深明大义、有勇有谋的奇女子。她虽然成了司马懿的长媳，但终归还是咱们魏室曹家、夏侯家的人啊……在她出阁的那天，微臣就将‘监视司马氏’的绝密重任嘱托给了她！她立下重誓要用一生的承诺担起这一绝密重任。司马懿一家若是真有什么图谋不轨的‘异动’，一定瞒不过她的！只要她一直潜伏在司马府中，我们魏室就始终拥有一双能够时时刻刻最迅捷、最准确地监视司马懿一家的‘眼睛’……陛下，这样您就能将司马懿控制于股掌之中了……”

“伯仁！伯仁……徽儿这么深明大义、舍身为国，朕真是始料不及啊！唉！为了大魏千秋万代的宗庙之安、社稷之固，真是苦了徽儿她了……”

夏侯尚那布满血丝的双眼也是泪水涟涟。他咳喘了许久，又紧紧抓住曹丕的手，一字一顿地说道：“陛下，古语有云，‘鸟之将死，其鸣也哀；人之将亡，其言也诚’。微臣有一些话多年来一直如鲠在喉，时至今日就不得不犯颜直禀了……请陛下一定要垂意采听啊！”

“说！伯仁你尽管直说！朕一定会好好听着……”曹丕也恳切至极地向他催促道。

夏侯尚睁圆了双眼，直直地正视着曹丕：“陛下，微臣不幸逝去之后，司马懿迟早定会出镇荆州，那么他先前所任的尚书仆射之位便空了出来——微臣临终之际，冒死建议陛下克制私怨之情，一心以宗庙社稷为重，展之以旷达之度、励之以公平之诚，破格召用东阿王曹植返回洛阳担任尚书仆射！如此，则大魏基业永有磐石之安矣！如此，则微臣死亦瞑目矣！”

听了夏侯尚这番话，曹丕一下便像被人点中了什么穴道一样怔住了——他脸上的表情顿时变得说有多复杂就有多复杂！他默然了良久，慢慢挣开了夏侯尚紧抓着他的手，缓缓转过脸去不再与他正视，用一种冷若寒冰的口吻凛凛然说道：“伯仁！你大概真是有些病糊涂了，居然劝朕召回曹植担任尚书仆射？哼！他当年夺嫡竞嗣之际，把朕逼得乃是何等过分！朕为了讨好他们那帮无耻文人，甚至不惜跑到王粲墓前装驴叫以示礼贤下士之意！那些耻辱，朕永远也忘不了！那些残酷之争，你是局外之人，又怎会体味得出朕当年的切肤之痛！你不要再说了！朕就是肯将所有的军国大任都拱手交给他司马懿，也绝不会托付给他曹植一分一毫的！”

夏侯尚默默地听罢，面庞顿时变得一片惨白。他蓦地颓然躺倒在榻床高枕之上，嘴角缓缓地抽动了几下，最终却还是没有挤出一段囫囵话来。随着深深一声长叹，他把头一歪，一颗浑浊的泪珠从他眼角滑落而下，“吧嗒”一响掉在了黄杨木地板之上，碎成了一蓬飞溅而起的透亮晶粒！

黄初七年四月二十六日，曹丕这一轮打打停停、耗时长达一年之久的东征孙权之役，再次以劳而无功的结局收场。他在从前线广陵城黯然返回许昌城的半途中猝然遭到了东吴将军孙韶、高寿率领的两千敢死之士伏击，损失了青盖车、银伞辇等仪驾八辆，羽林侍卫伤亡达六百余名。幸得征东参军蒋济事先建议曹丕改乘御驾副车潜行，他方才避免了被吴兵暗算而伤之患。但是这一场偷袭，仍然令他受到了强烈的惊吓，并且牵发了他先前旧有的心绞痛之痼疾，弄得他慌慌忙忙逃回京都洛阳后便卧床不起。

在重病之中，他痛定思痛，以这样一首诗羞羞答答、半遮半掩地给自己这近七年来败多胜少的征战生涯画上了一个不太圆满的句号：

观兵临江水，水流何汤汤！戈矛成山林，玄甲耀日光。猛将怀暴怒，胆气正纵横。谁云江水广？一苇可以航！不战屈敌虏，戢兵称贤良。古公宅岐邑，实始剪殷商。孟献营虎牢，郑人惧稽颡。充国务耕植，先零自破亡。兴农淮泗间，筑室都徐方。量宜运权略，六军咸悦康！岂如《东山诗》，悠悠多忧伤？

满朝上下文武百官，都看出了这是他以诗词歌赋的形式写成的一道华丽而又隐晦的“轮台之诏”：罢停征伐之役，大兴屯田之业，深根固本、休养生息，先为己之不可胜而后伺敌之可乘。

又过了半个月之后，陪都许昌城猝然发生了一件怪事：它的朱雀大门居然在光天化日之下无故而自崩，当场压死压伤了三十九名无辜士民。这一不祥之兆立刻在魏国之境内外传得沸沸扬扬——甚至有不少民间术士出来解析道：许昌城者，大魏受命之都也；朱雀门者，许昌城启运开泰之枢户也。大魏受命之都的启运开泰之枢户无故而自行崩坏，则预示着魏室天子必有暴崩之患！

面对这此起彼伏的谣言和流言，魏国朝廷所有的枢院台阁却表现出了一种出奇的耐人寻味的平静和淡漠：没有任何官员站出来回应，没有任何官员站出来制止，也没有任何人士站出来疏导。仿佛那个“答案”已然是不辩而自明、不隐而自显的了。

丁巳之日，凌晨三鼓，寒星满天，晓月如钩。皇宫里那条长长回廊的檐角到处都燃起了一盏盏松枝状琉璃宫灯，照得柏木地板上到处都荡漾着一汪汪清澈见底的银亮。

两排廊柱边的羽林军武士们一个个挺胸凹腹、佩刀悬剑，像钉子似的一直站到了视野的尽头。

司马懿、陈群、曹真都是被钦差谒者连夜从睡床上召唤而起的。他们破天荒第一次乘着坐辇在宦官们的拥领下慌不迭地赶到嘉福殿前堂，只见太尉钟繇、司空王朗、御史大夫董昭等寥寥几个元老公卿已经坐在里边的红绫专席坐垫上等候着了。

孙资从后堂的门口边慢慢移步过来，一双明亮如烛的眼睛眨也不眨地盯着司马懿，嘴里的话却似乎是冲着他们三个人一起低声而说的：“三位大人且请在此稍候一下，陛下此刻正在后堂密室召见华司徒议事。”

司马懿迎着孙资的眼神暗暗一点头表示会意，若无其事地随着陈群、曹真一齐在钟繇他们身边坐下。他双目直盯着后堂密室两扇黑洞洞的大门，袖中的拳头却禁不住暗暗捏紧了起来：曹丕在这病危弥留之际，第一个宣召进去密谈的居然是华歆？难道他要以华歆这“老怪物”为顾命首辅大臣？可这华歆已是年过七旬、精力不济了呀！他怎么会让华歆来当顾命首辅大臣呢？

他在外边正自揣测着，后堂密室里面的华歆却跪坐在曹丕的病榻前捧着曹丕的手哭得老泪纵横、泣不成声！

曹丕安慰了他片刻，强忍着病痛，慢慢开口问道：“华爱卿，您且给朕建议一下，朕应该任命谁为顾命辅政大臣哪？”

华歆那一大把花白须髯上滴满了泪水：“陛……陛下，您切莫妄言此事——您的龙体一定会顺利好将起来的……”

“世间无不朽之木，天下无不死之人——朕不像秦始皇、汉武帝那么贪恋长生，对这一点早就想开了……唉，只是朕没料到这一天会来得这么快！”曹丕淡然笑着摆了摆手，“今夜趁着朕的脑筋还没病得一塌糊涂之前，朕要加紧把这些身后之事安排妥帖了……”

他一边慢声说着，一边从榻床高枕之下摸出一封信函来，哆哆嗦嗦地递给了华歆：“这是前日孙资、刘放从校事府那边接到的一封据说是曹休在许昌城朱雀门无故自崩那天后私底下悄悄写给曹植的慰问信……华爱卿您替朕仔细瞧一瞧，它到底是不是曹休的亲笔字迹？”

华歆听了，心头登时狂跳不止：曹休竟敢在曹丕病重卧床难起的这样敏感时刻去和曹植私相交通？这可是触犯了曹丕心底的大忌啊！但曹休也未必会有这么傻吧？他战战兢兢地捧着那封信函瞅来瞅去看了半晌，最后也只得答道：“陛下，老臣如今实在是老眼昏花了，怎么瞧也瞧不分明……您可以招来熟悉曹大都督字迹笔法的一些宗室亲信帮着好好辨认一番。”

“朕昨天让曹真认真看过了，他说这信上的字迹确实有些像是出自曹休之手，但兹事体大，他也不敢肯定。”

华歆听曹丕这么一说，更是不敢乱趟这潭浑水，慌忙应道：“这个……为求稳妥起见，陛下就可降下御诏，速令曹休回京前来对质吧！”

曹丕闻言，抬起眼来幽幽地盯了华歆一下：“您认为曹休在这两三日里能够及时从合肥赶到朕这里来当面对质吗？朕原本是有这个想法的。可惜，朕现在怕是撑不到最终彻底辨清这件事儿的那天了……罢了，罢了，无论这信上的字迹到底是或不是曹休的笔迹，朕都来不及去追究了……”

他讲到这里，双眸刹那间变得精光暴射：“朕已经决定了，不将曹休列为顾命辅政大臣人选……”

华歆一听，暗吃一惊：这个曹丕的疑心真是太重了！只因这“莫须有”的一封慰问信，他就对曹休半信半疑……这也未免太过猜忌了！

“当然，朕不将曹休列为辅政大臣人选，也并不是单凭这一封‘慰问信’的缘故。您应该知道：他曹休乃是太祖武皇帝的亲侄儿、朕的堂兄，不像曹真只是太祖武皇帝自幼收养的义子……他若成为顾命辅政大臣，仗着那一股宗法名分上的优势胡作非为，谁还能制约得了他？”曹丕抬头望着高高的室顶藻井，断断续续地说着，“不把他列入辅政大臣人选，也并不等于朕就不重用他。朕会将这份人情留给叡儿去做……朕会嘱咐叡儿在他即位之后立即加封曹休为大司马，阶居三公之上！这也算是给叡儿一个笼络他的机会……曹休今后当不上顾命辅政大臣，应该就只会怨恨朕这个先帝，而不会迁怒于叡儿。将来，他受封大司马之位后，更会感激叡儿的知人之明，从而对我魏室忠心到底的……”

“陛下圣明，老臣实在是叹服不已。”华歆听罢，急忙深深伏身叩首而赞。

“华爱卿，朕今天召您最先进入密室听旨，其实是准备向您托付一件特别重大的事情——那就是朕希望您今后能一如既往地继续于朝堂中监控司马懿啊！”曹丕转过了头直视着他，紧咬着嘴唇，一字一句凝重有力地说道，“朕这一次迫不得已，只有任命他为辅政大臣兼镇南大都督了！”

“陛下！您忘了先帝的遗嘱吗？司马懿掌不得兵权啊！他此番若是兵权在手，只要假以时日，恐怕威势之盛更在曹休之上，谁能制衡得了他呀！”

“唉！那么，依华司徒您之高见，谁又能接得了这一镇南大都督之重任呢？昨日午时朕刚接到兵部呈来的紧急军情讯报，孙权将调派诸葛瑾从夏口城，陆逊从长沙郡两路齐发、东西夹击，直取襄阳而来！”曹丕说到此处，猛地倒抽了一口长气，双目精光灼灼地盯着华歆，“谁……谁……能替朕敌得过这一大劫？您给朕举荐这样一个人才出来！”

“这……这……”华歆低下了眉头，嗫嚅着再也答不上来。

曹丕看着华歆无计可施的模样，眸中的光亮不禁渐渐熄去，眉宇之际隐隐透出一丝黯然。他静了片刻，双眼低垂，慢慢说道：“荆州乃是中原腹地的藩屏，北有洛阳京畿禁军俯临于后，西有曹真屯兵于右，东有曹休驻军于左，三面相钳——司马懿在那里左右受制，纵是真的心怀异志、行有异动，应该也闹不出什么气候的！华爱卿，您以为如何？”

华歆顿首于席，黯然半晌，终于开口答道：“陛下既有这等钳制平衡之策，老臣自是再无异议。”

曹丕也定定地注视了他好一会儿，沉沉又道："朕稍后会执笔亲书遗诏，升任您为本朝太尉，位居诸大将军之上，节度天下兵马调遣之权，这样您就可运用职务之便时时监控司马懿了……司马懿至多只能调动得了他镇南行营里的兵马而已。依朕看来，单凭那区区十余万荆襄之兵，他亦做不得什么大事！"

华歆不禁感动得泪落如雨："老……老臣在此多谢陛下的衷心信任之恩！只不过老臣年迈力衰，恐怕会有负陛下之重托啊……老臣实在是诚惶诚恐……"

"华爱卿，您不要推辞。朕相信您一定能行的。"曹丕脸上波澜不惊，只是摆了摆大袖，劝住了他的谦辞——瞧这华歆的身板儿，应该还是能再撑持六七年吧？六七年之后，司马懿就是五旬之龄开外了，叡儿自己年高力强，就可以掌控住司马懿了……

"陛下，老臣苦苦思忖之下，倒有一个建议：陛下为了避免司马懿在镇南行营中独树己威，不如伺机向他的部下将校中间埋设'楔子'，对他施行'自下而上'的暗中监控……"

曹丕听了，唇角缓缓游过一丝深深的笑意，只是不动声色地应道："华爱卿，您这个建议极好。日后，您在太尉之位上尽可放手依照此计而行，不能让司马懿在军中独揽其权……朕一切就都拜托您了！"他嘴上虽是这么说着，但他其实先前在暗中早有安排，那十余万荆襄驻军之中，三万"虎豹营"战士才是里面最精锐的主力。只要"虎豹营"还掌握在曹氏宗亲的手里，司马懿在镇南行营中就掀不起什么大浪来。鉴于此，曹丕听从了夏侯尚生前的建议，及时把夏侯尚的堂弟夏侯儒调任为统领"虎豹营"的骁骑校尉，并且给了他等同于镇南行营副职主将的便宜从事之权。

想到这里，曹丕觉得自己才似乎松了一口大气。如今，自己费尽苦心将司马懿上上下下、左左右右、里里外外都完全监控了起来，他就是有心举兵造反，只怕也折腾不出什么名堂了！于是，他脸上笑容绽露，令人意外地振作了心情，向华歆语气流畅地吩咐道："华爱卿——您且先出去，把司马懿召唤进来。有些事情，朕到了该和他好好当面谈一谈的时候了……"

华歆连声应着，刚退到室门边，曹丕又忽地撑起上身来向他把手一招：“华爱卿——且慢！”

华歆急忙回过身来，却见曹丕一脸似笑非笑地看着他，目光里隐有期待，只是不说话。

心头暗暗一愕之下，华歆思忖片刻，蓦地会过意来，恭然俯首而道：“老臣出去之后必以一腔颈血而力助陛下立谥为‘高祖文皇帝’！”

曹丕脸上的笑容这才变得明朗了起来，将身往龙床靠背上一倚，双目微闭，向外摆了摆手，让他去了。

司马懿刚一举步踏进后堂密室，他身后的室门便悄无声息地紧闭上了。他抬眼往前望去，只见曹丕半倚半躺在龙床之上，正远远地盯视着他——忽明忽暗的宝树状多枝型青铜古灯的光华照得他那微微浮肿的脸颊，漂起了一片淡淡的幽蓝，流露出一种说不出的阴森之意。

司马懿心头一凛，暗暗屏住了呼吸，从室门边处开始，便跪了下来，膝行着徐徐向前。

“仲达，你快些过来！”曹丕看到他进来，脸上倏地绽开来一团笑意，有些吃力地向他招了招手。

“陛下……陛下……”司马懿马上假装出心忧如焚的模样，几乎是连滚带爬地赶到龙床边上，仰面望着曹丕，双眼热泪盈眶。

曹丕虽然仍在笑着，眼角却流下泪来，颤巍巍地伸出双手隔空虚扶，艰难地喘息着说道：“仲达，你且平身……”

司马懿从地下挺起了上半身，一边拭泪而泣，一边颤声奏道：“陛下莫要太过操劳国事，还是高卧宫中摒除杂念安心养病吧！天下四方庶务，皆有臣等尽效犬马之劳以佐定之！陛下稍待几日病愈之后，便又可君临万国、威扬天下了……”

“呵呵呵……仲达啊！你又何必这般欺哄朕空高兴一场呢？！许昌城的朱雀门都无缘无故地自行崩坍了，周宣爱卿给朕推算过命数了，朕的大限将至了……”曹丕摆了一摆大袖，嘶声咳喘着继续讲道，“仲达啊！谢谢你这么煞费苦心地安慰朕——真是难得你这一片忠心了！”讲到此处，他顿了一顿，意味深长地瞅了司马懿一眼，“朕的病情究竟如何，朕自己清楚。仲达啊！倘若朕万一有所不测，朕的这千秋社稷就有劳你悉心匡扶了……”

“陛下何出此言？微臣真是甘愿折损自己的阳寿也要为您祈福万岁啊……”

“唉！万岁？谁能真的活到一万岁那么长寿？罢了，罢了，且不去谈那些了。今天，朕是真的恳请你悉心匡扶我大魏社稷——‘我曹家与司马家世世代代结为骨肉之交，平分天下，共治四海！’当年的这句承诺，朕可是一直牢记在心、没齿未忘啊！”曹丕脸色一凝，蓦地伸出手来一下按住了司马懿的肩头，双目精芒大盛，紧紧盯视着他，“朕已决定：任命你为顾命辅政大臣兼镇南大都督，持节统驭荆襄行营兵马！”

听着曹丕这滚烫如血的一番话，司马懿的眼角顿时有一缕泪光，缓缓沁流而下。他的心头先是轻飘飘地一荡，然后又是沉甸甸地一落——自己日思夜作、绞尽脑汁而谋求了五六年的掌兵之权，终于到手了！但他胸中那一股狂喜之潮只是一涌而过，理智之礁随即冉冉升起。据他所知，这个“持节统驭荆襄行营军马”的兵权，也不是什么轻巧之物，恰如刚刚才从熔炉中取出来的一柄灼红之剑，实在是烫手得很——荆襄之域，目前正有东吴陆逊、诸葛瑾两路大军东西夹击而至，形势十万火急，赫然已成难消难解之危局！这个曹丕，实在是把南疆战局拖得坏到不能再坏了的地步，然后才故作大方地将兵权交给了自己……

他暗暗掩饰住了自己心中的这重重波动，神色装作有些木然：“陛下……微臣素无戎马征战之绩，岂敢妄承陛下厚爱？又岂敢妄居镇南大都督之位？还请陛下收回成命！”

“仲达！你莫要推辞！”曹丕深深地看了他一眼，沉沉地咳了几声，有些嘶哑地说道，“贾太尉、夏侯镇南当日都曾向朕力荐过你有韩信用兵之才。你若登居镇南大都督之位，没人不服的……其实，朕又何尝不知你确有这样的文武兼备之能？可以说，朕比他们每一个人都最先了解你的本领了！你的兵法韬略，不知比那陆逊小儿厉害了多少倍去！只是由于先前数年之间国事所需，朕不得不让你暂时屈居于萧何之位，内镇百姓、外供军资……那也是朝廷一等一的要务，朕交给别人不放心哪！”

司马懿听着他这假得不能再假的满口谎话，垂下头去，暗暗紧咬钢牙，隔了片刻，才缓缓答道："陛下如此信重微臣，微臣实在是粉身碎骨也难报万一了！”他的语气似哭似泣，两眼竟也掉下泪来！

曹丕紧紧地握着他的手，喃喃又道："当年周宣爱卿向朕曾经谈起，你司马仲达乃是朕的'天赐贵人'——事实也确是如此，昔日若无你在幕后鼎力相助，朕岂有今日登基称帝之荣乎？溯本究源，朕的一切基业，都是你司马仲达为朕打拼而来的呀！所以，我'曹家与司马家世世代代结为骨肉之交，平分天下，共治四海'这句承诺，实乃朕的肺腑之言，可贯天日！朕不仅要你做朕的'天赐贵人'，朕还要恳请你当我叡儿的'天赐贵人'，悉心辅弼他成为一代明君！”

"陛下！陛下此言真是折杀微臣了！”司马懿听得满额汗出，一边慨然说着，一边在柏木地板上重重地磕起头来，"为报陛下的知遇之恩，微臣在此对天立誓，生为大魏之臣，死为大魏之鬼，永生永世精忠报国、决无二心！”

"仲达，你且住了吧！”曹丕摆了摆手，让他停住了磕头，忽地俯身探向前来，目光若电地正视着他，"你或许不知道，朕此番册立叡儿为东宫太子，其实有大半的因素是出于你的关系……你和甄皇后、方贵妃她们先前素有宿旧之交，朕的心底里其实一直都很清楚……”

一听此言，司马懿心头不禁猛地一跳：好个曹丕！果然倒有几分手段——居然连本座这等的机密要事也探知到了……他心念一动之下，全身筋肉都"呼"地一下绷得紧紧的！

"这一两年来，一直有人在朕的耳边不断'吹风'，企图废长立幼、弃嫡取庶，换成徐贵嫔所生的曹礼为嗣。朕都极力顶住了。朕知道，只有册立叡儿为东宫太子，仲达你才会安心匡扶我大魏社稷。想来，有你当年和甄皇后、方贵妃二人的宿交情分作为纽带，你一定会对叡儿忠诚到底的……”

司马懿听到曹丕这段话时，胸腔中一股热流激荡而起，让他那久已冷硬如铁的心也微微发起烫来，一瞬间眼眶里泪珠滚滚："陛下此言，真是太过抬爱微臣了……微臣怎敢不安心匡扶我大魏江山？无论我大魏储君是谁，微臣都会尽忠竭诚、悉心侍奉、死而后已……”

曹丕仿佛并没有认真在听他讲什么，幽幽的目光在他脸上掠了一下，抬起头仰视着高高的屋顶藻井，兀自喃喃地说道：“唉！四年前，朕对甄皇后的处置，委实是太武断、太草率了些……周宣曾经警告朕‘青虹贯日，此乃天象示警，天下当有贵女子蒙谗’……朕逆天而行，这个报应也来得忒快！唉！朕也后悔得很——朕现在最放心不下的，就是叡儿啊！他这般年纪便父母双亡，唯一的同胞亲妹妹东乡公主去年又殁了，真是孤凉可怜啊……”

说到这里，他腮边泪垂如珠，衣襟尽湿——蓦地转过头来，死死地盯着司马懿：“仲达啊！朕希望你对太子他视若亲子，倾诚以奉之；朕也会叮嘱太子对你视若亚父，折节而敬之……你俩君臣之际相亲相和，朕在九泉之下便可欣然瞑目了……”

曹魏黄初七年五月丁巳日凌晨卯时，曹丕驾崩于皇宫嘉福殿，享年四十岁，谥号为“高祖文皇帝”，葬于首阳陵。他在临终之际，召集了京中所有二品以上的卿僚到场，公开宣读了自己的亲笔遗诏：

> ……曹真、司马懿、陈群自少至长侍从御驾，与朕素有金玉之交，尽诚竭节、劳苦功高，可谓“入为心腹，出作股肱”。今朕不幸中道而别，命也奈何！特此托以六尺之孤，寄以天下之命，授以辅政监国之任，谨封曹真为中军大将军兼征西大都督、司马懿为抚军大将军兼镇南大都督、陈群为镇军大将军兼司空，望其各尽王事，共扶社稷！

司马懿，终于在他四十七岁那年“化鲲成鹏”，得到了他一直梦寐以求的持节掌兵之重权！

第二章
退吴之战

墙头之草

“什么？司马懿当上了镇南大都督？他凭什么？他有这份能耐镇得住这三千里荆襄之地吗？”曹魏新城郡太守孟达放下驿使送来的魏文帝遗诏抄件，右拳重重地一擂案几，震得他面前那只茶盏都跳了起来，“先帝真是知人不明啊……”

他的儿子孟兴和太守府署主簿李辅坐在案下右侧席位之上，默然对视无语。

算起来孟达已经投靠魏国亦有六七年的光景了——去年前任镇南大都督夏侯尚退居宛城养病前还信誓旦旦地向他保证要帮他从朝廷那里运作一顶“荆州牧”的官帽来，结果夏侯尚一死之后此事就没了下文。半个月前，魏文帝驾崩、新皇帝曹叡登基之际，孟达以为曹叡此番会“与民更始”，自己这一次又有加官晋爵主政荆襄的机会了，没料到今天收到的消息却是，司马懿出任镇南大都督，持节统驭荆襄行营兵马，荆州牧仍是裴潜留任。这一下，弄得他大大地“空巴望”了一场，气得是几乎要把满口钢牙都一颗颗咬碎了！

“李辅，你对此事有何见解？”孟达勃然暴怒之后，忍了半晌，才强抑着怒气，向自己的心腹“智囊”李辅开口问道。

“主公，请恕李某直言：司马懿此人在朝中素有‘张良之器、萧何之材’的盛誉，又曾经跟随太祖武皇帝以丞相府军司马和主簿之职务东征西战，来历确是非同寻常！”李辅一边用手指轻轻捻着自己下颔的胡须，一边眨巴着一对黑豆般闪亮的眼睛，若有所思地慢声答道，“主公，您可千万不可等闲视之啊！”

“放屁！放屁！司马懿的韬略计策再怎么厉害，他毕竟也没有独当一面地领兵作战过吧！哪里像本座纵横荆楚、身经百战？”孟达又是一拍案儿，跳了起来吼道，“他晓得东吴三军大都督陆逊那是何等厉害的角色么？连夏侯尚将军在世时都要惧他三分！司马懿这个‘赵括之徒’斗得过他？看来，此番襄阳、江陵都是有些难保了……”

听得孟达破口大骂“放屁”二字，李辅虽是早已习惯，但他脸颊上还是禁不住顿时热辣辣地红了一下。他也不多辩，暗一转念，便换上一副笑脸附和而道：“主公一语中的，李某佩服——是啊！如今大魏荆州境内，西有诸葛瑾率领五万步骑自夏口城而直取沔阳，东有陆逊指挥三万五千水师自长沙郡而疾袭江陵，实在是岌岌可危啊……”

孟达慢慢坐了下来，双手在案几上捧托着自己的脑袋，眼珠儿滴溜溜直转：“眼下荆州局势危急之极，本座可不想给他司马懿‘陪葬’，须得早早作好‘见机而作，另谋出路’的准备啊……”

“见机而作，另谋出路？”李辅心底暗暗一跳，脸上不禁现出惊愕之色来。

孟达扫了他一眼，将目光远远投向了卧室的南面窗户之外，向孟兴努了努嘴，示意而道：“兴儿你且出去看一看——你邓贤表哥今天应该是回来了吧？”

孟兴应了一声，刚刚起身走到卧室门口处，便听到门外边传来了孟达的外甥、新城郡郡尉邓贤低低的呼声：“舅父大人——”

李辅在一旁瞧着孟达父子神神秘秘的模样，兀自惊诧之际，但见木门处大步流星地进来了一个青年小将，身高七尺，长得敦敦实实的，蜂腰燕颔，颇有彪悍之气，正是邓贤。他身后却跟着一个中年文士，头顶一束青布纶巾，身穿一袭灰袍，满面恭敬之色，俯首控背趋步而入。

“贤儿！”孟达喜出望外地迎了上去，“你可从李大人那里回来了……李大人他怎么说？”

“舅父大人——这位是李严大人的幕府记室高冲高先生……”邓贤深深欠身行过一礼之后，将跟着自己一道进来的那个灰袍文士介绍给了孟达。

李严？莫非是现任蜀汉顾命托孤次辅大臣兼尚书令的那个李严？李辅心头一震：真看不出来——孟达竟然与敌国要员还有这么隐秘的联系？！难道这就是他方才所言的“见机而作，另谋出路”？

这时，高冲已向孟达弯腰鞠了一躬，拱手而道：“孟将军——李令君特意委托在下专程前来贵处向您见礼致意了！”

“呵呵呵……李兄如今在蜀汉位居尚书令兼任江州大都督，又是顾命次辅大臣，那是何等的风光气派？！岂如孟某今日屈居他人篱下而郁郁乎为奴为婢也？孟某甚为李兄而庆贺之！”

“这个……其实李令君对孟将军您也思念得紧啊！邓小将军他亲眼看到的——李令君在下走此行辞别之前曾经执手抚心告诉下走：当年孟将军高翔东去，实乃昭烈皇帝之养子、宜都太守刘封自恃亲故之恩而欺人太甚，居然肆行强夺孟将军应享之鼓吹仪仗，然后又恶言谗毁您于昭烈皇帝之前，所以孟将军您不堪其辱，方才翩然而去。”高冲一脸诚恳地望着孟达，娓娓而道，“此事之曲，全然在于刘封小儿，而不在孟将军也！此乃李令君与诸葛丞相所共知也！如今昭烈皇帝已殁，加之当今陛下继位登基与民更始，时时虚心侧席，务求以德怀远，若孟将军您此刻能够幡然内向、归义成都，则实为大汉之幸、社稷之福也！”

原来，孟达早年与西蜀顾命次辅大臣、尚书令兼江州大都督李严素有深交厚谊。尽管孟达后来叛蜀投魏，他俩仍然在暗底下潜通鸿雁而时有书函往来。当然，依孟达这边的想法，他与李严暗中交通，所行的就是“见机而作，另谋出路”之计；而李严与孟达鸿雁往来连缀不绝，却是另有一番盘算。身为李严幕府记室的高冲自然亦是相当清楚的。溯本究源，当今蜀汉王朝内有三大政治支柱——荆州派、东州派和益州派。荆州派势力以诸葛亮为首，其辅翼之党有马谡、蒋琬、杨仪、邓芝等；东州派势力以李严为首，内部成员以前任益州牧刘璋旧部居多，如董和、向朗、向宠、李邈等人；益州派势力则十分松散无首无脑，就是由益州本土士族费诗、孟光、谯周等组成。

在这三大势力派系之中，荆州派其势最广、其众最多，几乎掌控了朝廷所有的中枢要职；东州派则依托蜀东一翼为势力根基，李严坐镇永安宫，统领江州郡三十六县，屯峡守江，向外而为蜀汉护卫东疆，向内而与成都中枢遥相制衡；益州派势力最弱，费诗、孟光、谯周等唯有拱手而居闲散之职，聊事谏议讽咏之浮行而已。刘备在世之时，一直是勉力维持着这三大势力派系平衡互制的政治格局。刘备去世之后，荆州派势力迅猛膨胀，形成“一枝独大”之势——诸葛亮身为顾命首辅大臣兼任开国丞相而总理万机，杨仪为度支尚书兼领绵竹太守，蒋琬为吏部尚书兼广汉太守，马谡为征北参军而兼成都尹，可谓“遍布要津、各据显位”。而李严虽为顾命次辅大臣兼尚书令，却被闲置于永安宫偏居一隅，无法入朝参政理国。他的东州派旧友董和、向朗、向宠、李邈等人，也都被搁在大鸿胪、光禄勋一流的虚位之上，个个毫无实权。李严瞧在眼里，自然是深为不满的，故而一直想拉拢孟达入蜀共事，借以辅翼己势，伺机向诸葛亮图谋分权治蜀。只要孟达以新城郡的千里之地、数万精兵前来投附，那么李严手中拿来和诸葛亮讨价还价的砝码可谓又将重了几分。但，这一切是否皆能遂李严私心之所愿，高冲心底也是没有太多把握的。他已察觉，孟达之狡猾多变，实在是难以捉摸得透！

孟达听罢高冲之语，暗暗思忖片刻，目光瞥向邓贤，口中的话却问向了高冲：“哦？高记室，李严兄就只是向你托带了这样几句话过来吗？他还谈到了别的什么吗？”

邓贤脸色有些茫然，迎着孟达的目光微微摇了摇头。

高冲却是眼珠一转，从袍袖中取出一条绚烂多彩、粲然洒金的锦带来，双手托起，向孟达恭然呈上：“这是李严大人命夫人亲手为孟将军您编织的一条‘鸾凤和鸣带’，请孟将军笑纳！”

孟达面露微笑，接过那条锦带，细细端详起来：只见那带在宝蓝色的底面上，用灿灿金丝绣着一只双翼高举的黄鸾，盘旋于空；用莹莹银线绣着一只引颈长鸣的白凤，高踞于岩。这一鸾一凤的一鸣一和、一飞一驻之际，当真姿态灵动、鲜活有神，让人看得饶有兴味！他一边慢慢欣赏着，一边啧啧叹道："久闻蜀锦刺绣之艺妙绝天下，今日一见，果然名不虚传！"

高冲在一旁笑眯眯地指点着那锦带上的纹彩，向他若有深意地说道："孟将军，我们蜀锦的质优色妍是天下闻名的！它最精妙的地方就是'锦上添彩，日光月色；表里各异，相映成趣'……"孟达听罢，心底暗暗一动，将那条锦带拈在手上，举了起来，凑着烛光往里面一瞄，蓦然哈哈一笑："好！好！好！前有献帝'御带诏'，今有李兄'锦带函'——李兄的所行所为委实出人意表啊！"

他一边得意地笑着，一边将"鸾凤和鸣带"的右端缝缀连处的一排碎玉细珠纽扣轻轻解开，慢慢地从锦带内腹之中抽出一条素绢来。然后，孟达就顺手将它在案几之上铺了开来，招呼孟兴、邓贤、李辅等凑前来看。

众人凝神瞧去，只见那一条素绢上面用鲜红的朱墨狼毫写着：

孟君吾弟：

先帝中道崩殂，大汉内外交困，而吾与孔明俱受寄托共匡社稷，实是忧深责重，念念思得良伴而分劳之，时时萦心不已。孟君倘若携众来归，朝廷定当授以三公之位、心腹之任，岂如伪魏待君碌碌而视之、闷闷而摈之且又隐隐而忌之？荆棘之丛，焉堪栖凤落凰？巴蜀之域天府之国，正是孟君一展骐足之乐地矣！

孟达认真看罢，见那些字迹骨力苍劲，正是李严亲手所书。他脸上微微泛开了几丝波动，低头沉思着来回徘徊了几圈。终于，他心念一定，停下身来，扯过案几上一张白纸，把笔提在手中，正欲挥毫而写——笔尖尚未落纸，他蓦地又一抬腕停住了。沉吟片刻之后，孟达却将笔放下，小心翼翼地折叠好了这张白纸，把它装进了一个羊皮囊之中。他双手托着那个羊皮囊，递给了高冲，望着他深深而笑："李严兄既给本座送来了那条寓意深远的'锦中函'，本座便也还给他一封'白纸信'——他、我兄弟二人，一切自是怦然会意于心，无语而自通、无言而自明，何须笔墨为媒？”

高冲接过那只装着一张白纸的羊皮囊，怔了一怔，忽地放声而笑：“孟将军行事不愧是‘羚羊挂角、无迹可寻’——下走佩服之极！”

孟达听出他话中隐有暗讽之意，却厚着脸皮不以为然，将手一摆，泰然而道：“高君你且只管将这‘白纸信’给李严大人送去，他与本座知交多年，自会明白本座这‘一切尽在无言中’之寓意的。”然后，他又向邓贤吩咐道：“贤侄，高先生远来车马劳顿，你且送他下去休息，切要悉心周到，不可失了丝毫礼数……”

待得邓贤领着高冲退下之后，孟达方才转过身来，向李辅问道：“李主簿，今夜之事，你已尽知矣，却不知你对此有何意见？”

李辅沉沉一叹：“主公此番可是去意已定？这六七年来，咱们在新城郡的日子本也过得安稳……”

“安稳？安安稳稳地给他们曹家当一辈子的‘看门狗’？”孟达一下粗暴地打断了他的话，满脸涨得一片通红，“本座实在是不甘心哪！曹叡那小儿居然还要让司马懿、裴潜他们骑在本座的头上作威作福……”

李辅一听，便知他已准备固执到底了，也不好再去触他的气头，就转了一个话题说道：“主公，您若是去意已决，又为何要送李严一封‘白纸信’呢？这样会让李严他们对主公您的诚意有所怀疑的……”

“先不要管他李严怀不怀疑的，至少他是非常迫切地需要本座南下归附于他吧？他既是有求于我，我便占了主动之权！那我又怕他何来？”孟达挤眉弄眼地说着，活脱脱一副无赖嘴脸，“李辅，你不懂：他越是在意咱们，咱们就越要‘吊’他们的胃口！特别是越在这讨价还价的紧要关头，咱们越要自视甚高，越要自抬身价，越要牵着他们的牛鼻子走，才算是‘高手中的高手’！”

孟兴听了，不禁抚掌赞叹而道：“父亲身据要冲，举足轻重，岂能轻易屈服于李严？他蜀汉朝廷若不开出一些有分量的条件来，咱们决不自轻自弃……”

孟达却似未曾听清他的这些话，拿眼眺着北方，喃喃而道：“自轻自弃？是啊，咱们不能自轻自弃啊……老实说，魏室江山万里无垠，不知比诸葛亮、李严他们区区一个益州好了多少倍去？哪里是本座‘一展骐足之乐土’？中原神州才是那样的乐土呢！本座还想潜下来在这里静静观察一番：倘若那司马仲达才不符职，近日里若在东吴陆逊、诸葛瑾的两面夹击之中败下阵来，说不定本座便可迎来仕途之上的绝妙转机。荆州牧守一职，那时再不归于本座手中，却又能落到谁的头上？”

李辅听他这口风话头犹如墙头之草东摇西倒、变来变去，心中暗暗一叹，正欲开口劝说，却见邓贤突又掀开一条门缝探进头来，脸色变得无比紧张：“舅父大人，侄儿刚刚得报——镇南都督府署参军梁机、兵曹从事中郎牛恒在府门外声称奉令前来求谒！”

“奉令？奉了谁的命令？”孟达一惊。

“他俩自称是奉了新任镇南大都督司马懿的钧令而来的！”

算无遗策

沉沉夜幕之下，襄阳牧府议事厅内四角炬烛高燃，亮若白昼。

司马懿头顶虎头金盔，身披一袭青铜玄甲，面沉如铁，眉立似刀，威风凛凛地端坐于书案之后，举目睥睨之间竟似有一派如矢如箭的凌厉煞气袭人而来，逼得他案前两侧部下诸人呼吸骤紧！

荆州牧裴潜微欠着身站在他的右手下侧首位，从旁边上下打量着司马懿的这一身甲胄装束，心底暗暗吃惊：先前平日里他在洛阳皇宫长乐殿上见到的司马懿都是宽袍大袖、峨冠博带的雍容庄重之貌，却没料到他穿了一袭甲胄之后竟显得威武如虎、精悍似彪、神采飞扬、英华毕露！这清流名门出身的司马懿，一瞬间竟与灼灼甲胄、凛凛锋刃的枭将名帅形象，从表到里、从虚到实地合二为一了，仿佛他生来就是该当持节掌兵、君临疆场的“韩信之材”，只是先前曾被文质彬彬的鸿儒之相给隐没了！

场上诸位文官武将之中，不仅裴潜心头是作如此之想，襄阳太守牛金、骁骑校尉夏侯儒、屯骑校尉曹肇等心中亦有同感。司马懿给他们的印象，恍然如同一位曾经在短暂时间里离开过沙场而今重又披挂上阵、慨然归来的大将，一举一动都透着一股令人不敢怠慢的威严和刚猛！

“报——”一名巡营校尉匆匆奔到厅门口处，屈膝跪下，抱拳而禀，“启禀司马大都督，当阳县县丞肖逸、麦城县公曹文丰，昨夜擅自弃职离众而逃，企图奔回襄阳匿身。今晨卯时在南郊山林被我军巡防哨兵抓获，现已擒回城内，请示大都督发落！”

夏侯儒一听，只气得怒吼一声，一下伸手按住了刀鞘，恨恨地叱道：“这等贪生丧节之徒，何须拿来厅前请示？传令下去，将他俩速速斩首示众以正军法！”

牛金站在一旁亦是勃然骂道：“这些无胆无勇的匹夫！那陆逊尚在溯江而上的半途之中，离他们的当阳、麦城还远着呢，这些匹夫居然就怕成这般孬样！大都督！您且让牛某下去亲手砍了他俩的狗头来祭旗壮威！”

众人齐刷刷地都将目光投向了按案而立的司马懿。在他们的想象之中，司马懿一定会大发雷霆，将肖逸、文丰二人重重治罪！然而，这时却见满面威肃的司马懿眉宇间煞气一敛，伸手捋须沉吟片刻，忽地右掌一挥，缓和了口吻徐声而道：“慢！巡营官，你且传本督的命令出去，宣示给全郡士庶：值此艰危战局，若有潜避保身、待时而出之士，尽可舍城而去，勿为守城徒死，本督决不追究；倘若时局好转，各位仍可归魏求仕，本督既往不咎，而诸君子亦不必介意。肖逸、文丰，姑且免了一死，待后发落！”

“诺！”巡营校尉口里虽是这么应着，脸上仍是一片茫然，只得垂手缓缓退出。

迎视着诸位文官武将投来的惊疑交加的目光，司马懿毫不回避，坦然而对——他的眼神苍苍凉凉、深深远远，竟令列位部下嗫嗫而不能多言！是啊！一些铁的事实就那么明明白白地摆在大家面前：自今年年初原镇南大都督夏侯尚将军在宛城暴病身亡以来，荆州士庶上下早已人心骚动、一日数惊，肖逸、文丰不过是运气太差而被巡城哨兵逮住罢了！其他那些弃官而逃又没被抓住的郡县衙差僚吏们多了去了！这哪里是自己此刻用严刑峻法杀他两三个人就禁止得了的？与其闹得人人自危、鸡飞狗跳，倒不如示之以仁、施之以宽，或许还会对安抚全州士庶之心起到一定的收效。想到这里，司马懿的嘴角微微浮起了一丝苦笑：十余日前，在魏文帝凌晨驾崩、新君曹叡继位登基的第二天下午，自己就匆匆忙忙衔着一纸拜封自己为镇南大都督的任命诏书马不停蹄地赶到襄阳城收拾此刻荆州所面临的“东西夹击、两面受敌”之艰险局面！一连十多天来，本督废寝忘食、调兵遣将、日思夜谋，直到现在都还没能缓过一口大气来呢！荆州——难道真会成为自己初掌兵符就要折戟黄沙的“荆棘之丛”？

他缓缓摇了摇头，紧紧咬了咬牙，把自己心底的这些浮思杂念都狠狠驱散开去——他拿起一柄细长的铜尺，指着自己身后柏木板壁上悬挂着的那幅荆州军事地形帛图，一板一眼地认真分析着战局情势：“诸君，据我军各方斥候来报：此番吴贼来攻，兵分两路，一路是陆逊所率的三万五千水师，自长沙郡洞庭湖畔溯江而上，前来袭我江陵；一路是诸葛瑾所领的五万步骑，自夏口城出发，沿汉水南岸西来，意欲攻取我大魏的沔阳城。然后，他们东西两路人马一齐再在当阳县合兵一处，北上直犯襄阳！

“对此情形，本督数日来冥思苦想，终于想出了这样一条对策：面临这两路敌军，我军须得双管齐下、分头迎击——但在这两路兵力的调配之上却应有轻有重、有虚有实！首先来看敌军的兵力部署状况：陆逊兵较少而锋极锐，我军就算调去了大部分主力与他对阵，恐怕拼个七天七夜也至多只能扳回一个平局，但沔阳城却可能会因援兵不足而被丢掉；诸葛瑾兵较多而势迂缓，全军上下难免存有倚多为胜的自恃之念，所以很容易成为一支有隙可乘的‘虚兵’——咱们恰巧就该从他这一路下手，先用沔阳城作为‘香饵’吊起他们的虚骄之念，然后暗中集结我荆州行营的精锐主力，也给他来一个‘兵分两路’：一支从汉水北岸疾速东进，一支则乘舟驶船顺汉水东流而下，迂回包抄他们的‘老窝’夏口城！

“诸君应该知晓，夏口城乃是吴贼西面最重要的藩屏，距离他们的伪都武昌城仅有三百里之遥！夏口城遭到我军奇袭，则武昌亦必有唇亡齿寒之忧！而孙权为防备曹休大司马自东翼的合肥向他的背后发起狙击，必不可能亲临与夏口隔江呼应的樊口城来坐镇抵御。所以，咱们只要对夏口城加紧猛攻，则孙权必会急令陆逊、诸葛瑾火速回援，那么这样一来，我大魏的江陵之围、沔阳之危皆可不战而自解。在此之后，我军便顺势转旌西上，狠狠教训一下诸葛瑾的东吴步骑之师！待到陆逊的水师仓促赶抵夏口城之际，我数万劲旅已是安然屯守沔阳，足可以逸待劳了！”

虽然这一席话此刻滔滔然讲得如此顺畅，但它实际上已在司马懿的脑海间不知被反复推敲了多少遍！裴潜在一旁听罢，顿时有些愣了：司马懿这几招“避实就虚”“围魏救赵”“以逸待劳”之计当真是出手不凡！真不愧是被自己师尊水镜先生盛赞不已的“冢虎”啊！说不定眼下荆州这“东西夹击、两面受敌”的危险局面还真能被他轻轻巧巧地一举化解掉呢！

这时，曹肇却“哧”的一声笑了出来：“大都督讲得真是头头是道——不过，依属下之见，难道面对己方兵马‘东虚西实’‘东弱西强’的情形，孙权会犯这么低级的错误吗？”

司马懿听出了他话中隐隐的嘲讽之意，仍是若无其事地平静说道：“孙权此番犯的不是一个低级错误，而是一个高级错误：他想两面下手、各得其功，既夺沔阳，又取江陵，一心正做‘熊掌与鱼兼而获之’的美梦呢！不过，他这一招也完全是狂赌：他赌的就是荆州城内自夏侯大都督去世后再无他人能够识破他这‘两面下手、兼而获之’之毒招！可惜，他这一招还是赌输了——他应该猜不到本督会‘反其道而行之’，以沔阳为‘钓饵’，置江陵于不顾，直取他的西面咽喉要塞夏口城！这样一来，他惊慌失措之下必会自乱阵脚而匆匆召回陆逊的！”

“这个……倘若陆逊硬是抗命不从而死攻江陵呢？江陵若失，咱们的襄阳城亦是岌岌可危啊！他若再继续自当阳一线挥师北上，咱们远在夏口也仍有莫大的后顾之忧啊！”夏侯儒忧心忡忡地讲道。

司马懿认真地听着，双眸精芒闪动如电，一直待到夏侯儒讲罢，方才徐徐而言：“不错，本督这‘避实就虚’‘迂回出击’‘围魏救赵’之计应该瞒不过陆逊。但陆逊毕竟是一代儒将，忠君至上而持身纯节，若是未得其主孙权授权，他也未必敢行破格出奇之举。如果我军能造成夏口危急、武昌震动之势，则孙权必会召他撤兵而回，驰援救主！

以孙权之刚肃威严、法令如山，应是一向谨厚守节的陆逊所不能抗拒的……”

直至听到此刻，他帐下诸将这才心服口服，无话再说。

司马懿见他们个个脸上都露出了信服之色，便将手中节杖高高一举，果断下令道：“现在，本督下令：牛金，你率二万虎豹骑，自汉水北岸东袭而下，径取夏口城；裴潜、夏侯儒，你俩共率一万五千步骑经当阳县南下，前去支援江陵城；曹肇，你率一万步骑自汉水南岸疾驰而下，前去守卫沔阳城；本督居中亲率二万舟师由汉水顺流而东，直攻夏口城！”

“诺！”诸位文官武将齐齐抱拳欠身响响亮亮地应了一声。

正在这时，厅堂门外亲兵扬声禀道：“参军梁机、兵曹从事中郎牛恒慰问新城郡已毕，特来复命！”

司马懿听得分明，双眉顿时一跳，眸中精光大盛，稍一沉思，右手一扬，应声道：“好吧！那就有劳诸位速速下去切实遵令而行了！亲兵，传梁机、牛恒二人进来！另外，裴潜、牛金，你俩暂且留下！”

“梁机，你问过孟达可有发兵东下相援的意向吗？”

司马懿坐回了豹皮铺垫榻席之上，取下了头上那顶沉甸甸的虎头紫金盔，搁到了案头边。他一边用手指轻轻揉着自己两侧的“太阳穴”，一边拿眼微微斜视着梁机，徐徐问道。

梁机是司马懿早年在河内郡出仕时的同僚梁广的独子。后来梁广在与袁绍余党的激战中负了重伤而不幸身亡，临终之际便将自己这个独子托付给司马懿当了义子。司马懿对他视为己出，一直信任有加，将他留在自己身边从一名亲兵侍卫做起，就这样一直做到了官秩为从五品的征南参军。梁机这时听得司马懿此问，便敛神屏息恭然答道：“这个……孟达声称他患了头痛之症与腰腿之疾，一时难以披挂上阵，所以这次不能领兵前来相援。属下又向他索要兵马东下支援，他却告诉属下：他要留下大队人马守在新城郡，以此防备蜀寇从神农山那边趁火打劫、狙击作乱。”

“你认为他讲的这些到底是真话还是假话？”司马懿的话是朝梁机

问去的，目光却投向了站在梁机右侧的牛恒。牛恒、牛金两兄弟早就是他在前大将军曹仁主政荆州之时就打入襄阳牧府的两个“楔子”。这么多年来，他就是通过牛氏兄弟作为自己的耳目和手足来影响、操弄荆襄政局的，连自己的亲家夏侯尚那么精明厉害的角色也从来未曾脱离过自己无形的遥控！这也是为什么司马懿一入荆襄行营却能如鱼得水一般轻松适应内外形势，迅速进入“大都督”角色的根本原因之所在。

“潜伏在孟府里的‘内线’说，他的‘头痛之症’与‘腰腿之疾’全都是假装出来的。”牛恒的话永远是那么简明扼要。

“那么，孟达麾下的数万部曲兵卒近来可有什么异动吗？”司马懿紧接着又问。

牛恒和梁机对视了一眼，抱拳而答：“据牛某设在孟达军中的‘内线’来报，孟达暂时尚无异常举动，只是蓄意按兵不动，坐观时局之变。”

梁机在一旁也连连点头表示赞同。

“哦？原来他想‘脚踏两条船’啊？呵呵呵……只要他此刻还存有这样游移顾望的念头就好办！”司马懿双眸深处寒芒一亮，微微颔首，忽然若有深意地瞥了裴潜一眼，又看了看梁机，悠悠而道：“梁机，你可将本督为孟达精心准备的‘烟幕之阵’施放出去了么？他是如何反应的？”

“启禀大都督，属下遵照您的密嘱，将那‘烟幕之阵’向孟达巧妙地施放出去了。他应该已是上当中计了。”

裴潜在旁边听得有些莫名其妙，插话进来问道：“司马大都督，请恕裴某冒昧，您向孟达施放的是何‘烟幕之阵’？此人狡猾异常，要想让他上当中计实是很不容易。”

司马懿注视着裴潜一脸认真的表情，静了一会儿，忽地“扑哧”一笑，向他答道：“呵呵呵……裴君啊！说起来这一出‘烟幕之阵’倒和你也有些关系……梁机，你把详情给裴大人讲一讲。”

“诺。”梁机应了一声，转身向裴潜细细说道，“这‘烟幕之阵’，梁某是这样施放出去的：那日梁某在与孟达的交谈之中，假装不经意间提起——由于近期朝廷元老重臣们认为裴牧君在抵御孙权、陆逊的过程中一直作战不力、被动挨打，对您颇有迁职离任之动议。接着，梁某还向他巧妙暗示：荆州牧之位即将虚悬而出，而他孟大人凭着功高资深，完全可能是接掌荆州的最佳人选……依梁某的暗暗观察，孟达听了梁某的这些话简直是乐得心花怒放，还就势赏了梁某十锭金饼呢……”

“孟达这个利欲熏心、反复无常的小人！真是无耻之极！”裴潜听着，不禁恨恨地骂了一句。

司马懿含笑凝望着他，款款解释道：“裴君，本督这样编造关于你的流言，你不会多心吧？这个‘障眼之计’，是本督灵机一动而想出来的！你有所不知，这个孟达绝非善类，最是喜欢损人利己。几个月前，他还偷偷以重金行贿于夏侯镇南，想让夏侯镇南到先帝面前为他多多美言，念念图谋着将你这荆州牧之位取而代之也……他却不知道，实际上夏侯镇南在临终前将这些事儿都告诉了本督。本督于是日前便来了个‘借花献佛’，暂时有意传出那些他喜欢倾听的流言作为‘烟幕之阵’迷惑他……裴君，你不会介意吧？”

裴潜脸上表情一松，向司马懿拱手而道：“大都督此言从何说起？您这是为了军国大事而故布烟幕，裴某焉敢妄自多心耶？裴某认为：这孟达实在是一条怎么也喂不饱的野狗，您可要多加警惕！”

司马懿缓缓点头，若有所思。其实，他刚才已在心底暗暗松了一口大气：不管怎么说，自己费尽心机、要尽手腕，总算是暂时稳住孟达了！仅凭这一点，自己就该当为自己好好庆贺一番了！眼下自己面临着陆逊、诸葛瑾“东西交击、两面受敌”，本就是压力极大——倘若再不把西北边的孟达给稳住了，他要是临时起意兴兵作乱，自己立时就会陷入“三方夹击、三面受敌”的噩梦！那才真的会让自己手忙脚乱、顾此失彼啊！

但是，这些暗暗高兴的情绪只是在他心底疾掠而过：孟达此人反复无常、唯利是图，自己此刻表面上看似乎是暂时稳住他了，但倘若自己亲率大军东攻夏口城之后，他觑破襄阳城守备空虚，再在自己背后乘机作乱，又该当如何应付？把求稳求安的希望寄托在他这样一个根本就靠不住的小人身上，也实在是悬得很……

然而，司马懿不愧是司马懿，他内心深处虽是暗暗焦灼，表面上却不动声色、安之若素。他转过脸来，把幽幽目光深深投向了裴潜，道："裴君哪，你此番前去援守江陵城，肩上压力实在是不小啊！"

"是啊！"裴潜双眉紧锁，脸上忧色浓浓，"陆逊这厮用兵如神，连西蜀伪帝刘备当年都败殁在了他手下……裴某和他交手，只怕是凶多吉少啊……"

司马懿微微一笑，耐心劝道："裴君，外敌固然强大，但我们亦自有应对之方。兵诀有云，'两军相交，不能战则和，不能和则守，不能守则避。'你和夏侯儒到了江陵，切莫出城与他陆逊争锋，只需把他在城池外给本督耐心拖住二三十天的时间，则万事无忧矣！"

"什么？要拖住他二三十天的时间？"裴潜仍是一副忧心忡忡的模样，"大都督，裴某只有在此保证拼了死命尽力而为了……"

"裴君，本督相信你一定会拖得住的。"司马懿郑重言道，"依本督之见：一来江陵城原有士卒二万人，且又墙坚门厚、粮械完备、易守难攻；二来陆逊虽有三万五千精兵而远离根本，不宜久拖虚耗。所以，你一定能撑到最后关头的……"

裴潜脸上的神情仍然振奋不起来："裴某最忧虑的是万一孙权派兵前来增援陆逊……"

"这一点，你倒不必过于担忧。本督可以指着城外汉水为誓，向你保证：孙权是绝对不会调兵前来增援陆逊的。"司马懿将手一挥，喊他近前，起身俯过去向他侃侃而道，"本督为何将你单独留下？便是要给你细细解析一番。你可能没有看出来，其实孙权这一次实施'东西交击、两面齐攻'之计，在兵力调配部署上从一开始就存有明显的私心杂念——自五年前夷陵之战后，陆逊挟火烧蜀军八百里连营、一举逼殁西蜀伪帝刘备之大功，在江东朝野之际誉望极隆。孙权只怕早已对他怀有功高震主之暗忌了……所以，他此番才故意让诸葛瑾所掌的兵力远远多于陆逊，逼得陆逊只有以较少的兵力来啃江陵城这块'硬骨头'，塞给了他一个进退两难的窘境。若是此仗胜了，不消说陆逊也一定会胜得相当艰难，其战果也不会十分耀眼；若是此仗败了，则陆逊威名遭损、声望暴跌，其实正是孙权心底暗暗称快之事。孙权既存着这样的心思，你说他还会派兵增援陆逊，为陆逊的累累战绩再度‘锦上添花’吗？”

司马懿一边在口里这么细细讲着，一边在心底却暗暗想道：这全天下的帝王君主几乎都是一路货色，曹丕也罢、孙权也罢——个个都是嫉人之功而抑之以权，对有才有能的属下往往是明防暗制、掣肘有加！倘若那孙权以刚健中正之度而决断大计，放手任用陆逊，如当年夷陵之战时一般倾心待他，大胆拨给他五六万精兵，令诸葛瑾自东面仅以二万步骑进攻沔阳而策应陆逊，则陆逊兵强势锐定能一举拿下江陵而长驱北上，那才是我大魏最为可虑的严重危局！可喜可贺的是，孙权因己一念之私而弃此大计不用，实乃大魏之万幸也！就凭这一点，司马懿已然洞察出孙权虽为一代枭雄而终究难成帝业的“症结”之所在了——他和曹操当年忌惮我司马懿一样，也深深地忌惮着他那帐下第一儒将陆逊哪！

听罢司马懿这一番话，裴潜这才暗暗放下心来，紧锁着的眉头也渐渐舒展开了。他心情松弛之下，便向司马懿抱拳而道：“裴某在此多谢司马大都督的这一番指教释惑了！这样吧，江陵城如今形势危急，裴某不敢再作滞留，不如就此告辞，与夏侯儒将军一道火速赶赴那里善加驻守！”

司马懿郑重地一点头，右手一摆，道：“裴君行事果断迅捷、毫不拖泥带水！本督甚是佩服！好吧！你且去吧！本督在此预祝你旗开得胜、一举驱敌于坚城之下！”

当裴潜疾步退出厅门之后，司马懿才向榻床的锦绫靠背上缓缓倚了上去。他粗粗地喘了一口气，脸庞上那一派刚毅沉稳的表情犹如层层轻潮一般渐渐消退了下去，代之而来的是一种深深的焦虑和疲惫之色。

“大都督，如今大计已定，您还有何事如此焦灼？”牛恒瞅了司马懿一眼，有些小心翼翼地问道。

司马懿微微眯着双眼，森森然反问道：“古语有云，‘祸患常生于所怠忽。’牛君，你猜本督此刻在为何事而焦灼？”

牛恒双眸滴溜溜一转，轻声答道：“大都督莫非还在为孟达一事而焦灼？”

“不错。”司马懿双目一睁，向他直盯而来，“这孟达为人反复无常、倏东倏西、难以捉摸，倘若他在本督东攻夏口城，与吴寇斗得难分难解之际而狂性大发、狼奔豕突，外结神农山东面的伪蜀江州都督李严为援，而向内则直捣襄阳而下——我等又该如何应付呢？”

“大都督，您已虚悬出荆州牧一职为‘香饵’，向他施放了‘烟幕之阵’，他这个人贪权嗜利，两眼直盯着顶上官帽，只怕不会轻易就与我大魏决裂吧？”梁机沉吟着在旁边讲道，眸光如水游移不定。

司马懿没有接他的话，仍是自顾自缓缓而道：“这些都是本督用以暂时稳住他的权宜之计罢了，拖不得太久的。说直一点儿，它们只是本督‘软的一手’。要想让这个孟达彻底不生侥幸渔利之念，本督还须得再有‘硬的一手’来监控和防备他才行。”

“司马大都督实在是过虑了。孟达应该不会选择在这个关头来‘浑水摸鱼’的。”一直沉默着的牛金蓦然开腔了，“您可以假设一下：就算孟达铤而走险，一咬牙迈出了这一步，从我军背后狙击襄阳城——这样的后果是，我军可能会溃散，但孟达也未必讨得了什么便宜去啊！因为我军败后，陆逊、诸葛瑾必会挟虎狼之威北上侵吞而来，其势已是易客为主，孟达在他们面前又有何利可图？李严尚还远在神农山东面，于孟达而言，亦是‘远水解不了近渴’。孟达乃是何等精于算计之徒，像偷袭襄阳这种损人而不利己的事儿，他怎会去做？他应该还是一味游移观望而待时局之变……”

司马懿一听，心下暗自称奇：没想到数年不见，牛金从一介赳赳武夫竟已成长为今日这般通明时事的大将之才了！他的目光之犀利、见解之练达，当真是迥非昔日“吴下阿蒙”了！他在心底暗暗高兴了一会儿，慢慢说道：“牛金此言甚是。不过，本督行事一向务求严谨周密，还是不能让孟达这么一个反复无常的小人游离于咱们的掌控之外……这个人诡计多端，谁知道他将来会捣出什么乱子来呢？”

牛恒听了，微垂着头慢慢沉吟了起来。过了半晌，他眼中忽地灵光一闪，双掌一拍，喜道：“对了！大都督，牛某险些忘了，属下此番从新城郡带回了一个人，他十分熟悉新城郡、魏兴郡等西南一域的诸多内情，或许对大都督您以‘硬的一手’监控和防备孟达有所裨益。”

“谁？他是什么来历？”司马懿目光亮亮地一跳。

"他是咱们在荆州境内多年蓄养的一个死士，是寒门孤儿出身，拜了牛某为义父，名叫州泰，今年二十八岁。此人年纪虽小，但聪敏好学、有勇有谋、行事干练，是个可造之材。牛某三年前听从大都督您的指令，为了及时监视孟达，就让州泰一直以一介售铁商贩的低微身份潜伏于新城郡、魏兴郡等西南一域暗暗刺探孟达的内情。"

"周泰？荆州沔阳一带的周氏家庭颇有盛誉，他莫非是出自那里的周家后人？"司马懿对荆各姓各族都了如指掌，随口便问了一句。

"启禀大都督，这个州泰的姓是'荆州'的'州'，而不是太史令周宣大人的那个'周'。州泰自己给自己取了这个姓，声称自己是以名寓志：'州泰者，可保一州之泰也。'"

"哦？州泰？'可保一州之泰'？"司马懿微微而笑，"听起来这小子还蛮有志气的嘛！身为售铁贩货的杂流之士，他居然亦有'可保一州之泰'的大志？有趣！有趣！难得！难得！本督倒是很想见他一见了——行！你去传他进来答话吧！"

牛恒应声出门而去之后，司马懿伸手端起案几上那盏绿玉双耳杯，慢慢啜了一口朱枣碧荷茶，眼角斜光一扫，瞧着牛金、梁机在自己案侧仍是恭恭敬敬地肃立着，便向他俩招了招手，笑道："你俩这时怕也早就站乏了——就在那坐枰上坐下休息了吧！"

牛金和梁机口里嗫嗫地应着，却并不挪步。司马懿知道他俩怕是失了礼数，就也不好多劝，平和了语气，开言道："牛金哪，本督到这荆襄之域来，也幸得当初安插了你们两兄弟，还有裴潜等几员得力干将在下面撑持着——不然，本督一到这荆州地面上落个'两眼一抹黑'，成得了什么大事？你们也须得体谅本督的一些难处：说起来荆襄行营人才济济，但一个夏侯儒是夏侯尚的堂弟，一个曹肇是曹休的儿子，扯起来都是来头不小的皇亲国戚，本督怎好轻易使唤得他俩？而你们兄弟和裴潜，都是我司马家贴心贴肺的知交，关起门来不是外人，本督的训话有时说得重点儿或轻点儿，你们也莫往心底里去——你们只要明白闯过眼下这道难关之后，大家前边的路也都必将豁然开朗了！"

牛金听得热泪盈眶，双拳一抱，躬身而道："大都督，属下兄弟等誓死为您效忠！您若有差遣，一切尽管直言！"

司马懿深深点头，满眼皆是赞许之意。他正欲讲话，却见厅堂木门一开，牛恒领着一个身着劲服的高大青年疾步趋上前来：那青年一眼见过司马懿，竟忽地停下了脚步，远远地向司马懿迎面拜倒，扬声呼道：“小人州泰拜见司马大都督！”

“免礼吧！”司马懿放下手中双耳杯，容色一敛，缓缓答了一声。

州泰抬起头来，在地下直直地仰视着司马懿。司马懿仔细瞧去，只见他二十七八岁的年纪，戴着青帻巾，方方的国字脸，一对黑珍珠般的眼睛不停地一眨一闪的，淡黄的茸须之下，两撇八字胡髭微微上翘，透着一股说不出的精悍伶俐之气！司马懿一看，便辨出了这个人是从三教九流的纷纭场合之中摸爬滚打出来的机灵角色，只要调教得当，倒真是一块难得的“社稷之材”！他定了定神，目光一亮，正视着他徐徐问道：“州泰，本督听闻你曾在新城、魏兴等郡县多方游走，应该对我大魏西南之域的一些地理人情有所了解——你且详细禀来，让本督倾听一番。”

“启禀大都督，那新城、魏兴、房陵、上庸等西南一域所有郡县的内外形胜、地理人情几乎都藏在小人的胸中，几乎是无所不知、无所不晓。”州泰那对黑亮的眼珠滴溜溜转了几下，“却不知您究竟想倾听哪一方面的详情？您若不明问，小人又从哪里开始细说呢？”

“好个州泰！当着大都督的面，你居然还是这般油嘴滑舌！大都督乃是何等睿智明达之士，岂是你能出言冒犯的？你还不快快向大都督逊辞谢罪！”梁机一听，不禁变了脸色，当场就向他劈头盖脸叱了下来。

那州泰把头一歪，满不在乎地斜了梁机一眼：“这位大人言重了！小人刚才这话并无失礼之处——若要讲起新城、魏兴、房陵、上庸等西南一域所有郡县的内外形胜、地理人情来，小人若是不分轻重、不论虚实，只怕在这里滔滔不绝地讲上个三天三夜也未必讲得完！大都督您想问什么就直说，小人也好有的放矢。”

司马懿也晓得自己刚才那话问得有些唐突了，便摆手止住了梁机，敛容问道：“州泰，你这话讲得不错。本督便单刀直入问你：倘若新城郡太守孟达心怀异志而起兵作乱，本督须得在他出兵之前先行占据西南一域的哪个要塞方能扼其来路？”

“这孟达一向鬼头鬼脑、变化无常的，朝廷老早也该调走他了！先前的那个夏侯镇南手太软，纵容得他愈发狂放了！”州泰两眼精光流动，先是咕哝了几句，然后朗声答道，“不过，大都督您别担心，正所谓‘亡羊补牢，为时未晚’——依小人之见，孟达那厮真要起兵袭往襄阳而来，您便可速速派出一支劲旅，抢先占据汉水上游的华阳津口，在那水陆交汇的衢道要冲之处，给他一个‘关门打狗’之势，则孟达非但难以东下，而且进退失据、必败无疑！”

“‘关门打狗’！怎么个‘关门打狗’之势？还有，倘若到了那时，本督还来得及调兵把守住华阳津口吗？”司马懿听到后来，不禁悚然变色，探身过来直盯着他继续追问。

“当然来得及。因为孟达若要起兵作乱，他首先要做的第一步并不会是顺流东下进取襄阳，而是调过头来挥戈向西直夺魏兴郡！大都督您想——到了那时，咱们东有华阳津口，西有魏兴郡城，就像两扇大门那么紧紧一关，岂不正是将孟达这条‘疯狗’关在里面打得他无处可逃了？”州泰两手一边左右比画着，一边眉飞色舞地讲解着。

梁机听他讲得有些粗鄙，立时便觉得他果然未脱市井商贩的流俗之气，不禁冷冷皱眉斜睨着他。而那司马懿却似毫不在意，对州泰的话，听得煞是认真，嘴里还喃喃道：“魏兴郡？对啊！申仪就在那里值守啊！本督怎么把它一时给忘了……”

“大都督您也明白过来了？您大概先前也有所不知晓：那孟达与魏兴郡太守申仪其实一直都是貌合神离的。”州泰看出司马懿确是十分重视自己的建议，心头顿时愈发得了意，继续侃侃而谈，“当年申仪和他的大哥申耽与孟达一道投附了大魏朝。申仪本以为他兄弟俩的功劳定然不在孟达之下，结果却没料到孟达精于溜须拍马、阿谀奉承，一路青云直上，不但窃取了他兄弟俩的战功，还向先帝进了谗言，害得他大哥申耽被调往内地做了一个豫州别驾的闲差。所以，申仪兄弟这些年来其实一直和孟达的关系是水火不相容的。也正因如此，孟达若是起兵，最为害怕申仪从魏兴郡向他猛捅一刀子！”

司马懿双眸亮光不时地闪动着，一直静静地听着州泰的进言，过了半晌，忽然开口又问：“州泰君，本督听闻你在新城郡曾经潜伏多年，那么你必是与孟达打过交道的了？依你看来，孟达此人的德行才略到底如何？”

“嗨！大都督，照小人看来，这孟达虽然官秩高得出奇、架子大得吓人，其实只不过是一头纸扎的老虎，没什么可怕的！”州泰谈起孟达时就把嘴一撇，满脸的不屑之色，“您听小人给您摆一些关于他的那些事儿：有一日他在郡中酒楼大摆宴席款待辖下的三教九流之士，小人也在被邀之列。只因酒楼厨师上菜稍稍晚了一些，短短一盏茶的工夫间他以太守之尊竟一连起席催促了七八次，那副大呼小叫、面红耳赤的模样，让小人一下便瞧出了他是个十足的孬种，终究成不得什么大器！”

“好！好！好！州泰君一席话，实在是让本督大受启发啊！”司马懿听到这里，不禁面露笑容，向州泰欣然而视，“州泰君年纪虽少，知人料事的本领却非同一般，是一棵值得好好栽培的好苗子！听你说来，这孟达实乃性躁而心多、喜诡变而乏沉着的庸碌之材，当是不足为忌了！本督现在也知道该当如何以‘硬的一手’对付孟达了！”

他讲到此处，语气顿了一顿，蓦地肃然发令道：“梁机——你稍后带上本督的亲笔信，迅速前去豫州牧府，让豫州刺史贾逵出面说服申耽，请申耽给他弟弟申仪写去一封绝密家书，就说朝廷新帝即位，已然查明当年孟达在先帝面前进谗排挤他兄弟二人之事，现在对他兄弟二人将要重新起用，徐图取代孟达而接掌西南守疆之任。要嘱咐申仪切要与本督密切配合，在西面暗中监控和掣肘孟达！

“还有，牛恒你下来之后，马上带领一支死士劲旅，衔枚潜行，悄悄占据华阳津口，以防时势万一生变！”

说罢，他一转头又看向州泰：“州泰君，本座现在任命你为镇南大都督府兵曹署秘书郎，官秩八百石，担任牛恒的副手，专管应对新城孟达之事！本督即将东下直攻夏口，你要在后方全力协助牛恒君为我东征大军守好西南门户，免生后顾之忧！”

州泰在他案前听得一阵心神恍惚：先前牛恒兄弟在他面前谈起司马懿时总会洋溢出满面敬佩之情，他见了还有些不信不服——今日自己亲眼目睹了司马懿的谈吐风采之后，却不禁暗暗为之倾倒！他用人行事当真是“从善如流、不拘一格”——刚才自己还是一介布衣商贾的身份，眨眼之间已被他一举擢拔为八百石官秩的朝廷命官！这一份雷厉风行、立竿见影的手法，在州泰耳目所及的荆州上下谁人能及？

巧胜吴军

亥子之交，星月失辉，天地之间一团漆黑。伸手不见五指的汉水河面上，隐隐约约只听到一片“哗啦哗啦”的划桨破浪之声——一艘艘大船小船正飞驰而行，它们的船头都挂着暗红的灯笼，犹如一头头长鲸短鲨，迅猛绝伦地往夏口城方向游弋而去。

一舟当先的中军旗舰指挥台上，司马懿一身铠甲鲜明，昂然端坐在铺着虎皮的胡床之上，目光凛凛地注视着河面前方，猎猎的夜风吹得他盔顶的红缨如一簇跳动的火焰！

征南参军梁机和现任军中千夫长之职的“马斯”——也就是司马懿的长子司马师正在他胡床两侧肃然握刀而立。

“启禀大都督，我军水上斥候陆续来报，汉水沿途一线全无吴贼把守，我军再往前驶二十余里路程，便可安然抵达夏口城上流处的南岸津口了！”一名亲兵快步跑上来在司马懿面前屈膝禀道。

“唉！诸葛瑾用兵实是不如其弟诸葛亮谨慎——一味只知舍舟楫而取步骑抢攻沔阳，居然却在汉水沿河两岸连一个斥候哨卒也不派，这是何等的大意？又焉能防备我军乘夜潜舟东下耶？”司马懿脸上表情一松，眉宇间透出一丝喜色来，“托陛下之洪福，本督此番东征夏口城已然可谓成功了一大半矣！”

“父亲大人，既是如此，您尽可放下心来，也就不必再在这里冒着寒风守候军情了。这外面的河风太大，您还是回舱室中好好休息吧！”司马师解下了自己身上披着的那件宽大的玄色披风，捧了上来准备覆盖在司马懿的胸腹之上。

“师儿啊！这点儿小风小浪岂能扰动得了为父这身板一分半毫吗？”司马懿一摆手挡回了他，徐徐道，“你还是自己披上吧，别着凉了！这两三年来你在你岳父手下从一名亲兵侍卫做起，靠着自己的真拼实干，做到了今天这个‘千夫长’的位置上——你有什么感想吗？”

司马师却没有直接回答他的话，而是将目光深深地投入了船头前的河流之中，沉吟了片刻，方才肃然正容而道：“父亲大人，孩儿自随同岳父从戎报国以来，心中时时所萦者，乃是一首东阿王曹植以前所写的诗歌……孩儿觉得他这首诗完全写出了孩儿愿将这一腔热血投身报国的慷慨奋扬之气！孩儿也正是在他这一首诗的激励之下，不断地奋勇杀敌，最后才凭着扎扎实实的战绩做到了今天的‘千夫长’一职！”

“东阿王的一首诗？”司马懿微微眯上了双眼，脸上表情却静定无波，“让为父猜一猜——你那首时时萦绕于心的妙诗，一定是他的那首《白马篇》了。”

“不错！父亲大人您怎么会猜到的？”

“为父怎么不会猜到？东阿王的这首诗，为父当年听了，亦是不禁热血澎湃、豪情万丈啊！”司马懿慢慢地扬声吟道，“‘白马饰金羁，连翩西北驰。借问谁家子，幽并游侠儿。少小去乡邑，扬声沙漠垂。宿昔秉良弓，楛矢何参差。控弦破左的，右发摧月支。仰手接飞猱，俯身散马蹄。狡捷过猴猿，勇剽若豹螭。边城多警急，胡虏数迁移。羽檄从北来，厉马登高堤。长驱蹈匈奴，左顾陵鲜卑。弃身锋刃端，性命安可怀？父母且不顾，何言子与妻？名编壮士籍，不得中顾私。捐躯赴国难，视死忽如归。’师儿啊，这样的好诗，莫说你这年近弱冠的青年，就是已届天命之年的为父，一听之下也要为之击节共鸣啊！唯有好诗好赋好文章，最能励人志气、催人奋进——你是应该乘着年轻多读一些雄文华章以蓄养胸中的浩然之气！”

“父亲大人指教得是，孩儿一定牢记在心。”司马师一脸恭然地垂首而答。

司马懿目光一敛，蓦地盯向他来：“士之有为者，必先立其志向而后修其才艺。却不知师儿你胸中此刻是何志向啊？”

“禀告父亲大人，孩儿此刻胸中之志，远以淮阴侯韩信、广平侯吴汉为楷模，近以故刚侯张辽、故任城王曹彰为榜样，要立一场轰轰烈烈惊天动地的绝大战功出来！”司马师欠身抱拳侃侃道来，眉目之间赫然已是义形于色，英气逼人！

“很好！很好！你既有这般好立功业的雄心壮志，为父实是深感欣慰！这样吧，为父今夜就给你一个建功立业以扬名四海的大好机会……”司马懿微微含笑颔首，忽地伸手往前一指，“待会儿再行二十里水路，为父率领大队人马将在离夏口城五十里左右的汉水南岸津口处停船登陆。而你却需与梁参军一道继续潜舟东进，前去奇袭吴贼的汉江口水寨——你可有这份胆量接得下这个重任？”

“汉江口水寨？”司马师一愣，“莫非就是那个吴贼在汉水与长江交汇口处布下十八里横江‘铁链阵’护持着的汉江口水寨？”

“不错。你若能出奇制胜，一举夺下那汉江口水寨，则此番拒吴之役的首功非你莫属矣！”司马懿直视着他，深深地说道。

“这个重任，孩儿接下就是了。”司马师倒也干脆利落，一口便应承了下来。同时，他眉头一蹙，低声问道：“不过，孩儿还是不够明白，您为何不赶紧调兵遣将速速围抄夏口城，先打吴贼一个措手不及，却反而要派我等迂回前行潜舟而下去取那个汉江口水寨呢？”

“师儿啊，你应该想到的——只有袭取了汉江口水寨，将吴贼所设的十八里横江‘铁链阵’转为我军所用，我军才能强有力地扼住汉江入口，拦截敌舰于汉水之外，从而确保我这四万劲旅水上运粮之道的安全畅通！否则，为父八百里远征，哪里能在夏口城下和他们耗得起呢？”

“啊呀！父亲大人这一步棋走得真是高明！”司马师一听，立刻醒悟过来，不禁对父亲的这一决策佩服得五体投地。

原来，自当初建安末年吕蒙以“白衣渡江”之计袭杀了关羽、夺得了夏口城之后，东吴便在夏口城北面的汉水与长江交汇处修建了一座跨江水寨，中间绷拉起二百零八条如同桶口一般粗大的铁链横江而锁，铺陈开来足有十八里之长、三里之宽，几乎截断了魏国的中型战船与艨艟斗舰东进长江的汉水来路，屏护了东吴首都武昌城的安全。但是，正如司马懿所言，倘若魏军劫下了这座汉江口水寨之后，亦可利用这“铁链阵”阻止东吴的船队深入汉水溯流北上来截断魏国这四万精兵的水上运粮之航道！只要夺下了这个汉江口水寨，司马懿所率的四万雄师完全是“进可以攻，退可以守”，牢牢围住夏口城和吴军打持久战！

司马懿遥望着船头前边的漆黑河面，那深深远远的目光仿佛一直投向了远在近百里之外的汉江口水寨："为父早已得到探子来报：眼下汉江口水寨那里仅有五千吴贼留守——诸葛瑾不善水战，便从它那里抽走了大部分兵力并入自己的步骑队伍中去攻打沔阳了！他应该是不会料到咱们会从汉水航道乘夜疾下绕到他背后来了个'反手一击'！所以，师儿啊，此番奇袭汉江口水寨，你也不必过于忧虑，其实我军取胜的把握相当之大！你和梁机带领三千敢死之士乘船顺流而袭，北岸一路赶来的牛金太守也会亲率五千虎豹骑与你们同步而驰，配合你们从陆地上向汉江口水寨发起狙击！在这水陆并进的双面夹击之下，吴贼的汉江口水寨必会落入我军手中！"

吴军汉江口水寨南营的栅墙高高地耸立着，两侧的哨楼上各站着六七个士卒，在红亮的火炬照耀下左右来回地向四下里探望着。司马师、梁机率着一支为数达八百余人的魏军先遣敢死队，全部身着一色紧身装束，乘着浓黑的夜幕掩护，衔枚闭声，偷偷直往栅墙墙根底下疾趋而来。

魏军死士队伍人数颇多，且一瞧就是训练有素的老手了，个个行动起来甚是敏捷，一路摸黑潜行之下，只听得他们脚下包着棉底的战靴踏在草地上"沙沙沙"的轻微声响，此外再无任何异样动静。不知不觉中，他们已然贴近了栅墙的墙角处，头顶依稀传来了哨楼上东吴守卒们嘻嘻哈哈的说笑声和"咯吱咯吱"踏响楼板的脚步声——司马师鼻息一敛，沉住了气，一扬手示了示意，他身后的敢死队员们立刻放慢了步伐，弓着上身缓缓向栅门口处挪动而去。

抬头望了望两边的哨楼，司马师又是朝后用力地一招手，四名轻功甚佳的魏军死士会意跃出队列，以狸猫一般的灵巧和迅捷蹿到哨楼底下，然后像壁虎一样贴着栅墙四肢并用着飞快地爬了上去！

只听得"啊啊"几声惨叫传过，在那几个东吴哨兵身影倏然消失的一刹那，司马师兴奋地跳起来，轻啸一声，指挥着敢死队员们接住上面哨楼里魏军死士抛下来的绳索，一个个顺势鱼贯而上，急速爬到了栅墙里面！

终于，高达七丈有余的水寨南营栅门"嘎吱嘎吱"地缓缓开启了——司马师一见大喜，便欲冲在前面率先杀进门去！这时，一直默不作声的梁机却从背后将他一拉，按住他的肩头，贴在他耳边低声道："千夫长，您忘了大都督临发前的钧令了吗？"

司马师一听，脸上的兴奋之情顿时一僵。原来，父亲在他们此番夜袭东吴水寨临发之前，曾经特意向他叮嘱道："倘若敌营栅门一旦得手，便由梁机率领死士先遣队杀进营中各个军帐，一方面虚张声势、故布疑兵，另一方面则抓紧时间顺风放火奇袭——今夜乃是七月初二，正值初秋之季，亦是西北之风大作之夜，咱们也学一学当年周瑜火烧赤壁、陆逊火烧夷陵的本事，给他们吴贼来一个'以其人之道还治其人之身'！届时，司马师你则留在寨门负责接应后续而来的两千死士和牛太守从连舟浮桥上横江过来的骑兵，借势一举抢占吴贼汉江口水寨的南营要塞！"

他想起了父亲的这番话，不禁犹豫了起来：自己真的要留在这栅门外眼睁睁看着其他敢死队员们在里面浴血沙场、杀敌立功吗？别人会不会笑我徘徊寨门而不入，是一个贪生怕死的懦夫啊？却见梁机伸手在他肩头轻轻一拍，含笑而道："千夫长！您此番亲身深入虎穴涉险破营，已是英勇过人，令属下等甚为佩服！现在，正是您留在后方指挥若定、荡平余寇以显智将之材的良机了！您且就在外面静候咱们扫清吴贼凯旋的捷报吧！"

说罢，他一跃纵身而前，抛了一个长长的响亮呼哨，举刀在手，率领着那八百名敢死队员们齐齐发一声呐喊，便从那豁然洞开着的南营栅门里如狼似虎地杀了进去！

"胡校尉！胡校尉！大事不好了！大事不好了！"

一声声紧张得变了调的呼唤将东吴汉江口水寨北营校尉胡浪从暖呼呼的被窝里拽了出来。他一下掀开棉被，在床上坐起来朝门外喝道："什么事？"

"胡校尉，对崖南营那边似有火光燃起，恐怕有些不妙！"

"唉！不过是士兵们夜里失了火嘛！你传令下去，从咱们北营这边调派五百名兄弟过去救火！"胡浪揉着眼睛，打了一个哈欠，一边又要倒头睡去。

“胡校尉！胡校尉！南营那边人喊马嘶，杀声大作，是魏贼乘夜偷袭来了！”室门外忽又传来了另一名亲兵侍卫慌里慌张的声音。

“去你妈的！做你妈的春秋大梦！魏贼在哪里？魏贼还在沔阳那里被诸葛瑾将军围着就要‘一锅端’了呢！”胡浪气咻咻地甩开棉被，蹦了起来，连床头挂着的衣甲都不拿来披上，挺着个大黑肚，满面怒容地摔门而出，冲到楼道上便要给那外面的几个亲兵侍卫狠扇几记耳光！“老子就睡不得个清静啊？”

他刚一冲出门来，迎面但见半空中灰影一闪，耳畔只听“嗖”的一声厉啸，一股劲风刮脸而过——紧接着，他脑后便是“笃”的一响，他骇然回头看去：一支弩箭深深钉入了他身后寝室阁道的墙板之上，箭身赫然插没进去了一大半，只剩鲜红的箭尾翎羽还在那里震颤不已！

这是魏军最厉害的“狼牙弩箭”啊！

胡浪立刻抱着脑袋就地滚倒，同时杀猪似的失声号叫起来：“快！快！快！有魏兵偷袭！马上点燃烽火警讯，向夏口城里的朱桓将军快快求救！”

他一边号呼着，一边趴在地板上往南岸望去，蓦地一下僵住了，全身手脚顿时一片冰凉！只见夏口城那边的方向，亦有一柱火光直冲夜幕！不消说，留守夏口的朱桓将军他们也遭袭了！

他耳鼓里不禁“嗡”地一响：“完了！完了！魏贼居然从天而降杀到夏口城这里来了！”

夺得了东吴汉江口水寨之后，司马懿心中一块大石这才终于完全放了下来。从此，自襄阳城直至汉江口一段八九百里的河流航道的控制权被魏军彻底攫取在手。这就意味着襄阳城里的兵卒粮械皆可通过这段航道源源不断地供应到在夏口城外扎寨而围的数万魏军之处——司马懿完全处于了一个“可进可退，可攻可守”的最佳战略位置之上！

他在围定夏口城后，却故意将南门留出了一个隙口，自称此乃“仁义之师，网开一面”，任由吴军从南门隙口避遁而去。同时，他拨给牛金一万五千虎豹骑，前往夏口城与沔阳城中间的必经要塞“黑林峪”处设下伏兵，伺机歼敌。

沉沉夜幕之下，沔阳驿道之上，东吴征西中郎将张霸和他的弟弟张先正率领两万步骑风尘仆仆地火速赶回救援夏口城。

魏军居然抄了己方的后路，包围了夏口城！这让原本在沔阳城下攻得正起劲的诸葛瑾和张霸都大吃了一惊！先前张霸曾向诸葛瑾建议过：此番攻打沔阳城只需动用三万步骑即可，为了以防万一，应当留下二万步骑驻守夏口。不料诸葛瑾却答道：“如今陆逊大都督在西面已经燃起了战火，魏贼自保尚且不暇，还有余力敢来威胁我东吴后方么？本帅帐下这五万人马就是要一齐倾营而出，一鼓拔下沔阳，然后乘势北上踏平襄阳城！”他这么意气风发地一说，张霸也无可奈何，只得随他而来了。然而，谁曾想到魏军竟然真的来了个迂回包抄、围魏救赵之计，数日之间便袭占了汉江口水寨，包围了夏口城！这一下，诸葛瑾再也坐不住了，慌忙就派张霸兄弟率着两万步骑东返回援！

一路赶到离夏口城还有一百六十里远的黑林峪时，张霸知道自己只要闯过这个峪口便万事大吉了。他扭头吩咐自己的弟弟兼副将张先道：“传令下去！让大家提起精神，只要一鼓作气冲过这道峪口，咱们就轻松了——”

正在这时，一阵“呜呜”号角之声悠悠长鸣而起，将他的话声一下凭空打断了！

随着这号角之声而来的，是一列列身着玄甲的铁骑轰轰然如山崩天塌一般直压而到，牢牢挡住了吴兵的去路。只见当头一位身材魁梧的中年将军身跨战马，手中高举一杆一丈二尺的长槊，铁塔一般在那里岸然而立！

“魏贼！拿命来！”张先一见，也不及和张霸招呼一声，先自怒喝一声，一拍坐骑，挺着钢矛就似脱弦之箭一般直迎而上！

“先弟小心——”张霸急忙喊道。

而那魏将却始终是一副冷峻如岩的表情，一直目中无人地傲视前方，眉头兀自动也不动，待到张先渐渐冲得近了，他才一挥长槊朝着张先劈刺过来的钢矛往外轻轻一架！“铮”的一声脆响，槊矛相交，张先只觉一股无形巨力犹如惊涛骇浪般往自己胸前一扑，接着就是浑身一麻，飘飘忽忽间连人带矛竟被震得离鞍飞起，倒跌出去二丈开外，“啪嗒”一声摔落尘埃，半晌爬不起来。

他整个人是飞了，可那匹坐骑还“嘚嘚嘚”地直往前跑，一头向那魏将怀中撞来！那魏将真是好手段，仍然端坐马上不慌不忙，左手松开缰绳，朝前倏地一笼——张先的坐骑长嘶一声，竟然被他一下拨得歪过了头，错身冲向斜方！接着，魏将后面的亲兵驰到近前，一手带住了两根马缰，拉拉扯扯地把张先的坐骑给收拾了。

我的天哪，张先这匹马可不是普通的马驹啊！那可是从西羌酋长那里重金购来的烈骑啊！张霸见状，顿时惊得眼睛都瞪直了！这马的野性那是何等的厉害，当初刚买到手的时候，这马就不服管，见到同类就踢，见到异类就咬，连张先自己也是整整驯了它半个多月，把自己的屁股都差不多摔开了花后才降伏了它。

一槊能震飞张先，一手能笼住烈马，这家伙身手好生了得啊！自己此番硬闯黑林峪怕是凶多吉少了！一想到这里，张霸夹着胯下马腹的双腿就是一阵发软。

在他惊骇莫名的目光中，那魏将把槊高高一扬，声音平静如一泓止水般朗朗而道：“大魏襄阳太守牛金在此，尔等吴狗还不速速弃械投降？！”

……

这一场截击战下来，张霸兄弟二人先后被牛金以丈二长槊挑落马下，气绝身亡。而他俩带来的东吴两万步骑最后杀出险境，逃回诸葛瑾处者只剩下了一万四千人左右。

诸葛瑾闻讯大惊，在沔阳城下再也无心恋战，匆忙拔营班师，集结四万步骑浩浩荡荡一路东奔而回。

这时，曹肇也得了司马懿的指令，带领一万三千步骑立即从沔阳城中追杀而出，一直不远不近地尾随着诸葛瑾大军游击而来。

诸葛瑾这四万大军就这样在“前有截击，后有追兵”的两面夹攻之中，一路磕磕绊绊，丢下辎重无数、粮草千车，终于逃到了夏口城外，迫不得已从夏口城南门隙口蚁遁而入。

司马懿此刻才方召集人马，与曹肇的部队会于一处，从从容容地从北方、西方、南方等三面进行合围，把夏口城围了个水泄不通，仅剩东面临江靠水与对岸樊口遥遥相望。

诸葛瑾这才悟到自己中了司马懿的“瓮中捉鳖”之计，手忙脚乱之下，连连发函向武昌的孙权告急求援。

孙权立即作出了反应，速令驻守樊口的全琮率领一万水师从夏口城东墙临江水闸进去增援。不料司马懿的两千战船却从汉江口水寨一涌而出，在浩浩大江上对全琮他们进行了截击。由于东吴最强大的水上利器“五牙楼船”全被陆逊抽去围攻江陵城了，所以全琮只能依靠那些艨艟斗舰前去破围——然而他们与魏军的中型战舰船队在江面整整对峙了四日四夜，仍是无法突破魏军的船阵杀过对岸去支援夏口城的诸葛瑾。

这样一来，东吴夏口城完全成了一座被魏军团团紧困的“孤城”，内外形势变得愈发危急！孙权在连续接到诸葛瑾发来的十三道紧急求援表的同时，也一连向正在围攻江陵的陆逊发去了七道“金牌王令”，抽调他麾下的三万五千精锐水师速速回援夏口城。

陆逊根本没有料到这盘战局会在一夕之间竟被扭转成这样的状况。他若是再待在西翼一味强攻江陵，那么江陵到手之日也可能正是吴国东翼的夏口城沦陷之时——要么夺取江陵而放弃夏口，要么回援夏口而收兵江陵。这是摆在他面前一道进退维谷而又不得不立刻作出最后选择的难题。

最后，夏口城在吴国东面藩屏诸镇当中数一数二的重要战略地位和吴王孙权那七道接踵而至的班师回援“金牌王令”逼他黯然转身，放弃继续围攻江陵城，飞舟旋师驰援夏口城！

而司马懿在得知陆逊已经挥师东来增援诸葛瑾的确切消息之后，便镇静自若地着手敛兵合阵，将后军转为前军，后队转为前锋，有条不紊地向沔阳城退了回去。临行之际，他让司马师一把大火烧光了汉江口水寨的所有营垒，并将那十八里“铁链阵”尽行斩断沉江。

这一场魏吴激烈交锋的结局是：吴国总共损失步骑一万六千余名，其征北中郎将张霸被魏军临阵斩杀；魏国总共折损兵马九千七百余名，其中以江陵城裴潜处人员伤亡最多。

两相比较一看，魏军在司马懿的正确指挥之下终于破天荒地赢得了一场征吴历史上具有实质性意义的“小胜”。

孙权的东巡行宫就设置在樊口附近的方顶峰上，镂花木窗外面是浩瀚的大江，远处的汉水宛若一带澄静的雪练，优雅舒缓地汇进了那幅宏阔画卷一般的大江——而谁又曾料到，数天之前，这里的江面上都是船行船止，箭来箭往，杀声鼎沸？

仲秋时节已然是一晃而至，瑟瑟凉风拂面而过，一片片上下翻飞的枯叶，犹如黄蝴蝶一般在窗户边盘旋舞落。

孙权倚着木窗向西遥遥眺望，几片黄叶打着旋儿轻轻飘落在了他的肩头上——他却兀自恍若不觉。

他今年已经四十八岁了，有棱有角的面庞上有如钢浇铜铸般凝重，淡黄而微卷的须发让他顾盼之际狮态可掬——浅褐的瞳眸里，隐约闪着狼眼一般的翠亮光泽，与西域胡人的外貌倒有几分相似。熟悉他脾性的人都知道，他此刻的神情愈是严峻肃重，就证明他内心所正承受着的压力愈是巨大繁重。

“噔噔噔”一阵清脆的步履之声从他身后的松柏木地板上响起。

孙权早已听出了来人是谁，但他并没有立时回头——本来按照君臣之礼，他的任何手下来他行宫殿室见他，都应该免履徒跣、赞拜必名的，但孙权为了以示君臣鱼水之情，就明文规定：除了朝会之时臣下们务必免履徒跣、赞拜称名之外，其余一切场合他们均可不须拘礼。孙权喜欢用这种宽松自如的礼仪方式来拉近自己和臣下的距离，融洽自己和臣下的关系，这样不仅能给自己树立一个“贤明之主”的形象，还能从臣下那里巧妙窥测到他们在不同场合对待不同问题的各种表现，便于自己更好地决策国事。大殿之上威仪肃然、气氛庄严，大家都是表现得装模作样、一本正经的，可是在彼时彼境他们所讲的那些冠冕堂皇之话究竟又有几分可信可用呢？那恐怕只有天知道了！

就这样，一直待到那步履声响在自己背后二丈开外立定，孙权才似乎有些懒洋洋地问了一句：“魏军真的已经退了？他们不会突然再杀一个‘回马枪’吧？”

诸葛瑾那显得有些怯怯然而又不失庄敬内敛的声音答道：“启禀大

王，魏军真的已经退了。老臣派出去的斥候亲眼看到他们的大队人马进驻了沔阳城。”

孙权“呼”地一下犹如一头黑豹般气吞四野地陡然转过身来，一双碧光隐隐的眼眸盯向了正文文静静地站在诸葛瑾身畔的陆逊：“伯言（陆逊的字为“伯言”），你可知道这一次魏军的主帅是谁？他这一手‘避实就虚’‘围魏救赵’‘剑走偏锋’的用兵之术当真是有些神出鬼没、瞬息百变，实在令孤王亦是奄忽难料啊！”

陆逊沉静地站在那里，一身白袍始终洁净似雪，仿佛连空气中的游尘也无法沾染上他的袍角。孙权犀利如剑的目光更是对他毫无作用——他永远如同一朵淡淡的白云，虽然看上去异常的软和，而他内里的柔韧却足以包容这世间的一切锋利与坚硬！

终于，在孙权专注而近乎凌厉的直视下，他悠悠地开口了：“听说他的名字好像叫做司马懿……”

“司马懿……”孙权听到这个名字时，心弦蓦地轻轻一震——仿佛在他的记忆的最深处，有一些往事被渐渐地唤起。

诸葛瑾眼角边挂满了深深的愧色：“老臣一时轻敌，在倾师而攻沔阳之际，却没料到此贼居然如同亡命赌徒一般不守而反攻，不退而反进，顺汉水东下而包抄了我方的夏口重镇……老臣指挥无方，恳请大王降罪！”

“子瑜（诸葛瑾的字为“子瑜”），你固然没有料到司马懿此人会有这等的‘非常之举’，孤王事先又何曾料到了？罢了！罢了！眼下岂是归罪究责的时候？恰恰该是我等反躬自省、总结经验、吸取教训的大好时机！”孙权一摆手止住了他，慨然说道，“这些年咱们东拒曹丕百万舟师于合肥，西抗夏侯尚如山甲兵于江陵，左右开弓，战无不利，打得实在是有些顺心顺手了——幸得今日此番司马懿来了一记‘黑虎掏心’，这才给咱们兜头泼下了一盆冷水，让咱们清醒了许多！说起来，孤王倒还有些感谢他司马懿呢！”

“大王如此之言，实在愧杀老臣了！”诸葛瑾听罢，不禁慌了神，“老臣败师辱国，甘愿领罚！”

“领罚？子瑜你领什么罚？”孙权急忙上前弯腰伸手拉起了他，满面恳切之色，“若要谈起领罚，第一个该当领罚的便是孤王啊！”他一边说着，一边将目光抬起，看向陆逊而来，“伯言，当初你曾建议孤王拨你六万舟师步骑，一鼓作气以迅雷不及掩耳之势拿下江陵城。孤王若是听从了你这建议，又哪有今日汉江口水寨之失和黑林峪之败？孤王为顾万全，却让子瑜分兵五万步骑而攻沔阳，现在看来是轻重不分、本末不明——孤王有此大误，自是首当其冲该受重罚！孤王定要自损宫中衣膳，卧薪尝胆三个月，告罪天下以负丧师辱国之责！”

“大王不可——”听到孙权这般言语，陆逊不敢再行保持沉默，微微动容之下，屈膝而跪，叩首奏道，“此番‘东西交攻、两面夹击’之役，大王谋算本无大错，亦实非我方征战之失也。依微臣之见，确是司马懿此人用兵诡计多端、机变百出，我军猝逢劲敌而应接不敏，方才致此小损也！大王不必太过自责！”

“伯言之语对孤王之误多有回护。孤王实在是知愧了。”孙权涩涩地一笑，抬眼又向了窗外西边的天穹，“其实，司马懿这个名字，孤王并不陌生。子敬（鲁肃的字为“子敬”）当年也向孤王郑重提起过……先前他不是在魏国担任尚书仆射之职吗？孤王也以为他仅是孙邵、顾雍那样的经国之材耳，却没料到他竟然身怀韩信之能……唉！还是孤王事先疏忽了，没能及时提醒你们……”

“哦？子敬兄当年也曾见识过这司马懿的手段么？”陆逊的目光里微微露出一丝诧异来，“他是如何评价此人的？”

“不错。子敬当年也曾结识过司马懿。只是他是如何结识司马懿的，孤王却不太清楚。他告诉孤王，当今天下有三大奇杰，各有名号，分别是‘南阳卧龙’诸葛亮、‘荆楚凤雏’庞统——最后一个就是‘中原冢虎’司马懿！他评价这个司马懿足智多谋、机变无穷，只是其人居心难测、善恶难辨——‘为善则可建张良、陈平之勋，为恶则可成王莽、曹操之业’！他还一再叮嘱孤王，‘务必要提防此人，倘若此人在曹营内有朝一日执掌兵权，必为江东之大患！’如今看来，子敬所言委实不虚：此贼初掌荆州方面之任，一出手便是这般又刁又狠，实在是难以对付啊！”

讲到这里，孙权蓦地提高了语气，郑重道：“伯言、子瑜，我江东国势本就不及他们伪魏，而今又有劲敌当前，你等切要小心行事，念念以保境护国为本，非有七成胜算而不可再行轻举妄动！”

“臣等遵命！”陆逊、诸葛瑾心头一凛，齐声躬身而应。

孙权吩咐完毕之后，方才伸手轻轻拂去了肩头上飘落的那几片枯叶，神情放松下来，悠悠道：“伪魏目前既有司马懿掌兵襄阳、坐镇荆州，其势必将日益壮大，凭我东吴一方之力只怕不易撼动。也罢——古语有云，‘势弱者必求外助’。孤王素有自知之明，当此大敌压境之际，唯有效法齐桓公当年‘九合诸侯、共抗夷狄’之举。子瑜，你且执笔致书一封给你的兄弟蜀汉诸葛丞相，就说孤王久怀与他议和结盟之诚意，请他派出使者前来洽谈……”

天纵将才

“陛下，襄阳方面迟迟未曾送来战况讯报，只怕是出了什么意外吧？您不如速速下诏给大司马曹休，让他从合肥城发动奇袭，借此策应司马大都督！”

长乐殿中的御前军事会议此刻正开得十分紧张，整个大殿里的空气都憋胀得快要爆炸开来——侍中辛毗和黄门侍郎王肃联袂而出，向新帝曹叡举笏奏道。

曹叡今天是登基即位刚满两个月，坐在御座龙床之上却仍是掩不住一副微有倦色的模样。那虬龙盘螭的龙床又宽又高，五彩绚烂的锦垫冰凉而又软滑，足可并肩列坐三四个人——他端坐中间，两边的紫檀香木扶手完全形同虚设。往日在这里他也曾看过先帝起坐批红，他当时只是觉得坐在这里的人似乎高不可攀、威严难近，这两个月来自己坐上去才真正体味到了“四边不靠、虚悬半空”的孤家寡人滋味！瞧着丹墀之下的文武大臣们分班跪坐，他时常在暗暗得意之余又生出几分莫名的空茫来：原来这就是九五之尊、天子之位啊？！自己年纪轻轻，能镇得住这四宇八荒、六合九州吗？

辛毗、王肃二人的进奏之声还在他耳畔萦绕，他俩正等着自己答复呢——曹叡心神倏敛，沉吟着缓缓而道："两位卿家所奏，亦是出自关心司马爱卿的一番好意。朕理会得了。不过，依朕之见，还是先等一等再看吧——司马爱卿的韬略之能、治军之才，朕在东宫之际便素有耳闻，亦对他素怀信任。况且，他又是先帝亲笔遗诏封拜为镇南大都督的……先帝还会将他看错吗？"

他话音刚落，大殿门口处就传来了值日侍郎的传呼之声："启奏陛下，荆州牧裴潜、骁骑校尉夏侯儒、屯骑校尉曹肇、襄阳太守牛金等诸将联名递进八百里加急快骑战况讯报……"

曹叡一听，连忙抬手扶正了一下自己的玄冕，心头"咚咚"乱跳着，暗暗咬牙定了定神，清了清嗓子，朗声而道："快快呈上来！"

翻开那份右边角上粘着雉翎标志的紧急军情讯报奏表，他屏住呼吸一个字儿一个字儿地念了出来："臣裴潜、夏侯儒、曹肇、牛金等联名启奏，镇南大都督司马懿初临荆襄，坐镇不乱，用人得当，授任有方，励率三军奋勇出击，现已取得黑林峪大捷与汉江口大胜，一举而解江陵之围与沔阳之危……"

他正自念着，墀下诸臣已是一片轰动：这个司马懿好生厉害啊！平日里只看他经纶庶务是有板有眼、有条有理，没想到他刚掌兵权便是出手不凡，一招两式之间就为大魏朝化解掉了伪吴"东西交兵、两面夹击"的咄咄逼人之危局。

"先帝果然极有知人之鉴，他以遗诏而任命司马爱卿为镇南大都督，实乃英明之举！司马爱卿亦堪称天纵将才，平素不曾执掌过一兵一卒，然而赴荆持节之际，则是运筹如神、指挥若定，一月之内竟已逼退陆逊、诸葛瑾等猾虏，斩杀了张霸、张先等敌将，消灭贼军一万六千余人，功劳甚大！朕要重重赏之！"

曹叡"哗"地一下搁了那幅奏报表，抬起头来四下扫视着殿中诸臣，满面喜色掩不住地横溢而出。

太傅钟繇、御史大夫董昭、司徒王朗等互视一眼，齐齐领班出列奏道："臣等恭贺陛下登位之初天纵英明、任贤有方，而使司马懿大展韬略、一战告捷，牢牢扼住了吴虏的猖狂跳梁之势，实乃社稷之大幸！"

曹叡微微笑着点了点头，转眼一瞥之下，却见执握天下州郡兵马大权的太尉华歆竟是一个人坐在专席上闷声不语，显得面色沉沉、心事重重。他不禁有些愕然地看了过去："华太尉，您的意思是……"

华歆急忙离席出列而拜，面现迟疑之色："启奏陛下，老臣请问——此番拒吴之役当中，我军究竟折损了多少士马？"

曹叡的目光复又投回那幅奏报表上静静看了片刻，蹙眉低低而道："在此番拒吴之役当中，我军亦是总共折损了九千余名……"

"哦？原来我大魏战士也折损了九千余人啊？"华歆冷冷一笑，双手一拱，肃然而道，"陛下，如此看来，所谓'黑林峪大捷''汉江口大胜'，化解江陵之围及沔阳之危云云，都不过是司马懿凭借武皇帝和文皇帝的灵威一时侥幸得手罢了！此番拒吴之役，我军亦是折损了近万名士马，与吴虏相比，可谓一场'小胜'而已。司马懿借此'小胜'，只可证明文皇帝遗诏里对他的任命英明无误——他只能算是一个眼下看起来似乎比较合格的大都督！据此而言，对他那些区区薄劳，何必予以滥赏？"

"这……"曹叡没料到华歆一开口便将司马懿的战绩贬得如此微薄，他顿时不禁大大地惊疑起来——作为司马懿在魏国军界的顶头上司，太尉华歆居然不为司马懿请功求赏，反而对他这般吹毛求疵，实在是有点儿匪夷所思！

他正自沉吟之际，却听得值日侍郎又在殿门外禀道："启奏陛下，镇南大都督司马懿以八百里加急快骑呈进谢恩请赏表……"

"谢恩请赏表？此人好生无礼！论功行赏乃是陛下亲掌之事，自有一番权衡明断。想不到他却先行呈上这一道奏表来，给自己'谢恩请赏'了！这忒也心急了些吧？"华歆一听，不禁愤愤而道。

曹叡也觉司马懿此举颇为不妥，便拉下了脸，一手接过司马懿那道"谢恩请赏表"，慢慢地翻看了起来。一阅之下，他脸上顿现惊讶之色，接着又流露出深深的钦敬之情："唔……原来司马爱卿不是为自己的功绩而'谢恩请赏'的，而是为他的部下裴潜、夏侯儒、曹肇等诸将'谢恩请赏'的……"

听得此语，华歆也是悚然一惊，抬起头来怔怔地看着曹叡：司马懿此人，果然是城府极深，令人实在捉摸不透啊……

“司马爱卿真是高风亮节啊！他在这道奏表中声称此番拒吴之役乃是皆由群僚和衷共济、齐赴时艰、尽心竭力，方才取得了黑林峪大捷与汉江口大胜！所以，他顿首恳求朕为裴潜、夏侯儒、曹肇、牛金等大加恩赏，以励三军壮气。而他自己却逊辞谦称，自己乃是托赖先帝灵威与朕之洪福而偶获小胜，不足以承恩受赏。一意归美于上、分功于下，司马爱卿实有一代圣臣之伟操也！”

说到这里，曹叡目光凌凌然看向了华歆：“更为可贵的是，司马爱卿还在奏章里提出自己甘愿辞去尚书仆射一职，以求专心戎事、抗击吴虏……”

华歆脸皮再厚，此刻也不觉微微有些发烫，不禁低下头去，不敢与曹叡迎面正视。

曹叡的声音蓦地一振，在大殿上空清清朗朗地回响着：“司马爱卿不恋禄位、不贪封赏、不事浮夸、任劳任怨、为国尽忠，朕心甚是嘉之！不错，如今他掌兵在外，尚书仆射一职确是不必虚悬于他之身了——朕要升他为御史中丞，以他的忧公忘私、精忠报国之嘉德懿行而为百官楷模！”

“御史中丞”一职名义上虽为御史大夫的副官，但它却是独立开府治事的，专管天下激浊扬清之庶务，官秩高达从一品，与尚书令一职平起平坐。曹叡将司马懿一下从尚书仆射之位提到御史中丞任上，实际上是擢升了他半级官阶，也算对他有所封赏了。

曹叡此诏一宣，殿上诸位大臣齐齐伏下身来，华歆也不得不跟着山呼：“吾皇公正贤明！万岁！万岁！万万岁！”

众卿山呼刚毕，殿门之外忽然又传来了值日侍郎的禀报之声：“启奏陛下，大将军、镇西大都督曹真自长安城送来八百里加急快骑军情讯报……”

曹叡一听，心想：大约又是曹真在凉州剿除西羌取得了战绩吧？今天可真是“喜事迭逢”啊！他便漫不经心地吩咐道：“当众启读！”

“诺！”那值日侍郎应了一声，就在门口边翻开奏报表定睛一瞧，倏然脸色大变，战战兢兢地颤声念道，“老臣曹真启奏陛下，伪蜀丞相诸葛亮已悍然亲率十三万贼军西出剑阁关，进驻汉中郡，锋芒直指雍凉二州……”

苍蓝的天空下，一叶轻舟在荆州第一学府“青云山庄”外的“沉璧湖”上悠悠飘游着，仿佛一朵殷殷红莲在万顷碧波中上下沉浮。

司马懿一身便服，背负双手，潇然挺立于船头，举目欣赏着湖畔四周的山色林景，兴致盎然，似乎沉浸其中而一味贪看不已。

“一去故地二十载，今日重游意深深。满湖秋色今犹在，不见当年同舟人。”他一边任由湖面吹来的习习清风徐徐撩动自己的须发衣襟，一边缓缓吟诵着自己一首即兴而作的七言诗歌。

“父亲大人先前曾经来过这里？”站在他身后的司马师生怕打扰了他的兴致，放低了声音小心翼翼地问道。

“是啊！师儿你瞧，那南边就是绣云峰，东侧就是抱璞岩……绣云峰半山腰上那座青云山庄你看到没？它就是你叔祖父司马徽老大人亲手创建的呢。前朝十三年间，荆襄莘莘学子尽出于此，现在身居高位的裴潜牧君、凉州孟建刺史、少府卿崔州平大人他们都是从这里毕业的。想当年，这山庄的声誉之隆足可与为父那时求学习道的灵龙谷紫渊学苑相媲美呢。你叔祖父真是一代伟人，听说这荆州上下有七八个郡县都为他立了纪念祠……”

一谈起“司马徽”，司马懿的喉头就不禁哽咽了起来，眼前恍然又似浮现出叔父司马徽那一派仙风道骨、凌虚高蹈的翩翩身影来，泪光立刻蒙眬了他的视野。他情不自禁地又吟起了司马徽生前最喜爱的那首诗：“‘寒云深深掩鹤影，独上渺渺摘星台。秋风飒飒动心帘，遥看山雨潇潇来。’唉，假如你叔祖父还活在这世间的话，他若是看到为父今天手执荆襄兵权而荣归‘青云山庄’之情景，却不知在心底里会有多么高兴啊……为父拼命奋斗了二十年，直至今日才真正拿到了独当一面的持节之权，想起来真是有愧于你叔祖父他们当年的种种牺牲和奉献啊……”

司马师见父亲此时不知为何竟是变得如此激动，慌得手足无措，却又踌躇着不知从何劝起。

过了半晌，司马懿自己才慢慢平静下来。他徐徐拭去颊边泪痕，忽又深深地感慨道："前朝末年，天下大乱，像你叔祖父这样的仁人志士，不知有多少人为求济世安民而不惜自掩声名、隐居草野、育贤养才以备大用……这等忧国忧民、可歌可泣之崇德高节，而今又有几人能及啊？"

司马师听了，思忖有顷，却在一旁嗫嗫地言道："父亲大人也不必这么伤时感遇的……如今天下草野之间隐士高贤变得越来越少，岂非美事一桩？祖父大人当年曾有铭训讲得好，'朝无滥竽、野无遗贤，则天下太平矣。'我大魏朝若能将天下所有的隐士高贤一网而尽，又何忧吴蜀不灭？何忧天下不平？"

"好！好！好！师儿你讲得好！"司马懿转颜呵呵而笑，意味深长地望了司马师一眼，"那么你有何等方法可以将天下所有的隐士高贤一网而尽呢？你且谈来给为父听一听？"

"这个……这个……孩儿也没有怎么细想过。不过，孩儿做事一向最是干脆利落了。对他们的征召，就用先礼后兵、软硬兼施的手段！隐士高贤嘛，都有些爱摆架子、爱装门面，最是经不得抬举，有时候你越抬举他而他却越摆谱了！孩儿自然先是好言好语、重金厚礼地邀请于他，但他若是故意推三阻四，则孩儿亦不容许他们如此藐视朝廷威仪，说不得就要绳之以法了！"

司马懿一听，睁圆了双眼瞪了他半晌，冷冷道："你这痴儿——行事怎这么鲁莽？依着你那先礼后兵、软硬兼施之法，最多只能网罗到一些中才之士。至于像你叔祖父、胡昭先生那样的逸群之才、伟岸之器，你纵有刀锯在手，也唯有望影兴叹！归根到底，若想将天下所有的隐士高贤一网而尽，还是只有伪蜀诸葛亮在最近所写的那篇《出师表》里的一段话讲得好……"

"哦？是哪一段话？"司马师急忙追问。

"'亲贤臣，远小人，此先汉所以兴隆也；亲小人，远贤臣，此后汉所以倾颓也。'诸葛孔明可谓深明取士治国之要诀也！他的这段话，才是可以将天下所有隐士高贤一网而尽的正确之道啊！"司马懿喃喃地说着，目光徐徐从"沉璧湖"湖面的粼粼清波上掠过，投向了西边的苍茫天穹，缓缓柔声而道，"诸葛孔明……你这篇《出师表》写得好啊！你也终于迎来了自己独掌大权、一展雄图的大好时机了么？二十年了……整整二十年过去了……你怕是再没回过这‘青云山庄’来看过吧？这里青山依旧，绿水如前，只是舟中当年同游共啸之知音却天各一方了……”

他一语至此，心头涌现起了当年自己与诸葛亮、鲁肃在一起泛舟同游，共商抗曹大计的种种往事情景，不知不觉之间腮边的清泪已是缓缓流下。谁又能想到——一转眼二十年悠悠而逝，其间鲁肃早已身殁，三国鼎立之势已成，而诸葛亮亦终执蜀汉军政之大权，自己恐怕迟早真要与诸葛亮各为其志而交锋对峙了……这些都是当初自己心底深处隐隐有所忖度而及的，但眼下却似乎变得越来越切近，越来越现实……难道这就是自己和诸葛亮的宿命吗？

“父亲大人，听起来您和这个诸葛亮似乎很熟啊？”司马师非常惊疑地问道。

“他曾经是你叔祖父司马徽老大人座下最得意的关门弟子。”司马懿并不直接回答，面色平静之极，却似顾左右而言其他，“为父可以十分认真地告诉你，在不远的将来，他亦必是我大魏朝最强劲、最可怕的敌手！”

司马师听罢，露出满脸的不信不服之色，只是碍着父亲的面子，不敢开口公然反驳他。

“师儿啊，俗话说，‘奇山异水孕灵树。’这‘绣云峰’的有些树木定能让你大开眼界的……喏，你瞧见岸边那两棵树了吗？”司马懿瞅了瞅他那副表情，只是淡然一笑，也不和他多说什么，就顺势将话题转了开去。

司马师应声凝神望去，只见那湖岸边有两棵挨得不远不近的大树耸然而立，当真是各呈异态：前边的那棵是在同一条根株之上，同时生出两棵海碗般粗的树干来，一左一右，活脱脱像一个“丫”字，笔直地伸到半腰之际，再从中间斜斜分了开去，各自披枝展叶、争奇斗绿、不相上下；后面的那株，实际上却是由两株相邻约四尺余远的绿树，一左一右地从地面上直伸到两人多高处，乍然互相交结合拢，形成一整棵大树朝天生长。司马师远远看去，便觉犹如一个大大的“人”字立在那里，实在是稀世异物、百年难遇。他转过头来，看着自己父亲，诧然而道：“这两棵大树长得真怪……”

“天生奇才，自是与众不同。”司马懿淡淡地说道，“这便是‘双子树’与‘合体树’……师儿，和你今天一样，当年为父在见到这两棵奇树时，也曾被它俩这分合交错之际的异态惊得目瞪口呆啊！冥冥之中的天工造化借着这两棵奇树，给了我们多少意味无穷的启迪：这世间万事万物，该分则分，分就要分得生机盎然、异彩纷呈；该合则合，合就要合得突兀雄奇、夺人心魄！”

司马师听着，不住地颔首称是。

司马懿的思绪却悠悠然放了开来：当日自己与诸葛亮、鲁肃等人在这“青云山庄”里的聚散分合，不也正像这“双子树”与“合体树”吗？如今自己执掌魏国心腹要地的方面重权，却不知又将与现任蜀汉丞相的诸葛亮演绎出什么“分分合合、攻攻守守”的大剧来呢？对了，此番诸葛亮兴兵伐魏，为何却选择了汉中郡作为自己立足的据点？汉中郡的位置是相当微妙啊，它西傍祁山，北朝斜谷道，而东挨我荆州门户魏兴郡，是一个可以三面出击的战略要地！莫非诸葛亮还在有意实施他那个“隆中对”方略？那个方略自己是早已熟知的，它的核心内容是“东和孙权，北伐曹氏；西出汉中，东出荆襄；左取长安，右攻宛洛”！啊呀！他现在正是意欲大举实施他的“隆中对”方略啊——他“东出荆襄”的第一步，就必会是从魏兴郡与孟达所据的新城郡下手！他就是想借助魏兴郡、新城郡这两个“跳板”一步插入我荆州的西北之域，然后顺汉水而下，抢夺华阳津口，前来攫取襄阳、樊城！一念及此，司马懿的眉头顿时紧紧皱了起来：看来，自己是要须得“见机而作，不俟终日”，时刻准备着一举拔掉孟达这个“钉子”，为我大魏扎实守好西南藩户！

这时，司马师却突然涨红了脸，朝他期期艾艾地问道：“对了，父亲大人……孩儿心中一直有一个问题萦绕不休，今天终于得空冒昧向您请教：为什么父亲您先前一天都没掌过兵权，但在此番与东吴诸葛瑾、陆逊的交手之中竟能如鱼得水、驰骋自如？”

“呵呵呵……师儿啊，为父也看出你想问这个问题已经很久了……

你今天能够放胆直问而出，为父还是十分满意的，勤学好问，方为增才进德的必由之路啊！你日后若能时时处处都注意到这一点，那自然是会进步神速的。也罢，为父便告诉你吧：你可知道，这世间其实有两种战争——一种是‘有形之战’，一种是‘无形之战’吗？”

“‘有形之战’？‘无形之战’？”司马师一脸的茫然。

“不错。依为父之见，这‘有形之战’，即是与别人而战、与外敌而战，以真刀实枪而战，像你所敬佩的张辽大帅、曹彰大将等，他们擅长的就是这种战法，你以前所熟悉的也是这种战法；而那‘无形之战’，则是与自己而战、与天命而战，以韬略计谋而战，像周文王、汉高祖、光武大帝等，他们擅长的就是这种战法。真正的名将大帅，对这两种战法都应当‘两手并举’，不宜偏废。说近了，其实太祖武皇帝便是这等两手并重、两手俱精的天纵奇才——为父曾经侍奉在他身边，都多多少少地参与过各种‘有形之战’与‘无形之战’，懂得‘以术略自将己身者，方能以术略驾驭群雄’的真谛，所以一朝兵权在手，自然运用起来是轻车熟路，无往而不利了！”

司马师细细地听着，若有所悟地点了点头。

“师儿啊，你先前受到你岳父夏侯镇南的影响，念念只想学会足为‘万人之敌’的武艺将略，这本也不错。但我司马家的孩儿，立志成器应当更高一层才是。你也读过咱们先祖司马迁所写的《史记》，那里边记载的西楚霸王项羽厉害吧？他力能举鼎、威压万夫、叱咤风云、所向披靡——可是为何在逐鹿天下之际，他最终却一败涂地、身死东城了呢？”说到这里，司马懿顿了一下，深深看了儿子一眼，留给他片刻的寻思余地，然后又继续讲道，“这便是项羽一向刚愎自用、悍勇自喜，奋其私智而不善取长补短，‘以一才而掩众才’，压得手下群臣冒不出尖儿来，所以孤掌难鸣、独木难支。反过来，你瞧汉高祖刘邦：他本是一介中人之材耳，智谋不及张良、陈平，用兵不如韩信，治国不如萧何，然而七年之间便已席卷六合，一统天下！这又是何故？这就是因为他善于识贤任能、从善如流，如诸葛亮所言‘亲贤臣而远小人’‘以一才而合众才’，所以才会赢得天佑人助，终至无敌不摧！你呀——就应该立下志向要当汉高祖这样拥有大智大慧的名将良帅才行！”

司马师听得父亲开口竟以汉高祖这样的“王者之材”期许于他，心中不禁怦然一动，便肃然而答：“父亲大人的谆谆教诲，孩儿牢牢记住了。依孩儿看来，父亲大人便可堪称这等善于‘以一才而合众才’的名将大帅了……”

“呵呵呵……师儿此言过也！在为父耳目所闻所见之中，真正善于‘以一才而合众才’的大贤高士，近世百余年间唯有大汉敬侯荀彧荀令君一人而已！他是真正的求贤若渴、爱才如命，所以也只有他才会真正地做到‘以一才而合众才’。实不相瞒，为父在私心里一直都是暗暗以他为楷模而衷心景仰的……”司马懿的目光忽然变得莫名地柔和起来，喃喃地说道，“你瞧为父对州泰的青睐有加，就像荀令君对为父当年的青睐有加。这个州泰是个天生奇才，我司马家日后定要精心栽培于他以作大用！师儿，你也要与他结为好友，向他多多学习精敏务实之长啊！”

“这……父亲大人，这州泰不过是偶有薄劳而被您一眼识中罢了！但究其根底，他只是一介寒门孤士，何来什么家学渊源？终是明而不深、行而不远……”司马师微一撇嘴，有些不以为意地说道。

“门户根底？家学渊源？你这痴儿！你难道不知‘帝王将相，宁有种乎’这句格言吗？你所敬佩的张辽大帅、曹彰大将，他们又有什么门户根底、家学渊源？哼……”司马懿板起了面孔，向他冷冷训道，“为父此番南来襄阳赴任之前，你那义叔桓范大人亲自将为父送出十里长亭，并以一段教诲之言相赠，‘为方面之任者，其要务在于决壅；决壅之务，在于进下；进下之道，在于博听；博听之义，在于无论贵贱同异、隶竖牧圉而皆可自达焉。若此，则所闻见者广；所闻见者广，则虽欲求壅而弗得也。’看来你的‘心壅之疾’甚是严重，你下去后且于每夜入睡之前将你桓大叔这段教诲抄写十遍，粘贴在床头榻侧，用以日日警醒你自己！”

“是。”司马师被父亲训得满脸通红，急忙垂手连连点头。

第三章
扫平叛将孟达

四面下注

孟达那两道短黑浓密的眉毛紧紧扭曲着，黑洞洞的瞳眸中闪着幽幽的寒芒，不时在阁堂上东扫西晃，肥肥的脸腮肌肉时而抽搐了一下，两只手紧按着书案的边缘，一副恨不能掀桌而起的模样，却又咬着牙沉郁不语。

孟兴、邓贤、李辅最是清楚这主儿的脾性，本来就屏气敛息耸然鹄立的腰身就似狂风卷过的伏草，一个个折弯了下来，等待着他雷霆大作发泄一通。

终于，孟达最后还是忍了下来，用舌尖舔了舔嘴唇，斜扬着脸望向窗外东边的天空："好！好！好！司马懿和裴潜果然了得——居然兵行险着、直捣夏口，一举解了江陵之围与沔阳之危！高！高！高啊！本座当真佩服得紧！"

说罢，他侧过头来瞅了李辅一眼："唉，本座还是该当听取李主簿你的建议——在司马懿和诸葛瑾于夏口对峙僵持之际，以'起兵东援'为名通过华阳津口前去襄阳坐镇观变……"

李辅一听，唇角浮起一丝苦笑：这个主公，当初犹犹豫豫，坐观别人的战守成败已是大大失策；如今，司马懿和裴潜已经打退吴军，掌握了荆州全局的主动之权，而你却才又来想找“后悔药”吃，岂不可叹？他脸上淡淡忧色溢了出来：“主公，前日司马大都督从襄阳发来帛函，邀请您前去襄阳牧府参加此番拒吴之役取得大捷的庆功宴……不知您已决定了去还是不去？”

“不去。当然是不去！你就代本座拟写一道复函，声称本座猝感风寒而抱恙在床，待得身体康复之后定会亲自赶赴襄阳向司马大都督、裴牧君等登门庆贺……”孟达讲到这里，略一踌躇，又道，“不过，此番本座虽然亲身不能到场庆祝，但是礼数却必不可少——李辅啊！你且下去准备一份厚礼，就用二十五箱绫罗绸缎和珠翠金饼给司马大都督他们送去。”

“好的。”李辅恭敬而应。他正在心底暗暗打着那封复函的腹稿，却听孟达忽然压低了声音若有心而又似无意地向邓贤问了一句：“贤侄，你派去的内线可曾探到魏兴郡那边有什么异动么？申仪他这次会离城东下前去参加襄阳牧府的庆功宴吗？”

“唔……禀报舅父大人，侄儿得到密报，魏兴郡那里一切如常，并无异动。司马懿似乎也没有发函邀请申仪前去襄阳参加庆功宴……舅父大人您是知道的，申仪在荆州官场的分量和影响哪里比得过您啊！”邓贤欠身抱拳答道。

孟达心底暗想：本座现在倒巴不得申仪也会被司马懿所邀而离城东下，自己就可以顺便在半途中派出几个刺客将他暗杀了，这样便能神不知鬼不觉地拔掉他这个眼中钉了！他暗暗叹了口气，见孟兴张口有话要讲，便向他问道：“兴儿，你有何事？”

孟兴拱手禀道：“父亲大人，高冲先生这一次又前来催促您‘归义成都，共灭魏室’之事了……他说，他这一次带来了蜀汉丞相诸葛亮写给您的亲笔信。”

“诸葛亮写给本座的亲笔信？”孟达双眉一跳，面色倏变，“那你还不赶快把他给为父引进来！”

接过高冲呈上的诸葛亮那封帛函，孟达迫不及待地将它打了开来，细细看去，上面果然是诸葛亮那清俊飘逸的字迹：

孟君敬启：

本相近日收悉李令君来书，而承知孟君竟有翻然悔悟、回归故国之诚意，不禁慨然而起，手舞足蹈。呜呼！往日不快之事，皆由刘封小儿恃势侵凌足下以伤先主昭烈皇帝待贤礼士之义也！其情其状，本相素已心知矣。故此，本相欲溯始终之情、追平生之好，依依东望，念念不忘，遂遣此函以致足下，万望孟君明机果决，归义而来，共匡汉室！

孟达把这封帛书翻来覆去看了半晌，渐渐从怦然激动变回到平淡沉静中来，故作若无其事地向高冲问道："诸葛孔明不是自己写了《出师表》要以一己之力匡汉灭曹吗？他那么精明能干的人，还需要本座帮助吗？本座投在他麾下，只怕会拖累了他呢！"

高冲知道孟达先前在蜀汉政权中归属于东州派，和李严一样与诸葛亮有些政见不合。他见孟达这般不冷不热的态度，只得装作毫不理会，便依临来之前诸葛亮所教，对孟达款款而道："丞相已带领十三万大军抵达汉中郡驻扎下来。他亲口对高某郑重嘱咐，希望孟将军火速起兵，与他前后夹击魏兴郡的申仪；只要魏兴郡一被拿下，伪魏西南关钥顿开，您便可和诸葛丞相在汉中郡胜利会师，共灭曹贼了！"

孟达并不接他这个话头，而是沉吟着问道："李严兄和诸葛孔明一道来了汉中郡么？"

高冲答道："朝廷让李令君居守永安宫，并未随同诸葛丞相率师北伐。不过，他可以在后方全力支持孟将军归义大汉！"

孟达微微低下了头，沉吟半晌，居然开口这么说道："其实高君可以回去带话给李严兄，就说本座一直盼望着他从永安宫快马加鞭、挥师北上，翻越神农山，前来与我合兵讨魏……"

高冲闻言一怔，沉默了好一会儿，才徐徐而答："孟将军这番话，在下一定会一字不差地带回给李令君的。只是，您对诸葛丞相的此函答复是……"

孟达伸手在自己亮光光的额头上摸了一阵，终于略一颔首，从腰间解下一块碧光莹然的玉玦来，递到高冲手里，道："高君，这样吧！你且将这块玉玦转交诸葛丞相，他见了此物之后，自然便会懂得本座的意思了。"

高冲知道孟达一向最喜"借物寓意"打哑谜，便不好再追问下去。他将那玉玦捏在手心里，却见它形如一片细细翠荷，玲珑剔透，巧夺天工，煞是精丽。

孟达想了一想，向他说明道："这是本座祖传之宝'青莲碧玉玦'。当日本座与诸葛丞相在成都共事之时，他经常见到此物，自然是会'见玦如见人'的了。"

"好！"高冲恭恭然应了一声，极为小心地将那"青莲碧玉玦"放进了自己的腰囊之中。

"贤侄，你且先带高先生下去休息。"孟达脸上装出一副微微的疲惫之态，挥手便让邓贤领了高冲下去。

待高冲一出室门，孟达就从榻席上挺身而起，精神焕发，瞧着李辅，若有所思地说道："李主簿，本座准备修书一封，写给东吴三军大都督陆逊……"

"写给东吴大都督陆逊？"孟兴在旁听了，不禁一愕，"写给他干什么？"

"李主簿，你认为呢？"孟达毫不理会他的疑问，只是幽幽然看着李辅。

李辅眼底里掠过了一丝说不出的意味复杂之色，慢慢说道："主公这一手'两面下注，左右逢源'的'高招'倒也来得甚是机捷，只是……"

"不！不！不！李辅，本座其实是'三面下注，三方逢源'啊——往西，本座可以背靠诸葛亮；往东，本座可以借力于陆逊；往南，本座可以退归李严的永安宫……"

李辅瞧着孟达得意洋洋的模样，心中暗想：你这"狡兔三窟"之策固然不错，但你忽东忽西、朝秦暮楚、变来换去，你对谁都不会倾心以待，而自然谁都不会对你倾心以报。到了关键时刻，谁会真正给你发力相助？你"三面下注，三方逢源"，说不定末了结果是任何一方亦未必会给你助力啊……他表情沉肃地沉吟了许久，禁不住还是开口言道："主公，依属下之直言，您若真是有心'另谋出路'，唯有归义蜀汉一途。而归义蜀汉的上上之策，就不如依诸葛丞相所言，暗作准备、潜行奇兵，一举袭取魏兴郡，拿下申仪，作为献给蜀汉方面的'礼物'而与诸葛亮顺利会师于汉中郡！如此，您必有磐石之安、万全之福！又何须向外借力于陆逊等江东儿辈也？"

孟达听了李辅这话，脸色立刻涨成一片酱紫。他摸了摸自己的下巴，半晌没有吱声。诸葛亮此人，本座素来最是熟悉了——他的品行德性恰如一壶烧开之水，臻至清而近乎无鱼，本座追随于他，又有何利可图？他可真的是名副其实的大公无私啊！为着那匡汉灭魏的大业，听说他这几年来一直是蔬食素袍、俸禄捐国、卑身励众，自己若去他的手下，哪里还能像在新城郡中那般"闭门揽权，作威作福"？真若要去跟他诸葛亮，自己倒不如还是待在这里当个"土皇帝"来得舒服！

但这些念头，孟达是自然不会向李辅明言的，他最后闷闷地咳了一声，沉沉而道："唔……到汉中郡去和诸葛亮会师？哼……别是到了那里被他把本座这些年好不容易积攒下来的家底儿一口吞并了吧？在他手下当一个偏裨之将，和魏延之流的小角色并肩听命，本座心底里倒是有些不甘哪……"

说着，他抬起眼来横扫了李辅一下，加重了语气缓缓而道："依本座看来，还是再瞧一瞧孙权和陆逊给本座开出的条件吧。东吴正一心一意想着扭转'黑林峪之败'和'汉江口失利'的败局，也正迫切需要本座与之联盟共取荆襄……说不定，孙权和陆逊还会以上宾之礼、方面之任而优待本座也！这样一来，李主簿你们跟着本座，不就有了更为远大的锦绣前程吗？"

"这个孟达，就是喜欢玩弄这种花里胡哨的小把戏，毫不切合实用！他有什么话不能向你高君当面直说呢？还大老远地送来一块玉玦'借物寓意'！"诸葛亮端坐在帐中榻席之上，左手慢慢地摇着鹅羽扇，右掌却托起了那块翠绿欲滴、精致玲珑的"青莲碧玉玦"细细地看着，"'莲'者，隐指'联'也；'碧'者，隐指'必'也；玦者，隐指‘决’也。他送这块‘青莲碧玉玦’，就是想告诉本相：他和我大汉联手灭魏，主意已决……”

稍稍一顿之后，他慢慢抬起头来看向高冲：“不过，既然孟达已是决意归义大汉，那他为何却不向本相告明何时起兵与我大汉天军里应外合袭取魏兴郡、擒获申仪呢？”

“这个……下走也多次询问，而孟将军却一直没有给出明确答复。”高冲有些踌躇地答道。

诸葛亮两眼直盯着他，眸中猝然精光大绽，逼视得他抬不起头来：“高冲！你虽是李令君之僚属，但同时也系我大汉之臣子。为臣之道，以忠君殉国为第一要务。本相奉天子之诏、秉黄钺之威、负兴汉之业、承万民之望、涉崇山之险、撄虎狼之敌，而愿鞠躬尽瘁、死而后已！你与本相均为大汉臣子，亦唯有一同念念萦心于此，方能上无愧天地祖宗，下无疚后世子孙！所以，你若是知道了其他什么事体消息，须当向本相取公舍私、倾怀相告才是！否则，假如误了兴汉大业，休说是你，便是李令君他也担待不起！”

他这一席话侃侃讲来，显得大义凛然、重若泰山，压得高冲一下俯身折腰，嗫嗫道：“启禀丞相大人，孟达在此番临别之际，曾经要下走带话给李令君，声称他一直期盼着李令君从江州永安宫快马加鞭、挥师北上，翻越神农山，与他在新城郡会师合兵东下讨魏……”

“唔……本相就是暗暗纳闷，我大汉天军与他孟达中间仅隔魏兴郡数百里之遥，他却兀自支支吾吾，闪烁其词，居然不肯东来与本相就近相见？原来他此刻心底里是这样一副打算啊！好了，高君，你且下去休息吧。”

送走高冲之后，诸葛亮将手中鹅羽扇往书案上重重一搁，面色缓缓沉了下来：这个孟达，行事当真是毫无章法——他执意舍汉中王师之近而取永安宫李严之远，分明就是明拖暗阻地不想与本相会师合兵共讨魏贼！看来，他到底还是相信和亲附他先前在成都的东州派旧友李严等人更多一些啊……

他想到这里，心中忽地一动，暗一咬牙，按捺住自己满胸的怒气，转头问站在自己案侧的征北参军马谡道：“幼常（马谡的字为“幼常”），陛下不是已经下诏给李严，让他提领江州六郡的四万人马速速北上与本相会合了吗？他那里现在有何动静？”

马谡的表情显得有些犹豫，低低而道：“丞相……据陛下派去的使臣回禀，李严似乎并无北上与丞相会师合兵之意。”

“嗯？！如今吴蜀已经议和，李严还留在永安宫那里干什么？他不北上与本相会师合兵，他还想干什么？”

马谡有些怯怯地看了诸葛亮一眼，嗫嗫道：“启禀丞相，其实李大人先前早就送来了两封帛书，但在下看到丞相近日一直忙于国事，担心这两封帛书会扰了您的心曲，准备在适当的时候再给您阅看的……”

“把那两封帛书马上拿来本相阅看。”

“这个……在下记得这两封帛书的内容，现在就禀告给您吧：他在第一封帛书里宣称自己想从永安宫发兵东上，翻越神农山，前去与新城郡孟达会师合兵共讨伪魏……”

“呵！呵！呵！敢情这孟达和李严是‘心往一处想，劲向一处使’，在本相面前‘演双簧戏’哪？！”诸葛亮眼中寒光一闪，脸上冷冷而笑，“他俩果然是‘一气连枝，一拍即合’啊！第二封帛书里他又怎么说？”

马谡瞧了一眼诸葛亮那冷峻逼人的表情，心底里只觉一阵微微震荡，就尽量放缓了语气，淡化了内容，轻轻道：“他在第二封帛书里提出要以江州城为轴心，合宜宾、涪陵、临江、云阳等八郡为一体，另行设立一个‘巴州’，由他来担任巴州牧之职，开府建牙，专管蜀东军政机务……”

“设立巴州？他再来当巴州牧？哼！哼！哼！他是瞧着本相兼领益州牧之职就有些眼红吧？”诸葛亮一下勃然发作了起来，“这李严寸功未建、寸土未拓，竟敢厚着脸皮向朝廷和本相伸手要权？他未免太利欲熏心了……还有，我蜀汉战士本就不多，他却要带着那四万精兵翻山越岭、舍近求远、跋涉劳顿地跑到新城郡那里和孟达一道瞎折腾！真是太可气了……”

“请丞相息怒！请丞相息怒！”马谡不迭连声地劝着。

“幼常，本相知道你不让本相亲眼阅看他那两封帛书的原因……只怕李严他在那书函中的原话写得更是刺耳难听吧？也好……那两封帛书就用羊皮纸封了吧，待本相取胜班师回朝后让满朝文武们读一读。唉！罢了！罢了！还是不要拿出来丢我蜀汉大臣的丑吧，免得那些狂言秽语拿出来污了天下士民的眼睛！”

说着，诸葛亮抬起头来，凝望着高高的帐顶，仿佛要一直看穿出去：“本相在这里为了匡复汉业而一直呕心沥血、废寝忘食，他们却在背后抽梯子、放冷箭、抢位子，忙得是不亦乐乎！先帝啊——您显一显灵，托一托梦震诫震诫这些不顾大局、贪利忘义的臣子吧……”

听到这里，侍立一旁的马谡眼眶里不禁已是泪花盈盈。

诸葛亮忽然又是神色一定，变得十分严肃，站起身来，负着双手低着头在大帐里疾步踱来踱去，口里喃喃自语道：“不行！不行！本相不能眼睁睁看着李严和孟达带着数万战士前去自投死地！幼常！你立刻替本相草拟一道手令，严词阻止李严发兵从神农山过去与孟达会合！”

“是！”马谡答了一声，目光一转，忽又犹豫着问道：“丞相，倘若那李大人不听您的手令阻止，仍是固执己见，又当如何？”

“唔……”诸葛亮闻言一怔，刹那间意气之色尽消无余，代之而起的是一派冷静沉稳之容。他从书案上拿起那柄鹅羽扇在胸前轻轻扇了几扇，悠悠而道：“你提醒得对。李严若是固执不从，本相便给他来个‘双管齐下’，一是你马上代本相给江州副都督、镇东将军陈到发去一封密函，让他在暗中抵制和掣肘李严的发兵东上之举。陈到是先帝和本相多年栽培起来的忠贞之材，他一定会依本相之意而切实照办的。

“二是让蒋琬携着本相的那道手令，亲自前去永安宫当面劝说李严，就说朝廷正在研究设立巴州一事，请他少安毋躁。如此一来，大概便能稳住他了……”

马谡听罢，脸上顿时现出深深喜色来：“丞相大人运筹于帷幄之中而消乱靖变于千里之外，在下深感佩服。”

诸葛亮的脸色却有些怅然，喃喃而语：“唉……说什么运筹帷幄、消乱靖变，都是本相不得已而为之的阴谋诡计罢了！本相素来推崇的是‘堂堂正正、以德服人’，而今却为匡汉讨魏大业而曲意奉承于李严，真是可悲可叹……”

他说到此处，脑中忽有一事冒了起来，让他无法再感慨下去，敛容又向马谡言道："对了，还要尽快想办法让孟达火速与本相会师合兵——那伪魏镇南大都督司马懿乃是何等厉害的角色？十个孟达和李严加起来也未必是他敌手！"

"丞相，这司马懿先前不过是伪魏一介尚书仆射而已，今年刚刚才转为方面大将之职，只怕连军中槊矛都还没摸熟呢……您又何必对他这般忌惮？"

"幼常，你有所不知，本相曾在大汉建安年间与这司马懿打过交道，也见识过他的手段——此人深有谋略、机变多端，而今又执掌伪魏方州兵权，实乃我大汉罕见之劲敌！远的事例且不说，就谈前不久他在拒吴之役中的那几招'避实就虚''迂回出击''围魏救赵''以逸待劳'的手法乃是何等的机敏高妙？连东吴一代儒帅陆逊那样的高人都在他手下吃了几分暗亏去，李严、孟达他俩居然还想凭着区区数万人马从新城郡东下去招惹他？当真是不自量力！"

"丞相大人，可是这孟达远在新城郡，咱们对他实在有些鞭长莫及。您如此殷切地召唤他前来汉中郡会师合兵，他若仍是一意置若罔闻，那时又当如何因应呢？"

"唔……若是如此，说不得本相就要暗暗出手逼他一逼了！"诸葛亮脚步蓦地一停，立定了身形，目光炯炯地看向马谡，冷然道，"据本相所知，魏兴郡太守申仪一向与孟达关系不和，势同水火。你且派我军帐下偏将郭模前去诈降于他，就以孟达意欲重归大汉之消息作为'见面礼'赠给他。申仪与郭模本是东州同乡故交，加上他又一直暗暗恼恨孟达，在得到郭模送上的这份'见面礼'后，他必定会迅速上报伪魏朝廷知晓。如此一来，事已泄密，孟达再无余暇坐等李严千里迢迢、跋山涉水地赶来会师——实际上，那时李严也不会发兵东上了。他只能是被迫提前起义反曹，主动袭取魏兴郡、擒拿申仪，为本相从汉中郡发兵东下荆襄而打开伪魏的西南藩门……"

马谡这个人也是喜欢打破砂锅问到底的，他皱紧了眉头，禁不住还是追问了一句："丞相，倘若您那样出手暗逼了他一下之后，他却仍是不肯举兵东来汉中郡与您会师合兵，又当奈何？"

诸葛亮听了，神色一动，将掌中那块“青莲碧玉玦”一下捏得紧紧的，眼睛里都快迸出点点火星来：“他若要是还那么冥顽不灵的话，那可就真是蠢得自寻死路、无药可救了……”

陆逊在长沙郡接到孟达的求附归降书后的第二天，便乘轻舟顺江东下，直赴武昌城面见孙权求旨请示。

穿着裘皮大氅的孙权正在偏殿里倚榻而坐，面前的御案之上似乎陈放着红红翠翠的一大堆物事。

瞧到陆逊迈步进来，孙权便笑呵呵地举起一件器物向他摇了一摇：“伯言——快来瞧一瞧咱们吴国会稽郡的越窑里刚刚炼制出炉的青瓷之器……”

陆逊注目看去，见到孙权手中拿着的是一只青色油油的羊头瓷灯，看起来鲜润明丽、栩栩如生，便不禁微笑着赞道：“我大吴竟有这等物华天宝、能工巧匠，微臣衷心为大王恭贺之！”

“是啊！是啊！中原地带的那些红陶器具，一件件看上去朴钝粗重、晦涩无光，哪有咱们吴越之地的青瓷之物鲜艳明润、精致玲珑？孤王准备叫越窑匠师们再炼制一批器物出来，像什么瓷枕啊，瓷盏啊，瓷砚啊的，让张温带到西蜀去，向他们彰示我大吴的物华天宝之美、能工巧匠之精！”

陆逊听了，一边颔首以示认同，一边却在心底暗暗而笑：这个孙权，果然是事事不甘居于人下，私心本意欲以越窑青瓷妙器之美炫示于中原曹魏才是真，但又不好说破，就拐了个弯借了西蜀来夸耀，倒真是有趣！

孙权在御案上放下了那只羊头青瓷灯，又拿起一枚黄澄澄的大铢钱来，送到陆逊手中，笑着又道：“你且瞧一瞧这枚铢钱……”

陆逊急忙接过，却见此钱足有巴掌般大小，约有四五分厚，上面镌刻着“大泉五千”四个流畅如水的小篆。他不由有些暗暗吃惊：这东吴市面上流通的铢钱最高币值金额不过为“大泉五百”，而孙权却令户曹铸造这币值金额为“大泉五千”的大钱干什么？

孙权仿佛看出了他眼中的惊疑之意，呵呵笑道：“这一批‘大泉五千’铢钱，是孤王特意命令户曹为你们这些有功之臣铸造的！以前孤王奖赏你们一百箱‘大泉五百’铢钱，你们用犊车装了一车又一车，一两个时辰都搬不完，忒也费事！今后，论功行赏之时，孤王就奖给你们十多箱‘大泉五千’铢钱，你们自己也好携带……”

“大王，您对臣等的这番优宠之举，臣等实是感激不尽！本来，古今商市之际币有赏值、铢有定法，乃是国之大制——而大王却为恩赏臣等而不惜法外施惠，臣等感铭于心，唯有粉身碎骨以报！”

陆逊一向谨厚内敛，此时亦不禁一头叩在柏木地板之上，含泪哽咽而道。

“罢了！罢了！孤王与伯言你们一直是‘外托君臣之义，内结骨肉之情，言听计从，祸福与共，永不相负’——你今天说这些话就未免有些见外了！”孙权慌得连连摆手，起身便要来扶。

陆逊急忙膝行着倒退回客席之上，拭去腮边泪痕，恭恭敬敬地坐了下来。

“伯言，你此番匆匆而来，却是有何要事相告？”孙权容色一敛，在御案后坐直了身子，向他正颜问道。

陆逊也是神情肃然，便将孟达有意求附归降之事从首至尾向孙权细细禀了。

孙权听罢，沉吟了片刻，双目精光闪闪，正视着陆逊问道：“那么，依伯言之见，这孟达究竟是真降还是诈降？”

“应该是真降。上个月微臣率领大军进攻江陵之际，按照常理，那孟达本应该从新城郡东驰而下就近援助裴潜的。可是微臣围攻江陵足有二十六日，形势已然万分危急，那孟达却仍是漠然不动！在那个时候，微臣便觑出此人隐有游移观望之心。如今‘江陵之围’已解，裴潜必会深怨于他；而司马懿和魏廷对孟达当初的游移观望之举亦是洞若观火，自然也难容于他。所以，此番孟达遣人前来求附归降，实有内逼之患，必然是真降。”

孙权极为认真地听着他的每一句话，满面沉肃之色，俯首默思许久，徐徐而言：“既是如此，孤王便信了他是真降。本来呢，孟达他若是举新城之郡前来归附，于我大吴而言，实乃幸事一桩：我大吴若是得到了新城之郡，那等于在先前的夏口、长沙两郡之上又增加了一个‘支点’，可以从东面、南面、西面三个方向对荆襄之域施行半月形的‘包抄之弧’——届时，司马懿纵有通天本领，在这三面夹击之下，亦是左支右绌、前后交困！倘若承天之幸，我大吴乘势一举夺得荆襄之后，便可顺利向北挺进中原腹地，大军逼临豫州、洛阳，则帝业可成矣！”

陆逊听到这里，两眼亦是大放异彩，心情激动之极，禁不住插话而道：“大王果然英明睿智，当世无双！微臣之所以匆匆前来面见请示，亦是管中窥豹，略通此意。却没料到大王一听之下竟已对这一切灼然洞察于胸——微臣叹服之至！”

孙权虽然懂得这是陆逊的溢美之词，但他听起来也仍然大感舒服，眸中顿时溢出浓浓的得意之色来。他静了片刻，心底蓦地暗暗一动，眉梢间又不禁添了一缕忧色：“当然，孟达若能顺利归附而来，我大吴的这‘三方包抄、三面夹击、席卷荆襄’之大略便可谓一举功成矣！不过，那伪魏的镇南大都督司马懿乃是何等阴险狡诈之辈，岂会宴然坐视孟达在他眼皮底下这般轻轻易易就归附我大吴？说不定此刻那司马懿早已将他暗中监控起来了。”

“大王此虑甚是。”陆逊不禁为孙权胸中的灵机暗动而佩服不已，微微点头道，“正因如此，微臣方才匆匆赶来向您面见请示：微臣恳请大王同意调拨四万精兵溯流而到西陵城，由微臣亲自统领，沿神农山东脉直趋而上，通过木阑塞口，与孟达在新城郡顺利会师，然后伺机东下直取襄阳！大王若不当机立断，只怕迟则生变！”

“四万精兵？你要调去四万精兵援助孟达？”孙权一愣，目光倏地射向了陆逊。

“不错。荆州境内魏贼兵多势众，微臣非用四万精兵而不足以深入援助。”陆逊用非常肯定的语气说道。

“四万精兵？四万精兵调出之后，会要耗费我大吴多少甲械、多少粮草、多少舟船？如果你是用四万精兵专程去打木阑塞，那孤王至少还要给你配备一万后勤兵卒呢……”孙权蹙起了眉头，思索着说道，“孤王这里就是答应了，只怕顾雍相国那里也未必通得过……”

陆逊一听，立刻明白这孙权又在玩打太极拳式的推搪功夫，就面色一暗，默不吭声。

“伯言哪！”孙权深深地直盯着陆逊，缓缓说道，“孤王这么多年来南征北战，也曾殄敌无数、立功赫赫，深知用兵之诀在于审量彼我、因敌设计——一切计策均是因敌制宜、因敌而变。孤王能够始终立于不败之地，关键就是决不轻视对面的任何一个敌手。那司马懿的手段你也见识过了，他是何等地阴狡叵测、诡诈多端，岂可等闲视之！

“还有，孤王刚才说过了，那孟达来归实是‘承天之幸’。既是‘承天之幸’，便难保事必成、功必立。伯言，你听孤王一句话，自己也不要在孟达这个事儿上投入太多的精力和时间，勉强试它一试就算了！你也千万不可涉险去援助孟达，最多只能派出一万人马到木阑塞口去接应孟达就够了！你一定要记住，孤王在此送你有八字忠告——‘见可而进、知难而退’！”

他讲至此处，看到陆逊满眼已是失望之色，便起了身凑到他耳边低声而道：“伯言，你有所不知，近日坐镇柴桑行宫那边的张昭将军送来了密报，声称鄱阳郡大族长老彭绮，正在暗中纠集部曲、族人，准备举兵与合肥的曹休内外呼应而作乱。你说，孤王此刻兼顾得了西翼之事吗？可能在明后两日，孤王便会亲率周舫、吕岱等东流而进，前去荡平此患……”

陆逊脸色更显黯然，只轻轻一叹道：“大王既然有此内顾之忧，微臣便也不再喋喋多言了。微臣甚是可惜我大吴又将丧失一次囊括荆襄之良机……日后，再想寻觅这样的机会，怕是千难万难了！”

临机决断

“申仪送来了八百里加急快骑密报，向本督禀告：新城郡太守孟达与伪蜀诸葛亮暗中勾结、互送信物，已是真真切切叛我大魏，企图与蜀寇里应外合，肆行作乱。而今情势如此，却不知诸君对此事件意见如何？”

宛城镇南大都督府署议事厅内，司马懿那沉厚有力的声音在四壁之间徐徐回响，仿佛一下接一下重重地震荡在他麾下每个将领的耳鼓中。

“那还需多说什么吗？请大都督立刻向朝廷请旨前去拿他问罪便是！”曹肇一步跨出列来，抱拳便道。

司马懿抚须不言，又举目扫视了一下案前其他将领。他们个个控背躬身一齐答道：“属下等恭听大都督号令，誓平逆贼！”

“说来诸君或许有些不信：其实对这孟达投敌谋叛之事，本督早有预料。你想，他当初是为何缘由背主叛蜀来归的？只因蜀将刘封侵夺了他区区之鼓吹仪仗耳！这便可见得他实为见利忘义之徒了！这等卑鄙小人，无骨无节，见利而趋、遇害而避，岂可保其始终之操也？”司马懿脸色一肃，凛然而道，“不过，诸君亦不须担心——无论此贼如何腾挪使诈，如今皆已落在本督股掌之间，指日便可取他首级以正其罪！”

然后，他双拳一抱，遥遥向北一拱，正色道：“为防此事走漏风声，本督决定立刻行使‘便宜从事’之权——在即日上奏请示陛下御旨的同时，行文征调豫州牧贾逵手下的三万人马，与本督先前帐下的本部兵马会合一处，由本督亲自统率，马上日夜兼程奔袭新城而去！”

他此语一出，大厅内顿时一片沉寂，静得鸦雀无声。

却见夏侯儒双眉微皱，终是按捺不住，出列道：“启禀大都督，依朝廷律例，凡诛杀二千石官秩的太守以上臣僚者，必须经由陛下颁诏施行。而今新君在上、圣意未明，依属下之见，您最好还是等到御旨批复下来之后，我等再依诏一道西袭而去！”

司马懿眸中精光连闪，沉声而道：“此事本督已然思之烂熟，我宛城距离洛阳有千里之遥，往返奏议之间耗时难免会在半月长短。若要在此坐等圣旨批复下来，再在半月之后发兵西袭，只怕此事已泄密失机矣！本座等不及了，今日便要拔营而下！”

“这个……大都督这等‘未批先行’‘先斩后奏’之举，只怕与朝廷礼法不合，实在是大大不妥啊！”夏侯儒早时奉了文帝曹丕和太尉华歆的密嘱，是专门负责监视司马懿有何非常之举的——今日见他居然“拜表即行、先斩后奏”，似乎忒也出格了些，忍不住仍要阻挡下去。

司马懿却不与他多话，两眼如刀锋般在他脸上倏地横划而过——伸手从腰鞘之中慢慢拔出一柄长约二尺八寸的雪亮宝刀，执在手中：那刀狭长如一弧新月，白森森的刀身上镶嵌着青、红、黄、蓝、黑、紫、碧等七颗不同光色的宝石，呈似北斗七星之状，莹然生辉。细看之下，此刀通体内外洋溢出一派莫名的典雅厚重之气，令人望而生畏。

他缓缓将这宝刀横胸而捧，恭然而语："诸君可识此刀乎？此刀乃是当年太祖武皇帝于本督诞生之际亲赠的上古神兵'九曜刀'，它已伴随本督周旋中原近五十年——今日，本督恭奉此刀谨以顾命辅政之责而决定即刻发兵诛讨叛贼孟达，言出令随，定不可违！若有闻令不从者，便如此案！"

他话犹未了，手中"九曜刀"凌空一挥，一道寒光闪过——"嚓"的一响，他面前那张书案，顿时被他这一刀齐刷刷劈了一角下来！

夏侯儒一见，不禁被唬得悚然变色——这司马懿平素待人接物总是慈眉善目、一团和气，没料到他今日临机决断之际却是这般威严冷峻，凛然不可冒犯！看来，先帝和华太尉对他的明猜暗忌，也并非没有缘故的……他这一股咄咄逼人的霸气，就实在让人有些接受不了。

看到夏侯儒一下被自己镇得蔫了下去，司马懿又收起了脸上的严霜之色，轻轻放缓了语气，娓娓而言："本督亦知夏侯将军所言乃是关心本督的休咎安危，其意甚是诚恳。本督在此多谢了。待得荡平叛贼孟达之后，本督自会独力承担'未批先行、先斩后奏'之责，一切均与尔等无关。"

他的话讲到这般地步，夏侯儒已无言可驳，只得双手一拱，道："大都督忧公忘私、大义凛然，属下自当叹服，一切唯命是从，决不违逆。"

司马懿听了他这话，方才颇感满意地点了点头。他放下"九曜刀"，一下抓过令箭筒，便开始当仁不让地发号施令起来："夏侯将军，你且率一万虎豹骑火速南下，前往当阳县与裴潜刺史的步卒会合，然后西进神农山脉，守好木阑塞口，阻断吴虏北上新城的援救之路！"

"吴虏？孟达竟与吴虏也有勾结？"夏侯儒一愣。

司马懿瞧了他一眼，淡淡道："据裴潜从江陵发来的密报：东吴近日有数百艘战船正在向西陵方向集结，这不是与孟达遥相呼应，又是为何？吴虏若从西陵登陆，则必从木阑塞前去策应孟达！所以，我军不可不在此处备兵预防。”

夏侯儒听罢，却是有些不甘：“启禀大都督，末将甘愿亲率二万铁骑作为您的前驱直捣新城郡，而不愿虚置己军于南郡冗散之地！”

“夏侯将军，本督调你前去木阑塞扼守，实有两大缘由：一则新城郡位于崇山峻岭、三面环水之中，地势崎岖坎坷，决非你帐下虎豹骑驰骋冲杀的‘用武之地’；二则木阑塞亦决非‘南郡冗散之地’，它是吴虏北上策应孟达的必经要塞。你若和裴潜在那里牢牢守好了，于我大魏而言实乃奇功一桩！本督届时一定为你专表请功！如何？”

“末将受教，谨遵钧令。”夏侯儒听得心悦诚服，终于恭恭敬敬地上前接过令箭退入班中。

“州泰听令——你在西南一域潜察日久，对新城郡一带的形胜要害之处应是了如指掌。本督特任你与牛金共为先锋大将，带领八千先遣队担当我军前驱，直抄最近的捷径，先行领路疾趋新城郡，在前面为我军逢山开道、遇水搭桥，闯出一条胜利之路来！”

在帐下诸将又惊又妒的目光中，州泰一愣之后从侧席的座位上搁了手中正写着记录的毛笔，有些恍恍然立起身来，拼命压抑住满腔沸腾的热血，微微颤声答道：“属……属下遵命！”

司马懿朝着他充满鼓励地一笑，又向牛恒吩咐道：“牛中郎，你立即亲率五千敢死之士，也抄最近的捷径，直接赶赴申仪所在的魏兴郡，与他齐心协力守好我大魏的‘西南门户第一关’——千万要警惕和提防诸葛亮从西乘虚来犯！”

“末将领命！”牛恒双拳一抱，上前一步接了令箭。

最后，司马懿伸手招来梁机，递给他一封信函和一只锦囊，道：“梁参军，你且带上本督这封写给孟达的亲笔信函与内藏本督‘缓兵之计’的锦囊，待眼下这场会议散罢就火速去见孟达。在半途之中，你再打开锦囊，读取本督所设的密计，然后依策行事，不得有误！”

当梁机上前接过那信函和锦囊之时，司马懿忽地伸手将他重重一握，深深注视着他：“倘若孟达起了疑心，你也切莫失了分寸！本督大军一到，他必成齑粉！只是你定要小心行事、善自保重才是……”

“大都督请放心——属下定当不辱使命！”梁机一咬钢牙，满面毅然之色，使劲儿地冲他点了点头。

司马懿这时才转过身来，将“九曜刀”高举在手，肃然下令道：“其余诸将各率本部人马，携带好所有的冲车、云梯、霹雳车、狼牙弩等精良军械和可支一月左右的粮草，由本督亲驾统领，紧随州泰、牛金等先遣队之后，以一日之时而兼行两日之程，衔枚疾进，速取新城郡！”

“陆逊也答复要派兵从木阑塞来接应本座了！而且，他还在信中谈到会建议孙权封拜本座为辅吴大将军、荆州大都督……”孟达举起陆逊给自己写的亲笔复函，沾沾自喜地在孟兴、李辅、邓贤等眼前晃了一晃，“如今，本座左倚西蜀、右连东吴，两面得助，纵是曹真、曹休、司马懿三贼齐来，又能奈我何？”

李辅听了，他的反应却与孟兴、邓贤二人的盲目乐观不同，眉角边带有隐隐忧色，只是在此时此境之下不好多说什么。

正在这时，书房门外守卒扬声禀道：“启禀太守大人，征南参军梁机大人有事前来紧急求见！”

“梁机？他赶来这里做什么？”孟达面色一僵，愕然自语道。他沉吟了一会儿，把手向外一摆，孟兴、李辅、邓贤等会意，一齐退身隐到书房那座宽大屏风后面藏了起来。

只见书房木门一开，梁机满面汗垢，似是刚下坐骑而不及休息，一头便直撞进来，张口就喊：“孟将军！你大事不好了！”

孟达一听，心弦登时“刷”地一紧，几乎便要从那席位上跳了起来，脸色微微发白：“梁君——孟某有何大事不好，还望告知！”

“孟将军莫非还不知道？近日诸葛亮帐下偏将郭模投降了申仪，他向申仪举报您与诸葛亮内外勾结、企图谋反作乱——申仪已在司马大都督面前告了您的黑状了！”

“什……什么？”孟达听罢，当场如遭五雷轰顶。哎呀！想不到自己千防万备，此刻居然还是东窗事发了！郭模何许人也？竟能将自己与诸葛亮暗中交通之事泄露了出去？申仪这厮一下抓住了自己的把柄，果然就已屁颠屁颠地赶到司马懿那里告密了……他心念急转之下，面腮到处都渗出了密密的油汗，活脱脱就像一副被烈火炙熟的猪脸。他咬紧牙关，先自定住心神，鼓着两眼看着梁机，恨恨地说道："申仪这厮信口雌黄、搬弄是非，实在可恶！本座之心，可鉴天日，哪里有什么里通敌国、勾结外贼的谋逆之举？！这一切都是他编造出来陷害本座的！请梁参军明察啊！本座先前曾经举劾过他兄弟俩诸多擅权违制、贪赃枉法之恶迹……他是一直对本座怀恨在心、伺机挟私报复啊！万望梁参军不吝相助，去司马大都督面前为本座陈情明志啊！"

"嗨！梁某若不是先前在镇南府中晓得你和申仪两人那一场过节，对你的为人品行倒也清楚，今日怎会巴巴地跑来给你报讯？"梁机随手拿过他案头上放着的一条白毛巾，往自已脸上抹了几抹，擦掉了一些尘垢，然后大大咧咧地在他对面坐了下来，叹了一口气道，"孟将军你也真是——为何凭空便与申仪兄弟这等小人作对，引来了他的捏造陷害之言？有些恶人，是轻易招惹不得的。"

"是、是、是！"孟达也伸手揩了揩自己额头的油汗，陪上一脸媚笑，"孟某当初举劾他兄弟二人，也是为了维护国典纲常，纯是出自一片公心——这一点，梁参军您曾在夏侯镇南手下待过，您自然是清楚的啦！却不知司马大都督对此事态度如何？"

"你所说的一切，司马大都督也都知道了。他乃是何等公正严明的贤人？岂会被他申仪以如此之事蒙骗了去？"梁机将那白毛巾往案板上一甩，凑过来朝孟达挤眉眨眼地说道，"你放心……梁某在司马大都督面前替你美言过了。大都督他老人家也信了梁某的话，将申仪那厮送来的举报书反复验看了许久，最后是这样说的，'孟将军昔日弃暗投明而归我大魏文皇帝，夏侯镇南、桓阶令君皆对其深信不疑，郑重托付以西南守疆之要任，可谓君明臣忠、心贯日月也！孟将军既如此获信于大魏，而反之则蜀贼上下谁人不是切齿深恨孟将军耶？诸葛亮若真欲与孟将军有所叵测之事，必定守口如瓶、周密之极，岂又会让偏将郭模之流知晓也？不过是申仪为陷将军于不义，而令郭模捏造此事以欺骗本督罢了！本督决不受人愚弄而妄疑大将！'"

"哎呀！大都督果然是英明绝伦啊！难得他如此信任孟某，孟某真是感激之极啊……"孟达一听，眼皮眨了几眨，一串泪珠掉了下来。

“司马大都督此番让梁某前来贵郡，便是告知孟将军，你须得与申仪不计前嫌、和衷共济、勿生疑忌、共匡魏室。而且，他还要让梁某在见过孟将军之后，便立刻前往魏兴郡，给申仪太守送去一封亲笔斥责信。对了，瞧梁某这记性儿，差一点儿都忘了——司马大都督临行前交代了：他这封亲笔斥责信，一定要交由孟将军您亲自过目……”

孟达接过那封帛书拆开一看，上面果然是司马懿龙飞凤舞、遒劲灵逸的笔迹：

申仪太守：

吾与前大都督夏侯镇南联姻为亲，吾今日之信孟君，犹如夏侯镇南昔日之信孟君也！吾初临荆州，而甚需孟君与汝辅弼之力也！汝与他皆为吾左右两手，千万勿得相伤也！含沙射影之鬼蜮伎俩，岂系君子之所宜为乎？郭模之事颇有蹊跷，汝亦勿得妄信。切切吾嘱。

镇南大都督司马懿手书

一个字一个字看罢此函之后，孟达不禁泪流满面：“司马大都督如此信任孟某，孟某当真是肝脑涂地亦无以为报了！”

梁机瞧着他那副假模假样的表情，心道：梁某就是要哄得你眼下且信了司马大都督的话，届时你自会“肝脑涂地”地来扯个“报销”的了！他暗暗一笑，顺手收回了那封写给申仪的帛书，向孟达一拱手，意味深长地道：“将军您既是这般承蒙大都督信任，梁某也相信您必会兢兢业业、勤守西疆以报之！这一点，梁某是在大都督面前替您拍了胸膛打下包票的！罢了！罢了！梁某还要带上这封斥责信去魏兴郡代司马大都督好好教训一下捕风捉影的申仪那厮呢……孟将军，请恕梁某不能久留，就此告辞了！”

孟达眼瞧着他已走到了门槛边，却听得屏风背后李辅轻轻一咳，他立刻像触了电似的反应过来，脱口就大喊了一声：“且慢！”嗓门之大，直喊得响若炸雷。

“孟将军——”梁机被他喊得全身一颤，急忙回过头来，“您这么大声气喊什么？唬了梁某一大跳！”

“哎呀！本座差点儿忘了一件顶要紧的事儿，”孟达眼珠一转，换上一张笑脸说道，“这个……还请梁参军稍为止步，且容本座好生设宴款待您几日，一尽对您在大都督耳边承间婉转美言之恩的答谢之情。”

梁机脚下一停，瞥见孟达眼底隐有异光闪烁，便知他终究还是未能彻底相信自己，心中暗想：这一出戏，既然非演不可，就须得一演到底、演得惟妙惟肖才行！他就呵呵一笑，站住了身形，满面堆欢，抱拳答道：“孟将军既有这番美意，梁某岂敢轻加拂逆？酒宴款待嘛，您倒不须太过费心了……只是梁某近来囊中有些羞涩，这桩小事儿可能有请孟将军您稍为考虑才是。”

“那是当然！那是当然！您且去驿舍休息着，孟某待会儿让李主簿来领您到账房处，到那时您自己想支领多少铢钱就支领多少铢钱吧！”

一直看着梁机的背影施施然从书房门口那里渐去渐远，孟达就像一个浸透了水的泥人似的瘫坐在榻席之上，眉目之间神采尽失——他大口大口地喘着粗气，被梁机带来的这些消息和谈话给彻底搅蒙了！

这时，孟兴、李辅、邓贤等人从书房那座屏风后边转身而出，一齐来到他榻席前立定。

“你们怎么看这件事儿？”孟达喘息未止，便慌忙问道。

“梁机这厮来得真巧啊！”邓贤沉吟着开口道，“他莫非是来花言巧语蒙骗舅父您的？”

孟达沉着一张胖得近乎浮肿的圆猪脸，并不答话。

“依孩儿看来，这梁机和父亲您谈吐应对之际甚是从容自然，毫无矫伪之态。他应该不会是来蒙骗父亲大人的吧？况且，平日里咱们私底下送给他的‘孝敬钱’也不少……”孟兴亦是满腹狐疑地说道，“要知道，倘若他们万一真的清楚了父亲大人归义成都的种种举动，那么派这梁机今天前来安抚父亲大人又有何意义？他那不是自投死路吗？梁机有这么傻，愿意来当这送上门的‘替死鬼’吗？”

孟达将灼亮的目光投向了李辅。李辅微一凝思，向他开口言道：“主公刚才巧妙发言将梁机羁留下来，甚是得宜。但，此事也不宜久拖。属下适才一直在暗暗思索，今日梁机所谈之事的关键之处，还是在于为何竟会有郭模此人向申仪、司马懿等泄露了主公您与诸葛丞相里应外合、共灭曹魏这样的机密之事。”

“不错！李君之言可谓一语破的！”孟达沉沉地点了点头，“须知本座与诸葛亮暗中联络、内外呼应之事，应该只有双方寥寥数人知晓，怎会被郭模这样的小小偏将泄露出去？倘若真会泄露而出，除非……除非……”

“除非乃是诸葛丞相本人所为。”李辅接上了话，一口答道。

“诸葛亮？”孟兴、邓贤二人大吃一惊，“怎么可能！他怎么会自己泄露这等机密之事？”

“若不是他自己有意泄露，那又有谁有这个可能？”孟达冷冷地横了他俩一眼。

“不过，属下也很疑惑：诸葛丞相自己向外泄露这等机密要事，实在是大大出乎常理之中——他这样做的用意又何在呢？”李辅皱着眉头久久沉吟着。

恰在这时，书房木门被人从外面轻轻叩了四下。孟达连忙向孟兴一丢眼色。孟兴会意，立刻上前开门出去了半晌，又回身关门而入。他脸色显得大为意外，将手中拿着的一封信函呈上，诧然道：“父亲大人，诸葛亮竟派了他的一员贴身侍卫，也就是咱们的同乡——那个叫做孟小四的，翻山越岭从汉中郡日夜兼程徒步赶来，要将此信送呈父亲大人亲阅！”

“孟小四？是他带来了诸葛亮的信？”孟达急忙伸手一把抓过，拆开一看，果然是诸葛亮那疏密相间的一幅清丽小隶：

孟君亲启：

请恕本相疏忽失责，一时不察，竟让帐中偏将郭模忽生异心而窃了“青莲碧玉玦”叛投申仪之处。只恐我等里应外合、匡汉讨魏之机密大事已尽泄于外矣！孟君千万不可坐等祸发，自收悉此信之日始便当速速举兵起义，以迅雷不及掩耳之势疾趋魏兴郡之后背而猛攻之！本相亦会同时调遣强将劲卒自魏兴郡之正面而奇袭之！我等两面夹击，则魏兴郡腹背受敌，必不能支，指日可破矣！魏兴郡一破，伪魏之西南门户顿开矣！而孟君举手便成我大汉中兴第一功臣也，陛下以万户之侯、三公之爵亦不足以赏君也！欣然预贺之余，本相仍切切叮嘱焉：当前情势之危急犹如火燎眉睫，孟君此刻万万不可迟延，务必见信即发，不然迟则生变，悔之无及矣。

孟达看完之后，不禁气得连连顿足长叹："哎呀！这个诸葛孔明！你怎么如此不周不密地泄了此事？真真正正是害苦了孟某也！"

李辅上前取过诸葛亮那封密函细细看罢，沉吟有顷，肃然谏道："主公此刻悔也无用矣——事已至此，依属下之见，别无他途，唯有谨遵诸葛丞相所言，一方面让孟小四快快赶回汉中郡报讯，请他们火速发兵来援；另一方面则速速举兵起义，趁申仪目前尚未准备完善之际，连夜潜军直袭魏兴郡之背城——只要一鼓作气攻下魏兴郡，我等便为大汉王师打开了曹魏的'西南大门'，数万大汉精兵一拥而入，则我等自是安然如山，再也不惧司马懿之闻警来攻了！"

孟达歪着头听完了他的这番话，思忖了许久，却忽地开口向邓贤问道："贤侄，你近来可曾与高冲联系过？李严那边可有什么消息送来？"

邓贤摇了摇头："自从上次高冲一别之后，李严那边再没什么消息传来了。"

"主公！诸葛丞相今日来信讲得如此深切，看来他的这些话是代表了整个大汉朝廷的意见——李严可能是只得待在永安宫留守不出了，对他您是再莫抱什么指望了！"李辅很是着急地继续劝道，"您且按着诸葛丞相的信中之话切实去办吧……"

"且慢！李辅——你慌什么啊？反正此刻司马懿看上去还没起什么疑心，我等也就不必再这么火烧火燎地去魏兴郡那里自蹈险地！老实说，魏兴郡那里也着实是有些难以硬攻，我孟达岂能只为他诸葛亮一纸之函就轻易折损本部兵马？我可舍不得呢！还是让诸葛亮自己的十余万大汉天军为本座啃下那块'硬骨头'吧！"

“这……这……”李辅一听，不禁面色剧变，“主公——速速举兵起义，杀出魏兴，实乃我等转危为安的唯一生路！您千万不可视为等闲啊！”

“不行！他诸葛亮就是想借我新城郡之众为他做‘铺路石’以打通进军曹魏的‘西南门户’——哼！我的这三万人马可是日后用以在蜀汉之域立基建业的最大本钱，岂会为他而白白损失乎？李辅！本座心意已决：我新城郡倚山靠岭，三面环水，地势险要之极；而且本座在城里早已囤积下一百六十万石粮食，足可支应城中三万将士在此据守整整一年！他司马懿就算是闻警火速来攻，我兵精粮足、城坚池险、易守难攻，又有何患？”

李辅想了一想，觉得还是不能轻易放弃自己的正确意见，便痛心疾首地言道：“主公，诚如您之所言，我方兵精粮足、城坚池险、易守难攻，但归根到底我等所据守的始终是一座孤城、一座死城啊！倘若司马懿一路分兵敌诸葛丞相于魏兴郡外，一路分兵拒东吴援军于木阑寨下，斩断我方的一切外援之路，然后再对我们这座城池来一记瓮中捉鳖的毒招——那时候，我方战局岂不成了一盘死棋？”

“你这李辅，遇事怎是这般怕前怕后、畏首畏尾？简直是大长敌人威风，大灭我方志气！诸葛亮这么一激一逼，你自己就先乱了分寸哪？告诉你——他就算是提兵十万来攻，但这一带山路崎岖、运粮不易，又能在我这坚城高垒之下撑得了多久？只要本座能够耗上他一月数旬，而届时诸葛亮兴兵征伐于西、陆伯言挥师震撼于东，司马懿自己又粮乏兵疲，也唯有不战而退了！”

李辅听他这般自我陶醉、盲目乐观，已知他实是鬼迷心窍、利令智昏、难以救药了，只得长叹一声，闭上了口不再多言。

孟达却以为自己终于将李辅彻底辩服了，就自鸣得意地嘻嘻一笑：“孟小四既是来此，也总不能让他空手而返吧？也罢，待我让他带回一封信函去好好启示一下诸葛亮！”于是便扯过一张绢帛，提笔写道：

诸葛君亲启：

适承钧教，吾安敢少怠乎？窃谓骤然起兵而取魏兴郡之事，岂非太过张皇也？待吾城池修固、内外俱备之余，方可徐徐图之！司马懿亦未必疑吾。纵使他闻警来攻，亦滞于失机也！宛城离洛阳约千里之遥，距新城又有一千六百里。若司马懿探悉吾之举事，必先表奏魏主许可，往复之间已耗一月之时，他之来此何其缓也！而吾自可从容举兵而俟尊驾相会于汉水之滨，共枭此贼首级于坚城之下也！

城池之下

新城郡北、西、南三面均是河流环绕，而且这一条深深的护城河都是从城池北方的汉水引来的，可谓“常流常满，四季不涸”。倘若有谁想像对付普通城垒的护城河一般以汲车抽尽之，几乎是永无可能！

此城唯有东墙之外，是一条平坦宽阔的陆路。它是连接城内城外唯一的通道，同时它也最有可能是敌军攻进城里的“切入口”。孟达在得知有自己举事之密已泄后，马上便派了郡尉邓贤和屯田校尉程可带领五千战士在东墙外面日夜劳作，层层设置鹿角栅栏以备护城之用。

“树桩下次要砍得再粗些——这几根不行！马上换掉！至少要换成桶口般粗！”邓贤乘着一匹枣红马，顶着火辣辣的日头，一边仔细巡视着栅栏工事，一边用手揩着脸庞的热汗，不时地向那些工兵呵斥道，“你们见识过荆州兵的那‘霹雳车’有多厉害么？那一年本尉奉孟太守之令到当阳县协助夏侯镇南攻打江陵城——啊哟！好家伙！程可——你怕是没看到过，那‘霹雳车’抛出去的石块足有磨盘般大！吴军那些海碗样粗的栅栏全被砸得七零八落！”

“邓郡尉你放心——依程某看来，那‘霹雳车’再厉害，只怕也运不到咱们这崎岖险峻的深山老林里来吧！”程可与他并辔而行，嘴里唠唠叨叨地说着，“程某也曾见过那‘霹雳车’啊！它在城墙下搭起来足有二十多丈高，都有城墙高了……那得花费多少人力、马匹才搬运得到这深山险地里来啊！”

“程可呀！你这样说就有些不对——俗话讲，‘小心驶得万年船。’咱们既然是要拼死举事，就应当是‘不怕一万，只怕万一’！倘若司马懿那老小子真是将那‘霹雳车’拆开了用马车一辆一辆地硬拉了进来又咋办呢？”邓贤这个人最是不喜手下做事敷衍潦草，开口便驳斥起来，眼角余光一掠，手中马鞭就朝旁边指了过去，“你们几个过来——用麻绳把这几个鹿角栅栏捆绑得再牢实一些，像这样松松塌塌的怎么行？”

他话音未落，耳朵里蓦地听到半空中“咻”的一声锐响一划而来。

“波”的一声轻轻爆响，他目光一敛，只见一支粗若拇指的狼牙箭远远飞来，正钉在自己那匹坐骑裸露于甲胄之外的马眼上：箭杆足足贯进那马头内三寸有余！滚烫的血液一下飞溅开来，有几点还洒在了他的脸颊上！

那浑身披甲的枣红战马稀溜溜一声惨叫，前蹄扬起，后腿狂蹬——邓贤大叫一声，竟被那马一下给颠了下来，“扑通”一响，在死硬的黄土地上摔得个七荤八素、眼冒金星！在他勉强爬起身来的时候，自己那匹坐骑已是随着一声哀鸣，缓缓软倒在地，抽搐着渐渐僵硬了……

“有敌军偷袭！”程可扯开公鸭般的嗓子呼叫着，一夹马腹，率领着一队骑兵往前就冲了出去，“快！快！快！大家快反击！”

他还没向前冲出十五丈，一阵急促的马蹄声疾驰而至，一匹没有披甲的白马从滚滚尘烟中豁然冲了出来！

那马背上竟然没人……

程可正在一怔之际，一柄红缨长枪已经从那匹白马的右下腹部飒然掠了出来，化作一弧银光划过——程可只觉颈侧一寒，随即一股勃发奔放的热流便自颈项间一泻而出。随着这热流的快速喷涌，程可只觉得浑身的热量和力气都在急速流失着……他摇摇晃晃地扯着缰绳想稳住身形，只是他无论如何使劲，似乎都无济于事，晃了几晃，“咚”的一响从马背上栽倒了下来！

在程可倒下地来之前的最后一瞥里，他看到的是一个白袍银铠的高大身影，凛然雄踞于适才所见的那匹无主白马的背上！

“牛金！”邓贤在后面瞧得清楚——这员白袍骁将赫然正是名震荆楚的襄阳太守牛金！

更让他不敢相信自己眼睛的是——跟在牛金身后的那个手端六尺劲弩一箭射死自己战马的黑衫小将，居然正是一两个月前还在新城郡街坊集市间叫卖铁器的青年商贩州泰！

邓贤咬了咬牙，正欲举刀喝令众军准备抵抗。他一仰头，赫然竟望到对面的岭峦丛林之间一杆杆“魏”字旌旗齐刷刷地直插而起，迎空招展，纷纷扬扬，恍若一片黑云翻翻卷卷——也不知那漫山遍野之际藏了多少伏兵！

“啊呀！大事不好了！”邓贤一下扭转了身，抢过一匹坐骑，飞也似的往城东门内狂奔而回——他一边打马急驰，一边嘶声大叫：“快快合拢鹿角，关上城门——大队敌军杀过来了……”

他这带头一跑，他手下的那些兵卒们哪里还会舍生忘死地听令去“合拢鹿角”？也都纷纷弃了工事，跟在他马后撒腿一溜烟儿似的逃了……

州泰慢慢放下那架六尺劲弩，轻蔑地瞧着他们的背影，“呸”了一声，道：“真没用！”然后，他望着那些被邓贤和孟军抛下的重重鹿角栅栏，轻轻一笑，侧头对牛金说道：“孟达这厮可真有趣——居然替咱们把安营立寨的木料都准备好了……”

“不要以为在那丛林之间光插了几杆旌旗、假布了几道‘疑兵’，就真能唬住孟达他们了！他们醒过神来后一定会疯狂反扑的！”牛金在马背上永远是那么一副冰冷沉峻的表情，“你马上去后面调派一千战士上来，带上火、油、烟硝等，把这些鹿角栅栏全都点燃了，烧得旺旺的，让他们暂时冲杀不出来！咱们也不要擅自妄动，静待大军后续人马悉数到齐后再说……不要忘了司马大都督临行前的密嘱，‘不惧贼战，只忧贼逃；封其出路，瓮中捉鳖’！”

州泰神色一凛，肃然应了一声：“是！”

两日之后，也就是孟达给诸葛亮写出那封回信的第八天早上，司马懿率领五万大军浩浩荡荡杀到了新城郡城池之下！

一股低沉浑厚的号角之声从魏军队伍中缓缓响起，紧接着四面八方回应着发出了一波拥着一波的沉浑声浪，激荡起伏、连绵不绝，仿佛萦绕了整个城池。

马蹄阵阵、尘土飞扬——朝霞辉映之下，一队队步骑便如一道道激流一般直泻而前，然后汇合为一，形成一片滔滔汪洋！

在那一片由魏军士卒组成的“汪洋”之中，一辆辆高耸云霄的“霹雳车”、云梯缓缓驶来——后面是一排排形同独角犀牛的铁壳冲车轰轰然紧随而上。

面对这等威武雄壮的大魏王师，新城郡便似变成了一叶孤舟，在无边无际的惊涛骇浪之中摇摇欲坠！

新城郡东城楼的指挥台上，孟达右手紧握刀鞘，把腮帮子咬得鼓鼓的，远远地望着城下的敌军情形，满眼全是惊恐之色——司马懿和他的兵马这么神速地便杀到了城池之下，实在是出人意料！

在他的视野里，那一片明晃晃的刀山戟林之中缓缓升起了一杆黑色大旗，上面绣着金边包裹的“司马”二字，迎风猎猎飞舞，犹如一头雄狮般凌空欲起！不消说，那大旗下立着的那一团焰红的一人一骑，就定是司马懿无疑了！

孟达当然看不到司马懿此刻的表情，但他已想象得出司马懿的脸上必是挂满了浓浓的笑意——那种笑意透出来的一定是先前他在长乐殿上曾经见到过的刺骨的轻蔑！孟达一想到这里，就禁不住把牙齿咬得“嘣嘣”直响，只恨不能夺过一支弩箭射毙了他！

“梁机小儿！你居然敢跟着你的主子一起来欺骗本座！亏了本座还这么信任你！”孟达一口闷气无处发泄，便恶狠狠地一转身，盯向指挥台偏柱上被牢牢捆缚着的梁机，跺脚大骂道，“司马懿这厮实在是诡诈无比，可恶可恨！你……你还笑！还笑！本座要割了你的脑袋为三军祭旗！”

梁机瞅着孟达被气得丑态百出，就将脸上淡淡的讥笑之色一敛，凛然正视着他，冷冷说道：“孟达——你不要再负隅顽抗了！快快向司马大都督投降吧！否则，天朝大军一旦进攻，你举城军民皆成齑粉矣！”

孟达听得心头火起，便如被人一脚踩了尾巴的疯狗一般，跳起来就是一拳打在梁机的脸颊上，同时厉声喝道：“你这小子死到临头还敢嘴硬！本座先让你化成齑粉！”

梁机的脸被“砰”地打得向左一偏，立刻绽起了一团淤青——他慢慢转过头来，朝着色厉内荏的孟达冷冷地瞥了一眼，只“呸”的一声吐出了一口带着丝丝鲜血的唾痰！

孟达更是勃然大怒，“刷”地拔出鞘中宝刀就要砍去——这时，李辅却喊了一声“使不得”，从旁将他拦腰抱住了！

“滚开！本座要杀了他！”孟达一边猛力挣着，一边恨声大叫。

“主公息怒！主公息怒啊！”李辅拼命抱着他不肯放松，“这人亦堪称一介视死如归、不辱使命之义士！此刻杀他也是无用，反得滥杀义士之名——不如且学匈奴囚待苏武之法，暂时先将他收押起来！”

他一边这么劝着，一边向旁边丢了一个眼色——几个士卒上来，急忙将梁机押了下去！

他们正在争执之际，“轰”的一声乍然响起，几乎震耳欲聋——接着脚下的城墙地砖面上传来了一阵剧烈的颤抖！李辅一下放开了孟达，目光投向了城墙之下，脸上露出惊骇之色，喃喃道：“他……他们开始攻城了！”

孟达站定身形，不禁突地打了一个寒战，浑身一下汗毛倒竖——这一刻终于到来了！

一瞥之间，只见一辆辆二十多丈高的“霹雳车”正在城下渐渐驶近——然后又见它们的巨型拍杆齐齐一扬，一块块重达三四十斤的巨石如同天降雷霆一般狠狠抛出，向城楼上飞砸而来！

“主公小心！”随着李辅一声呼喊，两个亲兵应声蹿来，举起巨盾挡到了孟达的身前。“嘭嘭”一阵巨响，大石块纷纷倾泻在城楼甬道上，激射开来的石屑漫天乱飞，犹如一枚枚铁弹般强劲有力！

孟达躲在盾牌的遮蔽之下，听着周围被碎石击中的士卒们发出的声声惨叫，他的心一下揪紧了：这个司马仲达，果然是有备而来！连“霹雳车”这样的重型军械都用上来了——新城的形势实在是危哉！危哉！看来自己得务必尽快向诸葛亮和陆逊求救了！

他正在急急盘算之际，场中忽又静了下来！一时之间，东城墙下，倏地万籁俱息！

孟军正自惊疑莫名，猝然听得漫空飒飒声响密如蜂鸣，灌耳而来！

孟达小心翼翼地刚从盾牌后边探出头来，就陡觉脸皮一凉，一股劲风扑面而至——他慌忙一缩脖子，“嗖”的一响，一支弩箭紧贴着他的脸颊擦过，一溜血水滑落，立时感到脸上一股热辣辣的剧痛直透心扉！他忍不住伸手捂着尖叫了一声！

“孟将军快卧倒！”亲兵们惊慌失色，飞身扑来，将他一下压倒在地，用他们自己结实的身躯护在了孟达的上方！

孟达惊魂未定之际，只听得“嗒嗒嗒”一串声音响起，又有千百架云梯纷纷架在了城墙墙头之上！

接着，城楼上下的震颤变得越来越激烈——魏军那蒙着生牛皮的铁壳巨型冲车一辆接一辆撞开东城墙外的一排排鹿角栅栏，直向城门疾撞而来。厚厚的东城闸门被撞得发出了“吱嘎吱嘎”的尖响之声！

“顶住！顶住！给我顶住！”在众位亲兵的身体庇护之下，孟达伸出了头，狼狈万分地喊道，“一个也别让他们杀进城来！”

东城墙外的一座山岗之上，司马懿驻马而立，远眺着四下里的情形。牛金、州泰、曹肇、司马师等将领似雁翎一般两边排开，侍立在他左右。而他们马后二丈开外，则是四百名甲胄鲜明、戈矛闪亮的护卫亲兵。山冈之下，箭雨纷纷，烈焰腾腾，吞云蔽日——原来魏军还在一刻不息地攻打着新城郡！

司马懿静静地望着那一切，表面上镇定如常，心中便似远处的汉水河一般波涛汹涌——他已经亲率大军猛攻此城足足七日七夜了，那孟达和他的手下竟然甚是顽强，一直拼死抵住了自己的猛烈进攻！鹿角栅栏被已冲破了十三四重，城墙厚壁也被己方打缺了七八个裂口，但隔不了多久，孟达手下的劲卒们硬生生又顶着箭林弹雨几乎是用血肉之躯和着泥石、木材给堵上了！

他微微皱起了两道浓眉，忽然问道：“魏兴郡那边的情形如何？”

牛金闻言，马上接过来回答道：“三日前诸葛亮虽然派来了王平、姚静、郑陀等蜀军将士二万三千人前来猛攻魏兴郡，但在家兄和申仪太守的勇力合作抵抗之下，他们始终未能占得上风。”

司马懿微微颔首，淡然言道：“唔……那可真是辛苦牛恒君了。他们在那里守得越好，我们才能在这里打得越顺啊！”

“启禀大都督，末将仍是不免有一个担心，不知该讲不该讲？”曹肇眉宇间忧色沉沉地问道。

“讲！你但讲无妨！”

“末将担心的是：倘若那贼酋诸葛亮一怒之下集结了十二万伪蜀大军一齐出动前来攻打魏兴郡，我等又当如何回应呢？”

“唔……应该不会吧？”司马懿抬头举目望向那西边的天际，悠然而言，“首先，‘恃重而发、循序渐进、稳中求胜”是诸葛亮的一贯作风，他是不会为一座魏兴郡而做出这种‘孤注一掷’的冒进之事的。毕竟举三军之力而拔一小城，令人有‘胜之而不武、不胜而可笑’之感；其次，最关键的一点，据本督所知，曹将军你的堂伯曹真大将军已亲率大军从长安城出发，准备沿斜谷道而杀入汉中郡，与诸葛亮正面交锋。在这样的情势下，你认为诸葛亮会分出太多的兵力来攻打魏兴郡吗？”

“这……大都督的分析鞭辟入里，末将佩服！”曹肇听罢，眉间忧色这才渐渐散去。

司马懿哂然一笑，又问了一句：“木阑塞那边的情形呢？”

这一次却是司马师来答话了——他现在已调到司马懿身边任军谋掾之职了：“启禀大都督，木阑塞那边，四日前陆逊派了一万援兵自西陵城连夜前来偷袭——可是他们岂料大都督您早有绸缪，在裴牧君和夏侯将军一顿迎头痛击之下，他们已经损兵折将，退了回去……”

“一万援兵？陆逊只派了一万援兵前来偷袭木阑塞？”司马懿脸上满是说不出的惊愕之色，“这也太潦草敷衍了吧？陆逊近来用兵怎会如此糊涂——此事若是换成了我司马懿，我一定会抓住机遇，毫不犹豫地调发至少四万以上的精兵骁骑，兵分两路，一虚一实，双管齐下：虚的那一路大张旗鼓直袭江陵，引得裴潜无暇分身前来驻守木阑塞；实的那一路则衔枚潜行，疾趋而到木阑塞下，偷偷打夏侯儒一个措手不及！他这样做，或许还有一线侥幸成功之机！呵呵呵……而今他既是虑不及此，本督再无后顾之忧矣！自此可以心无旁骛地全力收拾新城郡了！”

“大都督料事如神，新城郡指日可下矣！”众人齐齐赞道。

“新城郡，我等迟早会拿下的。不过，依诸君之见，此刻我等须得采用何种方略才能速速攻下这座城池呢？本督在此深望诸君不吝建言。”司马懿“呼”地一下转过身来，神情恳切地向他们问道。

州泰瞧了瞧那远处战火连天的新城郡，正色沉吟而道：“启禀大都督，依州某愚见，值此争分夺秒抢攻城池之际，我军不如及时启动先前一直潜伏在新城郡中的八百死士，乘乱狙击行刺，借机扰乱敌方的军心……”

司马懿缓缓点了点头，慢慢说道：“两军相持不下之际，正需求有意外之击而扭转局势——很好！古语有云，‘养士千日，用在一时。’州泰，你且下去好好办妥此事吧！”

州泰恭恭然欠身领命而应：“诺。”

“大都督，属下这几日冥思苦想，倒谋得一策。”司马师早已跃跃欲试，借了这个空儿便开口进言道，“属下已经反复踏看了新城郡周围的地形，发现它这里的地势是东高西低、北高南低，犹如簸箕之形。此城虽然拥有北、西、南等三面环水之地利以阻隔我大军逼近，但我军亦可以‘反其道而制之’，将从它北面流过的汉水用挖渠筑坝的方法引到东城门外，然后乘势决堤以水灌城而攻之！如此一来，新城郡必破无疑矣！”

司马懿听罢，凝眉沉思片刻，忽地笑容一展，向周围其他诸将问道：“呵呵呵……水攻之法？！诸君以为此策如何呀？”

场中诸人一下静了下来：他们差不多都知道了这个先前取假名为“马斯”的军谋掾就是司马懿的长子司马师，对他的建议谁还敢妄加评论啊？

司马懿仍然不动声色地款款而言：“自古至今，以水攻城，亦可算是一条便捷快效之奇策——但，它真的就没有什么弊端吗？恐怕还得详加思忖方可……”

司马师本来以为自己所言之计出人意表，完全可以获得父帅的大加欣赏，不料司马懿仿佛对此计并不十分看好，似有犹豫顾虑之念。他双眼一转，正欲开口继续补充论证，却见州泰踏前一步，脸色显得有些彤红，额角间也微微见汗，但仍是肃然直言而道：“司马大都督、司马大公子，请恕州某失言冲撞之过——那‘以水攻城’之计先前州某也曾想过，但州某最后舍而不献，便是觉得它固然能够便捷取效于一时，却必会导致城中无辜百姓死伤惨重而失去民心。州某一向以为用兵之要诀，在于‘攻心为上，攻城为下；心战为上，兵战为下’。所以，古今良将非到万不得已之时，决不会用水攻之计滥杀无辜，以避残暴不仁之恶名，以收民心归顺之实效。我堂堂大魏天朝王师兴兵讨逆，来得堂皇正大，又何须借助此计急于攻城而失人心？更何况新城郡在大军围困之下，已成一座孤城，只需加大攻其军心之力度，早晚便可一鼓而下……”

司马师听了，脸上不由得倏地红了半边，心想：好你个州泰，身为我家亲信死士，居然却当着众人的面这般直贬我之建议，实在是太不懂规矩了……哼！父帅那般青睐、重视于你，你就是以这等举动回报我司马家么？他正想之际，耳畔又听得那边曹肇似是阴阳怪气地冷笑了几声以示嘲讽，这更让他心头怒火“腾”地一下就冒了起来！他猛地一跺脚，眉发暴张，状如怒豹，当场便要发作起来……

就在这时，司马懿却爽爽朗朗地哈哈笑道：“好！好！好！州君之言，实是深得用兵策略精髓之诀！好一个‘攻心为上，攻城为下；心战为上，兵战为下’！只不过，本督听着怎觉得有些耳熟啊！你别是从他人那里抄袭而来的吧？”

他这么嘻嘻哈哈地一说，倒弄得州泰一下涨红了脸，嗫嚅着不能作答——这是他从设在蜀汉内部的“眼线”口中听来的，据说是当年马谡在送别诸葛亮南征孟获之际所赠的十六字兵诀。

但司马懿眸光一转，表情立刻凝重下来：“那么，依州君之见，我大魏天军此刻又当如何对城中叛军施以‘攻心之计’呢？”

州泰定了定心神，瞧了那蓄怒未发满面涨红的司马师一眼，暗暗咬了咬牙，眸中怯色一掠而逝，向司马懿抱拳禀道：“司马大公子的‘以水攻城’之策略虽不可轻取，但也可以拿来另有妙用——依州某之见，不如‘将计就计’，来个‘此物彼用’，让弓弩手们发射箭书入城，向城中士庶公然宣示，‘我大魏天军此番讨逆平叛而来，本可引来汉水灌城而攻，但念尔等城中士庶皆为孟达所胁迫作逆，而不忍殃及，亦不愿尔等与孟达贼徒玉石俱焚——所以，本督对此奇策弃而不用，万望尔等体察天朝大军的仁慈宽大之怀，速速弃暗投明，自行出城归顺。’司马大都督以为如何？”

“好！好！好！州泰，你下去之后就依此‘攻心之计’而切实去行！”司马懿听得连连颔首，满眼都溢出洋洋喜色来，“此番讨逆之役，本督不以擒获孟达而为乐，唯喜居然察得州君之大才也！对了，本督还要提醒你一句：你下去后和本督幕府的那些记室们将那劝降箭书里面的词句还要多多润色点缀一下，务要写得情文并茂、娓娓动人方可。”

他吩咐完毕之后，转过脸来直视着司马师说道：“子元啊！州泰君天生聪颖，智计多端，年纪轻轻已是难得的良将之材——古语有云，‘圣贤无常师，唯以能者为师。’你日后须得向他多多学习啊！”

司马师听着父帅这话，急忙抑住心头的一切波澜起伏，缓缓敛去了脸上那一派浓浓的怒色，尽量使自己变得温顺平静下来，又是那么恭然答道：“好的，孩儿记住父帅的苦心教诲了。”说罢，他静默片刻，忽地回过了头，向州泰绽颜一笑，“州兄，师现在就陪同您一道去幕府记室张先生那里商议那道劝降箭书的写法……”

潮湿的地室里，到处弥漫着一股刺鼻的霉气。虽然室内四角都点上了炽红的炬火，但整个地室依然看起来阴影幢幢、晦暗不明。

孟达自那日在东城门楼上亲眼见到魏军矢石的威力之后，就再也不敢登上指挥台以身涉险，而是躲到了自己太守府后院的地下密室里关起门来龟缩不出。

“父亲大人，眼下我新城郡处处人心不安——东街的郡尉署、北街的武库房，目前都遭到了一些不明人士的结队偷袭；南城有几座哨楼也在昨夜被人偷偷放火烧掉了！看来，我们城中先前早就潜入了不少的魏贼内奸。”孟兴满脸忧色地向孟达禀告道。

“是什么人干的？公子您查出来了吗？”站在孟达书案右侧的李辅颇为关切地问道。

“哼！那还用得着去查吗？这些人一定是当日那个卖铁小贩州泰在城中安插的同党——司马懿！你好阴险哪！原来这些年来你和夏侯尚那

匹夫一直是在一正一反地唱‘双簧戏’来蒙骗本座啊！亏了你有这份耐心一直处心积虑地提防着本座！”孟达两眼鼓得就快弹了出来，那蛛网一般密布的血丝让人看了煞是骇异，“哼！本座也不必再和那些人兜什么圈子了！兴儿，你传令下去，把凡是自黄初元年本座进入魏国以来城里所有的外来居民，无论是务农的、经商的，还是当官的，都给本座一律收押入狱，找个机会统统杀了！”

李辅一听，不禁大吃一惊："主公！您此计差矣！自黄初元年以来，本城之中的外来居民何止千百家？在这六七个年头里，他们又与原有住户建立起了各种各样的关系网络，或亲或戚或朋或友，差不多都已经融为一体了——您怎能将他们一网打尽？如今城外大敌当前，我等唯有上下一心、戮力对外、一致抗敌才是！您此令一发，岂不是将那些外来居民和他们的亲朋好友全部推向了司马懿那边？！”他这么激烈地抨击和反对是有根据的：在他李氏一族的姻亲之中，就有不少人士是外来居民！若是真要那样“大开杀戒”，只怕全城上下登时就大乱了！

“这……这……”孟达刚才也是在情急失控之下才有此偏激之误，被李辅这么一劝，又醒悟了过来，“李主簿说得倒也在理！兴儿，为父刚才那个命令你暂时就不要执行了——只是那些魏贼内奸隐匿城中时时兴风作浪，亦甚为可虑啊！李主簿，您认为此事又当如何化解呢？”

李辅拈着自己那撮“山羊胡”，慢慢沉吟了半晌，最后才道："依属下之见，此事暂时也别无他法，唯有调遣士卒在城中加紧巡逻，日夜严防密备；同时，派出精干将士把城内所有要道路口牢牢守住，只要时间一长，那些魏贼内奸们无隙可乘，则其乱便自会渐平渐消矣！”

孟兴听罢，从鼻孔里“哧”的一声冷笑出来："李主簿，您这条对策一味‘以守为主’，未免也太消极了些！哼！既不能如方才父亲大人所言将那些外来士庶‘一网打尽’，但‘乱世用重典’这句铭训都是丝毫不能遗忘的。依兴之见，总得要借他们那帮外来士庶当中几个人头来立威才是！

“父亲大人，东街丝坊的那个贾老板、西城当铺的那个刘掌柜，以前都曾经冒犯过您，他俩今年的税赋又交得忒少，干脆让孩儿去把他俩都抓起来，栽上一个‘里通外贼’的罪名杀了！这样，既没收了他俩的财物充公，又震慑了那些潜伏城中的魏贼‘内奸’！如此一举两得之计，父亲大人以为如何？”

“好！兴儿你马上去办吧！”孟达一口就应了下来。

“不可！万万不可啊！昔日汉高祖刘邦释私怨优待雍齿而安人心的美事，主公莫非忘了吗？”李辅一听孟兴的“借头立威”之说便觉不妥，暗中忍了又忍，只盼孟达自己能够明察是非而拒纳之，听到最后却见孟达也一口赞成，这才禁不住开口劝道，“贾老板、刘掌柜固然有失礼于主公之处，但毕竟现在还没有被查出有何叛逆之举，而孟公子若以‘里通外贼’的罪名而妄戮之，只怕人心不服啊！”

“人心不服？人心不服又怎的？人心不服算个屁啊！”孟兴反唇相讥道，“你这李主簿，事事不为自家主公打算，处处反倒为外人说话——哦，孟某明白了：你莫非和贾老板、刘掌柜他们私底下有什么‘鬼名堂’？”

李辅还没听完，已是满脸涨成一片通红，仿佛全身的血液都涌到了耳根处：“孟公子您怎如此讲话？”

“呵呵呵！李主簿——孟兴讲的是一时气话，你可别往心里去啊！”孟达急忙劝住了李辅，同时将眼色向孟兴一丢，“你这痴儿！还不快滚出去办你的正经事儿要紧！”

孟兴一听，懂得这是父亲对他捕杀贾老板、刘掌柜以立威一事的默许，便十分傲慢地瞪了李辅一眼，大摇大摆、自鸣得意地走了出去。

室内终于静了下来。李辅看着孟达，犹豫了许久，才郑重说道：“主公，您认为咱们新城郡目前的形势究竟如何呢？”

孟达抬起头来，似乎有些大惑不解地瞪着他说：“李辅君，你近来一直有些不太对劲啊！怕这怕那、畏首畏尾，毫无杀伐决断之气！连兴儿意欲肃清‘内奸’、立威于人的良苦用心，你竟也毫不体会了！现在你又莫名其妙地来问咱们郡城的形势如何——我这里城坚河深、兵精械足，虽然不敌司马懿的霹雳车、冲车、狼牙弩厉害，但自守而不失应该还是绰绰有余的！况且，我城中积粮还可支用全郡将士一年之久——司马懿他们跋山涉水长途来袭，运粮必是大大不易，怎能和咱们硬耗得起？你还是放心吧！”

李辅眉宇间愁云隐现："主公可曾看过日前城外魏军射进城中的那封箭书了？"

"哪封箭书？"

"就是那封他们宣称'放弃水攻之法而以德服人'的箭书。"

"哦……是这封箭书啊！本座看到了——这不过是他们假惺惺的欺哄之词罢了！哼！哼！哼！就算他们想要引来汉水灌城而攻，谈何容易！那是要挖长渠、筑大坝的——如此浩大的工事，他们那得花费多少工夫啊！"

"主公，属下不是在提防他们做这件事的可行性，而是在暗暗注意这封箭书在我新城郡中军民士庶当中所引起的心理反应——实不相瞒，主公，他们都私下里纷纷称赞司马懿的军队乃是'仁义之师'哪！"

"仁义之师？这世上哪有什么仁义之师？本座算是看透了，只不过都是一群披着'仁义'伪装的虎狼之师罢了！"孟达干笑了几声，右手一摆，"你莫要相信他们的鬼话。"

李辅心道：这些道理，还用你来给我讲？只不过，披不披那层"仁义"伪装，终究还是大有区别的。他继续顺着自己先前的思路讲道："其实，在属下看来，司马懿发出这封箭书，并不仅仅是在明面上塑造一支'仁义之师'那么简单，实质上是'引弓不发，暗怀威慑'的毒计——他把'以水攻城'的这一奇策明明白白地摆了出来，就如同一柄利斧高高悬在了城中军民的头顶之上，这一份深深的威慑之意，远远比把那利斧直接一下斩将下来更加厉害！尤其是在当前诸葛亮、陆逊的救兵都被阻隔不通，看起来咱们外援已绝的情形下，李某甚是忧虑这城中军民还有多少人能够顽强抵抗到底……"

"嗯……那你且说此事应该咋办？"

"属下还是认为，主公在此大敌当前之际，千万不可以滥杀妄为而肆威于人，务必要以恩抚下、以仁和众，方能换得城中百姓上下一心共抗外敌啊！"

孟达听到他的话又缓缓绕了回来，不禁暗暗动怒，冷冷而道："不以重典而立威，又如何压得住城中'内奸'的蠢蠢欲动？李辅呀！你这个人什么都好，就是太迂了些！一点儿不懂变通！这十多年来，你为何一直是个郡府主簿，而我孟达却能做你的主公？归根到底，这就是本座有比你更加高明的地方——本座没你这么迂！”

他这一顿猛呛，当场便让李辅微微变了脸色，连自己一直稳稳放在膝盖上的双手都禁不住剧烈颤抖起来——一瞬间，他几乎就要将嘴唇咬得流出血来！

孟达这时全然没有顾及李辅心中的一切感受和反应，仍是喋喋不休地说道：“你呀！事到临头，你竟被司马懿那一封箭书唬成那样！李辅，本座给你说，别看司马懿他口口声声说要‘放弃水攻之法而以德服人’，说不定他已在外面偷偷地开始挖渠筑坝准备引来汉水灌城了……幸好当初本座对这一招是暗中留了一手的！唔……当然，这也有你李辅建言献策的功劳。”

他所说的“留了一手”，就是指当初自己听从李辅的建议把郡城修成了外城与内城两重，中间隔着一道排水暗渠直通城外的护城河……这也是他见了“箭书”心底不慌的缘故。万一司马懿食言而肥，真的便要引水来攻，自己还可以撤回内城固守嘛！但眼下这个李辅仗着他的“智囊”身份老是在自己面前指手画脚、评东论西，也实在是有些太烦！干脆把他外放出去搁一边算了，也图个耳根清净！

于是，孟达又硬生生挤出几丝干笑来，向李辅故作亲切地说道：“李主簿啊！今晨邓贤派人前来报告他镇守东门有些吃紧——你就代本座去他那里犒劳慰问一下吧，让他们给本座拼死顶住！顺便你就留在那里协助邓贤他们守好东门……这个任务，本座是相信你一定能圆满完成的！只要咱们能够再挺过两三个月，司马懿和他的队伍一定会因为缺粮少食而不战自退的……”

李辅沉默地坐在他对面，脸上表情显得似有几分木然：“属下遵命。”

收复新城

东城门楼的青石地砖上到处插满了断箭残矢，洒满了木屑碎石，也沾满了斑斑血迹……

李辅带领一队亲兵抬着数十担牛肉米酒走上指挥台来，远远瞧见满面血污的邓贤正在那里嘶声哑气地指挥着左右士卒踊跃参战。

“李主簿！您来了？”邓贤早瞥见李辅走到城墙楼道上来，连忙向手下吩咐了几句，然后小跑着迎了过来。他把头顶上被敌军乱箭射得裂痕横生的豹头铜盔一下摘了下来，直冲李辅堆起了一脸的笑容：“真是辛苦您了，给咱们送了这么多酒肉来！”

“邓郡尉和诸位将士在前方浴血奋战，我等送来这些区区犒劳之物，实在是该当的！该当的！”李辅一边答着话，一边观看城楼上的情形：墙角里都歪七倒八地躺着一个个伤兵，呻吟之声此起彼伏。

邓贤伸手抹了一把脸上的热汗，拿起一只木瓢，舀起满满一瓢米酒就“咕嘟咕嘟”地喝了下去，回过头便向身后的士卒们喊道：“大伙儿一批一批地轮班下来休息进餐！别急别乱，人人都有份儿的……”

李辅拉着他到一方石礅掩体背面站定，关切地问道：“这城楼上的战况还行吧？大伙儿的士气看起来还不错？”

邓贤飞快地点了点头，口里用力地咽了咽唾液，满脸焦急之色：“这些倒也罢了！只是邓某有一件顶要紧的急事须托李主簿回去向我舅父禀告，他和孟兴不能再随意抽走我这守护东城的精兵劲卒了！”说着，用手指向城楼角落甬道上躺着、趴着的一堆堆伤兵道：“他让我用这四五千老弱残兵如何抵得住城外数万敌军的猛攻？！”

李辅也闷闷地说道：“李某刚才瞧着也有些奇怪，先前孟太守不是在您这里留下了一万多精兵驻守东城吗？今天看起来人数怎么这般稀少？”

“哪里还有一万多精兵？这六七天里，孟兴不断跑来，陆陆续续已从我这里抽调了五六千士卒走了……这不，昨天他又让亲兵带信过来，说什么城中‘内奸四伏’，须以重兵清剿，又要抽走我八百士兵……”邓贤越说越气，“老子当场就给他那带信的亲兵一顿好骂，这个东城门楼，究竟还要不要守了？他们抽走那么多精锐兵力进入内城到底想干什么？”

内城？！李辅一听，顿时大惊失色：怪不得自己从太守府出来时一路上瞧到不少士兵都进了内城大街小巷中密密麻麻地挤着！从这些迹象来看，孟达分明是在准备放弃外城而退守内城以自保啊！那他还派自己来东城门楼上协助邓贤守什么啊？这……这不是故意骗着自己和邓贤在前线傻乎乎地给他父子俩当替死鬼吗？联想起平日里孟达对自己的种种表现和态度，又念及孟达这人的薄情寡义，李辅只觉浑身如坠万丈冰窖，一下被冻得寒彻心肺……

他暗暗咬了咬牙，慢慢平复了心头的剧烈激荡，拼命把自己眼角几欲直冒而出的痛心之泪生生逼了回去！深思了片刻之后，他换上一脸的平静，向邓贤招了招手，拉着他蹲下地来，附耳过去对他低声说道：“邓郡尉，事到如今，李某也该和你谈一谈一些掏心窝子的话儿了……”

“魏军杀进来了！魏军杀进来了！”

一阵慌乱的呼喊之声将孟达从地下密室的榻床上陡然惊醒。他急忙跃身而起，抓过挂在床头的剑鞘，一把抽出剑来，猫着身缩到了密室一角，将自己掩藏在书架背后，紧盯着室门那里。

“嘭嘭嘭”一阵震耳的拍门声响过后，外面传来了孟兴的喊声：“父亲大人！快开门！魏军杀进城了！”

孟达一扭机关，室门开处，孟兴领着七八个士卒闯了进来，劈头就叫：“父亲大人！快！快！快！孩儿掩护您杀出重围！”

孟达从角落里闪身而出，一脸诧异地问道：“魏军怎么会攻进城的？这不可能啊！”

孟兴满面是泪，跺着脚叫道：“是李辅和邓贤那两个家伙——他俩偷偷打开东墙城门，放了魏军进来……”

“那还不赶快关闭内城大门？”孟达急得大叫。

“内城大门那里的守卒是李辅、邓贤的老部下，他俩在前面一喊，他们也都纷纷弃械投降了！”

“李辅！邓贤！这两个家伙，一个是本座的亲外甥，一个是本座的心腹主簿，居然都忘恩负义地背叛了本座！”孟达气得暴跳如雷，“我早就瞧出李辅近来有些不对劲，当真该在太守府里就一刀了结了他！我真恨哪！邓贤那厮也是蠢笨如猪，早就该宰了！唉……还是我心太软了……”

说着，他两眼凶光毕露：“杀！咱父子俩一定要杀出去，一定要砍了这些家伙的脑袋来喂狗！”

“孟达啊！这没有什么可恼可恨的——十七年前，你背叛了刘璋而投靠了刘备；七年之前，你又背叛了刘备而归附了我大魏；三个月前，你再一次背叛我大魏而投向了诸葛亮、陆逊——正所谓‘叛人者，人亦叛之；害人者，人亦害之’。每一次你到洛阳太学里来都要给博士们摆弄你那滔滔口才显示你博才多智，这些铭训你自己应该不会陌生吧？”

随着一个沉劲有力的声音徐徐响起，室门口处突然亮起了一排炬火，把室内室外照得一片通明。两列虎贲武士抬着一架朱漆坐辇在外肃然而立，上面坐着一位年近五旬的方面长者，颌下三绺须髯墨黑闪亮，随风轻轻飘拂肩后——他顾盼之际凛凛生威，举手投足便有一股说不出的清冽肃杀之气向孟达等人森森然卷袭而来！

——他正是魏国镇南大都督司马懿！

“司马懿！你这老贼竟敢如此奸诈——偷偷收买了李辅、邓贤那两个小儿来暗算我！”孟达一见他，两眼瞪得怒凸而出，几欲喷出火来！

司马懿微微一笑，并不接话，而缓缓侧身向坐辇后面悠然问道：“他的这些话，你俩都听到了？”

孟达在无比的骇异中瞳孔一张，司马懿身后的那片黑影之中，肩并肩地走出两个人来，正是李辅和邓贤！他俩都表情复杂地盯着自己，目光里分明流露出深深的鄙夷来！

“孟达，你有所不知啊！刚才，你这两个手下，一路上还在苦苦恳求本督饶了你父子二人性命呢！结果，我们在这室门外听到的却是你口口声声要砍了他俩的脑袋去喂狗哟！”

司马懿慢悠悠地说着，语调里在深深的平静中又透出一缕诙谐来——但这一缕诙谐，却像一根冰针一般扎得人心中隐隐刺痛！

孟达竟似石头人一样呆住了，“当啷”一声，他手中的利剑突然脱手垂直地掉在了地上。

“父亲……”孟兴看着他那一下变得像“活死人”一样的父亲，忍不住差点儿哭出声来！

司马懿的目光却从孟达的头顶上越过，在密室四下里打望了一圈，缓缓说道：“呵呵呵！你把你的巢穴筑得倒很牢实嘛！这些墙壁都是用整块的大青石砌成的吧？可惜了！可惜了！朝廷当年真该留下你在洛阳当作大匠，那样或许便可免了你今日的灭门之灾吧？”

“是你们逼……逼我的……”孟达喃喃地开口了，“都是你们逼我的……”

“没有人逼你！是你自己嗜利忘义、贪字当头，是你自己一步一步走上这条绝路的！”司马懿的声音一下变得冷硬如钢，“你一生恃才弄术、东变西变、毫无章法、无人不骗、无事不诈，你自己都不相信自己，哪个部下跟着你不在背地里防你一手？来人啊——砍了他父子俩的人头送到洛阳去，当街‘枭首示众’，以为不忠不诚者之戒！”

这一次，再没人劝他收回或更改这个命令了。李辅、邓贤二人都紧紧咬住了嘴唇，不吐一字。

待虎贲武士们将灰溜溜的孟达父子押走之后，司马懿敛去了肃重之情，微笑着望向李辅：“李君啊！本督听闻你智略多端，还是为孟达出了不少好主意的……”

“小人乃败军之谋掾，何敢又言智耶？”李辅俯首而答。

“唔……话不能这么说。摊上孟达这么一个患得患失、东摇西荡而无定见的人，便是张良、陈平再世，也难辅他成功！”司马懿说着，双眉间又露出一丝轻蔑来，“像他那种无骨无节、无恩无义的小人，自取夷灭是迟早的事儿！本督在六年之前就洞见了他今天的这个下场！”

然后，他面容一正，侃然而道：“如今新城郡已然重回我大魏版图，本督在此宣誓，一切必将与民更始，既往不咎，兴利除弊，再造升平！邓贤你仍是留位郡尉之职，李辅你则升为郡丞之官——这一次，本督一定要为你们选好一个值得辅助的新任太守来，为我大魏把守好西南门户！”

魏军排着一列列方正整齐的队形，井然有序地撤出了新城郡。

司马懿驻马立在东城门外的那个山冈之上，望着重又归于一片宁静的郡城，缓缓自语道：“固若金汤的新城郡，号称‘飞鸟难入，猿猴难攀’——怎料本督大军一到，旬月之间便举城而下！师儿啊，你知道是何原因吗？”

“父帅用兵如神，攻无不克，战无不胜——区区一座新城，自然破来不费吹灰之力！”司马师当即便啧啧赞道。

“你错了，为父绝没你讲得这么厉害！”司马懿回过头来深深盯了他一眼，凛然而道，“这座郡城，是它自己敞开大门放了我大魏天军进去的，并不是为父的冲车、飞石给撞开的！孟达父子自私自利而不念民之疾苦——既然他们已视城中士民为草芥，自然也怪不得城中士民亦视他们为草芥而轻弃之！人心一失，纵有万里金城，谁又帮你守来？这个教训你今后一定要牢记啊！”

“好的，父亲大人。”司马师心悦诚服地答道。

司马懿静默片刻，又将目光投向了西方的天际：“新城一失，诸葛亮再也无法东下汉水而袭荆襄矣！我大魏江山可谓无懈可击矣！”

“父亲大人，孩儿心有一问——您为何却让牛金将军只带一万人马前往魏兴郡支持申仪太守？”司马师望了望左右，上前低声问道，“依孩儿愚见，您何不乘此良机挥师趋西而去，亲自杀出魏兴郡，举荆襄之众与诸葛亮在汉中郡一决高下？也好教天下英雄一睹您的惊世大才！”

司马懿微微侧过脸来，冷冷瞥了他一眼，目光倏地又投回了西边的天际：“一个人需要给自己一下就揽取这么多的胜利吗？太多的胜利就是太多的负担！魏兴郡以西的地界，是曹真大将军的辖区，他既然身为关西方面的封疆大吏，恐怕就该当由他自己承担起抵抗诸葛亮的重责来！画蛇添足的蠢事，为父决不会干！”

“新城郡已经失陷了？”诸葛亮在汉中营寨中军大帐内听到这个消

息时，不禁惊得手中鹅羽扇一下失手坠落于地，“司马懿用兵当真是机变如神、奄忽难测——这才只过了短短十六天的工夫啊！”

他这么惊讶是有缘故的：在他先前的计划之中，以孟达的才干虽说不能彻底“咸鱼翻身”反败为胜、一举击退魏军，但依靠城池之坚、粮草之富，至少应该能够将司马懿拖累到三四个月之久，弄得他们师老兵疲。到了那时，自己就可以在击退斜谷道曹真来犯之后腾出手来从魏兴郡单刀直入前去全力驰援新城郡！然而，他万万没有料到屯粮一百六十万石、内外固若金汤的新城郡，居然在司马懿的手底下只撑了短短十六日便轰然崩开了！这让他十分意外：他以前早就知道司马懿非常厉害，但却没想到司马懿在和自己这番“隔空过招”的较量中竟厉害到了这般地步——一招一式犹如雷霆出击，几乎已是无坚不摧！

但诸葛亮顾不上再为此事感慨下去，他略一沉吟，就向马谡吩咐道：“你速速派人前去通知王平、姚静、郑陀，让他们马上停止攻打魏兴郡，敛兵撤回汉中——倘若本相所料不差，司马懿在荡平新城郡后，下一步便会发兵直出魏兴郡，袭我汉中郡而来！王平他们的区区二万人马，在他面前岂不是飞蛾扑火？”

马谡面色一暗，垂下了头，沉声道：“丞相大人，您有所不知：今晨谡刚接到王平将军来报——他们在魏兴郡外遭到魏贼的猖獗反扑，姚静、郑陀等七千将士已经阵亡了！现在，他已带着残兵败卒正在撤回汉中郡的途中……”

“魏贼可曾随后追袭而来？”

“这个，王平在讯报里没提——他们应该是没有随后追袭过来吧。”

诸葛亮这才稍稍放下了心。他心念一转，重重地跺了跺脚，恨恨而道：“孟达这蠢材，不听本相的殷殷忠告，贪恋自己的地盘而取舍不明、坐以待毙，终被司马懿围而歼之——实乃咎由自取、毫不足惜！只可叹我大汉‘西出关中，东出荆襄’的‘隆中对’方略自此全盘残破矣！本相痛失东南进军之要道，无法东下汉水而取荆州，日后唯有从陇西、关中两途可取中原，当真是缚手缚脚、难施奇兵矣！”

他嗟叹了好一会儿，忽又想起了什么，向马谡问道：“李严那边……陈到可有消息送来？李严已经愿意带领江州劲卒北上前来了吗？”

马谡闷了半晌，才干巴巴地说道：“陈到送来情报说，上次蒋琬大人前去解释劝说了一番之后，李令君是暂时放弃了从神农山去接应孟达了，但他也一直闭门拒客，称病不起……恐怕只有朝廷给他加封为巴州牧，并授予他开府建牙之权，他或许才会霍然病愈率兵北上前来了……”

诸葛亮听着，只是沉默不语。在永安宫装病不起的李严应该很快也就会知道新城失陷、孟达丧命的消息了。这个消息会让他的“心病”病情又会加重几分的。从客观上讲，孟达的被除，应该算是东州派势力一大重挫。李严是再也没有实力敢肆行挑战自己身为相国的权威了！但像他这样不阴不阳地“晾”在一边游移观望也不行啊！这种不顾大局的人，把他留在江州之域的封疆大吏任上，不知道时间一长，还会生出多少是非来？看来自己此番北伐结束之后就该回蜀彻底了结此事了……

他慢慢敛起思绪，目光遥遥地望向北边的天际，喃喃而道：“马谡啊！依君之见，咱们眼下的北伐方略应该如何施行呢？”

“丞相大人，依谡之见，当前战局隐有不利，您此刻唯有弃子取势，反制于敌！”马谡素来长于谋划，一听诸葛亮此话，便抱拳滔滔而言，“向北，您可委派赵云老将军率一支劲旅前去箕谷附近截击曹真；向东，您可留下邓芝防守汉中郡，以阻击自魏兴郡一路来犯之敌；而丞相大人您自己则可亲率谡与魏延将军等向西直出祁山，包抄伪魏的凉州一境，取得天水、南安、安定三郡之后，以泰山压顶之势顺渭水而东趋陈仓，一举而夺之！陈仓一得，则关中之事不复忧矣！”

诸葛亮听了，连连点头不已：如今继续在汉中郡确已再无多大意义——孟达的新城郡已失，司马懿随时会挥师从魏兴郡杀出威胁自己的东翼！倘若他再与冲出斜谷道而逼近箕谷的曹真取得有效呼应之后，自己必将陷入两面受敌的困境！为今之计，自己也只有如马谡所言：跳出汉中郡，向西而过祁山，迂回包抄，在陇凉一带开疆拓土，然后再沿渭水而取陈仓、直逼长安！只有如此，自己才会辟开一线胜机！

一念及此，他向马谡炯然正视了半晌，方才深深言道：“马参军不愧是我蜀军之‘智囊’也——好！我北伐大军一切便依君之计而行！”

司马懿的乘辇冉冉来到了玄武门外的侧道停下。此刻，东方刚刚露出了隐隐的一线鱼肚白——离早朝殿会开始的时间还有大半个时辰呢！

在仆人的牵扶下，司马懿慢慢步下了乘辇，一眼却看到了正在玄武门守栏内徐徐散步的执金吾将军臧霸。

魏国军界之中，臧霸称得上是一个传奇人物。他从东汉建安初年集结三千青徐黄巾军揭竿起家，直至建安六年投附曹操之后，一路由济南太守、青州刺史做到右将军之要职，完全凭借的是他的赫赫战功，而不像曹仁、夏侯渊等具有宗室背景的武将，及贾逵、满宠、裴潜等那样世族出身的儒将而各有外力相助。他的一切成功，都是自己一刀一枪真真实实地打拼出来的。所以，吴国国主孙权当年就曾经在部下面前盛赞臧霸是在战法战术上丝毫不次于张辽、徐晃等魏国“骁虎上将”的一员方面将领！

在黄初年间魏文帝率师亲征江东之时，所有的人都以为臧霸会在那场东征中再立新功更上台阶，然而令他们大感意外的是：臧霸却突然在许昌陪都被一纸诏书迁调为负责宫廷警戒的执金吾将军，从此远离了淮南战场，也渐渐淡出了魏国军界。这让司马懿在相当长的时间里为臧霸而暗暗抱屈——他是知道一些核心内幕原因的，实在是由于臧霸的作战能力太过厉害，魏文帝曹丕和当时的征东大将军曹休都对他有些“芒刺在背，不得不除”的猜忌之感，最后不惜冒着失去东征战果的风险将他逐出了军界权力中心。这也验证了司马懿一直以来对曹魏皇室的根本看法，在兵权归属问题上，曹魏皇室是绝对视为“雷池禁区”的，是绝对不会允许任何外人染指的——他们今天赐给你节钺，仅仅是需要利用你的能力为他们效劳；一旦你失去利用价值，你手上的兵权就一定会被剥夺净尽！

失去了权力的昔日重臣权贵门庭冷落已经是很正常的现象了，大家都已司空见惯，再也没有多少人会对此说三道四，即便说了也是白说。先前那个威风八面的右将军兼徐州牧臧霸现在就像一个优哉游哉聊以度日的看门老头站在那里，仅仅是那一身的甲胄还在向外人显示着他那一点儿日渐稀薄的将领身份……这一幕情景，让司马懿看了不禁暗暗有些鼻酸：没有世族背景支撑的，从孤寒境遇中特立而起的臧大将军竟然落得如此下场，实在令人唏嘘！

直至司马懿站到臧大将军面前，臧霸才走出沉思。他望着司马懿，略微怔了一怔，随即十分热情地把手向玄武门里一指："司马大都督来得这么早？您若嫌等在外面凉浸，不如就到里边的天街玉阶去候召吧！"

司马懿轻轻摆了摆手，正视着他，脸上分明现出深深的恭敬来："懿是特意来拜会臧大将军您的！您若是有方便的时间，还望向懿不吝指教平吴灭寇的方略。"

臧霸像触了电似的全身一震，斜着眼深深地看了他一下，嚅动着嘴唇半天方才说出一句话："哦……你是如今在职在位的将臣当中第一个特意来看望老夫的人。"

然后，他的表情慢慢归于平静，和司马懿缓步而行，随意走去。这一刻，夜幕已逝，西边天际的晨星成了最后一点银亮，而金焰一般灿烂的朝霞漫天铺展开来，于是这最后的一点银亮便产生了一种非常温暖的美丽。

"您有什么问题就尽管问吧！"臧霸慢慢地和司马懿并肩走着，态度和语气像对待一位一见如故的至交好友一般亲切而自然，"老夫等了这么多年，今天终于等来您了——老夫先前还一直在纳闷：难道大魏朝不想荡定江东、统一四海了吗？巧了，真巧了，您今天就来了。

"说实话，老夫也不希望自己这一辈子苦心琢磨出来的满肚子平吴灭寇之计策，就那么寂寂无闻地跟着老夫一起埋葬到棺材里去啊！"

第四章
掌控曹家半壁江山

破格擢赏

“司马爱卿，您不久前已在拒吴之役中取得了黑林峪大捷，旬月之间又扫平了叛贼孟达，战功赫赫，实在是辛苦您了！”

御座龙床之上，曹叡清秀俊逸的面庞上洋溢出一片亲热的笑意，眉目间的神色竟与当年死去的甄太后颇有几分相似——这让心底隐怀不安的司马懿一下放下心来。

他脸色沉肃，伏在柏木地板之上，叩首奏道：“启奏陛下，老臣当初在乍闻孟达作乱之际，为求‘见机而作，不俟终日’，故而‘拜表即行，先斩后奏’，实是有违礼法，特此免冠恭请陛下降罪惩处！”

曹叡闻言，不禁怔了一怔。起先，他听到司马懿未得自己批旨下发之后就拔营提兵西讨孟达而去，以为他不够尊敬自己，心底自然难免是有一些“疙瘩”的。但后来西线又传来消息：诸葛亮正驻兵汉中欲与孟达一东一西联手进犯，这又让他的忧虑之情一下压倒了猜忌之念——在那长长的十六日里，他每天夜里都在向天祈祷，祝愿魏军能够一举荡定新城之乱！而今，司马懿已不负他之所望，胜利归师而来——自己这时还怎会责罚于他？况且诸葛亮尚在陇西一带举兵滋事，自己更应示之以宽宏之度，以免寒了前方将士的杀敌立功之心啊！

于是，他心念一凝，满面含笑，娓娓言道："司马爱卿请平身吧！您忧公忘私、舍身救国、冒险出兵、艰苦作战，一举荡平孟达叛贼，肃清荆襄内患——此乃公忠体国之义举，何罪之有？依朕之见，爱卿非但毫无罪过，而且大大有功！朕要升任您为骠骑大将军，位与'三公'同列！还有，朕欲加你为假……"

司马懿听到后面这个"假"字，心头不禁暗暗一跳：莫非陛下竟要赐我"假黄钺"的特权？这个念头一冒，他顿时有些莫名地兴奋起来。原来这"假黄钺"之义，便是由君王授予大臣一柄黄金钺斧作为凭据，赋给他"如朕亲临"之至高权威。倘若他真能得到这项特权，便可在荆襄之域"杀伐决断、尽操于手"了！

不料，就在这个当口，太尉华歆却蓦地一声重咳打断了曹叡的话声，开口冷然而道："老臣启奏陛下，司马懿身为辅政大臣，擅自调兵先斩后奏，本已触犯了朝纲礼法之大体！只因他实是忧公忘私、舍身救国，而且当时情势危急刻不容缓，朝廷才不得已而听他未批先行！但事过之后，陛下亦不宜对此大加彰赏。依老臣之见，便以擒灭姚静、郑陀等七千蜀贼为立功之依据，升任他为骠骑大将军足矣！"

"这……这……"曹叡没料到华歆竟会这么从中跳出来横挡一下，不由得有些犹豫沉吟起来。

"陛下，华太尉之言中正无误，老臣并无二话。"司马懿看到曹叡满额流汗，一副左右为难的模样，只得在心底暗暗一叹，自己主动开口作了让步。

他此言一出，曹叡顿时面色一松，当即便大喜道："司马爱卿实在是胸怀大局、公忠体国的一代贤臣——朕下诏升任您为骠骑大将军兼镇南大都督，总领荆、豫二州军政机务！"

"老臣恭谢陛下隆恩！"司马懿俯身伏地而答。

华歆似也不曾料到司马懿竟会自敛而退，就在一旁深深地看了他半晌，心念急转之下，忽又出列拱手奏道："司马大都督之宠辱不惊、忠谨谦顺，委实亦令老臣钦佩。不过，据老臣所知，司马大都督的长子司马师随父出征，恪尽职守，在此番荡平孟达之役中又是再立新功。如此事迹，朝廷岂可遗漏？老臣特此恳请陛下封赏司马师为南阳太守，官居正四品，食禄二千石！”

司马懿伏在地下一边细细地听着他的奏言，一边却暗暗地急速思忖着：这个华歆，果然用心叵测啊！他一方面在明处阻挡本督获取军政实权，另一方面又在暗处推波助澜，刻意造成我司马家“父子掌兵，权倾军界”的负面现象，从而为我司马家招来曹魏皇室的明猜暗忌啊！这不，他刚一奏出此言，坐在他侧席的大司马曹休不禁就微微变了脸色吗？自己千万要小心应付才是！一念及此，他面容一敛，非常恳切地回答道：“启奏陛下，老臣之子司马师在此番平叛之役中不过是稍有薄劳而已，何功何能敢当南阳太守之职？陛下和华太尉若要滥赏于他，老臣宁愿当场辞去自身的骠骑大将军亦决不从命！”

他这话说得铿锵有力、掷地有声，连华歆这么刁钻的人也一下挑不出什么刺儿来。而曹叡听了，却是深深赞道：“司马爱卿如此淡泊荣利、谦逊自持，朕甚嘉之！也罢，对司马师的战功之赏，朕便暂时记下——日后若有机会，再一并加赏！”

司马懿急忙叩首谢过，沉吟片刻，主动开口奏道：“启奏陛下，今日老臣在这朝堂之上，却要冒昧恳请您对一位在此番平叛之役中战功卓著的寒门偏将破格擢赏，以彰陛下的知人之明！”

“爱卿准备恳求朕破格擢赏何人？”

“老臣幕府中的仓曹掾州泰，他此次在东征新城之中多有智略，勋劳不小，堪当新城郡太守之职！”

司马懿此语一出，朝堂之上顿时泛起一阵隐隐的轰动：州泰？此人是谁啊？怎么都没听说过啊？而且，司马大都督居然一上来就要举荐他为官秩真二千石、位居正三品的新城大郡之太守！

“州泰此人家世门户出身如何？经术义理造诣如何？现有仕宦资历如何？”华歆板起了面孔，连珠炮似的向司马懿问了过来，“司马大都督你事先毫不介绍，却于此刻恳求陛下破格擢赏！是否太过冒昧？”

“州泰此君乃是战乱之中孤寒弃儿出身，自学《论语》《荀子》《孙子》有成，一个月前老臣才将他的官秩提升为比一千石的仓曹掾。但他此番在征讨孟达之役中给老臣所献的‘攻心之计’，确是大有奇效，此乃我荆襄三军上下所共知共见。所以，老臣秉公而察、据实而荐，亲口述状推荐他为新城郡太守！日后若有差池，老臣甘受失察之责！”

司马懿这么一讲，便更显出了他大公无私、为国举贤的高风亮节——华歆怎好再驳斥于他？只得闭上了口，悻悻然不再言语。

坐在他一侧的镇东大都督兼大司马曹休却阴阳怪气地开口了：“启奏陛下，老臣从犬子屯骑校尉曹肇那里得知，这个州泰虽是孤寒弃儿出身，但他去年已觅到了自己的祖母。他的祖母就在上个月底去世了。按照朝廷礼法，州泰恐怕应该为他的祖母去世而离职守孝幽居三年吧？那么，这新城郡太守他还是当不成啊……”

司马懿知道曹休是想找这个借口挤掉州泰而把他的儿子曹肇抬举出来担任新城郡太守，便脸色一凛，侃然道：“陛下，乱世之际，敌国交争，干戈日来，千军易得而良将难求！岂可拘于礼制常法而忽社稷之急需？老臣在此恳请陛下破格降诏，让州泰夺情在位、素服履职，出任新城太守！如此，则荆襄士民必为陛下的用贤之明而欢欣踊跃、竭诚尽忠！”

曹叡看了看曹休，又瞧了瞧司马懿，沉吟有顷，终于大袖一拂，毅然道：“朕今日就准了司马爱卿之奏请，中书省即刻拟诏，令州泰克己从公、夺情在位、素服履职，出任新城太守，把守大魏西南门户！”

“空壳”挡箭牌

夕阳尚未落山，大雾已经弥漫了洛阳帝都。那湿雾愈来愈浓，遮天盖地，把最后一抹晚霞也掩得无影无踪。

司马府里正到了该用晚宴的时候了。

如今，司马懿虽然兵权在握、位极人臣，桌上却和以前一样，仍然只有三样菜肴：一碟牛肉脯、一钵豌豆羹、一碗青菜汤而已。这是司马懿从仕以后养成的膳食习惯。他在未入宦途之前，那碟牛肉脯是不可能吃到的，平时就是用一碟萝卜丝开胃的。司马懿的朴素、节俭在朝野上下是出了名的。

即使是在吃着晚饭，司马懿也没有休息——他一边举筷用餐，一边倾听着张春华坐在他身边汇报府门内外的各项事情和朝廷上下的各种消息、情报。

“夫君这一次平叛有功、晋升为骠骑大将军之后，朝廷百官几乎都在私下里给您送来了贺礼。”

“哦？几乎都送了？那还有谁没送呀？”

“除了华歆那个老怪物，其他的大臣都送了，甚至曹真、曹休两家也都给您送了。”

“唔……他们送来的这些礼数，有些是当得了真的，有些却当不得真。你自己心底一定要有个分寸，不要以为别人一送礼一示好就真的会对你怎么怎么样了。不过，凡是给为夫送礼的人，你都要好好记下他们的名字，无论尊卑贵贱，日后咱们都要找准机会十倍、百倍地向他们答谢回去。”

“好的，妾身记得了。不过，有些同僚送来的礼物似乎就很特别，咱们一时还不好回报……”

“哦？是怎么个特别法啊？”司马懿停了往嘴里送饭，抬起头来望着张春华饶有兴趣地问道，“你说来听一听……”

“比如前太尉贾诩的嗣子北海郡太守贾穆，他就送了一件礼物来，却声称是他父亲当年临终之际特别交代的，一定要在司马大都督持节掌兵、立下第一次实战之功后再赠送上门。”

“把那件礼物拿来给为夫看一看。”司马懿立刻搁下了双筷，坐正了身子。

张春华浅浅一笑，从身后推过一方长长的锦匣来，然后轻轻打开，里面赫然竟是一卷帛图画轴。

司马懿顺手拿起画轴一下抖了开来：嵯峨高耸的山冈顶上，一头威猛雄壮、活灵活现的吊睛白额锦毛大虎昂昂然提爪摆尾攀将上来，它扭头长啸遥望之处，一轮红日正冉冉升起！

“好一幅‘冢虎登山望日长啸图’！”司马懿深深地凝视着这幅帛图，“贾太尉可谓深知吾心也——这幅画是为夫此番凯旋所收到的最好的一件礼物！”

说罢，他慢慢卷好了帛图，放回锦匣之中。静了一会儿，他才幽幽道：“贾穆在北海郡太守任上也差不多干了两三年吧？春华啊，你记着在今年年底一定要把他抬举到青州别驾的位置上去！这也算尽到我司马家对他贾氏一族的一份拳拳报答之心吧！”

“夫君不忘旧恩，真乃有情有义的大丈夫！”张春华禁不住深深赞了一句。

司马懿又从桌几上端起饭碗来：“朝中近来有何消息？”

“妾身从陈司空府中的荀夫人那里打探到，陈矫将要接替您辞让出来的尚书仆射一职，三弟他将转任到陈矫空出来的度支尚书之职上……三弟腾出来的吏部尚书，却是由广平郡太守卢毓前来接任。”

“卢毓？前朝名公卢植的那个小儿子吗？”司马懿沉吟着问道，“他在黄初年间曾经因为据理直言而顶撞过先帝，所以被先帝贬出朝堂长达四五年。当今陛下真乃一代明君，竟然不念旧过又将他调升回来，实在是难能可贵！”

他一边在口里这么说着，一边却在暗想：这个曹叡，果然有些手腕，登基之初便通过擢用自己的新宠将吏部悄无声息地抓到了手中，控制了百官任免进退之权，正好施行他身为新君的“立威正位”之大略！

张春华何等的冰雪聪明，一下便听出了他话中的隐忧，嘻嘻笑道：“夫君也无须过虑，卢毓与三弟的关系一向不错，三弟曾在先帝在世之时就向朝廷建议以他为吏部侍郎——所以，卢毓升到吏部尚书一职之上，应该对我司马家先前布下的人事格局不会带来太多冲击和影响的。”

司马懿微微皱了皱双眉：“对我司马家先前布下的人事格局冲击不大，这自然是肯定的。但是，我司马家日后若想再插手吏事进退任免之机务，岂不是有些困难？唔……让为夫闲下来细细思量一番，总得巧妙化解这道难题才是……你且继续讲吧！”

“还有，寅管家从孙资那里得来的消息：太祖武皇帝时的军谋掾、汝南太守满宠，即将升任为扬州牧了；郭太后的弟弟郭表终于拿到了皇宫大内中垒将军的职位；曹真的长子曹爽也被陛下提了起来，担任了武卫将军；前征西大将军夏侯渊的嗣子夏侯霸将出任羽林总监一职；驸马都尉秦朗也要出任卫尉之职了……”

司马懿一声不吭，非常认真地听着这些话，一边用竹筷夹起牛肉脯在嘴里慢慢嚼着，一边沉沉地思索着。

“对了，华歆这个老匹夫一味阻挠和打压夫君您，未免欺人太甚了！”张春华也晓得了那日朝堂之上华歆百般刁难之事，不禁愤愤然讲道，“依妾身之见，不如向寅管家吩咐下去，让他找几个得力的死士，不留痕迹地把华歆干脆除掉算了，免得他妨碍了我司马家的千秋伟业……”

司马懿听罢，稍稍顿了一顿，将竹筷搁在了桌上，平视着张春华，缓声而道：“夫人你和寅管家如此关心为夫，为夫心底甚是感激。但道家之言曾有明诫，‘为人行事之大弊，在于只知进而不知退、只知堵而不知疏、只知彼而不知此。’在为夫看来，华歆此人万万杀不得！留着他作为为夫一个明面上的，又能对付得了的政敌，这样会让曹魏皇室认为‘群臣互制，势均力衡’的局面未曾破坏，从而沾沾自喜、自诩得计，从而对为夫放松警惕和提防……倘若你们伺机刺杀了他之后，无论你们留没留下痕迹，所有明里暗里的嫌疑最后都得指向为夫的！这反而会将为夫置于非常不利的境地啊……”

“啊呀！夫君说得真对！”张春华立时反应过来，双掌一拍，“妾身一时太过关心夫君，差点儿酿成大错了！”

司马懿心头一阵感动，抬眼看到她鬓角微微露出的几根银丝，一瞬间百感交集，声音都有些哽咽了：“春华——你不用这么为为夫担心！你放心，当年太祖武皇帝那么精明刁钻的角色，都没把为夫怎么样——他区区一个华歆，又搞得出什么名堂呢？”

张春华却没注意到他的情感反应，坐在那里，拿手慢慢绞着自己的裙带，沉吟而道：“夫君，这朝廷里有人要害你，妾身怎么放心得下？！俗话说得好，‘不怕贼来偷，就怕贼惦记！’对于华歆，既是不能除掉他，又何妨拉拢他到我司马家这边来？妾身这里还有一策——董昭大夫的何夫人和妾身谈起，她和华歆府中的高夫人自幼交好，不如请她出面做个媒，将华歆的爱女华宁说给昭儿为妻吧！”

“这似乎也有些不妥：华歆本就是曹操、曹丕专门用来监视为夫的一条‘老狗’，倘若为夫一反常态与他结为姻亲，这肯定会引起曹魏皇室暗生疑忌的……还是就把他搁在那里，让他成为我司马家的一个‘空壳’挡箭牌。曹魏皇室宗亲们可是非常乐意看到华歆和为夫‘狗咬狗’、互相拆台的好戏呢！他们既然要看戏，呵呵呵……为夫就认认真真地配合华歆把这出好戏给他们扎扎实实地表演好！”

张春华静静地看了他半晌，语气幽然地说道：“夫君的这个骠骑大将军、镇南大都督当得也真是步步艰辛——面对那个华歆太尉，杀又杀不得，亲又亲不得，打了不还手，骂了不还口……这一份‘唾面自干’的本事，真是难为夫君你如何练得来？”

司马懿遥遥凝望着窗外愈来愈浓的暮色，默默无语：当年曹操身任丞相、权倾朝野之际，他就是一时按捺不住，不能“动心忍性，克己制怒”，才一刀斩了和他“高唱反调”的太中大夫孔融，结果过早地暴露了他的篡汉野心，给他招来了无穷后患，自己今天又怎能再重蹈他的覆辙呢？

夫妇论政

看着妻子亲自收拾完了碗筷，司马懿默然片刻，待到她又垂手过来在自己身边坐下，才款款开口道：“对了，春华，你刚才提到了昭儿的事儿——昭儿不是上个月前才从胡昭师兄那里求学毕业回来吗？他对自己未来的前程规划可有什么打算？”

“不提他还好，一提起他妾身就有些不乐！你呀！非要让他去陆浑山灵龙谷受学不可，就是胡师兄的清虚隐逸之风弄得他有些不务正业，天天跑到城东碧竹林下和阮籍、夏侯玄他们一帮后生小子开坛辩论老庄性命之学，简直是废寝忘食、乐此不疲啊……”

“老庄之学？”司马懿双眉微微一蹙，“这老庄之学重虚而不重实、重屈而不重伸、重退而不重进，怎比得过我儒家孔孟义理之道‘华而且实’？昭儿他浸润在那里面久了会变得锐气渐消的！开坛清谈、空劳口舌，何足取法？你下去给司马芝说一声，把昭儿派到他手下去当一个京郊郡县的典农校尉，让他在民生庶务上多多历练，不要变成孔融、王粲那样的浮华无用之徒！”

“这个妾身晓得了，夫君您就是不说，妾身也会这么去安排的。”张春华点头应允了下来。

司马懿双手按在膝上，凝眸沉思片刻，又道：“关于昭儿的婚娶之事，为夫倒有一个想法。为夫听闻王肃大人的长女王元姬知书达理、聪慧过人，而且又是出自翰香门第、儒学世家，堪作我家媳妇。你就请钟太傅夫人前去说一下媒，请王肃大人将王元姬嫁给昭儿。当然，先前我司马家和他王家的关系也是很好的，但咱们若是结为姻亲的话，就更是亲上加亲、锦上添花了！我司马家就更能得到他王氏一族的死力相助了——王朗现在是位居司徒，从名义上讲他这个司徒是可以掌管吏治大权的，我司马家今后完全可以巧妙地通过他来栽培势力。卢毓嘛，咱们也要将他好好笼络过来……”

他想了一想，继续说道：“你不是说满宠也要升任扬州牧了吗？他这个人有德有才，现在又要成为封疆大吏了，我司马家也应当把他用心拉拢过来，给自己再添一重深厚的助力！他的女儿满芳似乎亦已到了及笄之年，我家的干儿不也是年约十七了吗？你让董大夫府中的何夫人去给他俩也说一下媒，趁着这段时间为夫在京都稍稍有空，争取早点儿把这两件事都落实了。”

张春华微现迟疑之色：“夫君，咱们在近期里如此密集地与各大豪门世族攀亲联姻，会不会让曹魏皇室引起警觉呢？华歆又会不会在陛下面前进谗发难呢？”

“你不要太过多虑——为夫向你保证，我司马家现在的一切动静，在当今陛下那里是不会引起太大刺激的！”司马懿端起一杯清茶，轻轻抿了一口，悠然笑道，“在这洛阳城中，还有一个豪门大族挡在前面为咱们转移陛下那充满警惕和猜疑的视线！”

“哪个豪门大族？”

“就是太原郭太后一族嘛！你瞧，国舅郭表刚一升为中垒将军，陛下就随即提拔了曹爽为武卫将军、夏侯霸为羽林总监、秦朗为卫尉，这为的是什么？”

“原来陛下一直最警惕和提防的是永安宫郭太后一族啊！”

司马懿瞧着妻子恍然大悟的表情，微笑着点了点头：“你不要忘了——当今陛下和永安郭太后之间始终横着那个不共戴天的杀母之仇啊！只要有这个心结在，他俩之间的相猜相忌、相争相斗就会愈演愈烈，从而给我司马家以‘鹬蚌相争，渔翁得利’的大好良机。”

“夫君总是这么聪明，总是能够在最快的时间里捕捉机遇、操纵矛盾、翻云覆雨而为我所用！”

司马懿听了张春华这句赞语，却是淡然一笑。他仰起头望着那高高的屋顶，喃喃地说道：“春华啊……你不知道，其实，那日在当今陛下登基之际，为夫就发觉他向为夫投来的亲切目光，与当年甄太后的眼神何其相似！而且，当今陛下对为夫的厚宠重用、倾心信任，其实远远超过了他的祖父、他的父亲，他是真真正正以‘亚父’之礼而尊敬为夫的……这是为夫打心眼里感觉出来的……

“春华啊！为夫有些犹豫了，为夫想稍稍修改一下我司马家先前‘异军突起，扭转乾坤，天下一家’的千秋伟略，换成与他曹家‘平分天下，共治四海’的大计……你不要以为为夫这是一时感情用事。倘若陛下能够一直这么始终如一地英明睿智下去，为夫纵是在有生之年再怎么操纵矛盾、翻云覆雨，也是无隙可乘了！”

张春华双眸里一阵晶光流转，直盯着司马懿幽幽叹了一口气：“妾身一直说夫君从骨子里是重情重义的伟丈夫，方才听了这话，更是觉得不假。他曹家有人稍稍对您好了一点儿，就把您感动成这般模样……唉！亏您还是在宦场中沉浮起伏这么多年的老手，您怎么就硬是看不穿呢？势力是可以一代一代往下传承的，但别人对您的真心却未必能代代相传……您也曾去玄武门见过臧霸将军了，想当年太祖武皇帝对他是何等宠信？允许他在青州境内拥兵自专、收赋自足、掾吏自任！当今陛下可曾将这份宠遇给了您吗？您连任命一个州泰当郡守都还得向他请旨！可是您现在瞧一瞧如今的臧霸，一辈子为他人做嫁衣裳，最后却落得个两手空空、家道凋零的下场……这才过了两代主君的光景哪！还有，他的儿子臧艾、臧舜，妾身瞧着个个也都是难得的人才，资质也并不比师儿和昭儿差多少，结果臧艾只当了个小小郡丞，臧舜只做了个户部的文抄郎，他俩都三十七八岁了，怕是再也混不上去了……”

“别说了！”司马懿心头蓦地一股无名火起，右手猛然一颤，掌中托着的杯盏里的茶水差点儿溅了出来。

张春华脸上微微一青，眸中的怯色一闪而隐，仍然不失倔强地继续说道：“夫君先莫发怒，你且听妾身把话讲完。古语有云，‘皇天无亲，唯德是辅。’依妾身看来，我司马家‘异军突起，扭转乾坤，天下一家’的千秋伟略成或不成，就且顺应天命和人心的选择吧！他曹家自己若能永续王业，则我司马家唯有从旁悉心辅弼就是；他曹家自己若不能永续王业，则我司马家再乘势取而代之亦不为晚！”

司马懿是素知张春华聪颖非常、智计过人的，却没料到她在是非关头亦是如此剖断分明，不禁在心底里暗暗赞叹：我司马懿得妻如此，可谓上天待吾不薄也！他慢慢放下了手中的茶杯，脸色渐渐缓和了下来，却并不再多说什么。

“最后一件事，妾身差点儿忘了告诉您了！”张春华知道丈夫的心情已经趋于平静，便又娓娓言道，“东阿王曹植前不久写了一篇《辅臣论》，在朝野上下流传甚广呢……”

“为夫已经知道了——他这篇《辅臣论》里对诸位辅政重臣实在是不吝浮夸，溢美之词处处可见。为夫记得，他称赞曹休是‘文武并亮，权智时发。奢不过制，俭不损礼。入毗皇家，帝之股肱’。陈群是‘容中下士，则众心不携；进吐善谋，则众议不格。疏朗通达，至德纯粹’。曹真是‘智虑深奥，渊然难测。执节平敌，中表条畅。恭以奉上，爱以接下。纳言左右，为帝喉舌’……”

“可是，他给予夫君您的赞语篇幅是最长的，‘魁杰雄特，秉心平直。威严足惮，风行草靡。在朝廷则匡赞时俗，百僚侍仪；一临事则戎昭果毅，折冲厌难’。”

“是啊！你能想到这种阿谀奉承的溢美之词，竟是当日建安年间才气横溢、清高绝世的一代诗宗曹植曹子建亲笔所写的吗？时势真的能改变一切啊！连曹植这样风骨峻挺的名士大贤居然也不得不向权势折腰，用这些溢美之词讨好曹休、曹真、陈群和为夫，以求换得我们在当今陛下面前为他多多美言几句……"

张春华顺着司马懿的话故作惊悟道："哦？曹植也在'静极而思动'，想乘着先帝逝世、新帝即位的革故鼎新之际冒出头来东山再起？当今陛下宽宏仁厚，说不定会一转念而重用曹植呢……你想，他连当年顶撞过先帝的卢毓都提拔起来了。"

司马懿的表情忽然又变得如同铜像一般冷峻了："这事儿啊，还真是有些说不准。你吩咐咱们安插在东阿县那边的人把曹植还是盯紧一点儿……曹植倘若真的东山再起了，我司马家连想与他曹家'平分天下，共治四海'的大计也会成为变数的。"

征吴新策

大雨后的洛阳京城，空气分外清新。这一场夏雨来得金贵，把连续数日炙人肌肤的高温一扫而空，让人觉得煞是爽利。

皇宫凌霄阁里，曹叡在御座龙床上拿起一札竹简奏折，脸上表情显出一种难得的轻松："昨夜大将军曹真送来了捷报，他麾下的车骑将军张郃突发奇兵围攻了街亭，打败了贼将马谡，断了诸葛亮北进雍凉的咽喉之道，逼得诸葛亮拔师退回汉中去了。"讲到这里，他如释重负地长长呼出一口气来，"看来，我大魏边疆之上，终于可以安静一段时间了！"

凌霄阁内的两侧长席上，右侧坐着曹休、司马懿、陈群，左侧坐着新任尚书仆射陈矫、豫州牧贾逵、扬州牧满宠、中书令孙资、中书监刘放等人。他们听得曹叡这么说，便一齐伏席同声山呼道："吾皇威播四海、天下靖宁！恭贺吾皇万岁！万岁！万万岁！"

曹叡待他们山呼完毕之后，才双袖一摆，端然正襟，肃然言道："列位爱卿，大魏边境虽安，但我等却须勿忘古人所言'居安思危'之铭训。今日朕特召卿等前来，就是想集思广益、谋定而动，针对平吴征蜀之大业酝酿出一套成熟完善的应对方略来。再也不可像先前那般'东危则援东，西急则救西'，弄得十分被动、疲于奔命！曹大司马、陈大司空、司马大都督、陈仆射、贾逵刺史、满宠将军、孙爱卿、刘爱卿，请各抒己见、畅所欲言吧！朕必当洗耳恭听。”

司马懿一听，暗暗称奇：这个曹叡，在东宫潜居之际丝毫不露圭角，如今大权在手，却是一跃而起，准备大展宏图了！就凭他今天这一式“化被动为主动，未雨而先绸缪”的举动，足见他可谓一代明君了！哪里像先帝曹丕在世之时只是盯着东吴孙权作反反复复的“拉锯式”较量？！

但佩服之余，司马懿却并不先急着发言，而是静静地坐在那里，等候着其他大臣们开口。同为辅政大臣的陈群也存着“万言万当，不如一默”的箴鉴，貌似沉思而内怀观望。

曹叡将目光扫向了左侧长席——那贾逵先自憋不住，出班拱手朗声而道：“启奏陛下，我等爪牙之臣，岂有他见？您喊一声‘打’，老臣便冲在前面死命地打；您喊一声‘守’，老臣便驻在城中认真地守！包管让那吴贼铩羽而归就是了！”

听了他这话，曹叡不禁莞尔而笑，也不多说什么，目光缓缓转向了右侧长席。

这几日曹休见到司马懿扫平孟达、曹真逼退诸葛亮，他俩均是立有战功，而唯独自己东线这边寂寂无事，他心头正一直痒痒得慌呢！此刻看到曹叡正向自己望来，曹休暗一提气，双眉一竖，便欲开口发话——恰在这时，中书令孙资已是先行奏道：“启奏陛下，微臣久在中书省供职，经查阅古今史籍，见到前朝建安年间袁绍逆贼企图举兵南来作乱，其谋士田丰进谏道，‘以众凌寡、以强志弱，亦自有道。上上之策在于执重而临、以久持之。明公据山河之固，拥四州之众，外结英雄，内修农战，然后简其精锐，分为奇兵，乘虚迭出以扰河南，救右侧击其左，救左则击其右，使敌军疲于奔命而士庶不得安枕，则我未劳而彼已困矣。不及三年，可坐而克之也！今释庙胜长久之策，而决成败于奄忽一战之际，若不如志，悔之无及也。’这段话是非正误暂且不论，但于我大魏当今局势，未尝不可资为借鉴……”

司马懿默默地听着，双眸不禁炯然一亮：这孙资好生聪颖！竟能找来这等事例巧妙印证自己的见解——他说什么田丰这段话“是非正误暂且不论”，而实际上当年官渡之战后太祖武皇帝听到田丰给袁绍所呈上的这篇谏言之时，便以手加额而叹曰：“幸得苍天不使袁绍纳此言也，否则吾岂能长驱而取河北平？”

“借鉴？这段话可以资为何等样的借鉴呢？”曹叡问道。

孙资看来是早有准备而来，当下正了正脸色，款然而道：“由这段话中，微臣略有启发，但请陛下指正：昔之善战者，先为不可胜，以待敌之可胜。不可胜在己，可胜在敌。而今大魏囊括天下十分之八，居于强势；吴蜀各据一隅，弱小不堪。故而，大魏制胜之道在于固守险要、屯师边疆，以逸待劳，伺机而动，可战则战，不可战则守。数年之后，大魏之势稳若泰山，而吴蜀之寇疲于奔命，必然有隙可乘。届时长驱直入，所向披靡，大业可成。”

司马懿听了孙资这话，更是暗暗颔首：先前中书省居于内廷，其职能仅为草拟诏稿、用玺发文之类的杂务，而自孙资今日参与御前朝议之起，便标志着它的势力即将崛起，与外廷的尚书台、御史台等权力机构分庭抗礼！曹叡这是在切切实实用中书省来制衡尚书台等，借此树立自己的天子权威啊！想清楚了这一切，司马懿更不可能对孙资的这番方略建议提出异见了。

倒是曹休被孙资这样横插进来抢去了话头，又加之孙资竟以一介四品僚吏之身份在他这个大司马面前洋洋洒洒指手画脚，似乎有些太过张扬，一时便动了怒气，勃然变色道：“孙君此计未免消极有余而进取不足！如君之所言，我大魏却还要将征吴灭蜀之大业拖延到何年何月？你们坐在中书省只知道摇一摇笔杆子、动一动嘴皮子，怎经历过前方将士亲冒矢石、浴血奋战的艰辛？咱们恨不得是一鼓作气把吴蜀二寇消灭得越快越好，这样大家便都可像孙君你一样回得中原家乡享一享清福了！”

孙资一听，脸皮顿时涨得一团通红，暗暗把牙齿咬得咯咯作响。这曹休分明是拿着他这些话在刻意挑刺嘛！难道孙某不希望尽快拿下吴蜀二虏吗？可是眼前的现实条件允许吗？正因如此，孙某这才提出了这样一条“以逸待劳，伺机而动，稳中求胜”之策！你却跳起来莫名其妙地冲孙某撒这一通意气之辞干什么？这不是有意阴损人吗？

司马懿见双方气氛已僵，便打了个哈哈，出来转圜道：“孙君所言乃是‘稳中求进’的万全之策，在老臣看来，实是不容忽视。咱们同处庙堂，都是一心为国嘛！些许微瑕，何足计较？对了，曹大司马您久镇东疆，必有一番征吴心得——懿等在此恭聆了！”

看到司马懿率先出来圆场，陈群、陈矫等纷纷也加入劝说之中。满宠在旁亦呵呵一笑，道：“曹大司马对吴蜀二虏‘灭此朝食’的决心和信心非常之大的——满某也是佩服得紧啊！满某也相信曹大司马是必有高见在胸的……”

曹休却毫不理会他们的话，而是深深地在司马懿脸上刺了一眼，语气冷冷地道：“据休的经验阅历而断，克敌之要在于临事制变、随机辄发，焉可预设耶？不过，司马大都督您一向智在人先，想必才是真正的‘自有高见在胸’了！休敬请教诲！”

按照常理，曹休这么软中带硬地一刺之下，别的其他什么大臣，例如董昭、陈群等“老滑头”说不定就望风而避了，免得和他正面冲突。然而司马懿却似脸皮极厚，不顾曹休那两道冰冷而锐利的目光几乎要将他迎面射穿，他还是从从容容地开口道：“这个……承蒙大司马谦让，老臣倒还真有一点儿愚钝之见，有请陛下和诸君指正。”

曹叡一听，精神霍地一振：“司马爱卿有何克敌之策，快快讲来！”

“启奏陛下，依老臣之愚见，眼下若要非攻吴蜀二虏不可，则须以吴虏为先。而吴虏自恃舟师之利，隔江跳梁，甚是难制。但兵诀有云，‘凡攻敌者，必先扼其喉而捣其心，则事必成。’荆州之夏口、徐州之东关、扬州之皖城，皆为吴虏运兵出入之咽喉；三江口外的武昌、鄱阳湖畔的柴桑，而俱系吴虏之心肺。若我大魏先以陆军步骑直趋东关、皖城，吸引孙权从武昌东下来援，然后再以水师劲旅顺汉水而向夏口，乘其虚而击之，并火速渡江疾卷武昌，可谓‘神兵自天而降’，破之必矣！”

他此语一出，满座震动！司马懿的这“天降神兵，东西交击，水陆并进”之策，与以往的对吴战略大不相同，呈现出了三个崭新的亮点：一是魏吴交兵二十余年，魏国主攻方向都选在长江下游的淮南，功效不大；而司马懿建议将主攻方向改在长江中游的夏口，可以收到出其不意之奇效，堪称“主攻方向新”。二是以往魏国攻吴一直都使用大兵压境之方式，以十数万大军强攻淮南，而像司马懿所言的“声东击西，虚实互用”之法尚未使用过，堪称“进攻战法新”。三是以往魏国主攻之兵种一直为陆军，而司马懿采用陆军佯攻、水军实攻之术，堪称“进攻兵种新”！这三大崭新亮点，让司马懿这套征吴方略更是显得熠熠生辉、粲然夺目！饶是曹休对他大有成见，听罢此计亦无话可说。不过，虽然表面上无话可说，他心底里却仍是暗暗有些不爽：你司马懿才执掌兵权多久？不过一年多的工夫！凭什么就看起来摆出一副老成宿将的派头压得人无可辩驳？你的这套征吴方略分明是向朝廷上下暗示，平吴灭寇的希望应该寄托在你主政掌兵的汉南一带，而不是我曹休多年坐镇的淮南一翼！你这话里是又把我曹休这个征东大将军往哪个地方搁呢？难不成你心底里还想把镇南大都督、征东大将军两个方面要职自己“一肩挑”了？！

他在那里杂七杂八地乱想着，而曹叡这边听了司马懿此计，却是暗暗叹服！他远远望着司马懿，看到他身坐如钟岿然不动、口若悬河纵论天下，一举手一投足之际流露出来的那一派凝肃森严、恢宏远大之气度，实是令人心折不已！他联想起自己父皇曹丕因浮慕潇逸通脱之习气而变得一副松松弛弛、散散漫漫的模样，不禁在心底里深深叹了一口长气：司马大都督这般的言谈举止才真真正正是我大魏撑天撑地的栋梁之材的俨然气象！

一念至此，曹叡展颜而道：“司马爱卿所言高明之极——却不知卿等还有什么拾遗补缺之言乎？”

闻得曹叡这话，曹休微微张了张口。他其实此番进京面圣之前，就收到了吴国鄱阳太守周舫送来的一封绝密求降信。周舫在那信中声称自己这两三个月来辛辛苦苦为孙权一举荡定了郡内大姓长老彭绮聚众兴兵之叛乱，然而孙权非但不给他加官晋爵以示褒奖，反而还当众将他贬斥了一顿！受此侮辱之下，周舫便认为孙权断事不公、赏罚不明、有失英明，愤愤不平之中就截发为誓，意欲举郡来投曹休。曹休让人暗中一查，周舫所言事实倒是不假，只是动机真伪却难以断定，所以就没拿到明面上来与众臣商讨。但他也隐隐觉得若是将这周舫求降之事此刻当众和盘托出，应该对司马懿这条“天降神兵、东西交击、水陆并进”之计是一个绝妙的补充！然而，他又转念一想：司马懿如今肃清荆楚、剿灭孟达，刚才又欲染指淮南军务，实在是来势汹汹！其风头之旺，几乎盖过了曹真和自己！自己此时再给他“锦上添花”，岂非作茧自缚？倒不如先将周舫求降之事暗暗揣在怀里，说不定下来之后自己还能派上大用场！于是，他便紧紧闭住了口，不再多讲什么了。

曹叡见阁中众卿均无异议，就正容而道：“既然卿等俱无异言，那么朕特此下诏——司马爱卿与曹大司马共为此计的总领负责之臣，扬州牧满宠、豫州牧贾逵、荆州牧裴潜等皆为其副。卿等一齐会师于许昌陪都，谋定备足之后择日施行此计，力求此番平吴大业能毕其功于一役！”

冒进的曹休

“仲达，为兄其实最担心的还是你这西面一路啊！”满宠虽然是司马懿的亲家，但他的年龄却比司马懿大了十几岁，所以在他面前当然是该自称“为兄”的，“纵然为兄和曹大司马、贾牧君他们拼命将孙权的主力部队吸引到东翼一带来，你那边从襄阳顺汉水而下的舟师战斗力可顺利过关斩将否？”

许昌陪都行营书房敞开着的窗户透射进来一片灿灿阳光，映得司马懿的脸颊闪动起一派金属般的光泽。他的视线紧盯在那张书桌上铺开的征吴军事地形帛图上，用铜尺在皖城、东关、夏口三地轻轻划了一条弧线过来，沉吟着道：“这一次‘天降神兵、东西交击、水陆并进’的征吴大计，集合了我大魏荆、豫、徐、扬等四州的兵马。满兄你那里有五万水师，曹大司马麾下有十二万步骑，贾君的豫州行营有四万兵卒，懿这里可以拿出来的有九万精兵——这些都是可以统筹使用的。按照懿的设计，满兄你的五万水师就调拨到我襄阳这边来，不要从扬州方向去惊动吴贼。你的这五万水师和我这九万精兵‘珠联璧合’，定能形成强大合力，一举夺下夏口，乘势渡过长江，直取伪吴首府武昌城！

“同样，在东翼一带，曹休的十二万步骑与贾君的四万人马合二为一，亦能以优势兵力压倒吴贼，虽不能说一举便将皖城、东关同时拿下，但夺到它俩中的任何一个城池应该还行吧？对东吴而言，皖城、东关两城只要失去其中之一，他们的柴桑行宫都会失去屏护，所以亦必会拼死来救！以懿料之，伪吴非有十四五万人马不能解救皖城、东关之危！这样一来，他们的大部分主力都会被吸引到东翼一线去……据懿所知，东吴全国的总兵力为二十二万人马，减去赴东线的十四万人马，他们留在西翼的就只有七八万士卒，对付这七八万兵马，我们以十四万之众临之，岂非以石击卵，一触即溃？”

满宠也是精通兵策之士，听得微微点头，只是一转念间眉头却又紧紧皱了起来：“仲达，你这样部署兵力倒也恰到好处——只是咱们在西翼渡江作战之时，却不能忽视陆逊驻扎在长沙郡的那支五牙楼船舰队啊！他的这支舰队煞是厉害，若不能将它们一举破之，我军纵有十四万之众，亦难取胜！”

“所以，懿才希望借助满兄您这边的精锐水师为先锋，届时不妨在江面上实施‘火船冲阵’之法，耐心待到西北风大作之时，以数百艘艨艟斗舰满载火药、烟硝、干柴等易燃之物，顺风点火而撞向他们的五牙楼船舰队……只怕陆逊再是精于水战，也唯有退避三舍了！”

“好！好！好！仲达此计好生高妙！”满宠听罢，不禁高兴得连连拍掌，“如此一来，仲达此番征吴之役便可大功告成——这一桩赫赫战勋，只怕连当年的太祖武皇帝也难望你项背啊！”

“唔……满兄，你这话可不能这么说啊！”司马懿一听，面色大变，急忙伸手来掩他的口，“太祖武皇帝的盖世功勋，岂是我等区区臣子所能相提并论的？你这几句话传出去，朝廷会治咱俩一个‘大不敬’之罪的！”

满宠一抚须髯，哈哈笑道：“为兄这是实话实说嘛……”

他正说之际，房门外突然被人“砰砰砰”拍得震山响！

“谁呀？”满宠一愣，上前便去拉开了房门。却见贾逵满头大汗直撞进来，站在房中还未及喘息，就大喊道：“司……司马君、满老哥，你们还在这行营书房里议……议论什么？曹大司马在许昌郊外都已经带着十万大军起帐开拔了！”

“什……什么？他……他已经带兵起帐开拔了？怎么连个招呼也不给咱们打一声啊！”满宠大惊失色。

司马懿的面色亦是微微一变，但他素来对自己内心任何波动都把持得住，马上就恢复了一片镇静，顺手推过一个坐枰，扶着贾逵慢慢坐下，款款道：“莫急莫急！你且休息着慢慢说，曹大司马他这是准备把队伍开到哪里呀？”

贾逵坐在坐枰上缓了几口气过来，又伸手揩了额头上几把大汗，这才略略有些平静下来：“唉……事情是这样的——今天一大早，曹大司马就派人将贾某喊了过去，他说他收到了伪吴鄱阳太守周舫一封‘断发为誓’的求降书，准备先行带领十万大军前去接应周舫……”

司马懿一听，眸中亮光顿时闪了几闪，正自沉吟之际，却见满宠已是连连顿足道：“吴贼之言，反复不一，岂可深信？当年周瑜和黄盖联手耍的‘苦肉计’连太祖武皇帝都被骗了！周舫此人素来忠于伪吴，岂会轻易而降？莫不是诱我大军入围之奸计？贾牧君你应该力加劝阻啊！”

“哎呀！贾某也是这样劝谏大司马他的呀！可是曹大司马硬是固执不听，还口口声声说什么‘机不可失，时不我待，本座要拜表即行、先斩后奏’，并且邀约贾某率领本部人马与他一道南下前去接应周舫，抢占鄱阳以成奇功！贾某当然是不肯应允。那曹大司马在送本座出门之际还一再叮嘱，‘周舫来降之事，仅可由贾君你一人知晓，切莫再向他人提及。’贾某回到营中左思右想，愈发觉得大司马此举甚为不妥，便赶紧过来向司马君和满老哥你们告知……这样吧！咱们一起去劝一劝曹大司马，他或许就不会那么固执了吧？”

满宠也是急得直摸脑门，走近司马懿身边问道：“仲达，你看此事须当如何处置？”

一直默然静听着这一切的司马懿的面色一直是忽阴忽晴的，不知那短短的一刻之间变换了多少次！刚才当他听到曹休对贾逵说的“机不可失，时不我待，本座要拜表即行、先斩后奏”这句话时，他心底立刻一下变得雪亮：原来这曹休一直对自己是“貌合而心不服”，暗暗想和自己争功较劲啊！他也想学自己平定孟达之乱时“拜表即行、先斩后奏”的破格之举啊！那好，我司马懿就“成人之美”，让你冒出头去争这个“功”吧！一念及此，他的唇角不禁浮起了一丝隐隐的冷笑。于是，他心念一定，接过满宠的那句问话，淡然道：“这个……这个……懿也不好说什么啊！周舫断发立誓投书求降一事，只怕在曹大司马看来，是他建功立业、崭露风头的一次大好时机啊！看得出来，他对此事寄望极深也。倘若咱们硬生生一齐去劝阻他，他这时或许会迫于众人之谏而不去接应周舫。但在日后，他却会将自己这一次没能建功立业、崭露风头的怨气都记在咱们的账上的。曹大司马这个人，你们又不是不晓得，最是‘扯不清、拧不断’的……你俩今后就天天去听他的怨言怨语吧！”

“仲达怎么这样说？难道咱们对他的这一轻躁冒进之举就放任不管了？”贾逵脸色一正，肃然而道。

司马懿深深一叹：“懿并没有说对曹大司马这番轻躁冒进之举放任不管啊！在明面上，咱们三个人肯定是不能公开去劝阻他的。说不定，咱们去了也是白去，他此刻立功心切、刚愎自用，哪里还听得进咱们的逆耳之言？贾君，你倒不如跟着他一起前去接应周舫，也好从旁见机行事，曲为回护……”

“见机行事，曲为回护？”贾逵听得两眼一亮。

“贾君、满兄，咱们让他自己先去碰一碰壁也好！俗话说得好，‘头上的疱，是自己撞出来的；脚底的泡，是自己磨出来的。’他碰了这个‘钉子’，也许自己就省悟了。”

“那就只有这样了！”贾逵说话做事向来是风风火火的，点头便道，“好！贾某就照司马君说的去办——事不宜迟，贾某现在就去了！他是在辰时就起帐开拔的，贾某稍缓一些只怕去得就晚了。”

瞧着贾逵一溜烟儿跑了出去，书房内顿时又静了下来。过了半晌，满宠嗫嗫的声音终于打破了这片沉寂：“仲达，那咱们先前定下的‘天降神兵、东西交击、水陆并进’的征吴大计现在还怎么施行啊？”

司马懿静静地看着他，一时竟答不上来。是啊！曹休、贾逵两支人马已是猝然盲动而去，先前在洛阳皇宫凌霄阁御前会议上定下的大计那还搞得成什么啊？就是曹休自己贪功心切、不遵部署而擅自行动，才把这套征吴方略全盘搅乱的！

他一想到这里，就是一阵勃然大怒，脸上却不露丝毫声色，只向满宠轻轻而道："算了！算了！曹大司马既是这么做了，咱们的这套征吴大计就暂且搁下了吧！满兄，您这几日跟着懿废寝忘食筹划了这么久，想来也必是乏了，且请回去好好休息吧！"

满宠的嘴唇动了几动，欲言又止，却朝门外看了一看，最后沉沉长叹一声，黯然告辞而去。

他的身影刚出房门没过多久，一直沉静如山的司马懿脸色骤变，勃然暴跳起来，如同一头怒狮一般，一下抓过那张征吴军事地形帛图，"哧哧"几声，扬手之间便撕了个粉碎！

在纷纷扬扬的图屑碎帛之中，他狞厉的目光几欲择人而噬！

"来人！"这一声喊震得满府上下无不胆战心惊！

"大都督……"房门开处，梁机屏息凝气地走了进来。

司马懿这时的语气却又忽然变得冷若冰霜："你马上乘八百里加急快骑，带上本督的一封亲笔信，连夜秘密赶回洛阳司马府，将它直接呈交给寅管家！"

曹魏太和二年八月，曹休率领十万步骑孤军深入吴境，前去接应周舫来降。不料他到了石亭，却遭到埋伏在那里的陆逊、朱桓、全琮三路吴军的包抄狙击，在猝不及防之下一败涂地：十万魏军折损过半，牛马车辆辎重损失八千余辆，军资器械丢弃略尽。幸得贾逵从后赶来拼死力战，方才救得他脱险而出。

曹休败回洛阳之后，羞愤之下，便上书谢罪。曹叡本欲置而不问，但一首内容为"一真二懿三休，休在人前自夸；损师五万可羞，不如抱头自修！"的六言诗在朝野上下传得沸沸扬扬、路人皆知——曹休深感颜面尽失，惭恨交攻之下，一个月后竟至疽发于背，把自己活活气死了！

他死后的第三天，司马懿就兼任了他空出来的征东大将军之职，坐镇宛城，并"假黄钺"而统辖荆、豫、徐、扬四州军政机务！

对司马懿而言，他最高兴的是这一点：代表着“如朕君临”之至高权威的那柄黄钺，他终于拿到手了！这也意味着，司马懿已几乎彻底掌控了曹魏半壁江山的军政大权，从此他几乎可以毫无掣肘地在东南两条战线上驰骋自如地实施他的征吴大计了！

第五章
诸葛亮挥师进犯

择将出征

这年头真是怪了，四方云扰、天下大乱也就罢了，兵灾人祸已经闹得是民不聊生了，没想到老天也凑着热闹来添乱。曹魏太和五年的正月初七，正是春寒料峭的时候，一颗硕大的彗星从东边的夜空升起，划出一道刺眼的亮弧，然后滑落在西边的天际。

这样一个再明显不过的“天降异象”，顿时震动了魏国朝野。第二天，朝廷便面向全国各地征召占卜术士火速进京解说天象。几乎所有的术士都给出了同一个说法：天降彗星，昭示着今年魏国必有刀兵之灾，必有一员大将丧生，其兆不祥。

对术士们的这两个“必有”的说法，魏国君臣都不禁半信半疑。而今魏、蜀、吴三国争霸，天天打仗，天天都有成千上万的将士死亡，这已是司空见惯之事，没什么可惊诧的。如果某天术士们说，从今天起，天降异象，三国之间不再打仗了，这才可算是天底下第一大奇事呢！可惜，这样的奇事，至少在目前老百姓心目中还是遥遥无期的。真正引起魏国君臣关注的是“必丧大将”这句话。依天象来看，似乎应该是一名够得上级别的大将将会死去，那么他会是谁呢？于是乎，魏国所有的文官都不禁松了口气，而所有的武将都自觉或不自觉地提高了自我保护意识，在心底默默暗示自己：我肯定不是“那一个”！别人才会有那么倒霉呢！魏国的武将多了去了，好几百人呢！我是“那一个”的几率就相当于那颗彗星从天上落下来砸中我脑袋的几率！

然而，身处魏国最高权力中枢的曹叡却比其他所有的人都更认真更严肃地在关注着这件事。根据他从前方一线得来的最新情报显示，蜀国丞相诸葛亮自上次北伐失利之后，一直在厉兵秣马、训师练战，积极准备着再度来犯，而且很有可能就在今年发动战争。看来，魏蜀之间的一场大战，已然在所难免。这位年仅二十六岁的青年皇帝深深地忧虑着，不希望这所谓的彗星凶象在现实中得到应验。自他五年前登基即位以来，蜀相诸葛亮、吴主孙权都自恃为一世之雄，视他为“孺子可欺”，连年挑起战争，弄得他东防西御，左支右绌，几乎没有喘息之机。幸好，先帝逝世前给他指定的几位顾命辅政大臣却是十分得力，多次帮他渡过了难关。后来他听取了群臣建议，将御蜀大业交付顾命辅政大臣兼宗室名将曹真，又把防吴大业交给了另一位顾命辅政大臣司马懿，放手让他俩各自独当一面，这才稳住了国中局势，挡退了蜀寇、吴贼的猖狂进攻。然而，刚过了几天清静日子，不曾想到诸葛亮又在蠢蠢欲动、蓄谋来犯，这让曹叡如何不忧，如何不急？而术士们关于彗星凶象的预言，又如何不让他心惊肉跳？

可是，天意似乎总是与人心背道而驰的。你不希望某件事情发生，而这件事情偏偏就会在你猝不及防之时直逼而至，想避也避不了。到了春暖花开喜气洋洋的烟花三月，所有的文臣雅士都盼着朝廷放假出去郊游踏青赏花弄月的时候，术士们的预言却变成了现实：诸葛亮挥师十万，再出汉中，气势汹汹，大举进犯关中！而随着这个已经实现了一半的预言而来的，是魏国关中战区主帅、征西大都督、大司马曹真的暴病身亡。所有的人都恍然大悟：原来，这个被彗星夺去了生命的大将，竟是威震西疆的曹真！

从先帝时起至今，八年来魏国发动的对蜀阻击战，大多由曹真统率指挥。曹真以其顾命托孤大臣之尊与百战不殆之勋，已在魏国军队中建立了稳如泰山的卓然地位。如今，将星陨落，吴、蜀去一强敌，自是大为欢喜。一向消息灵通的诸葛亮在进军途中得知这一情报之后，更是大喜过望，以为天佑蜀汉，顿时信心百倍，加快了进攻速度，直奔魏国关中战区前线的祁山大营而来。

大敌当前，来势汹汹，何人出任关中大帅以抵抗蜀寇入侵，成了魏国君臣最为关注的问题。现在，朝廷上下流传着两种说法：一是从原关中战区各军队中直接提拔贤能之材升任元帅；二是从其他战区的各大将领中选拔杰出之士调任元帅。围绕着大司马曹真空出来的这个关中大帅之位，一场忽明忽暗的人事斗争早已拉开了帷幕。而竞争这个职位的强有力的人物至少有五到七名，其中镇守宛城主持防吴事务的骠骑大将军司马懿和曹真手下首席副帅、征西车骑将军张郃是实力最强最为突出醒目的两个人。而且，他俩身后都站着一大批极有力、极显赫的推荐者与支持者：张郃是曹真在病逝之前与另一名顾命大臣、司空陈群大人联名举荐的，而司马懿也是由位高权重的太傅钟繇、司徒王朗、御史大夫董昭等元老重臣共同推荐的。这让曹叡第一次感到了难以取舍。论理，这个职位其实给张郃相对合适，他多年来一直在关中协助曹真对付蜀军，早已积累了丰富的对敌经验；而且，即使是排队轮班也该轮到张郃了。从一名得力干将的角度来辨析张郃，他是名副其实的对蜀后备将帅中的佼佼者。

但是，问题出在司马懿那里。司马懿一直向朝廷上奏宣称他研究对付蜀汉之寇已多年了，虽然身在宛城却是心系关中，一直留意着蜀军的动态。他也一直想斗一斗同样有着“儒帅”之称的蜀相诸葛亮。加之，司马懿本人也是一名出色的大将：三年前新城太守孟达叛变并勾结蜀军作乱，在司马懿手中只用了半个月的时间便一举扫平，手法干净利落，毫不拖泥带水。这一赫赫战功，令人对他的用兵之术口服心服。而这一次，司马懿一听到蜀寇入侵、曹真病逝的消息，便安排好了防吴大事之后飞马进京面奏曹叡，以“常思奋不顾身以殉国家之急”的古语为口头禅，强烈要求到关中率军与诸葛亮一决高下，并立下了“不破蜀寇誓不还”的军令状。

面对张郃与司马懿这两个同样都是出类拔萃的大将，究竟该选谁出任关中大帅更合适呢？这个问题让曹叡头痛了很久。其实，在曹叡心目中，张郃付出的太多而得到的太少。和他同时代的那些老将张辽、徐晃们都已经封为列侯、食邑千户了，只有他仍是一个车骑将军兼关内侯，很有点儿“冯唐易老，李广难封”的意味。然而，影响张郃这一生升迁的原因倒不是他没有遇上慧眼的“伯乐”，而是因为他被世俗之见所抨击的所谓道德上的“瑕疵”：他是当年太祖魏武帝在官渡之战时收纳的从逆贼袁绍那边过来的叛将。而且，他当时背叛的一个关键原因并不是他受到袁绍的逼迫而被动叛逃，而是他察觉到袁绍败象已呈才主动弃袁而去。这和那个新城太守孟达一样，他的“背叛”是一种主动的投机行为。这就成了制约张郃仕途发展的“原罪”。在“以德治国”这一儒家传统理念支配下的用人环境里，只要你曾经主动实施了背叛行为，那你一辈子始终就是“叛臣”，始终就是不忠，始终不能让人彻底放心，自然你就始终得不到重用。很显然，张郃在对敌作战中无论功有多高、勋有多大，都无法改变魏国君臣对他潜在的深深成见，所以他一直以百战百胜之能而屈居下僚，也就不足为奇了。

其实，这一切在曹叡看来，却不以为然。一个人过去的一切并不能用以推证他今日的所作所为，更不应以过去的偏见来掩盖他今天的功勋。“刻舟求剑”“吹毛求疵”的做法是不足取的。可是，现实远不像他心灵深处某个角落里的感情那样泾渭分明。纵然曹叡贵为天子，一言九鼎，却也不敢过分违逆朝中诸多元老大臣的意见而一意孤行。而他亦料到，如果他真的破格提拔了张郃为关中主帅，那么朝堂上各位元老大臣们的唾沫与冷脸，立刻就会成为他生命中“不能承受之重”。做皇帝，也有迫不得已、违心从众的时候啊！

为了让自己暂时从这是是非非之中摆脱出来，曹叡起身离开了御书房，独自一人进了后宫花园里散心。年轻的大魏天子，暂时放下了一切包袱，漫步在烂漫鲜花之中，嗅着那混合着泥土气息的芬芳香气，他的精神似乎渐渐清爽了许多。

他猛一抬头，远远地，南边一座雄伟宫殿的一角飞檐映入了眼帘。他的心顿时为之一窒，忽又突突突地狂跳了起来！真是晦气，怎么一眼就看到了这座永安宫？曹叡的脸色沉了下来。跟随在他身边的宫娥们见状，都知道了陛下的心情已经恶化，生怕自己一不小心说错了话、做错了事去触了这个霉头，一个个如履薄冰，不由得加倍小心提防起来。

她们哪里知道，曹叡虽然是掌握着天下臣民生杀大权的皇帝，但他也和普通人一样有着自己绕不过去的烦恼与痛苦。曹叡的亲生母亲甄太后，在他十七岁时因为失宠于先帝而被赐死。而他自甄太后死去之后，也一直不被先帝所喜爱，常常是留下他孤独地待在东宫靠着埋头读书练字来打发时光，整整四年未被正式册立为太子。终于，熬到了先帝逝世之前的那一天，他才突然被告知已立为嗣，继承了大统。这期间的悲苦辛酸、曲折坎坷，既磨炼出了曹叡坚忍深沉、严谨周密的个性，也使得曹叡沉默阴郁、多思少言，以致言谈之际都似乎有些口吃。

而曹叡此刻所眺望的这座永安宫里，就居住着一手造成他和生母甄太后这场悲剧的那个人——他的后母郭太后。曹叡曾听到那些熟知魏宫往事的老宫人们隐约谈起，正是由于当年的郭贵嫔——也就是现在的郭太后进谗诬陷，才使甄太后被先帝一怒之下赐鸩酒自尽。虽然此事隐情颇多，曹叡一时也查不出其中的虚实，但他的心底深处就此结下了一个“疙瘩”。所以，自去年夏天以来，他便开始以政务繁忙为理由不再每天到永安宫向郭太后问安，用实际行动向郭太后表示自己无声的反感与厌恶。

他远远望着永安宫，笼在袖中的双掌慢慢捏紧了拳头，双眼射出受了伤的狼一般狞厉的目光，让人不敢对视。众宫娥一见，齐齐跪倒在地，大气也不敢多出。许久许久，才听得他吁出了一口长气，缓缓吩咐道：“你们平身吧！去把孙资、刘放召到御书房，朕有要事相商！”一名宫娥应声起身而去。曹叡静立有顷，这才转过身来，将永安宫抛在自己身后的背影里，慢慢向花园外走去。

中书令孙资、中书监刘放就在皇宫的偏殿内处理政事，一听到曹叡召见自己的口谕，便迅速起身赶往了御书房。他二人身为内廷枢要中书省掾吏之职，自曹叡龙潜东宫之际就暗暗给他传送过不少保嗣固位的奇谋妙计。再加之他俩自太祖魏武帝时起就参与了赤壁之战、合肥之战、汉中之役、以魏代汉、文帝南征等一系列军国大事的谋划与建议，其审时度势，知人料事的功夫已然炉火纯青。尤为难能可贵的是，他们与大多数谋士不同，还敢于面对君主不计得失、犯颜直谏，自然便成了历事三朝而功勋卓著的心腹重臣。曹叡五年前即位之初，甚得孙、刘二人暗助之力，方才稳住了朝局，树立了权威，因此对他俩也是宠信有加，视为智囊谋主。通常曹叡每逢军国大事，都是先行遍访群臣，然后将文武百官的有关建议与意见带回宫中，交由孙、刘二人细心整合、精心剖析，最后形成“上策、中策、下策”三个层面的应对方案付予曹叡来拍板决定。这一套做法自魏武帝时起便已沿袭了多年，曹叡运用起来也是相当满意。而他可以自傲的是，自他登基以来这五年期间，在他手头尚无一起重大决策失误事件发生，这对树立他在群臣心目中的至高权威发挥了极其重要的作用。

见到孙资、刘放二人进来，曹叡一言不发，只是将各位大臣关于关中战区主帅人选的一大摞推荐书放在了面前的青玉案几上，心底的冥思苦想全都写在了脸上。孙资、刘放二人看着他眉头紧锁苦苦思索的样子，知道这位青年天子正在为这件事焦虑，便在一旁肃然静立，等待着曹叡发话。

过了片刻，曹叡仰起脸来，目光灼灼地正视着他俩，慢慢地开口了：“两位爱卿，你们认为目前究竟应该选派何人出任关中主帅？”

孙资、刘放听罢，却沉默不语，不敢造次。虽说他二人是曹叡身边的亲近之臣，进言建策都比别人便利许多，但也正因他俩是天子近臣，才不得不更加谨言慎行，对朝中外臣们的是非曲直极少插嘴，以免招来曹叡的敏感和猜忌。所以，当曹叡问及关中主帅人选一事，他俩自是不敢马虎应对，一边保持着沉默，一边却在头脑中字斟句酌地打着“腹稿”。曹叡也不催他俩，只是静静地看着他俩的脸。

终于，孙、刘二人仿佛互有感应一般同时侧脸对视了一眼。然后，孙资轻咳一声，脸色一正，肃然说道：“此事并不难断。既然张郃将军与司马大人都是大将之材可堪重任，那么就请陛下乾纲独断，从中选择自己和朝中群臣都最为信任的人出任就行了。这样做，既可使陛下放心，又可让群臣满意；既能使这位关中主帅将陛下的对蜀方略施行到位，又可让他免去朝中群臣的掣肘之忧。”

此语一出，曹叡便恍然大悟了。谁最值得自己和朝臣信任？当然是司马懿了，他既是忠正闻名、深得众望的三朝元老，又是先帝遗诏钦定的顾命托孤大臣。如果连他都不值得信任，满朝文武就没有一个人值得信任了！曹叡一边静静地沉思着，一边缓缓地点了点头。他慢慢靠坐在身后的椅背上，目光忽又闪了一闪，投射在孙资脸上，说道："陈司空那里的意见是司马大将军从来都是驻守荆州，一向未曾与蜀军对战，缺乏必要的对蜀作战经验，恐怕将他即刻投入关中似有不妥。"

他口中所说的陈司空，正是先帝顾命辅政三大臣之一的陈群。陈群近来一直主张由张郃主持关中战事，其态度之鲜明，是举朝皆知的。孙资听罢，沉吟片刻，道："陈司空所言不可不虑。依微臣之见，陛下可暂时先派司马大将军主掌关中战事，以张郃将军为辅。若时势有变，司马大将军确实对蜀作战不利，可于中途将他二人临阵调换其职。"

"中途临阵换将，岂非兵家之大忌？"曹叡忧道。

"非也！当年秦国伐赵，见赵国以纸上谈兵之赵括为帅，便临阵换上百战百胜之白起统领秦军，于是取得长平大捷，俘敌四十万。所以，行军用兵，唯有随机应变、顺时而动才是至高准则，千万不可胶柱鼓瑟。"孙资缓缓说道，"司马大将军不过是只身前往关中，在关中大军素无根基，形不成强力派系，与张郃将军临阵调换应当不会引发军中大的动荡而于事有碍。"

"可。"曹叡思忖许久，方才点了点头。他转头看了一眼一直未曾发言的刘放，用询问的目光投在他脸上。刘放正了正脸色，肃然答道："孙大人所言极是，微臣赞同。"

于是，关中主帅人选确立之事，就于这三言两句之间在魏宫密室内尘埃落定。

曹叡拂了拂袖，示意让孙、刘二人退下。却不料二人竟立在房内，仿佛无视他的示意，期期艾艾，欲言又止。曹叡"嗯"了一声，目光顿时如剑锋般冰冷，向他二人逼视过来："卿等还有何事要奏？"

"扑通扑通"两声，孙资、刘放二人跪倒在地，齐声奏道："此事关系重大，臣等不敢滞压——今日上午廷尉高柔高大人递来弹劾表，状告黄门侍郎郭进郭大人仗势强抢数十名民女、卖官收贿十余万两黄金，证据确凿，还望陛下圣裁。"

郭进正是郭太后的幼弟，一向骄奢淫逸、臭名远播。曹叡虽素有耳闻，却不曾料到他竟敢做出这等污秽猖狂之举来！他伸手猛地一拍御案，脸色顿时便如铁板一般沉了下来。

怀疑与信任

蜀寇来犯，大敌当前，当务之急是亟待解决这场军事危机。所以，曹叡只得以“快刀斩乱麻”之势从单纯的军事战争需要的角度出发，选定司马懿为关中主帅，接任大司马曹真空出来的职位。

然而，很多人在此之前就已清楚，曹真的猝然病逝，对魏国而言，却不仅仅是损失一名大将这么简单。曹真的死去，必然将会在魏国内部引发一场大的政治洗牌。

当年先帝曹丕逝世时，以亲笔遗诏指定中军大将军曹真、抚军大将军兼御史中丞司马懿与镇军大将军兼司空陈群共为曹叡的顾命大臣，从而在朝中形成了“三足鼎立”的政治权力格局。曹真在世之时，三位顾命辅政大臣各司其职，倒也合作得十分默契：曹真以中军大将军之尊，坐镇雍凉二州，统领关中战区十余万雄师，专门对付蜀寇；司马懿以抚军大将军之位，坐镇荆豫扬徐四州，统领水陆大军对吴作战；陈群却虚领了一个镇军大将军封号，手下并无一兵一卒，留在洛阳以司空录尚书事之职总领朝政。“三驾马车”并驾齐驱，各居其位，各尽所能，拱卫天子，一切都运转得十分有效。而今曹真的死去，自然会使这样一个“铁三角”的政治权力格局出现倾斜与失衡，从而触发这一场难以避免的政治地震。

陈群是最早觉察到这一政治地震到来的信号的朝臣之一。这位刚刚才过了五十五岁生日的魏室元老意识到，曹真一死，整个魏国的对蜀作战大任就虚悬出来了。但是，现在也就只剩下自己和司马懿有这份资历去担当了。陈群也有自知之明，他知道自己有这个资历却没这个能力去担当这一重任。虽说自己也是有着一个“镇军大将军”的名号，但从来不曾执掌过什么军权。皇上封了自己一个“司空”之职，位列三公，极为尊崇，可仍然还是虚衔。只是皇上的任命诏书之中“以司空录尚书事”这句话里，排在最后的“录尚书事”是最有实权的职务，也就是钦定了自己是各部尚书的首领，总理国家内政大事。这五年来，曹真、司马懿都领兵征战在外，只有自己一人居于朝政中枢雍容治事，却也过得轻松自在，不似曹真二人那般身犯矢石浴血疆场。一念及此，陈群忽然觉得老天待自己也算不薄了！而今，平素里看起来身强体健、意气风发的大司马曹真，就那样说死就死了！一些文人常说“人生如梦亦如露”，细细想来也有点耐人寻味。陈群在心底无声地一叹，又将思绪投入到眼下的时局之中。

他听说就在诸葛亮逼近关中的消息传遍朝廷后不久，一向镇守荆楚之地的司马懿闻风而动，随即上奏推荐建威将军贾逵、征东将军满宠代替自己留守东线防备吴寇，同时在处理好了有关事宜之后，乘八百里快骑火速赶回洛阳前来面圣，主动请缨，要求执掌关中军权，与蜀对敌。其实，这一切在常人眼里看来，似乎也没什么。因为，司马懿的“深有韬略、机智善战”与“赤心为国、奋不顾身”这两大美誉在朝野上下是一致认同的。很多大臣都称他是西汉名将赵充国再世。自然，他今日这般举动，也完全是为国尽忠。

然而，陈群却不这么看。他认为，司马懿这是在外托公义忠贞之名而求亲自对蜀作战，大行统揽军权在手之实。这几乎等同于直接向皇上“逼宫”要权嘛！这种“纵横天下，舍我其谁”的作风，简直是太张扬太自负了！陈群知道，自这司马懿执掌兵权，拥有了“用武之地”之后，一向都是风头极健，不可小觑！记得三年前新城太守孟达叛乱，司马懿在得到第一手情报后为免贻误战机与打草惊蛇，竟在事先不曾上奏告知朝廷的前提下，大胆决策，当机立断，调动本部人马，雷霆出击，旬月之间一举扫平了孟达及其乱党，立下了赫赫战功。这一次先斩后奏的举动，充分显示了司马懿立身行事的刚明果断与临机制宜，委实不在当年的太祖魏武帝之下！熟知前朝往事的陈群将司马懿的所作所为与自己记忆中的关于魏武帝那种我行我素、纵横自如的做法认真一比较，发觉这二者之间竟是惊人的相似！如果司马懿攫取了更大的权力，那简直是如虎添翼，恐怕会更加张扬自负，这又岂是社稷之福？岂是魏室之福？想到这里，陈群心头一沉，脸色也不禁微微变了。

正在这时，他府中的管家陈文进了书房，毕恭毕敬，垂手报道："司空大人，华太尉现在府外求见，称有要事相商。"

陈文口中所说的华太尉，正是本朝"三公"之首的太尉华歆。华歆虽贵为太尉，却不过是一位拥有名义上的"一人之下，万人之上"的军事指挥权的皇室高级顾问。从他所负责的这一块职务来看，今天应该是找陈群商议军事策略方面的问题来了。陈群微一沉吟，答道："请。"同时站起身来，整了整衣冠，走到书房门口迎接。

按照礼法，陈群应到客厅会见华歆，但为了以示尊崇与亲近，他就把会客的地方定在了带有私密性质的书房。而作出这个决定时，陈群便有一种特殊的直觉，感到华歆今日所来面谈之事必是非同寻常，似乎应以保密、安全为佳。那么，在这司空府里，就没有比他的书房更安全保密的地方了。

片刻之后，年过八旬、须发皆白的华歆拄着皇上钦赐的紫竹杖，有些蹒跚地走到陈群面前，枯瘦的脸上挂着一丝微笑，深深说道："打扰司空大人了！司空大人竟在书房内室迎见老朽，足见司空大人视老朽如同家人，老朽多谢了。"

陈群连忙上前搀扶着华歆进了书房坐下，口中说道："华太尉以八旬高龄亲临寒舍指教，陈群受宠若惊，岂敢失礼？太尉其实不必亲劳大驾，只需喊个下人前来召唤一声，陈群自当上门受教。"说着，又奉上一杯清茶，送到华歆手中。

华歆坐定之后，咳嗽数声，调息片刻，方才开口说道："事关重大，老朽岂能坐等司空大人上门商议？"陈群听他说得这般郑重，不禁脸色一正，肃然问道："何事竟能劳烦太尉大驾亲临？望太尉明示。"

华歆慢慢呷了一口清茶，定了定心神，才缓缓说道："老朽今日特为当前关中主帅人选一事而来。"陈群"哦"了一声，淡淡说道："原来是这件事。依本座看来，不过是司马大将军与张郃将军二人之中必有一人出任罢了。他二人均是智勇双全的大将，对付蜀寇应当不会有太大问题。华太尉不必担忧。"

华歆听罢，脸色一沉，冷冷说道："老朽哪里是担忧无人对付蜀寇？！老朽所担忧的是，陛下有可能舍张郃将军而取司马懿为关中主帅。”

“哦？”陈群一愣，“华太尉认为陛下舍张郃将军而取司马懿有些不妥？这是为何？”华歆放下茶杯，慢慢抬起头来，望向书房那高高的屋顶，沉吟许久，缓缓说道：“老朽当年以一介布衣寒儒之身，幸得太祖魏武帝知遇之恩，一跃而为三公，一生蒙受魏室三朝天子之深恩厚宠，自思有如父母再造，实是无以为报！如今，老朽已年迈不堪，近年来又身染沉疴，恐怕将不久于人世矣！却有一事始终萦绕于心，念念不敢忘却，只想一吐为快，希望觅到知音之士，为我大魏基业之长治久安而防微杜渐。”

陈群听得云里雾里，有些摸不着头脑，道：“到底华太尉有何要事相告？还请明示。”华歆静静地看着他，眼神忽然变得很深很深，脸色也渐渐凝重起来，一字一句缓缓说道：“老朽所讲的这件事，恐怕如今只有司空大人可以出手化解了。老朽本想亲自面见圣上禀告，但是顾虑此事本无实据，反为圣上所笑。若是不择对象而妄言，又恐激起事变，殃及社稷……唉，衮衮诸公，茫茫四海，老朽四顾凄然，知音者太少，而同心者更少……只有司空大人是先帝顾命大臣，素以大忠大贤闻名于朝野，为众望所归，可以定大计、扶社稷、安魏室。因此，老朽决定将此事讲给司空大人，请司空大人对此多加提防，未雨绸缪。”

讲到这里，他顿了一顿，又慢慢说道：“这件事便是——必须阻止司马懿夺得更大的兵权，绝对不能让他出任关中主帅之职！”

陈群一听，饶是他对此已隐隐猜到几分，但听到华歆竟是当面说得这般明明白白，也不禁为之全身一震，惊道：“这是为何？”

“司空大人心知肚明，又何必多问老朽？”华歆深深地看着他，慢悠悠地说道，“当今朝野之士，文韬武略能及司马懿者有几人？位高权重能及司马懿者有几人？收揽人心能及司马懿者又有几人？正所谓鹰扬之臣起于萧墙之内，而举朝昏昏，文恬武嬉，却无人警惕！”

陈群的脸上露出了一丝惊骇，摇头说道：“华太尉此言差矣！司马大将军辅政三朝，忠心为国，累有大功，岂是太尉口中所言的鹰扬之臣？依陈群之见，他实乃有口皆碑、德高望重的社稷之臣！”

“当”的一声，却见华歆将茶杯往地上一摔，摔得粉碎。他愤然起身，怒道：“老朽剖心沥血以实言相告，司空大人却以戏言还我！老朽就此告辞！”说罢，拄着紫竹杖，往外便走。

“太尉且慢！”陈群慌忙站起，伸手一拦，肃然说道，“太尉请坐。本座刚才失礼了。然而本座也不可以无形之疑、不实之事来妄议他人是非呀！太尉今日之言，必有隐情，还望坦然相告。否则，视周公为王莽、视霍光为董卓，则本座之误大矣！”

华歆慢慢坐回了原座，渐渐平服了心情，然后缓缓说道：“其实，不单是老朽一人怀疑司马懿为鹰扬之臣，就连太祖魏武帝也对他生过疑忌之情。”

“太祖魏武帝？”陈群一惊，“他也怀疑过司马懿是鹰扬之臣？那么，他当年为何不曾彻底了结此事，却还将司马懿列为先帝的辅政大臣之一？本座有些不信。”他知道，太祖魏武帝曹操一向是外宽内忌，猜疑成性，想当年孔融、杨修稍露笔舌之长，便被他一举斩杀，更何况他已视司马懿为韬藏祸奸、蓄谋不轨的鹰扬之臣？自是断断不会留他于世！但是，武帝逝世之时留下的遗诏，却又为何将司马懿与自己并肩列为顾命大臣呢？这实在令人百思不得其解啊！

“当年武帝对司马懿一直是深怀忌惮，只因他人才难得，在朝中人脉极深，诛之而无名，废之而无辞，才不得已姑息隐忍，专用他帷幄谋略之长，而不付他治兵理政之权。武帝临终之际，更是专门为此事将老朽召到榻前，付与老朽监察司马懿之绝密重任，当着老朽的面对先帝魏文帝殷殷告诫，‘司马懿鹰视狼顾，才智过人，居心叵测。对他不可不重用，亦不可不深防。无论如何，千万不要付与他兵权，久则生变，必为社稷之大患。’”华歆说到这里，竟是渐渐红了眼圈，哽声说道，“还是武帝英明睿智哪！他早就料到了司马懿终非善类。后来，在老朽的多次提醒之下，先帝魏文帝在世时也一直是让司马懿担任文臣之职，从不付与兵权。只有到了当今陛下登基之初，吴、蜀二寇东西交逼，形势危急，他才开始放手任用司马懿镇守荆州，独当一面，从此插手军机大事，渐渐使他手握兵权……而今大司马曹真病逝，他更是按捺不住，竟敢擅离职守进京夺权……司空大人难道对此还不引起警惕吗？”

陈群静静地听完了他讲的全部内容，面沉如水，纹风不动。他沉默了半晌，方才慢慢说道："太尉今日之言，本座记住了。但您这番话，唯有天知、地知、你知、我知，应当再无他人知晓。请太尉默然自守，不可轻言此事。至于其他的一切，本座知道应该怎么办了。"

华歆深深地注视着他，也不再多言，只是目光里却掠过一丝淡淡的笑意。

这几日骠骑大将军司马懿的门前，前来拜访的文臣武将很多，称得上是"车水马龙，宾客如云"。然而，他们通通都吃了个"闭门羹"，刚一下车拍门便被司马府中的仆人们挡了回去。一问理由，答曰，司马大将军不在府中，到郊外春游散心去了。

可是，远离了外边的喧嚣、纷扰的司马府书房里，却是一片静谧。一张宽大的魏蜀军事地形图悬挂在墙壁上，图上的关中地带这一块被人用细毛笔画出了一条条线路，纵横交叉，密如蛛网。地图前，一位长髯及胸、狮鼻虎额、威仪凝重的青袍老者正静视而立。他神情沉郁，若有所思，不言不语。

忽然门帘一掀，书房外一名家丁躬身而入，禀道："大将军，大公子、二公子前来求见。"

原来这位老者便是对外声称出府春游散心，而实则闭门筹思对蜀作战方略的骠骑大将军司马懿。他听了家丁的禀报，脸上微微露出了一丝愠色，略一思忖，吩咐道："让他们进来！"

门帘又是一卷，他的长子司马师、次子司马昭两兄弟肃然而入，在书案前一丈开外垂手而立。司马师与司马昭两兄弟相貌极其相似，所不同的是两兄弟的举止气宇迥然不同：司马师气度刚豪雄放，举手投足威风凛凛；司马昭气宇儒雅清奇，言谈举止谦和有礼。二人均无世家贵族纨绔子弟的骄奢浮华之气，个个精干伶俐，意气风发，甚是不俗。这主要是由于他们的父亲总是有意将他们带在身边，南征北战、出生入死，在政坛中、在战场上得到方方面面的历练的缘故。父亲自幼便教导他们以"栋梁之材，社稷之器"为终身大志，积极主动锻炼能力、淬炼才识，力争成为一代人杰。因此，在父亲身边，两兄弟感到获益匪浅，大有精进，远远胜过枯坐书斋无所事事。

司马懿此刻已坐回到了铺着虎皮锦垫的胡床上，正自闭目养神。司马师、司马昭兄弟隔着书案恭敬而立，屏气敛息，竟是不敢出声发话。这倒不是两兄弟畏惧他们的父亲，而是司马家族像铁一样严明的家规观念影响所致。他们在孩童时代就清清楚楚地记得，当年祖父司马防在世之时，父亲司马懿、叔父司马孚等即使早已出仕成家，见到祖父仍和他俩今天这般“不命曰进则不敢进，不命曰坐则不敢坐，不指有所问则不敢言”的情形一样，严谨自持地遵循着家规纲纪。而这种“克己复礼”的笃行之举，倒磨炼出了司马家族中人坚毅沉实的意志力，从而在官场上一贯以“守道不移，刚健中正”而著称。

片刻之后，司马懿缓缓睁开眼来，正视着两个儿子：“你们不知道为父谋划军国大计之时最忌有人打扰吗？为何还要前来求见？”司马师上前一步，低声说道：“孩儿知道父亲不喜别人打扰。但是，今天真正意欲求见父亲的，并非孩儿与昭弟，乃是中书令孙资、中书监刘放两位大人。”

“孙资、刘放？”司马懿心中一动，脸色微变，“他俩现在何处？”司马师连忙答道：“二位大人一身便服，行踪隐秘，乘着一辆破旧马车，悄悄来到了我们司马府偏门口处恭候父亲召见。”

司马懿霍然一下站起身来，吩咐道：“师儿，你马上前去将二位大人迎接到我这书房之中，千万不可怠慢。昭儿，你立刻去前院找几个口风严紧的家丁在书房周围十丈方圆之内严加把守，不许任何人近来打扰，更不许有人窥听！”司马师、司马昭各自应了一声，出门而去。

司马懿在书房中低着头慢慢踱了几步，忽然走到屋角的书柜边，从中取出一只红木方匣，放在了书案之上。然后，他便站到书房门口，静静地等待孙、刘二人前来。其实，中书监、中书令之职只是朝中正四品级别的官位，司马懿贵为正一品的骠骑大将军兼御史中丞，大可不必为孙、刘二人恭迎到门。但中书监、中书令一直又是朝廷中枢机构内与皇上离得最近的职务，所有军国机密大事的决策乃至圣旨、诏书的起草撰拟都出自他二人之手，就这一点而言却又令司马懿不能不为之重视。再加上孙资、刘放与司马懿的籍贯都是豫州河东一带，素来颇有同乡之谊，关系亲密，所以司马懿待他们自与常人不同。尤其是中书令孙资，他和司马懿一样，都是当年一代儒宗大贤荀彧的门生，平时便以学友相交，更为司马懿所倾心接纳。

不多时，只听得足音笃笃，孙资、刘放二人在司马师的带领下，已来到了书房门外。司马懿一步跨出门口，站到外边，抱拳作礼，笑道："二位大人光临本府，老夫深感荣幸！"

他这突然出门来迎，倒将孙、刘二人惊得微微一怔。刘放急忙上前一步回礼，道："司马大人如此大礼相待，真是折杀刘某了。"而孙资却淡淡一笑，站在原地躬身一礼，道："司马大人以骠骑大将军之尊，却为我二人亲迎到门，当真是'倾身下士，折节待贤'，不愧为我朝周公一样贤明的社稷之臣。"

"孙君取笑了！老夫不敢当啊！"司马懿微笑着连连摇头，将孙、刘二人迎进了书房之中。孙资一进屋内，便看到墙壁上悬挂着的魏蜀军事地形图，不禁一怔，暗暗叹服司马懿的谋国之忠。难怪此公常常能针对魏蜀之战提出颇多真知灼见，原来与他日夜揣测两国军情密不可分哪！见此情形，孙资对这位年长于己的老学友更是添了几分钦佩。当年他师从荀彧学习文韬武略之术，便常听到荀老师称赞司马懿"精谋明断，算无遗策"，今日一见，才知此言不虚。念及此处，孙资更加坚定了全力推助司马懿出任关中主帅以抗蜀寇的决心。因为，只有司马懿这样智勇双全、沉毅笃实的宿将，才能真正将朝廷的对蜀大略贯彻到位。而今天，他和刘放奉了皇上的旨意微服出宫来到司马府，有一半的缘故也正是为了此事而来。

孙资、刘放坐定之后，与司马懿寒暄了几句。正谈话之间，司马昭在书房外布置了家丁把守之事后，也走了进来，与司马师并肩侍立，在一旁倾神静听。刘放探身向司马懿笑着问道："司马大人近日风尘仆仆赶回京城，可曾在府中好好休闲娱养？大人在边疆一向鞍马劳顿、艰辛异常，回京之后也须放松放松，注意多加休息才是。"

司马懿摇了摇头，淡淡说道："如今蜀寇逼近关中，劲敌当前，老夫哪能置身事外只图个自己悠闲？老夫回京之后这段时间里，一直在打听蜀寇进军的消息，一直在研究对蜀作战方略，倒是不曾挤出时间到京城中游玩。只有前日下午，老夫一时兴起，到太学院里和国子监博士王基、傅嘏他们玩了一番清谈之戏。哦，当时还有几个前来进京解说的‘天降彗星’异象的占卜术士在场，其中一个名叫管辂的，观看了老夫的面相之后，写了一条断语。二位大人可有兴趣一看？”

“哦？平原郡那个术士管辂？”刘放惊道，“刘某久闻此人数术精妙，算命看相十分灵验，一直都想见识见识。请司马大人将他写的断语给刘某一看。”

司马懿微微笑着，自袖中取出了一片木简，递给了刘放。刘放定睛一看，只见木简上写着二十个大字：“山根坚挺，手握重权，贵人相助，必成大业，福寿绵绵。”他认认真真读完了这二十个字，又抬起眼来仔仔细细地端详了司马懿的面相，缓缓说道：“不瞒司马大人，刘某素来也颇嗜好研究星相命理之学，倒也有些心得。今日看了管辂的这二十字断语，刘某觉得他算得极准。”

司马懿淡淡笑道：“何以见得？”

“司马大人可知，这条断语中的‘山根’，其实指的就是一个人的鼻根。”刘放一谈起星相命理之学，就像打开了话匣子，侃侃而谈，“在面相之学中，鼻根象征着一个人立身处世的根基、权柄。司马大人的鼻根生得极好，如山脊般坚挺高耸，自然是权倾一方，命中注定随时会有大贵人在旁鼎力相助……”

孙资在一侧听刘放说得越来越有些出格，便暗暗拉了一下他的袖角，咳嗽一声，打断了刘放的讲话，插进来说道：“司马大人位高权重，他自己就是一位大贵人，卓然自立，雄视四方，又何须外人相助？”

刘放被孙资一拉衣袖，立刻也醒悟过来，眼神一转，哈哈笑道：“孙兄说得甚是！司马大人，刘某不过是‘姑妄言之’而已，大人‘姑妄听之’便可！”

“哪里！哪里！”司马懿以左手五指捋了捋颔下长须，哈哈一笑，“什么‘必成大业’‘福寿绵绵’，老夫实不相信，倒是这‘贵人相助’说得极准！刘大人、孙大人，你俩不就是全力帮助老夫为国尽忠而无后顾之忧的‘大贵人’吗？老夫对二位大人的大恩大德委实感激得很哪！”

孙、刘二人一听，连称不敢。司马懿一边捋须而言，一边向侍立在旁的司马师兄弟使了个眼色。司马师兄弟会意，便将书房东角落里的两口木箱搬了过来，放在孙、刘二人脚下。

孙、刘二人有些不解，用疑惑的目光看着司马懿。却见司马懿哈哈一笑，道："二位大人，这两口木箱里装着老夫的一点心意，还望笑纳。"

在他说话之间，司马师兄弟已不声不响地打开了两口木箱。刹那间，只见两尊玲珑剔透、晶莹光润的紫玉珊瑚树，赫然呈现在孙、刘二人眼前。一般说来，珊瑚通常都是朱红之色，但是像木箱之中这样紫光莹莹、绚烂夺目的珊瑚，实乃世间数百年难得一见的极品，自然是珍稀无比。孙、刘二人细细看去，竟是不禁有些痴了，瞠目结舌，一时竟说不出话来。司马懿笑道："这两件礼物，乃是老夫东征吴寇时从敌人手中缴获来的战利品。二位大人若是看得起它们，就请收下吧！"说着，不待他二人答话，便吩咐司马师、司马昭兄弟道："把这两口木箱搬到二位大人来时乘坐的马车上去，要小心放稳了。"

司马师兄弟应了一声，各自抱起一口木箱，轻手轻脚地走了出去。

孙、刘二人这才回过神来，推辞半晌，见司马懿执意甚坚，也只得允了。孙资慨然说道："大将军如此厚爱，倒让我二人无地自容了。"司马懿摆了摆手，又道："老夫素来知道二位大人嗜书如命，一向喜好收藏各类奇书秘籍。老夫这里还有两件礼物送给二位大人。"他一边说着，一边伸手拿过书案上放着的那只红木匣，轻轻打开，取出四本绢册小书来，道："这书虽有四本，却只是两种：一是《鬼谷子》，二位大人自然知道的了，它是战国策士们的祖师鬼谷子的开山之作；这第二呢……二位大人可否猜得出来？"

孙资、刘放一听，早已是心花怒放，哪里还有什么心思东猜西猜，急道："司马大人也不必调侃我们了，还请速速相告。"司马懿含笑推搪片刻，方才笑道："这第二本书嘛，就是我们大魏劲敌、蜀国丞相诸葛亮亲手撰写的《将苑》一书！"

"哦？"孙资、刘放一惊，"久闻诸葛亮文比管仲、武如乐毅，素有儒帅之名，他写的典籍自然可与《孙子兵法》媲美了！但我们怎么没听过他何时竟撰写了《将苑》这本书？”

司马懿有些得意地哈哈一笑，道：“不错，诸葛亮是没有公开对外发表过他这本凝聚了自己毕生智慧与学识的关门之作。孙大人、刘大人，这本书世间目前仅有四本：一本由诸葛亮自己珍藏于相府密室内，要在他将来死后方才公之于世；一本是诸葛亮专门献给伪帝刘禅的，希望他能精心研习，用以治兵理国；剩下的两本，就是在老夫这木匣之中了。老夫要将它们送给二位大人。”

刘放大喜过望，连声称谢。孙资听罢司马懿之言，却是心头一震：这位司马大将军竟连敌国首脑这样机密、珍贵的典籍资料都能搞到手，实在是神通广大！同时，他在心头已是深深明白：看来，蜀国内内外外、上上下下的一切情况，对司马懿而言，便如同掌上观纹，无一不在他视野之中！古人讲：“知己知彼，百战百胜。”由此可见，司马懿对如何战胜蜀国，已然是胸有成竹。那么，他出任关中主帅西抗蜀寇，当真是应了那句老话——“实至名归”。想到这里，孙资慨然一叹，道：“看来陛下选定司马大人出任关中主帅，实在是英明之举。孙某在此向司马大人预先恭贺了。”

“孙大人何出此言？”司马懿心头一喜——终于听到好消息了，脸上却不动声色，平平静静地说道，“陛下真的选定老夫出任关中主帅与诸葛亮对敌？”

孙资却并不正面回答，脸色一正，肃然问道：“孙某大胆，想问司马大人一个问题。您若是出任关中主帅，将会有何奇策对蜀作战？”

司马懿听罢，双目如电，正视着孙资，缓缓说道：“老夫并无奇策。”孙资一听，却是一愣，惊道：“为何？”

司马懿看着他一脸的不解，不禁乐了，哈哈一笑，道：“征蜀之策，孙大人早已倾囊相告于老夫而不自知么？”孙资听了，心中一动，顿时恍然大悟，双掌一拍，笑道：“司马大人真乃孙某的知音之士！孙某多谢了！多谢司马大人采纳孙某之策！孙某不禁为此乐极欲歌也！”司马懿微微含笑，捋须颔首不语。

看着他二人像说禅一般谈得莫名其妙，刘放也傻了眼。过了许久，他俩才从会心而笑中回过神来。见到刘放那般疑惑，孙资正了正脸色，解释道："一年之前，孙某曾向陛下献过一套征蜀之策，'昔之善战者，先为不可胜，以待敌之可胜。不可胜在己，可胜在敌。而今魏国强大，吴、蜀弱小，须当固守险要，屯师边疆，以逸待劳，伺机而动，可战则战，不战则守。数年之后，魏国之势稳如泰山，而吴蜀之寇疲于奔命，必然有隙可乘。届时长驱直入，所向披靡，大业可成。'想不到司马大人却将孙某这管窥之见记在心中，并视为奇策，孙某实在是又愧又喜！"

司马懿哈哈大笑："孙大人之策，乃是不战而屈人之兵的无双妙计。老夫若任关中主帅，必定将其施行，自信亦必会取得圆满成功。到时候，老夫要亲自向陛下禀明实情，为孙大人、刘大人献出的奇谋秘计请功！同时，老夫所获的一切封赏，必与二位大人共享。皇天在上，老夫若违此言，必遭天谴！"

孙资、刘放二人急忙肃然起身，孙资谢道："司马大人为我等的区区小计找到了用武之地，我等已是感激不尽，又何敢奢望司马大人代为请功言赏？司马大人只管在前方放手施行这征蜀之策，我等必在后方全力相助，不让司马大人受到任何掣肘。"刘放也连连点头。这番话虽说得谦和之极，却倒真是他俩的肺腑之言，毫未掺私带假。如今，孙、刘二人在无形之中已认为司马懿的成功，就等同于他俩的成功。自然，帮助司马懿取得成功，就等同于帮助他俩取得成功。

司马懿也站起身来，还礼谢道："既是如此，老夫就代这天下苍生谢过二位大人了！百战百胜，却劳民伤财、杀人无数，则虽胜亦不足为喜；不战而胜，既无须劳师扰民，便可统一天下，又何乐而不为？孙大人之策，功在社稷，惠泽黎民，岂不贤哉？"孙资一向以"好奇计、多远略"而自负，听了司马懿此语，不禁暗暗自喜，有些飘飘然起来，也假意谦辞道："司马大人休得再夸孙某了，孙某愧不敢当。"顿了一顿，便也还了几句奉承之语给司马懿："若是我大魏群臣个个都能像司马大人这般为国为民、公忠勤能，则天子幸甚矣！万民幸甚矣！"

刘放也随着附和了几句甘言，陡然心中一动，似乎想起了什么，便放低声音对司马懿说道："不过，司马大人虽堪称德高望重的社稷之臣，但也宜于朝中和光同尘、随方逐圆为佳。近来，华太尉、陈司空等大人似乎对司马大将军出任关中主帅颇为反对，并力保征西车骑将军张郃升任关中主帅。若非刘某与孙大人多方谏争，恐怕司马大人亦难得一展征蜀大略！”讲到此处，他急忙抬眼看了看司马懿的表情，见他面如止水、不知深浅，又道：“当然，刘某今日谈及此事，决无向司马大人邀功请赏之意。刘某希望司马大人在私下里与华太尉、陈司空多多沟通交流，破除成见，和衷共济，共匡魏室！”

司马懿一声不响地听完了他的话，脸色平静如常，淡淡笑道：“多谢刘大人提醒。大概是由于老夫多年来带兵征伐在外，与华太尉、陈司空少了沟通交流之故吧！也难怪华太尉、陈司空对老夫心生偏见！刘大人所言甚是，老夫择日定与华太尉、陈司空坦诚相会，冰释前嫌。”孙资也在一旁点头称是，道：“司马大人此举甚是恰当。不过华太尉、陈司空终究会体悟到司马大人刚健中正的贤明之风的，从而将自己对司马大人的片面看法改正过来。”

司马懿只是淡淡而笑，双眸之中却变得如潭水一般深沉起来，望也望不到底。

这时，却见孙资向刘放突然使了个眼色。刘放会意，咳嗽一声，起身踱到了书房门口站定，侧耳倾听门外动静，一副为人把风的模样。司马懿见此情形，不禁有些惊疑。他正欲发问，孙资已向他脸色一正，肃然说道：“司马大将军也许不知，前几日，郭太后在永安宫召见了华太尉、钟太傅、董司徒等数位元老大臣，提出要将其弟中垒将军郭表之职予以擢升，接掌去世的曹大将军空出来的大司马之位。同时，她又要求在朝纲国纪中添上‘以孝治国’的说法，以此激浊扬清。不知司马大人对此有何高见？”

司马懿一怔，脸色立刻变得凝重起来。关于永安宫郭太后与当今陛下之间恩怨情结，他也是相当清楚的。但他万万没有想到，这段时间来郭太后与陛下之间的隔阂与矛盾恶化到今日这般境地！自去年四月以来，陛下就不再到永安宫向郭太后问安，这已显现了他俩之间的关系极其紧张。而郭太后召见诸位元老大臣示以“以孝治国”之言，更是在不动声色地用“不孝之名”来影射当今陛下。至于她要求提升郭表为大司马，则显然是在扩充郭氏实力，以备不测。这种种迹象表明，魏宫帝后两党的残酷斗争，已然浮出水面。孙资今日这么直截了当地问他这些敏感问题，分明就是在试探他在这场宫廷斗争中的立场表态。

一念及此，司马懿也面色肃然坚定有力地说道："这些事老夫确实不知。但是，太后此举实在是不妥，老夫身为辅政大臣，必当于庙堂之上持理公然反对！先帝有诏，'妇人参政，乃乱国之本也。自今而后，群臣不得奏事太后，太后不得擅召群臣问政。后族之家不得当辅政之任，又不得横受茅土之爵。以此诏传后世，若有违背，天下共诛之。'大司马之位，非辅政大臣与国之重勋不得担任。郭表他何德何能何功堪当此位？

"所谓'以孝治国'之说，本就在我大魏'忠、孝、仁、义'四字朝纲国纪之中。老夫以为，应当四道并行，不宜单单偏重一个'孝'字，更何况还有那文武百官立身处世的根本——'忠'字高悬其上！先帝遗诏亦已表明，'忠'比'孝'更大！老夫明日上朝，便要请陛下重申先帝遗诏，警示群臣！"

孙资一听，大喜道："司马公铮铮风骨，耿耿直言，足以彪炳千秋！有司马公这样的骨鲠之臣以身作则垂范于天下，担任我大魏社稷之栋梁，则天子完全可以垂拱朝堂而化流四海矣！"赞罢，他又极认真极严肃地说道："既是如此，孙某也就放心了。司马大人，孙某要向您交代一件极机密极要紧的事情，请附耳过来！"司马懿一见，不敢大意，急忙附耳过去。孙资脸色凝重，以极低极低的声音在他耳畔悄悄说了几句话。

司马懿听罢，脸色大变，转过头来，惊讶地盯视着孙资，满脸疑云地问了一句："圣意已决？！"孙资脸色肃然，迎视着他的双眼，一言不发，用力地点了点头。

司马懿紧盯着孙资："朝廷禁军不可用吗？"

孙资的目光略略低了下去："虽然内廷羽林军和锐士营有曹爽、秦朗等把持，但郭表他们也在其中设有暗线……若是调用内廷禁军，陛下有些担心打草惊蛇……"

"唔……所以，陛下就想到了从外地藩镇调派死士，给郭党以惊雷一击？"司马懿明白过来，顿时心潮澎湃，难以自抑，便埋下头来在书房里急速踱了几个圈子，终于一咬牙站定了身形，缓缓说道："好吧！老夫就让昭儿留在京师，任由孙大人差遣。孙大人所言之事，昭儿定会帮你办得天衣无缝。"

"二公子看似儒雅温和，恐怕做不来这等杀伐决断之事吧？"孙资有些犹豫，"孙某有些担忧二公子难以当此重任。"

"知子莫若父。昭儿随老夫出生入死历练多年，立身行事外柔内刚、气度沉雄，而且临机果断，从未失手。"司马懿慢慢捋须说道，"孙大人完全可以放心大胆地使用他。另外，老夫即刻密调江南锐士营中三千名亲信精兵伪装成市井之徒潜入京师，散布民间，万一事有突变，则可及时召用！"

孙资听罢，神色一敛，深深一躬，道："司马大人不愧是值得陛下推心置腹、荣辱与共的社稷之臣。孙某代陛下谢过司马大人了。"

"为天子分忧，为社稷解难，本就是老夫身为顾命托孤大臣之责，陛下于老夫何谢之有？"司马懿喟然长叹一声，躬身还了一礼，"孙大人，请转告陛下，无论将来发生什么事情，老夫都一如既往竭力支持陛下，赴汤蹈火在所不惜。"

震慑张郃

魏国的顾命托孤大臣通常都有一文一武两种身份：出外征伐便为将为帅，入朝辅政便为相为侯。司马懿一般在外疆动用的只是他那个"骠骑大将军"的职务，谁曾想他还会使用那个兼职的"御史中丞"的身份入朝议政了呢！这御史中丞之权极大，掌管对全国文武百官进行纪检监察和纠举弹劾的事务，上至诸侯公卿，下至州郡小吏，无不惧他三分。所以，当司马懿陡然以御史中丞的身份向陛下建议在朝野之中重申先帝关于后族之家不得滥赏的遗诏并借机整顿纲纪，又牵头联系了太傅钟繇、司徒王朗、司空陈群、太尉华歆等元老大臣，公然否掉了郭太后关于要求将中垒将军兼国舅郭表晋升为大司马一事的提议时，所有的人都惊呆了。他们这才深深懂得了以前东阿王曹植关于司马懿"魁杰雄特，秉心平直，威严足惮，风行草靡”的赞语确非虚言。

正当文武群臣为司马懿公然得罪了郭太后而捏了一把冷汗时，司马懿出任关中统帅的诏书却悄然而又骤然地在朝堂上公布了。这宛如一个晴天霹雳，震得文武百官无不为之动容。

先前，何人出任关中主帅一直都是朝野上下所关注的“焦点”。然而，就在一夜之间，司马大将军驳了郭太后面子一事，又成了朝野臣民更为关注的“焦点”。围绕着这个“焦点”，不少奇谈怪论是纷纷扬扬从天而降：有人说，正是郭太后为了一挫司马大将军的威风，才让皇上调他到关中作战，让蜀寇教训教训他这个固执、自负的老臣；有人说，这是皇上为了平息郭太后之怒才不得已将司马大将军贬出朝廷任职；还有人说，司马大将军起先争关中主帅一职是为了立功，而后来被任命为关中主帅则纯系出外自保了……至少，很多朝臣认为，此番司马懿出任关中主帅，无论对蜀作战胜与不胜，都是凶多吉少的了。

但是，也有一部分朝臣并没有被司马懿驳了皇太后面子一事而冲乱了视线。他们一直在冷眼旁观司马懿出任关中主帅一事的动态，关注着最实质性的东西——司马懿手中掌握着的权力的分量是在加重还是在减轻。这些人事先都不怎么看好司马懿，因为他本来在宛城当他的对吴作战总指挥一直当得好好的，但一听到曹大司马去世的消息，便飞马进京请命出征，完全是一派“舍我其谁”的作风，太张扬、太直白，极易引起皇上的反感。加上太尉华歆、司空陈群等元老重臣的强烈反对，司马懿执掌关中兵权的不确定性更是大大增加了。然而，使他们大吃一惊的是，无论这其中的情节多么曲折多么复杂，司马懿最终还是在这场关中兵权之争中彻底胜出了，得到了他一直想要得到的东西。皇上在朝堂上当众授予了他代表着可以在军中像天子一样行使杀伐决断大权的黄钺，同时又任命他的三弟司马孚为专管西线军需后勤补给事务的度支尚书并驻守长安负责接应。这一切，标志着这位青年天子对司马懿出任关中主帅的充分信任与极力支持。因此，在这一部分朝臣看来，司马懿完全是在充满争议的表象下暗暗摘取了胜利的果实。而他们接下来，就是擦亮眼睛，等待着观看司马懿如何在那崎岖险峻的汉中之地上演一出精彩异常的活剧来！

接到出任关中主帅诏命的第二天，司马懿专门在府中设下酒宴，派自己的儿子司马师、司马昭亲自上门送帖，邀请了司空陈群、太尉华歆到席一聚。

而陈群与华歆也就真的应邀而来，到司马懿府中向他祝贺。酒席上，在旁人看来，这三位名重天下的元老大臣谈笑风生其乐融融，好一出魏国版的“将相和”的大团圆喜剧！谁又曾料到他们三人在暗地里那一场场无形无声的恶斗已臻白热化的境地，大有你死我活之势！

这一顿酒宴，至少当时在表面上是吃得和和睦睦热热闹闹的。然而，自次日起，陈群就请了三天病假没有上朝，而华歆原来佝偻的驼背也就弯得更厉害了，枯瘦如柴的手似乎再也握不紧那根御赐的紫竹杖，老是像中了风似的颤抖个不停。

在场的人都看明白了，在这一出“将相和”的大团圆喜剧中，胜利者以胜利者的姿态营造了这一团和气，失败者以失败者的姿态暂时接受了现实。嫌隙既已存在，双方的角力就始终无法避免，只不过有时会浮出水面，有时会潜入幕后罢了。

三月二十三日，曹叡亲率文武百官步行来到洛阳城正门为司马懿前往关中赴任送行。这是曹叡登基以来第一次为大臣出外远征而亲临送行，这种尊崇之极的待遇连当年的大司马曹真都不曾享受过。司马懿自然是感激涕零，连连拜谢，以坚毅果断的言行信誓旦旦地表示了“不破蜀寇誓不还”的决心。

午时已过，司马懿和司马师出得洛阳城来，策马奔出十余丈远，不禁却又回头眺望。毕竟是奔赴西疆远征蜀寇，沙场之事吉凶难测，今天每一位冲锋上阵的将领都不一定会看到明天的太阳。司马懿虽是身经百战，但他也毫不例外。他眺望着洛阳，目光中有些淡淡的不舍，又有些莫名的忧郁。洛阳，这座壮丽宏伟的国都，被夕阳罩上了一层金辉，沉默地回应着这位曾在其中纵横捭阖的大将军的凝望。而在城下，司马懿看到了那已然登上城楼，正目送着自己离去的皇上曹叡，看到了簇拥在他身后的文武百官，也看到了次子司马昭站在城楼那寂寞的一角里深深地凝视着他。他们都显得那么庄严肃穆，那么不苟言笑，用最沉默的态度向他送行。

到了最后，他竟依稀见到曹叡一脸的凝重，抿着嘴唇噙着泪光向他猛地挥了挥手！就在这挥手之间，他仿佛把所有的嘱托、所有的期盼、所有的支持，都无言地挥送出来赐给了在城下回望的司马懿。

司马懿清清楚楚地感受到了这一切，他也不管城头上面的人们看没看到，只是向着他们远远地、重重地点了点头，便一勒缰绳，放马向前飞驰而去，把洛阳留在了自己的记忆深处。

快马飞奔了很久很久，司马懿才回过头来，那座雄伟的京城洛阳已经缩小成了地平线上的一个小黑点。他驻马而立，脸上露出了深深思索之色。

“父亲……”司马师停马在他身畔，不禁唤了一声，欲言又止。司马懿闻声转过头来看了看他有些踌躇的表情，说道：“你有什么疑惑，就问吧！”

“孩儿听说皇上在您离京之前又曾下了一道密旨给您。”司马师一脸认真地说，“请问父亲此事是否属实？”

“胡说！”司马懿脸色一沉。

“父亲不要再骗孩儿了。皇上那道密旨里要求您必须在长安留守五万人马备他随时调遣。如果真是如此的话，我们以剩下的五万人马怎么可能斗得过蜀寇的十万雄师？”

司马懿脸色凝重，坐在马背上只是抚须不言。

“还有，孩儿近来在京城听得不少传言，说皇上和郭太后的关系越来越恶化了。两天前，皇上将郭太后的幼弟、黄门侍郎郭进治了贪淫污秽之罪，把他抄了家、免了官，还贬为了庶人。本来，以郭进那皇亲国戚的身份，那些小罪在他身上不该遭罚得如此之重……”司马师若有所思地说道，“依孩儿之见，皇上对郭氏子弟如此不留情面，郭太后势必亦会伺机反扑。值此京城局势激荡剧变之期，父亲恐怕最好是不宜出征，更应留在洛阳静观其变……”

“蠢材！”司马懿沉下了脸，语气犀利如剑，毫不留情地训斥道，“如今西疆国门之外大敌当前，社稷江山危在旦夕，为父岂可为争权夺利而留在京城守株待兔？为父相信，皇上此刻派我出京讨伐，正是将他的所有期望维系于为父一身，让为父在前方为他挡住蜀寇入侵。这样，他才可以腾出手来平息萧墙之变。”

说到此处，司马懿又顿了顿语气，缓缓说道：“无论宫廷之内皇上与郭太后之间如何冲突，为父身为顾命托孤大臣，都只能是与皇上同心同德、合力对外，岂可再生二心？郭太后无德无能，又贪权嗜财，为父怎能与她同流合污？况且，她郭氏一党，决非当今皇上之敌手，势必亡于须臾之间！我司马氏若不在皇上这等危难之时雪中送炭、再建新功的话，将来在朝廷中决然是得不到他全力支持的。为了司马家族的繁荣昌隆，为了大魏社稷的长治久安，于公于私，为父都只能站在皇上这一边！”

说罢，司马懿扬起长鞭，策马疾驰，将正在慢慢寻思他这番言语的司马师抛在脑后，绝尘而去。

失望，总是在你沾沾自喜的时候从天而降：来得那么骤然，又来得那么悄然；来得那么突兀，又来得那么生硬。正在长安城府第里私底下接受着同僚们道贺的征西车骑将军张郃就这样突如其来地被皇上关于司马懿出任关中统帅的一纸诏书打得眼冒金星，几乎当场吐血。

华太尉、陈司空前几天不是还有密信送来，称自己升任关中统帅已成定局了吗？怎么这皇上的旨意说变就变了呢？张郃心底里愤愤不平地嘀咕着，同时向那些刚才还在齐声恭祝他即将荣升主帅而现在却一个个脸色如死鱼样儿的同僚们摆了摆手，极其尴尬地送他们出了门。虽然张郃脸上还挂着僵硬的笑容，但是谁都听得到他心头滴血之声。于是，各位来宾都很知趣也很悻悻然地告辞而去，只留下张郃自己一个人像被狂风骤雨击打的一面大旗一样在自家门口苦撑。

张郃待到来客散尽、四顾无人之时，才将脸色猛地一沉，一摔大门，冲进了府中后院，仰天大叫一声，同时拔剑出鞘，挥舞起来！他的舞剑，是一种宣泄胸中闷气的独门方法。每一次在他猝然受挫心神激荡之时，他都是靠舞剑来宁心定神，摒除杂念。今天，他将手中宝剑舞得一轮白光般团团直转，耗了大半个时辰，也未曾平复自己胸中的勃勃怨气！老子今天在关中军队中的地位和威望，全是靠三十年来马不停蹄、人不下鞍地在战场上一刀一剑、拼死拼活挣出来的，眼看就要独当一面，像韩信一样带兵出征建下盖世奇功——却不曾想让这个只带了四年兵的所谓骠骑大将军司马懿突然半路杀出，抢了这关中主帅一职去！你让他这一口闷气如何咽得下？

正在张郃心潮翻滚之时，一名府中的家丁手里拿着一封信函，飞步而入，在他身前跪下报道："将军，京城华太尉、陈司空以八百里快骑送来密信，请将军收阅！"

他话犹未了，只见眼前"刷"地一片雪亮，还未回过神来，手头蓦地一松，那封信函竟已被张郃用剑尖挑了过去，一把抓在了手中。张郃静立片刻，执信在手，冷冷吩咐道："很好。你先下去吧！"那家丁会意，立刻应了一声，退了出去。

张郃待他走远，这才收剑回鞘，轻轻打开信函，却见上面写道：

华歆、陈群致张郃将军亲启：

抱歉，抱歉，老夫二人力助张郃将军升任关中主帅而未成功，天耶？命耶？事已至此，万望张将军降心抑志，韬光养晦，屈中求伸。司马懿为人外宽内忌，城府极深，诡计多端，张将军不可不防！现在，关中大军之中，一切仰仗张将军代为制衡司马懿。切要谨慎行事，不可造次。老夫二人必在朝中为张将军继续左右周旋，全力帮助张将军最终取司马懿而代之。

张郃阅罢，这才觉得心头郁闷为之一消。看来，华太尉、陈司空二位大人并未放弃对自己升任关中主帅一事的努力。他心中不禁为之一暖，悠悠叹了口气，也只得暂时隐忍沉潜，然后择机而动了。

就在这时，又一名家丁进来报道："将军，新任关中主帅、骠骑大将军司马懿大人携其子司马师现在府外前来求见！"

张郃一听，不禁吃了一惊：这司马懿来得好快呀！什么时候竟已到了长安？他为何一进长安便来我府？难道他听到了什么风吹草动？张郃一边在大脑里紧张而迅速地思考着，一边不动声色地吩咐道："速请司马大将军到客厅相见。"说罢，整了整衣冠，径自往府内客厅而去。

张郃站在客厅口处静立恭候着。远远的，只见一位长髯飘飘、气宇轩昂的青袍长者，身后跟着一位面目清奇、身材俊伟的青年少将缓步而来。不用说，来的人便是那骠骑大将军司马懿和他的长子千户都尉司马师了。

司马师远远地看了一眼静立在客厅门口候着的张郃，脸上露出了一丝不满。本来，按照军纪军规，张郃虽身为关中副帅，军阶仅比父亲司马懿差了半级，但也应直接到本府大门外拜迎，更何况父亲还有皇上亲赐的黄钺在手，拥有着“如朕亲临”的权威！而张郃不顾军规与礼仪，只在府中客厅门口迎接司马懿，显然带有分庭抗礼之意，可见他对父亲上任主持关中战事是颇为不服的。一念及此，司马师不禁大为不悦，心道：我父亲乃是一心一意只想为国尽忠，根本不屑于争权夺利，只因他深感蜀寇难御，恐其坐大成势，这才放着宛城的“太平将军”不做，跑到这西北苦寒之地亲自指挥对蜀作战，你却以小人之心度我父亲君子之腹，真是枉称为一代名将！赵国廉颇尚懂得与蔺相如抛下权位之争共御外寇，你张郃也是饱读诗书经史的儒将，竟连一个古人也比不上！他愤愤不平地想着，转头瞥了一眼父亲。却见父亲满脸含笑，若无其事，正趋步上前，直奔张郃而来。

司马懿走到张郃面前，微微笑道：“哎呀！老夫何德何能，竟敢劳驾张将军亲自到厅前迎接？多谢了，多谢了。”

张郃见司马懿一脸的微笑竟是那么的平和那么的自然，心头不禁有些意外，急忙收起了脸上那最后一丝倨傲之色，道：“司马大将军光临本府，不知有何指教？”说着，弯下腰准备躬身行礼。

司马懿急忙摆了摆手止住他行礼，爽朗一笑，道：“老夫今日谒见张将军，别无他意，只想与你倾心一叙。说来惭愧，这关中大帅一职，本就该由劳苦功高的张将军出任较妥……”听到这里，张郃不禁一怔，没想到他竟这般坦然地说出这番话来。却见司马懿神色如常毫无做作之态，继续说道：“然而老夫素怀奋励有为肃清天下之志，不愿郁郁乎久居升平无事之荆楚，为免岁月流逝而功业未建之憾，才忍不住半路闯出恳求皇上赐给了老夫来这关中一搏之机！老夫位极人臣，名望盛矣，本无须借此御蜀之功立名。只因壮志未酬，老夫才不惜亲身涉险掌兵关中与诸葛亮一战！万望张将军体谅老夫一片苦心，不要存有芥蒂。”

张郃正听得有些意外，面前司马懿又是大手一挥，慨然道：“老夫有言在先，今日便与将军就此约定，此番对蜀作战，你与我有正副统帅之名，决无正副统帅之实，各领一军，各扎一寨，各立己功，沙场之上见高低！半年之后，你若立功较多，老夫二话不说，立刻上奏朝廷，自行辞职，把这大帅之位让给你；你若立功不及于我，那就请张郃将军冰释前嫌，与老夫一道齐心合力击败蜀寇，共立盖世奇功，保我大魏社稷！张将军以为如何？”

司马懿这一番话讲得坦坦荡荡实实在在，张郃虽然一时也摸不清他这话中有几分真心又有几分假意，但也不得不为他这种清澈明爽的话风所感动。无论如何，这位骠骑大将军一上场来，便显出了与部将“坦诚布公，大度能容”的器量，这在张郃从军以来几乎所有的上司当中，是一个罕见的异类。以刚去世的大司马曹真为例，他平时就是常常“半吞半吐”，说不出这般气度恢宏的豪言壮语来！当然，类似这等意气昂昂挥洒自如的话，张郃也曾听到过，那就是本朝太祖魏武帝生前所说的那些话。然而，时隔魏武帝去世十一年后，司马懿竟以同样的气魄、同样的胸襟、同样的方式讲出这些话来，却令张郃有一种久违了的震慑之感——这才是一位真正的大统帅面对部下时应有的泰然自若的言谈举动！那一瞬间，张郃忽然感到了自己与这位司马大将军在魄力与度量上的差距。也许，自己说不定真的无法争得过他了！他一阵心旌飘摇，终于低下了声气，缓缓说道：“司马大将军所言恳切，张郃岂敢负有二心？一蛇岂能有二头？一军岂能有二帅？大将军黄钺在手，关中之军唯命是从，张郃亦自当力效犬马之劳。”说着，恭恭敬敬地将司马懿父子二人迎进了客厅。

在司马懿的脚步迈进客厅大门口之时，他若有心又似无意地说了一句：“幸好刚才张郃将军未曾与老夫立下约定一人一半各统一军，否则以老夫二万五千之士卒，与诸葛亮十万大军对敌，老夫不禁在手心里捏了一把冷汗哪！”“什么？司马大将军……你这句话乃是何意？我们关中不是屯有十余万雄师吗？为何……为何你说我们只有五万人马可以动用？”张郃听罢，不禁一惊，在司马懿身后怔住了。

司马懿头也不回，自顾自说道：“这是皇上的密旨所决定的，严令老夫必须将对蜀作战的十万兵马中的一半驻扎在长安随时听候他本人的密诏调遣。同时，他交代老夫此番作战，只能动用剩下的另一半五万兵马，不许指望他在长安驻留的这五万人马。”说着，往厅内走了进去。

张郃站在客厅门口一阵发呆。他万万没想到，原来皇上此次任命关中主帅，竟还有这样一个苛刻的附加条件。若是换了自己，真正知道了这一切内情，恐怕对执掌这关中主帅一职也不敢再像先前那般兴致勃勃了。担任一个只能统领五万人马的大帅，这简直就像接到了皇上钦赐的一大盘“鸡肋”，食之无佳味，弃之又可惜了！真不知道司马懿心中是怎么想的，竟还要拼尽全力来争这个关中主帅之位！

“张将军……”司马师的声音将他从迷惘中唤回了现实中来。他一个激灵，连忙应了一声，却见已随父亲进了客厅的司马师脸上挂着一丝嘲弄的微笑，站在门里向他说道：“张郃将军怎么站在门口没进来呀！父帅说了，张将军与诸葛亮交战多年，想必早已熟悉了他的用兵手法。为使此番西征胜利，父亲希望张将军不吝赐教，倾囊相告，则善莫大焉！”

张郃一边有些机械地应诺着，一边伸手擦了擦额角沁出的细细冷汗，脚下就像踩着棉花堆一样既不着力也不着地似的进了客厅，显得有些摇摇晃晃，仿佛一个溺水者刚刚爬上岸来。

第六章
不战而屈人之兵

以兵养兵

“又下雨了！”蜀相诸葛亮负手缓步踱到营帐门前，看着外边淅淅沥沥的雨幕，不禁怅然一叹。也不知怎地，今年的天气自年初以来一直都有些异常。像今天这样的霖雨，从四月初开始到现在，算起来已经持续下了一个月了。霖雨打湿了地面，到处都是坑洼泥泞，人马难行，更不用说去征战沙场克敌制胜了。

他举目遥望着前方那座屯守着二万魏军的祁山，眉宇之际掠过了一丝忧色。虽然他目前已率十万人马将祁山这个关中要地如铁桶般围了个水泄不通，但一个多月来自己不断派人攻打，却都被对方压了下来。这一切都是由于近期内霖雨绵绵，路湿地滑，蜀军从山脚下往上仰攻，本就大大不利，而魏军居高临下占了地利，且又兵精粮足，实在是难以攻克。为此，他颇为愁苦。当然，诸葛亮围攻祁山，实际上还有另一层用意，就是以“围城打援”之策引诱魏军主力前来交战，然后乘势一举歼灭之！

但是，魏军会上这个当吗？诸葛亮心里没有这个把握。因为，自从他知道曹叡起用司马懿出任关中主帅之时起，他就下意识地感到自己此番北伐的前景恐怕有些不妙。战争之道，在于审量敌我、料敌设计——一切谋略均是因敌而异、因敌而发。他这几年来，都是一直在和曹真、张郃作战，因此对他们的战略战术摸得很熟。正是立足于这样一个前提，在此次北伐中，他针对这二人的用兵手法“有的放矢”地准备了一整套应对方案——然而，世事难料，自己一向对之揣摩甚深的曹真竟在战争开幕之初便猝然病死，换成了一个高深莫测的司马懿前来应战！这倒让他一时有些周章失措起来。

一想到司马懿，诸葛亮便不禁蹙紧了眉头。这个自己从建安十三年间就已经结识了的“老朋友”今天终于到了这里和自己迎头相撞了！自己能够将他击退而回吗？三年前自己在孟达之事上已经和他“隔空过招”了一次，今天自己再次和他正面交锋，又该有几分胜算呢？他背负着双手，在营帐之内来来回回踱了几圈，猛然立定，转头向侍立在一旁的奉义将军姜维问道：“姜将军，这几日魏军主力那边可有什么新举动吗？”

姜维沉吟片刻，摇了摇头，答道：“据刚才探子来报，司马懿带着他的魏军主力仍然龟缩在上邽原，不敢前来驰援祁山。”说到这里，他语气一顿，又道：“依属下之见，司马懿这老匹夫恐怕是惧了丞相的赫赫威名，吓得不敢前来应战。”

诸葛亮听罢，淡淡一笑，微微摇了摇头，缓缓说道：“司马懿这个人很不简单哪！自从贼帅曹真前不久暴病而毙之时起，本相就一直关注着这伪魏朝将会派遣谁来出任关中主帅匪首。”说着，他抬起眼看了看仔细倾听着自己讲话的姜维，又继续说道，“实话说，本相事先以为会是张郃升为关中贼军之首，却没料到是这个司马懿前来走马上任了！你瞧一下他的履历，二十九岁时投入曹操手下效力，先是在曹操府中当了十三年的掾佐之吏，后来又在曹丕身边当了七年的尚书仆射，一直不曾领兵作战过。只是到了曹叡当政之时，他才开始被外放出来担任对吴作战匪首——也就是说，他实际上只有四五年亲自掌兵打仗的经历。”

讲到这里，诸葛亮的语气一下变得十分沉重起来，慢慢说道：“就在司马懿领兵为将的这四五年里，他旬月之间扫平孟达，百日之内肃清荆楚，扼守江陵而斩断吴国水道，潜窥夏口而虎踞江北，招招见血封喉，逼得东吴那边几乎是缓不过气来——实在是诡计多端，令人头痛！唉！本相万万没想到，在这关陇之地，却迎面碰上了他这样一个劲敌！”说罢，他面现忧色，沉默了下来。

姜维看着诸葛丞相一脸的忧色，却不禁有些意外。他哪里知道，诸葛亮在几天前收到了东吴大都督陆逊的一封密信。陆逊在密信中称，“司马懿沉勇有谋，明察善断，一向兵不虚发，发而必中，看似初无赫赫惊人之象，终至殄敌于鬼神莫测之际。”同时，陆逊还在信中告诉诸葛亮，这几年来他与司马懿交手，也是深感头痛之极，从来不敢马虎应对，往往是一着算错便损兵折将，最后只得隔江而守，严防密备，处处小心，这才勉强保得荆楚无事。所以，陆逊以自己的亲身经验，深深告诫诸葛亮，对司马懿这个对手，一招一式都要“慎之又慎”。

陆逊在密信中字里行间里流露出的一种貌似谆谆告诫而实则幸灾乐祸的意味，令诸葛亮心头很不舒服。然而，不舒服归不舒服，诸葛亮却不得不高度重视他的告诫和意见。陆逊当年在夷陵一战中火烧八百里连营，一举击溃先主刘备的数十万雄师，那是何等的英明善战！可是，以他这等卓尔不凡的天纵之才，竟也对司马懿如此深深忌惮，便更见得司马懿实在是极难对付。念及此处，诸葛亮沉沉一叹，不禁心焦起来。

听着诸葛丞相的深深叹息，姜维在一旁也似受了感染一般，面色变得忧郁起来。他倒不觉得司马懿有多么可怕，只是在心头诅咒这可恶的霖雨天气——如果不是这一场旷日持久的梅雨，我们蜀军早就拿下祁山了。拿下了祁山，诸葛丞相也就算可以对朝廷给出一个充满说服力的交代了。然而，在现实中，却是天公不作美，用一场梅雨阻挠了丞相，也阻挠了蜀军，更是阻挠了光复汉室的中兴大业！

其实，关于此番北伐，出师之前朝野上下曾有两种主张交锋得十分激烈：以蜀国尚书令李严、谏议大夫费诗、太史令谯周等为首的一班老臣认为本国因夷陵之败而元气大伤，如今南蛮刚刚才被平定，国内兵少民疲，实在不足以与曹魏争锋，因此应当退而自保，伺机而动；以诸葛丞相为首的另一班朝臣则认为蜀汉军民目前溺于偷安，锐气潜消，长此下去，若不及时以战励气、以武养威，则必有国弱民怯之患。在这场大论战中，姜维自是支持诸葛丞相这种忧深思远的北伐方略的，但他同时也很清楚朝中另一派的反对势力有多大，甚至有人传言蜀帝刘禅本人也并不乐于接受诸葛丞相这种“以理压人”的主张。还有，尚书令李严和诸葛丞相一样，都是先帝临终钦定的顾命辅政大臣。他素来就不服诸葛丞相的节度，在朝中与诸葛丞相事事分庭抗礼，态度十分傲慢。而且，在这一场北伐争议中，他竟指使手下亲信御史，上奏攻击诸葛丞相是在借北伐曹魏之名，而行独揽兵权之实。虽然最后刘禅压下了这些奏章，但是仍给诸葛丞相带来了不少麻烦。诸葛丞相迫不得已，只得以违心破格提拔李严之子李丰为江州都督的代价，这才换来了李严在北伐之事上的支持。诸葛丞相以自己的耿耿孤忠发起的这场北伐，这才终于得以顺利实施。

但是，所有的人都清楚，诸葛丞相这是在以自己的一切为蜀汉的未来赌下了一个重注！是啊，倘若此次北伐果真失利，蜀军败亡，这对力图励精奋起光复汉业的蜀国军民将是何等沉重的一个打击！蜀国上下本就是一个“脆弱的平衡”式格局，经得起这一场失败所带来的冲击吗？像李严那样的跳梁小丑恐怕更会得意忘形、兴风作浪了吧……姜维简直不敢再想下去，同时对诸葛丞相在上奏给蜀帝刘禅的那篇《后出师表》中“臣鞠躬尽瘁，死而后已；至于成败利钝，非臣之明所能逆睹也”之语有了更为深切的一层体念。

许久许久，诸葛亮打破了营帐中几近凝固的那一片沉默，向姜维问道：“军中下一个月的粮草运来了吗？”

姜维垂手答道：“听李严大人派来的士官报告说，粮草已经运到了半路上。应该还有几天就会抵达营中了。”

“几天？到底是几天？”诸葛亮最是不能容忍在任何事务上的任何模糊不清，哪怕一丝一毫的不确定因素也不行，“这个李严，身为我军的军需后勤事务总管，难道他不知道这粮草是我蜀汉十万大军的命脉吗？拖拖拉拉，慢慢吞吞，不把粮草及时运送到位，让我们十万大军到时候都饿着肚子在战场上和魏贼拼死拼活？本相于心何忍？李严于心何忍？”

诸葛亮发泄完了这一通怨气之后，又静下心来，沉吟片刻，对姜维吩咐道：“立刻以本相的名义拟写一道紧急手令，以八百里快骑送入蜀中，让李严火速督粮送到军中！”同时，他转过身来，慢慢踱到营帐内悬挂着的蜀魏关中地区军事地图前，静静地观看片刻，伸出手指指着图上一个地址，缓缓说道：“看来，司马懿已然识破了本相的‘围城打援’之计，迟迟不来上钩。既然如此，我们也不宜在祁山这里久围不动，要主动出兵寻找战机！而且，取粮于敌，这也是一条可行之策。依本相之见，只有乘机攻打这个地方，既能直接调动魏贼主力前来交战，又能取粮于敌补给自己，达到一箭双雕的目标。姜将军以为如何？”

姜维走近前去，看到诸葛丞相的手指指在了魏国军屯要地——上邽原。他顿时感到眼前豁然一亮，不禁惊喜交加，点了点头：“敌之所必守，正是我之所必攻。丞相，这个地方选得好！我们若是先行下手占了此地，则魏贼必溃无疑……”说到此处，却不禁皱了皱眉，叹道，“可是如今司马懿在那里盘踞固守，我们前去硬打硬拼，只怕不易得手！”

诸葛亮亦深有同感地点了点头，但他脸色一正，又若有所思地自语道：“不过，本相以为，司马懿虽是洞明时势，灼见其中的利弊得失，但是，魏贼祁山大营被困，形势危急，上有庸君曹叡惊慌失措逼他来救，下有轻躁悍将贪功冒进催他来战，在这内外交逼之下，他是否能始终如一地把持住自己的独见之明，也实在难说得很。司马懿只要一时头脑发热离了上邽原前来交战，便是我蜀汉大军出奇制胜之绝佳良机！”

俗话说得好：敌之所忧，即我之所喜。这边，诸葛亮为这关中地带的霖雨天气叫苦不迭；那边，司马懿却为这天气额手称庆。这为期一个多月的连绵霖雨，为魏军新任关中主帅的司马懿赢得了摸清关中军情、整顿关中军务的大好时机。因为这雨，蜀寇的攻击力受到了极大的制约，一时无力持续发动远征奔袭；因为这雨，魏军也不得不放弃了长途追击，暂时停留在战略要地里养精蓄锐，伺机而动。司马懿就率领着他的五万大军屯驻在上邽原，一边厉兵讲武全力修整，一边等待时机迅猛出击。

上邽原是魏国关中地带的军屯重要基地，有稻麦之田数百顷，是供养十万关中大军的“粮仓”之一。此地距离祁山大营有千余里路之遥，是祁山二万驻军最直接的粮草来源地。司马懿率五万劲旅从长安城出发之后，并没有顺势先去驰援祁山守军，而是先行到了上邽原驻扎下来，与驻守此地的征蜀将军戴陵会合，再伺机出兵前往祁山。然而司马懿这一避实就虚、迂回进击的做法，招致了不少魏军将领的不满，他们认为司马大将军这是在有意避战，不敢与蜀军主力正面交锋，实在是显得有些胆怯。

这些将领的不满，司马懿也是心知肚明的。对这些一天到晚叫嚷着要打仗的部将，他心头很是不悦。打硬仗是打硬仗，发牢骚是发牢骚。打硬仗你们未必行，发牢骚我是一点不行。仗打赢了，你们个个要跳出来抢功劳；仗打输了，全由我一个人兜着。我没有十足的把握，能把你们放出去吗？朝廷里华歆、陈群那一帮死敌，正天天盯着我的所作所为从没松懈过，我敢让你们跑出去给我捅娄子吗？司马懿就这样装作什么也没听到，依然我行我素，一边下令召集士兵大面积地收割上邽原的稻麦，一边又让军屯士卒做好秋稻的栽种工作。

这一日，霖雨不断的老天忽然开了颜，晴了起来。司马懿便召了张郃、戴陵、雍州刺史郭淮、驱蜀将军魏平等一班关中将领专门前往现场巡视稻田耕种事务。一路上，戴陵嘟嘟囔囔地说着："大敌当前，祁山危急，司马大将军不去救援，反而带我们来看什么劳什子的屯田……这不是本末倒置、轻重不分吗？"司马懿走在前边听得清清楚楚，却是当作耳畔微风轻轻吹过，毫不理会。

来到了上邽原山脚下那一大片稻田前，众人放眼看去，偌大一片田地，却只有十几个须发苍苍的老兵驱着四五头耕牛在那里弯腰耕作。司马懿脸色一沉，走上前去，问离得最近的那几个正赶着耕牛犁田的老兵道："咦，这么多田地，怎么就你们几位老哥耕作？"

老兵们看他一身精光耀眼的装束，猜到他的来头必定不小，个个光知道点头，没人敢答话。司马懿又问："耕得过来吗？"有个老兵胆子稍大，摇了摇头，说道："耕不过来，不少田地都撂荒了。"

司马懿皱起眉来，问道："那些年轻的士兵呢？哪里去了？老夫记得太祖皇帝创下的军屯之制中有这么一条，每一个军屯要地，都应该派出十之二三的青壮年士兵来从事耕作啊！"

那个老兵答道："是有这么一制度……但是我们这里的戴陵将军一

心只想着跃跃欲试到疆场上杀敌立功，天天带着壮年士兵们去训练作战，就派了我们这些老弱残兵留在田里耕种。”

司马懿听了，不禁侧头瞥了一眼身边的上邽原守将戴陵。戴陵的脸立刻涨得通红。司马懿沉默了片刻，肃然叹道：“没有让该打仗的去打仗，让该屯田的去屯田，这是老夫身为主帅用人不明之过也！”说着，他瞅了瞅老兵们的装扮，也依样学样，挽起裤腿，将袍襟也掖在腰间，向稻田里走去。部将和随从们见状，一时都呆住了。张郃急忙赶上前来问：“大将军，您这是要干什么？”

“老夫要亲自掌犁。怎么，使不得吗？”

“使得使得！只是现在这梅雨时节，田地里寒气颇重，大将军裤腿高挽，万一……”

司马懿挥了挥手，笑道：“嗨！老夫哪会那么体弱娇嫩？今日老夫亲身耕作，就是要将老夫重粮养战之意愿，昭示于全军！”

他一边大声说着，一边扶起了犁，学着老兵们的样子，口中开始“噢噢”地驱着牛。不料那耕牛欺生，根本不买他的账，驱了一阵儿，田地里那犁连窝都没动。此时，闻讯赶来的士兵们已人山人海，远远望着，发出了一阵阵的欢笑。张郃、郭淮招手示了示意，那些将领、士兵们也一个个都扑下田里跟着耕作起来。

上邽原后山脚下的那一大片稻田埂边上，一列紧身装束的精壮农丁整整齐齐如枪矛般立着。一位身穿灰袍的青年将官正站在他们面前，一脸肃然地训着话。

这位青年将官生得面白无须，眉宇之际英气昂然，双目精光灼灼，然而讲起话来却是有些结结巴巴的：“大……大家都……都听好了——军中来……来了讯报，昨……昨天上午，新来的司……司马大将军，是那……那么地关……关注屯田之事，还……还亲自下田……田耕种稻……稻谷，司……司马大将军这……这样做，实……实在是英……英明的！

“邓……邓某先……先前早就给大……大家说过很……很多次了，不……不要以为光……光是把仗打好就……就能立功领赏，大……大家要沉……沉下心来，把……把这田地耕……耕种好，一样也……也能立……立功受赏！所……所以，邓……邓某把兄弟们召……召集起来，就是要大家马上下田耕……耕作，抢……抢在其他营……营队前面立……立下头功！大……大家都听……听明白了吗？”

那一列农丁听着这青年将官有些结巴的话声，一个个却无丝毫取笑嘲讽之态，脸上表情严肃，一齐响亮地答应道：“明白了！”

“那……那就干……干吧！”青年将官听了，似乎很是满意地点了点头，右手如利刀般往外用力一挥，“争……争取把……把我们这……这几块田耕……耕成上……上邽原里最好的稻……稻田！”

只听得“扑通扑通”连声水响，那一列农丁已是立刻领命齐齐下田，驱牛的驱牛，扶犁的扶犁，插秧的插秧，热火朝天、挥汗如雨地干起活来了。

远处山坳里一棵大槐树的树荫下，一位穿着一身从四品的蓝绸长衫的狮鼻老者和几个年轻将士模样的人静静地看着这边的一切情形，神态各异，仿佛各有所思。

隔了片刻，那狮鼻老者沉缓有力的声音忽然响起，打破了这大槐树树荫下的一片沉寂，说道：“唔……这个年轻人虽然讲话有些不太利索，但他言动之际颇有几分朝气，本帅倒是有些喜欢。他叫什么名字？”

他身后一个亲兵打扮的人急忙应声答道：“启禀大将军，此人乃是戴陵将军手下的一个典农校尉，名叫邓艾。”

原来这位狮鼻老者正是司马懿。他自昨日亲身下田耕作将重粮养战之意愿昭示于全军之后，为了考察各营士卒的行动情况，便身着微服、轻装简从地出来巡视。今天他已经走看了六个营队的屯田耕种情况，而邓艾这里正是他今日巡视之行的最后一站。

“邓艾？”司马懿听了那名亲兵的汇报，沉吟着点了点头，又转身看向正恭然侍立在自己身后的司马师，缓声问道，“师儿，你清楚这个邓艾各方面的基本情况吗？”

一身普通将士装束的司马师将左肩下夹着的那本将士行状记录簿册拿在了手里，急忙翻开细细查看了起来。过了半盏茶的工夫，他才找到了簿册上“邓艾”的那一条，念道：“邓艾，今年三十三岁，义阳郡人氏，出身寒门，非系世族，以精通书算而征召入军。”

“就只是一个‘精通书算’？”司马懿听到邓艾的这句行状评语，心念微微一动，不禁有些诧异，向那些将士问道，“你们中有谁清楚这邓艾在军营内各方面具体行状的？”

这时，刚才那答话的亲兵抬眼看了看四周，见其他将士个个作摇头不知状，便上前一步，向司马懿躬身禀道：“大将军，属下曾在戴陵帐下效过力，和邓艾亦有过数面之缘，对他在关中军营里的一些行状倒也略知一二。”

“哦？原来你认识这个邓艾？”司马懿微笑着颔首说道，“你且将他的那些行状细细讲来，让老夫听一听。”

“属下遵命。”陈武应声躬身一礼，然后站直了腰，侃侃答道，“这个邓艾，军中一向传闻他性格十分古怪，做事亦是迥异常人。每到一个地方驻扎下来时，他都是第一个闲不住，总要率领自己手下三四百名士卒跑到全军营垒四处打望，或是山顶山脚，或是山前山后，细细地巡看一遍。然后，他还非常大胆地找到戴将军直接报告自己对于军中营垒布设格局的建议和意见，东评西评、指南画北的，好像十分喜欢出风头一样。我们军中很多同僚都说他像蜀寇那边的那个只知道纸上谈兵的马谡，夸夸其谈，名过其实……”

司马懿听到这里，脸上顿时露出了一丝深深的微笑。他伸手抚了抚颔下垂髯，仿佛漫不经心地向陈武问道：“哦？这么说来，这个小小的典农校尉，还有些自命不凡哪！他越职越级，跑到主将面前多方进谏，自炫己长，莫非是为了讨取戴陵的欢心，一味想借此加官晋爵？”

“这……这个，属下倒不清楚他有没有这些念头。不过，依属下看来，其实戴陵将军也很不喜欢他这种做法。您想，他天天跑来在主将面前指高点低的，一副显得比别人都高明的样子，有时候甚至连戴陵将军的意见都敢顶撞，好几次险些让戴将军当众下不了台——戴将军又怎么会喜欢他？而且，这邓艾也不知是假装愚钝，还是真的木讷，见了别人开口闭口就是只谈公务、不涉私事，也不喜欢和其他同僚混在一起——所以，在关中军营内，也没多少人和他合得来。”陈武继续说道，“大将军，您看，他这么做还想加官晋爵？在属下看来，他能保住自己眼前这个典农校尉的位子就不错了。”

“唉！本帅也料他这么做必定会在军营之中落得个这般惨淡下场……‘世人只知国士狂，岂知国士有真才’呵？”司马懿轻轻叹了一口气，沉默片刻，忽又问道，“那么，据你所知晓的邓艾的那些事儿，他向戴陵将军提出的建议通常都是错的比对的多呢，还是对的比错的多？”

“哦……其实，在我们大家看来，这个邓艾还是有几分真才实学的——有一次出战，戴将军耐着性子听取了他的建议，没在那个低洼的山坳里安营扎寨，迁到了高峻险要之处，这才避免了一场险些被蜀寇伏兵‘包饺子’一样一网打尽的厄运……”陈武一边仔细地回忆着，一边语气十分肯定地说，“我们上邽原守军中那些年老的将士们都说，这个邓艾啊，其实只是时运不济罢了，换了在当年太祖武皇帝打天下的那个时候，恐怕早就脱颖而出、一鸣惊人了！”

“是呵！古人讲得对，‘盖有非常之功，必待非常之人。故马或奔踶而致千里，士或有负俗之累而立功名。夫泛驾之马，跅弛之士，亦在御之而已。’”司马懿眯缝着双眼远远地凝望着前方田埂边邓艾的身影，自言自语地说道，“看来本帅今日这趟微服巡访，倒是不虚此行了！走，过去看一看！”

说着，他向前挥了挥手，率先一步迈了出去，向邓艾那边走了过去。陈武急忙小跑上前为他领起路来。

这时，邓艾在田埂边弯下了腰挽起了裤脚，正欲下田和士卒们一道耕作，却听身后传来一声呼唤：“邓校尉，请稍等片刻……”

他应声回头望去，只见自己先前在戴陵帐下曾经认识的亲兵陈武带着数位将士打扮的人和一位蓝绸长衫的狮鼻长髯老者向这边走了近来。陈武满面含笑，朝他招手喊道：“邓校尉……这几位大人是司马大将军派来的‘巡屯使’，专门到各营巡视屯田事务的……”

邓艾急忙站起了身，微微笑着迎向他们点了点头。他无意中一瞥，看到那位蓝衫老者正上下打量着自己，那目光灼灼逼人，使他不由得微微一愣。在他惊疑不定之际，又听陈武开口说话了："邓校尉，你就将你管的这七营三十万亩屯田的事儿向各位'巡屯使'禀报一下吧！"

邓艾有些腼腆地笑了笑，搓了搓手，说道："依属下之见，如果属……属下自己本……本身就十分重……重视屯……屯田事务，列……列位大人你们不来巡视，属……属下也能将它抓……抓得热火朝天的；如果属……属下自己本……本身就不重……重视屯……屯田事务，你们就……就是天天前来巡视，属……属下照样能……能让它一塌糊……糊涂！"

他结结巴巴地说出这番话时，那几位"巡屯使"听得都禁不住掩口笑了。尤其是那位蓝衫老者，笑容里似乎大有深意，还不时地向他轻轻点头。

大家嘻嘻笑完了之后，司马懿面容一肃，收起了脸上笑意，咳嗽一声，伸手向外摆了一摆，诸人立刻全都住了声，静了下来。他背负着双手缓步走上前来，在满脸窘得通红的邓艾面前站定，和颜悦色地说道："邓校尉，你刚才的话很在理。老夫和这几位大人刚才有些失礼了，希望你不要介意。"说到这儿，他语气稍稍一顿，又深深问道："老夫请问邓校尉，此番司马大将军大兴屯田垦荒、重粮养战之举，你是如何看待的？"

陈武急忙向邓艾介绍道："这位马大人是司马大将军手下的'巡屯使'总领大人，邓校尉可要小心应对了。"

邓艾听了，正了正脸色，肃然道："既是如此，邓……邓某就直言相……相告了！司……司马大将军此番大兴屯田垦荒，实……实乃克敌制胜的务本之举！只有粮……粮足兵精，方……方能立于不……不败之地嘛！对……对这件事儿，邓……邓某一直以……以来都是全力赞成的……"

其他几个将士又"吃吃"笑了起来，只有司马懿一直在认认真真地听着邓艾讲完了话，才"唔"了一声，点了点头，又道："那么，你可对司马大将军这番大兴屯田养战之举有何建策？"

邓艾听罢，沉吟片刻，正欲开口讲话，却见司马师在一旁皱了皱眉头冷冷插话说道："马大人的时间非常宝贵，你'期期艾艾'地耽搁不得，快拣了紧要的话给马大人讲一讲！”

“休得无礼！”司马懿双眸寒光一亮，往司马师脸上一扫，逼得他急忙噤住了声，垂手退开到了一边去。然后，司马懿向着邓艾淡然一笑，温温和和地说道：“别理他们乱讲乱来，你想好了就慢慢道来，不急不急。老夫洗耳恭听您的高见哪！”

邓艾从来不曾碰到竟有这蓝衫老者一样的上司对他这般和蔼可亲，顿时感动得眼圈一红，开口欲言，忽一沉吟，却突然从腰间解下一只小小的铜壶，又从背囊里取出几张纸和一支短短的毛笔来。

看着司马懿等人一脸的疑惑之情，邓艾淡淡地笑了一笑，盘腿席地而坐，拧开了那铜壶的软木壶塞，里边一股墨香扑鼻而来——原来壶中竟装满了墨汁。他又提起那支细短毛笔，伸进铜壶里面沾了沾墨汁，然后“刷刷刷”在纸上写了起来。

司马懿等人见他这般举动，先是吃了一惊，后来才又明白过来：原来这邓艾因为自己讲话有些口吃，害怕诸位“巡屯使”听得吃力费时，便干脆来了个以笔代口，和司马懿一问一答起来。

过了片刻，邓艾抬起头来，将写好了答案的纸呈给了司马懿。

司马懿伸手接过那张纸，静静地看了起来——只见邓艾在上面是这样写的：

> 属下以为，屯田养兵实乃我大魏关中雄师固本强基之举，不可轻视。自今而后，诸将中能多垦荒、广屯田、盛产粮者，与能多杀敌、广拓境、破坚城者同功同赏，则屯田养兵之事必能功成圆满。

司马懿细看数遍，不禁微微颔首。他将纸递还给了邓艾，沉思片刻，忽又问道：“老夫听说邓校尉平时里对天下大事也一向关注得很。说来不怕邓校尉笑话，老夫也是十分喜好揣摩研究这天下大事。你且帮老夫剖析一下，此番诸葛亮前来进犯中原，打出来的旗号是‘光复汉室，重续正统’，那么依你之见，他这旗号能否动摇关中民心为他所用？”

邓艾没料到司马懿接下来就径自劈头盖脸地问他这么宏大、高深的问题，不禁暗暗惊奇：这位“巡屯使”总领大人所思所虑无一不是军国大事，倒也颇有几分异乎寻常！他沉吟了许久，才又提起那支细短毛笔来，在那张纸上飞快地写了起来：

属下认为，此番诸葛亮前来侵犯，虽然口口声声传檄四方大肆宣称自己是为了“光复汉室，重续正统”而来，但他这篇谬论，只可蛊惑蜀境遗民，实难动摇我大魏百姓之人心。

今日魏室之煌煌伟业，纯系大汉禅让而来，天下万民视为薪火相承，无不乐观其成。汉室正统，本在献帝刘协一脉，决非逆贼刘备可以伪冒而得。更何况如今魏承汉祚，对献帝刘协优礼有加、尊崇之极，魏室深仁厚泽之恩，亦可鉴日月矣！加之，自先帝以来，朝廷上下君臣同心，励精图治，民无不安，士无不养，大魏基业已然固若磐石，岂是诸葛亮一篇伪辞虚言可以扰之？！

司马懿俯身在邓艾背后静静地看着他写在纸上的这番话，伸手慢慢捋了捋垂在胸前的长髯，暗暗点了点头，笑道：“看来邓校尉对天下大势当真是了如指掌啊！你在这里当一个小小的屯田校尉，实在是屈才了！”

邓艾听罢，眼中光亮闪了一闪，拿笔又在纸条上写道：

得志则与民由之，不得志则独行其道，如此而已。

司马懿看了这段话，心头不禁一阵剧震。他没料到这个青年将官竟有这等的襟怀与抱负，倒是颇有几分意外。正在他沉吟之时，邓艾忽然搁下了手中毛笔，向他一头拜倒，恭声道：“司……司马大将军大……大驾光临，属……属下失……失敬了。”

原来这邓艾竟早已识破了自己的身份！司马懿静了片刻，突然哈哈一笑，上前伸手在邓艾左肩肩头上轻轻一拍，也悠悠说道：“其实你今后不必再在这纸上写字来和我们‘对话’了。你还是该怎么说就怎么说，说得再难听也要大胆地说！你的话，是值得每一个人都应该认真倾听的！只要有真才实学，没有人敢笑话你讲话口齿不清的！”说罢，他一转身往来时之路走了回去。

“恭……恭送大……大将军！”邓艾一边含着泪急忙叩着头，一边在口中嗫嗫地说着。待他叩了几个头后直起腰来看时，司马懿一行数人早已走出很远很远了。

“张将军，这司马懿做事，也未免太过分了吧？”戴陵拿着一张手令，直通通就闯进了张郃的营帐里大声嚷嚷了起来，“他不声不响地来了一道手令把戴某手下的一个典农校尉就调到了他身边当秘书郎！连句招呼都不打，真是独断专行得很哪！”

“嘘！不可胡说！”张郃见了他这咋咋呼呼的样子，吃了一惊，急忙走到营帐门口往四下里望了望，看到周围没人，这才关紧了帐帘，转身低声问道：“哪个典农校尉被他调走了？”

“那个开起口来结结巴巴半天都说不出一段完整话来的邓艾呀！”戴陵撇了撇嘴，一脸的轻蔑之情，“就凭他那口才、他那模样，也配堪当关中大帅身边掌管机要大事的秘书郎？真不知道司马懿到底看中了他哪一点！”

“这个邓艾，本将军也曾见过。”张郃一听邓艾的名字，便回忆了起来，“他说话是有些结巴，但他每到一地便能对我军安营布阵行军打仗之法时常提出一些真知灼见来，不可小觑！本将军记得三年前诸葛亮进犯关中，派参军马谡镇守街亭。当时邓艾运送粮草到我营中来，一见本将军案头上放着的马谡在街亭的安营扎寨之图，便建议道，‘这蜀将屯兵于山，远离水源，若张将军乘机断其汲道，围山而攻，不出五日，蜀寇进退失据，必溃无疑。’本将军正是依他所言而行，方才取得了街亭大捷！本来，本将军也想在最近把他破格提拔起来，却不料被司马大将军抢先做了人情……”说到此处，不禁连连拍膝而叹，惋惜不已。

“当年曹大司马说了，邓艾这样的做法，就是在纸上谈兵，就是第二个马谡！这样的人，言过其实，不能重用！”戴陵听罢，很是不以为然。他心想：你张郃口口声声说邓艾是个人才，而且依你所言，连街亭大捷都是你采纳了他的建议才一举成功的——但为何在这一年来你还是视他如无物，仍把他当作一个偏裨小将来看待呢？更谈不上去“不拘一格”地提拔他了！哼！叶公好龙！真是空有了一双识才之眼！戴陵念及此处，往更深的地方一想：人家司马懿是爱才如命、求贤若渴，说提就提，说用就用，大胆破格，无滞无碍，这样的作风甚是了得！哪像你张郃“闻善而不能进，知贤而不能用”，唯恐别人冒出头来超越了自己——看来，就胸襟、眼光和度量而言，你张郃也委实是差了司马懿一大截呀！

张郃见戴陵忽然瞪住了自己正若有所思，便深深叹了口气，兀自说道：“戴兄也算是一名老将了，怎会说出这等糊涂的话来？俗话说得好，人各有才，才各有用。邓艾这样的人才，当参赞军机大事的秘书郎，不是正好合适吗？”

“罢了，罢了，我们两个在这里辩什么呀？”戴陵摆了摆手，哼了一声，“这司马懿到了关中，不去驰援祁山大营，反而到处提拔亲信、拉拢人心，真不知道他是怎么想的！”

“戴兄又在妄言了！”张郃生怕他接下去讲出些更出格的话来，急忙发话打断了他，“司马大将军是有些专断自决，但他勇于任事，不避艰险，不计得失，实在难能可贵。皇上那么信任他，你可不要在下边乱说！”

戴陵见张郃畏畏缩缩一味地回避矛盾，不禁一怔，有意想激他一激，便慨然道：“我戴某倒无所畏惧不惧他，只是怕您张将军处于这种地位难于应付。论资历，论能力，论经验，您哪一样不在他司马懿之上？就因为他是顾命辅政大臣，就该从天而降骑在您头上？张将军，说实话，我们关中老将们个个都为您抱屈哪！”

听罢这番话，张郃半晌没有作声。实际上，就他内心而言，对司马懿这段时间在大兴屯田、广求贤才、整肃军纪等各项举措中表现出来的那种刚明果毅、沉潜务实之风，他并不反感。他是个对关中军情极为熟悉的宿将，深知关中大军骄躁成风、虚浮成性，长此下去，必有不测之忧。难得司马懿这一两个月来以霹雳手段“镇之以静、束之以严、驭之以刚、慑之以威”，方才使得关中军士风纪严明，功劳是大的。但司马懿也太不顾及各位关中老将的面子了，开口闭口总说关中将士暮气深重，多次威胁要起用一班新人来代替他们，气势咄咄逼人，难怪戴陵等人对他是牢骚满腹了！而张郃看到这些昔日的战友们整天被司马懿教训得灰头土脸的，不禁心底也涌起了“兔死狐悲”之感。他在不知不觉中，又对司马懿这套锋芒毕露的做法有些不满起来。但是，现在司马懿大权在手，张郃又能拿他如何？自己也只得冷眼旁观，保持沉默。

一念及此，张郃抬起头来，看着戴陵兀自在他面前喋喋不休，不禁张了张嘴，忽又觉得无话可说。司马懿今天下午已经和自己通过气了，他决意要撤掉戴陵的征蜀将军之职。戴陵大概也是听到了这个消息，才跑到他面前来说长道短的。然而，张郃现在对这一切都不在乎了。他目前还不愿冒出头去与司马懿“抬杠”。反正司马懿手头只有五万人马，就算我张郃此刻代替他接掌了这五万人马的兵权，也未必斗得过诸葛亮！而今，司马懿得罪的人越多，面临的阻力越大，碰到的问题越棘手，那么将来自己取代他独掌兵权号令三军的可能性就越大。所以，在这段时间里，他只需静观其变，待到司马懿无功可述、无人相助、无力自立时，再乘机出手与之夺权！

看着戴陵似乎还有一肚子牢骚话要讲，张郃便挥了挥手，一连打了两个哈欠，道：“戴兄，夜也深了，你今晚就暂且回去休息，养足精神，总会有云开见日的时候嘛！别把自己的身体给气坏了……”

自从那天早上亲自下田耕种之后，司马懿回到中军帐中，很快便觉得双腿为田中冰水阴寒之气所侵，又酸又痛，不得已只好坐在榻床之上处理公务。这日用过晚饭后，他要司马师在寝帐外把好关，务必挡住一切来客。而他今夜则要将军中各营报来的军需开支簿审签完结。

关中大军一千士卒组为一个营，再按“甲一、乙一、丙一、丁一、戊一、己一、庚一、辛一、壬一、癸一、甲二、乙二、丙二、丁二……”等字号冠为营名，共五十个营。每一个营设一名营官作为统领，负责全营各项事务。关中大军所有的营官，司马懿在上任之初都是亲自招来面试过了的，对他们的品德、才能、长处、短处，也都了解得比较清楚。对这些营官报上来的军需开发簿，司马懿是本着“大纲不乱，细过不究”的原则进行审核鉴定的。军中官吏不比地方官员敛财的门道多，主要就是靠在营中军需开支上做手脚，借机获取一点非分之财。司马懿对此也是心中有数的。一般来讲，只要这些营官们没有明目张胆地造假揽财，他都是大笔一挥顺手审签放行了的，并不认真计较。今晚审过三十余份开支簿后，已近二更时分了，司马懿感到有些乏了，不禁伸了伸懒腰，打了个哈欠，正欲吩咐侍卫泡一杯浓茶上来提一提神，却见一名亲兵进来禀报：“癸二字营营官郭平前来求见。”

“今夜一律不见人，有事明天再来。”司马懿看了看面前堆着的那一摞还未审签完的军需开支簿，摆了摆手，让他退下。片刻之后，亲兵又进来报道：“郭营官称有急事，非晚上来不可，恳请大将军接见。”

“哦？什么事非得夜间来见不可呢？”司马懿自言自语了一句。他沉吟片刻，便放下笔，抬起头来，对亲兵说道：“那就让他进来吧！”

待郭平进得帐来，司马懿双目如电一般往他全身上下一扫，便又收回目光停在了面前正在审签的那本开支簿上。这个郭平，在他的印象中似乎一向都有几分精明伶俐，却不知他深夜求见又是为了何事。司马懿招手让他坐下，微笑着说道：“素闻郭将军为人忠勇可嘉，不知深夜至此，有何贵干？”

郭平拿眼往周围扫视了一番，把凳子移近了司马懿，低声说道：“属下有一要事禀告大将军，近日来张郃张将军寝帐中每晚都有人秉烛夜谈，鬼鬼祟祟的，大将军对此不可不防啊！”

“噢……郭将军真是一个细心人啊！”司马懿淡然一笑，“多谢郭将军前来相告。张将军为灭蜀之事日夜操劳，也真是难为他了！此事，老夫已经知道了。郭将军还有其他的事吗？”

一听此言，郭平不禁心头一震，这司马懿果然是城府极深，喜怒不形于色，当真了得！他见司马懿仍是一脸的平和恬静，便搓了搓手，说道：“郭平别无他图，只想一心一意为大将军效忠，还望大将军日后多多关照。”说着，又从身上取出一方紫檀木盒来，道：“大将军，前几日属下在这上邽原的碧水河里无意中寻到了一件东西，不知是何来历，便带来请大将军鉴赏鉴赏。”

“什么东西？”司马懿不动声色地问道。

却见郭平随手将那紫檀木盒轻轻打开，里边铺着的那层金黄绸缎上，赫然放着二寸见方的一块椭圆形琥珀。这块琥珀通体透明如冰，呈现出一种淡淡的蛋清之色，内中竟盘踞着一条纯青琉璃色的小龙，张牙舞爪，昂首瞪目，须鳞可辨，栩栩如生。

“哦？这块琥珀体内竟有这样天然生成的一条青龙……”司马懿不禁微微一笑，“这倒是难得一见的宝物啊！”

郭平见他有些惊喜，便道：“大将军可拿一盆清水来，待属下用这块琥珀变出更奇妙的异景来给您观看。”

司马懿向外边招呼一声，一名亲兵端着一盆清水进来交给了郭平，然后退了出去。郭平小心翼翼地将那块琥珀轻轻放入了盆中清水之中，道：“大将军请细看。”司马懿凝神看去，却见盆中那块琥珀便似一块寒冰渐渐溶入清水里面一般，最后只剩下那一条小小的青龙宛然“活”了起来，在清澈见底的水中游走盘旋，姿态横生，妙不可言。

“好一条‘石中之龙’！妙极！妙极！”司马懿见状，不由得抚掌赞叹不已，“这真是天生祥瑞、稀世之宝啊！”

“既然大将军喜欢，这块青龙琥珀就孝敬给您吧！”郭平笑嘻嘻地说着，好似生怕被他拒绝一般，竟起身径自告退出营而去。司马懿在他身后喊也喊不住，只得罢了。

待郭平走远之后，司马懿脸上的笑意立刻消失得无影无踪。他脸色一沉，伸手拿过癸二字营的军需开支簿来看，细细审视之下，却是大吃一惊——原来该营的一切军需开支竟是记得一丝不苟、清清楚楚、全无漏洞！

司马懿“咦”了一声，看来这郭平并非是为了掩饰自己的军需开支假账而以这青龙琥珀来贿赂于老夫——那么，他对老夫送此重礼，其用意又究竟何在呢？

他走到那水盆边，细细端详着那块稀世罕见的青龙琥珀。他一边观看着，一边低低自语着：“这世上哪有这么巧的事儿？一块价值连城的稀世之宝，恰巧落在了碧水河中，又恰巧被你这个小小的营官拾来送我……哼……”

他向外唤了一声，司马师揉着惺忪的睡眼走了进来。司马懿对他冷冷说道："去，把这个郭平的来历、背景和身后的亲朋关系给为父一一摸清了之后，立刻来报。"

说也奇怪，司马师正睡眼蒙眬着呢，但一听到父亲这简明有力的指令后，竟立刻全身一振，精神抖擞，干脆利落地应了一声，便飞奔出帐而去。

第二天凌晨，关中主帅大营内升帐之后，司马懿在虎皮椅上落了座，却是一言不发，始终表情严肃高深莫测，与那天在田地里亲自耕犁时的和蔼可亲简直是判若两人。

张郃、郭淮、魏平等将领站在他案前两侧，都不禁有些紧张起来。通过这一两个月的接触和交往，他们都已熟悉了这样一个常识：这位骠骑大将军脸上没有表情时的表情就是最严重的表情。

半晌，司马懿缓缓开口了："现在，老夫宣布一道命令，免去上邽原守将戴陵的职务，调到张郃将军手下任先锋偏将，由魏平将军全权负责上邽原守护之事。同时，请秘书郎邓艾草拟一道奏书送与镇守长安的度支尚书司马孚，让他转呈皇上批准，及时从冀州调派五千名农耕技术高超的农丁屯于上邽，秋冬习战阵，春夏修田桑，把上邽这块关中粮仓建好！"

司马懿此令一发，戴陵顿时在帐下面如死灰，沮丧之极。他万万没想到这个骠骑大将军竟是这般不讲情面，说把自己撸了就给撸了。忍着极大的屈辱，他正要破罐子破摔当场发作，却见张郃对他又是偷偷眨眼睛，又是悄悄打手势，这才按捺住满腔愤怒，默而受之。

司马懿将命令发布完毕，站起身来，看了看帐中诸将，又道："各位将军应该清楚，我大魏雄师能够所向无前，完全靠的是太祖魏武帝时创下的屯田制度——以农养兵，以粮养战，固本强基，长治久安。蜀寇千里奔袭，势头凌厉，不可轻撄其锋。所以老夫暂时避其锋芒，全力守护屯田要地，就是想坚壁清野，拖得蜀军弹尽粮绝，不战而退。然后，诸君大可尾随其后，伺机狙击，必会立下战功，获得朝廷封赏。"讲到这里，他语气猛地一顿，板起了脸，冷冷说道："诸君拳拳报国之心恳切，老夫感同身受。但是，一味只知逞强斗勇，毫不审时度势，若是误了大事，只怕诸君届时悔之晚矣！”

张郃站在一旁，听得十分认真。其实，司马懿这番话讲得十分正确。粮草对于一支军队的重要性，他是极为清楚的。当年官渡之战时，逆贼袁绍以二十万人马之众与太祖魏武帝曹操三万士卒对垒多日，若非曹操深入敌后以奇兵狙击，一把大火烧了袁军在后方囤积的所有粮食，曹操是绝不可能取得最终胜利的，袁军也不会像雪崩一样一下子就彻底溃散了。这一切，都曾为张郃当时所亲眼目睹。所以，他觉得司马懿坚壁清野、持重不发、伺机而动的战略是对的——毕竟魏军兵少粮多，蜀军兵多粮少，只能扬魏军粮足之长，而避魏军兵少之短。但是，他又认为，像司马懿这样只知持重而不知机变，只知稳打稳扎而不知乘时造势的战术，却实在是不怎么精妙，更谈不上高明。这完全是一种僵化有余而机动不足的打法嘛！关中诸将习惯了以往曹真统领时的拼拼杀杀，哪里受得了司马懿这样步步为营式的推进策略？

正在他思忖之时，却见后将军费曜“扑通”一声在司马懿案前跪了下来，脸红脖子粗地大声嚷道：“大将军，上邽原屯田固然重要，但如今祁山大营二万大军被围，也是危在旦夕！请大将军赶快下令，速速发兵前去救援！费某愿一马当先冲锋陷阵为大将军开出一条血路来！”

他这突如其来的当场一跪，竟唬得在场诸将心中都是一跳，一个个拿眼瞥向司马懿，看他如何回应。却见司马懿听罢，面色凝重，只是抚须不言。戴陵也冲上前来，一头跪倒在地，嚷道：“大将军降了戴某的职，去当一个先锋偏将，戴某却是十分感激。只希望大将军一声令下，戴某必定舍生忘死冲锋在前，一展身手为国立功！”

戴陵这跟上来一跪一嚷，更是引得帐下各将议论纷纷。张郃心念一动，也缓步出列，躬身行了一礼，道：“司马大将军，费、戴二位将军所言不无可取之处。依张某看来，可以分兵两路，一路在此屯守上邽，一路奔赴祁山救援，也胜似在此守株待兔。”

张郃这一发话，帐内诸将立刻便像炸开了的油锅，一个个情绪激昂，嚷着叫着纷纷请战。只有秘书郎邓艾站在一旁冷眼旁观，却不发话，看着司马大将军有何动作。

司马懿见群情鼎沸，不禁在心底深深一叹。其实，祁山大营兵精粮足，地势险要，完全可以与诸葛亮对峙半年而不危，本无须派兵去救。而且，在司马懿的全盘战略之中，祁山本就是拖住蜀寇深入关中的一道有力屏障，也是消耗蜀寇主力的一枚棋子。因此，司马懿根本就没有立刻发兵救它的意思。更何况诸葛亮乃是何等厉害的角色？他攻打祁山，分明就是一招“围城打援”之棋，正设好了伏兵等着魏军去挨打呢！司马懿岂能因一时头脑发热中了他的圈套？

然而，魏军诸将个个好战成性，只想着拼拼杀杀，这一两个月来吵吵闹闹着请战，司马懿的耳朵都听得起了老茧，一直以极大的耐心与毅力控制住了局面而没有应战。但是今天张郃以老成宿将的身份这么搅进来一插话，就弄得司马懿再也控制不住这部下的鼎沸之情了。他在这一片沸沸扬扬的请战之声中静立了片刻，缓缓说道：“我军只有五万人马，而蜀寇却有十万之众，兵力远胜于我。在此关头，若我们再分兵两路进军，岂不会像当年西汉之初楚郡分兵三路出战却终为黥布各个击破吗？”

司马懿的话一字一句沉缓有力，一时将帐内喧嚣之声尽行压了下去。他举的例子很典型：西汉初年，黥布叛汉作乱，进攻楚郡，楚郡兵势单薄，却一分为三，结果全被黥布寻机一一击破。诸将一听，都沉默了下来。

司马懿微一沉吟，又摆了摆手，道：“也罢！既然诸君个个奋勇争先，老夫也不能拂了你们的美意。这样吧——魏平将军骁勇善战，就带着五千精兵留下来驻守上邽原；其余四万五千大军，在此休整五日之后，随着老夫与诸君一道奔赴祁山，和祁山大营守军腹背夹击诸葛亮！”

话犹未了，他又似想起了什么，转脸看了一眼邓艾，肃然道：“还有，秘书郎邓艾也留在上邽，全力协助魏平将军守好此地，万万不可让蜀寇乘隙狙击得手。”

邓艾见司马大将军一脸郑重地凝望着自己，心中不禁为之一动，自知肩上责任重大，便躬身出列慨然应道：“属……属下愿竭尽所能守好上邽，保……保证万无一失，不负大将军所望。”

太后一党的覆灭

司马懿在前线饱受帐下诸将日日催战之苦，而曹叡在朝中也是饱受文武百官天天争辩关中战事之苦。

朝廷上下以针对司马懿御蜀方略的态度为标志，旗帜鲜明地划成了两派：一派以太尉华歆、司空陈群、尚书令陈矫为首，全力反对司马懿的对蜀战略；另一派以太傅钟繇、御史大夫董昭、司徒王朗为首，全力支持司马懿的对蜀战略。陈群、华歆一派公开指责司马懿独掌兵权占据上邽关隘，眼见祁山大营形势危急，既不派兵救援又不出兵奇袭，却一直观望徘徊，示弱于敌，引起军中将士纷纷不满，似有“养寇以揽权自重”之意。他们强烈要求皇上迅速下旨，临时换掉司马懿关中主帅之职，由用兵机智灵活的张郃将军接任，方能一举扭转局势，大显大魏劲旅之雄风！

而钟繇、董昭、王朗一派则言之凿凿地认为，司马懿此番御蜀方略，走的正是当年汉朝名将赵充国持重破西羌的策略，完全是以静制动、以逸待劳、以实击虚的高招，待到蜀军暮气丛生、无粮自退之时，便可兵不血刃地大获全胜而归。

这两派的意见在朝堂上针锋相对，斗得是火花飞溅不可开交。曹叡这一日听得累了，便挥手让两班朝臣退了朝，只留下孙资、刘放二人到御书房商议。

孙资察言观色，见曹叡一脸的倦意与困惑，似乎对先前制定的“不战而屈人之兵”的对蜀战略的信心有些动摇，便进言道：“陛下可是还在为刚才朝廷之上关于司马大将军持重不战的争议一事而烦恼？”

曹叡缓缓点了点头。孙资淡淡一笑，道：“陛下勿忧。在微臣看来，司马大将军这么做，正是公忠体国之举。陈司空、华太尉指责司马大将军坚守不战，理由倒是冠冕堂皇——示弱于敌，有损国威，但实际上他们心中所想只怕也不过是为了保权固位，不愿他人地位上升威胁自己罢了；关中诸将一心邀战，亦是只为立功求赏，纯是图谋一己之私而不顾大局。他们的意见个个着眼于私意，全无公忠平正之心，又何足为恃？”说到这里，孙资抬眼看了看曹叡有些松动的脸色，又道：“他们不明内情也就罢了，难道陛下自己也忘了吗？是您下了亲笔密诏，令司马大将军留了五万人马屯于长安以备意外之变，您让司马大将军以剩下的五万士卒如何去正面应对诸葛亮那多达十万之众的虎狼之师？司马大将军坚守上邽，不为所动，正是为了防备陛下危在咫尺的萧墙之忧，而不惜让自己背负一个畏蜀如虎的骂名！俗话说，士可杀不可辱。司马大将军此举是何等地忠贞笃实、忍辱负重！陛下试想一下，朝中大臣又有几人能及他这般公忠体国？”

曹叡听罢，沉默不语，脸上静如深潭，不现任何表情。过了许久，他才缓缓开口说道：“司马懿真如爱卿所讲的这样公忠勤廉纤尘不染吗？朕近日收到一封密奏，有人举报他一到关中大军便大肆收受贿赂，搜刮了不少奇珍异宝，贪得无厌，十分可恶！”

听到曹叡此言，孙资、刘放二人却不惊不怒，神色如常，只是相视一笑。曹叡静静地看着他俩的神情，心头不禁微微一震，暗自惊诧，脸上却不动声色，又道：“二位爱卿此刻又有何话说？”

孙资见曹叡问话的语气来得十分犀利，不敢等闲视之，当下定了定心神，面色一正，肃然说道：“微臣请问陛下，那封密奏指责司马大将军所搜刮的奇珍异宝之中，是不是有一样宝物名为‘青龙琥珀’？”

曹叡一听，脸色微变，点了点头：“不错。据那密奏所言，那‘青龙琥珀’乃是天生祥瑞、稀世奇珍——司马懿将它据为己有，隐然便似蕴怀妄自尊大、问鼎登天之志！咦，二位爱卿又如何得知此事？”他目光灼灼地盯着孙、刘二人，脸色愈发严峻起来。

孙资坦然迎视着曹叡的凌厉目光，不慌不忙地问道：“微臣斗胆再问陛下，那密奏究竟是何人所写？里边是不是提到一个名叫郭平的营官？”

曹叡脸色又是一变，缓缓说道：“不错。密奏中是提到了郭平这个名字。但关于这封密奏的作者姓名，朕不能告诉你。”

孙资也不再追问，脸上却泛出了微微笑意，深深叹道：“司马大将军果然料事如神，一切阴谋诡计都逃不过他的一双法眼。”说罢，在曹叡惊愕的目光里，他从衣袍之中缓缓取出一封奏章和一方紫檀木盒，捧在手中毕恭毕敬呈了上来，道："陛下，这是司马大将军写给您的密奏和敬奉上来的密盒。相信陛下只要亲自读完了这封密奏，打开了这只密盒，一切都会真相大白！"

曹叡听罢，沉思片刻，先是接过了那封密奏，拆开看了起来。看着看着，他的脸色忽阴忽晴，只是变幻不定。到了最后，只听得长叹一声，曹叡的面庞方才回归为一片沉凝，手中密奏也缓缓放了下来，他就倚坐在龙床之上，闭目凝思了许久，忽又睁开眼来，指着孙资手中捧着的那方紫檀木盒，缓缓说道："给朕打开。"

刘放站上前来，伸手打开了紫檀木盒。曹叡往盒里看去，只见一块晶莹透亮纯净如冰的琥珀赫然入目，内中那一条青色小龙更是活灵活现，姿态生动异常。

一见此宝，饶是曹叡贵为天子，富有四海，也不禁啧啧称起奇来。他宫中也可算是珍宝无数，但与这块"青龙琥珀"比起来，却全都成了废物。曹叡睁大双眼，静静观赏了好一会儿，才挥了挥手，道："把它装好。"孙资应声将紫檀木盒盖上，仍是捧在手中，静待曹叡发话。

果然，御书房中静了片刻，曹叡的眼神落在了司马懿写的那封密奏上，慢慢开腔了："原来郭平是郭表的族人，他们串通好了想用这'青龙琥珀'作诱饵来陷害司马大将军……幸得司马大将军神目如炬，洞悉了其中奸情，方才将计就计，引蛇出洞，让奸佞小人无所遁形！"停了一会儿，曹叡才又淡淡说道："朕实在是错怪司马大将军了。司马大将军廉正清明、一尘不染，不愧为我大魏朝的栋梁之臣！"

刘放在一旁也开口说道："陛下，真相既已大白，其中所暴露出来的那些问题实在值得深思警惕！郭太后、郭表一党已是磨刀霍霍，正在伺机而动，必将危及我大魏社稷，不可不防啊！"

曹叡听得连连点头，正色道："朕意已定，明日早朝便要颁旨，凡再妄议关中战事者，一律贬官三级，逐出朝廷，流放边关；若有造谣中伤司马大将军者，一经查实，严惩不贷！"

"陛下圣明。"孙资点了点头，又道，"微臣还想再问，给您上密奏诬告司马大将军的那个人究竟是谁？从他这封密奏来看，他与郭太后一党关系甚密，应该予以彻查严处！”曹叡深深一叹，道：“此密奏乃是华太尉所写。不过，二位爱卿也不要过于猜疑华太尉。朕相信华太尉是受了郭表等人的蒙蔽才写下这密奏的，并非存心诬告司马大将军。此事到此为止，不要再纠缠下去了。”

孙资听了，心头却是一惊：按理说，华太尉与司马大将军相知甚深，他至少应该相信司马大将军的为人与德行，而且郭表、郭平给司马大将军设下的圈套也大有破绽，华太尉竟不加核实便直接上奏给皇上，这不似他一向深沉稳重的作风啊！如果非要追问到底不可的话，那就只有一个解释：华太尉是明知其中有诈也要故意利用此事来大做文章，逼司马大将军交出兵权！那么，他这么做的目的又是为什么呢？饶是孙资足智多谋，对这个问题也是百思不得其解。

他正思忖之间，却见曹叡打了个哈欠，似有不耐之意。他知道近来曹叡从宫外又挑选了数百名美貌少女入宫侍奉，想必此刻已有前去欢娱戏乐之念。想到此处，他心里不禁叹息一声，沉吟片刻，只得硬起头皮道：“微臣现在想带一个人来谒见陛下，不知陛下可愿赐见？”

“谁？”曹叡有些懒懒地问道。孙资抬眼环视了一下四周，上前一步，低声说道：“此人乃是当年甄太后身边一名姓刘的贴身侍婢。”

曹叡心头一震，斜倚在龙床上的身子一下挺直了，双手也立刻抓住了龙床两边的扶手，显得有些紧张地说道：“真的？朕愿赐见！”

孙资听罢，上前将那紫檀木盒放在御书案上，然后侧过头来，向刘放使了使眼色。刘放会意，躬身道：“陛下，今日之事关系甚大，微臣想交代一下周围侍卫，让他们远远守护御书房，不得近前。”

曹叡一脸的肃然，不言不语，只是轻轻点了点头。孙、刘二人一同退出御书房，各办其事而去。

听着他二人的脚步之声渐渐远去，曹叡脸上的肃然之色随之缓缓退去，代之而来的是无穷的深思与忧色。自己生身母亲甄太后当年冤死一事，一直是自幼压在他心口上的一块千钧巨石。他深深地记恨着那时进谗言害死了母亲的郭太后。但是，郭太后是如何害死自己母亲的，曹叡因自己当时年龄较小，又加上宫中诸人对他的刻意隐瞒，所以他一直都不太清楚。然而，今天，孙资就要将当年甄、郭之间一切的真相大白于自己面前。不知为何，曹叡的心头却一阵阵地紧张起来。

他从龙床上站起身，在御书房里一边背负双手踱着步，一边深深地思索着。他脚下的步子也随着自己思绪的波动，一会儿走得很慢，一会儿又走得很急。

终于，御书房门外传来一阵轻轻的步履之声。曹叡知道，应该是孙资等人回来了。他一个旋身停了下来，就站在御书房中央，静静地看着门口处，等待着门外的步履之声越走越近。

门口外的光线一暗，缓缓走进来了孙资和另外一人。那人站在孙资身边，身量略小，全身罩在一袭宽大的黑袍之中，面庞亦为一副青纱所遮掩。

曹叡静静地看着他俩，面如古潭，水波不兴。

孙资带着那人一齐跪下拜道："微臣带甄太后当年的侍婢刘氏谒见陛下。"曹叡默视片刻，缓缓说道："平身。孙爱卿，让刘氏以真面目见朕。"

孙资一点头，拉着刘氏站了起来，为她掀去面纱，揭去黑袍。曹叡定睛一看，但见此妇人年纪三十五岁左右，相貌温婉，仪态倒也有些不俗。他微一沉吟，慢慢开口说道："刘氏，你既称自己乃是当年甄太后侍婢，可有什么证据？"

刘氏不卑不亢地向曹叡答道："陛下三四岁时，奴婢便随甄太后服侍过您。恐怕陛下当时年幼，而奴婢又在宫外流离多年，所以陛下早已回忆不起奴婢了。奴婢却还记得陛下一些事情。陛下腹部有一大块状如游龙的青色胎记，后背又有七颗排成北斗七星状的红痣……这些都是陛下贵为天子的异兆啊……"

曹叡听着，猛一挥手，道："止！"那刘氏急忙噤口不语。孙资一见，便知这刘氏所言属实，其曾为甄太后侍婢的身份当无疑义。曹叡沉吟片刻，又问："你且将当年甄太后如何含冤暴毙的情形如实道来。朕将仔细倾听。"

于是，刘氏便哭哭啼啼、哀哀怨怨地讲起了十年之前发生在先帝一朝时甄、郭二妃争宠失和而造成的那些悲剧来。当时的郭贵嫔向先帝告发甄皇后言行不检，写诗作赋含有风月之情，似与他人有奸情，激起先帝勃然狂怒，当场不由分说赐鸩酒毒死了甄皇后。后来，郭贵嫔为防甄皇后诉其冤于九泉之下的太祖魏武帝，在其出殡之日，还让人将甄皇后披发覆面，以糠塞口，极尽污辱亵渎之能事。事后，郭贵嫔又大行杀戮，几乎将甄皇后身边的所有奴婢赶尽杀绝，只有刘氏和极少极少的几个宫女拼命逃了出来。而刘氏隐姓埋名，深藏民间，忍辱偷生，就是为了有朝一日能见到甄皇后的儿子——当今的皇上，以申明冤情，为主母报仇。

曹叡听着，只觉胸中怒火熊熊，几乎不能自抑。孙资见他脸色铁青难看，急忙喝住刘氏，令她出外等候，然后，他劝曹叡道："陛下，事已如此，还望不可轻动雷霆之怒，以免伤了龙体。"

"朕贵为天子，权倾天下，岂可生母横遭冤死而不为其复仇？"曹叡双眼通红如血，紧咬着牙一字一句地说道，"郭氏贱妇，真是蛇蝎心肠，为了贪图荣华富贵，竟敢行凶害我母后！其罪天地难容，朕誓必除之！"

孙资待他稍稍怒气平复，又道："请陛下暂且息怒，禁军都尉司马昭也带了一个人来，要求谒见陛下。陛下准还是不准？"

"何人？"曹叡定了定神，慢慢恢复了身为君王的威严与沉静，冷冷问道。孙资缓缓说道："此人乃是郭太后之弟、中垒将军郭表府中的一个家丁，据说有极紧要的机密大事面禀陛下！"

曹叡沉吟片刻，道："宣。"孙资应声走到御书房门口，向外招手示了示意。不一会儿，便见司马昭领着一个神色萎靡的皂衣汉子疾步而入，拜倒在地。

曹叡看了看司马昭，见他神色似乎略显紧张，便和颜悦色地吩咐道："司马爱卿平身，有事禀来，不必拘礼。"

皇上中正平和的话声便如神秘的天籁之音穿透了空间，一字一句清清亮亮地在司马昭的耳畔缓缓响起，使得他心中为之微微一漾，萌生出一种莫名的激动来。他应声抬头看了看曹叡——毕竟自从他一个多月前留在京城被封为宫中的禁军都尉以来，他还一直未曾像今天这样近距离地观察过这位年纪与他相仿的大魏天子，心中自然难免有些忐忑不安。

在他看来，这位执掌着中原神州至高权柄的少年皇帝，在那清俊脱俗的面目之间隐隐透着几分与他自身年龄很不相称的精明与老成，然而他的眉宇之际又似乎带着一丝抹不去的淡淡的忧虑与哀伤，这便在无形中冲淡了他的威严与庄重。皇上毕竟还是阅历太浅呀！司马昭在心底暗暗一叹：他终究逃脱不了身居深宫、少不更事的弊病，其心性才智都远远未曾磨砺到“静则稳如泰山，动则矫若游龙”的境界。当下，他不再多想，只是迎着曹叡那故示雍然大度的眼神，长身而起，昂然禀道：“陛下，微臣昨夜在永安宫附近巡察时，看到此人一身宦官装束，探头探脑，一副鬼鬼祟祟的样子，便拿下盘问。不料一问之下，竟从他口中查出了一个极大的阴谋。兹事重大，微臣只得转告孙大人，要求前来面见陛下禀报详情。”

他话音一落，场中顿时静了下来，静得水滴有声。曹叡就坐在那龙床之上，面色一滞，慢慢变得深沉凝重起来，让人看不到底。如果说，他在孙资、刘放二人面前还可直抒胸臆，那是由于孙、刘二人是他视为左膀右臂的近臣、旧臣的缘故——那么，面对司马昭这样一个有些陌生的四品官吏，他还得必须保持自己的王者气象让人敬而远之。所以，他压抑住了自己强烈的好奇心，傲然自持，缓缓开口问道：“是何阴谋？”那语气，那态度，仿佛对一切阴谋都视为雕虫小技，不值一哂。

司马昭转身用手一指那跪伏在地战战兢兢的皂衣汉子，道：“此人乃是中垒将军郭表府中的家丁郭三。他现已供认，昨夜潜入永安宫逡巡，是准备向郭太后送一封密函进去。密函之中，便有郭表与郭太后里应外合，准备散布谣言、诽谤陛下、扰乱朝野，然后乘机发兵入宫废帝另立新君的绝大阴谋！”

顿时，御书房中又是一片死一般的沉寂。终于，“砰”的一响打破了这片沉寂——却见曹叡一拍书案，满脸怒容，大叱一声：“放肆！”他这一举动，竟震得司马昭与孙资心头一颤，二人急忙跪了下去。

曹叡从龙床上站起身来，在书案后迅速来回疾走了几趟，这才慢慢抑住了胸中怒火，道：“这等乱臣贼子，竟然胆敢铤而走险犯上作乱！朕听了不觉大怒，方才是一时失言而叱，与卿等无关。卿等平身。司马爱卿，他们究竟想要散布何等丑恶的谣言来诽谤朕？”

司马昭狠狠踹了那郭三一脚，厉声斥道：“你这狗奴才，把你知道的全都告诉陛下。”

郭三头也不敢抬起，全身筛糠一样哆嗦个不停，话也说不利索了：“他……他们将要……派……派人前往四方州郡到处张贴告示，污……污蔑陛下并非先帝爷的亲生骨肉，而是当年甄太后与逆贼袁熙所……所生的孽……孽种，要文武百官行动起来，公开废……废掉陛下，另……另立新君！”

曹叡听着，满口钢牙咬得“咯咯”直响。他满脸通红，背负双手，急速地在御书房中踱起步来，边踱边说：“朕本想在击退蜀寇之后再腾出手来处理这萧墙之忧。不料这些乱臣贼子自知末日将近，不甘雌伏，便蠢蠢欲动，借机发难。朕只能提前下手了！”他停下脚步顿了一顿，又道：“看来，朕当初让司马大将军留下五万人马屯守长安以备不测，这一举措是对的。这让朕有了雷霆出击的底气！”

说着，他忽然转过头来看着司马昭，赞道：“司马爱卿向朕及时揭发了逆党的阴谋，忠勇可嘉，朕要重重赏你！看来你们司马家中人果然个个都是深孚朕望的栋梁之臣！你等为朕出生入死分忧解难，朕日后必有重报！”

天下万事万物变化之扑朔迷离、波诡云谲，莫过于宫廷政变——一夜之间，一切已是天翻地覆。这天早晨起来，魏国文武百官刚一上朝，就听闻守在大殿门口的宦官们通报了两条震惊天下的重要消息：

一条消息就是昨晚深夜，禁军都尉司马昭奉旨率领着一支“天降神兵”以迅雷不及掩耳之势猝然包围了中垒将军郭表的府第，经过一宿的激战，郭府全家上下百余口及近千名家丁、奴婢全被斩杀净尽，罪名是叛君谋逆、诛灭九族；另一条消息就是郭太后因急病暴毙于昨夜丑时，所有大臣依照礼法须将辍朝三日。

随着这两条消息而来的是曹叡的一道圣旨：郭表生前所拥有的中垒将军一职由司马昭取替，直接执掌洛阳城中的两万禁军；同时，宣召驻守长安的度支尚书司马孚暂时调拨三万大军前来洛阳，镇抚京师。

而曹叡也就在这内有禁军掌握在手、外有雄师进驻呼应的前提下，立即有恃无恐地着手对朝中官居三品以上的郭氏党羽进行了大清洗，三日之内便有三十六名高官大吏被削职为民，抄家充公。

当然，郭太后一党的覆灭，与其在军队势力中根基脆弱的因素密不可分，但也有朝廷各位元老大臣站在曹叡一边实施联手打击的缘故。鉴于西汉末年外戚祸国乱政的深刻教训在前，又有郭太后一党专横跋扈的事实在后，在铲除外戚奸党这样一个大是大非的问题上，司空陈群、太尉华歆等重臣，竟和远在关中御蜀的政敌司马懿保持了罕见的、高度一致的团结与合作，或明或暗地支持了曹叡对郭氏党羽的赶尽杀绝。这是朝中元老大臣们极其难得的几次通力合作之一，这在魏国的历史记载上也只留下了那么寥寥几笔——一切都由人们心照不宣地执行了下去，并将所有事件的记忆深埋在了心底。自然，这一次朝廷元老大臣们与曹叡齐心合作产生的最佳的也是最重要的一个效果就是，自魏室开国直至灭亡的数十年间，再也没有出现过像西汉末年王莽那样外戚出身、篡了朝权的逆臣。

由于这一次宫廷政变来得太陡太猛，文武群臣几乎都被弄得有些头晕目眩。他们中间很少有人意识到，作为魏室王朝权力之鼎的支柱——宗室、外戚、重臣之三大因素之中，外戚一派已随着郭太后一党的彻底崩溃而再也无力崛起。而魏国朝廷的权力之车，将由宗室与重臣两匹骏马并驾齐驱带向未来。然而，这“两匹骏马”并驾齐驱扶持朝局的状况又能维系多久呢？它们中间哪一方的势力最终会“一马当先”呢？这些问题似乎离魏国臣民还很遥远，也几乎用不着这么早就来关切。而不少朝臣已经削尖了脑袋，在想方设法去钻营郭氏逆党们空出来的那三十六顶乌纱帽了。

通达时务

“父亲，昭弟写的急信。”司马师将一封信函递到了司马懿手中，脸上却情不自禁地喜形于色，“信上说，他在这次铲除郭氏逆党的宫廷之争中立了大功，被皇上擢升为中垒将军——以他才刚满二十岁的年龄，就跻身于本朝从一品的权贵要员之列，这也可算是开了一个前所未有的先例呢！孩儿真是为昭弟感到高兴啊！”

司马懿却是面如止水，一言不发，只是静静地就着营帐内昏黄的烛光慢慢地看着司马昭写来的那封信函。看罢信函之后，他缓缓闭上了双眼，状如入定，坐在椅上一动不动。司马师知道父亲又在考虑问题了，当下闭口不语，肃然而立，静待父亲开口发话。

过了许久，司马懿才慢慢睁开眼来，目光凝注在很远很远的前方，仿佛穿越了所有空间一直透视到了数千里外的洛阳城中、宫廷深处。他深深一声长叹，低声吩咐道："师儿，你待会儿下去写信告诉你昭弟，让他在最快的时间里面见圣上，当着诸位元老大臣的面，无论如何也要把那个中垒将军之位拼死辞掉——就给他说，这是为父的意思，让他切实照办！”

“为什么呀？”司马师一听，感到大惑不解，“这是昭弟拼死拼活苦苦挣来的功名呀！父亲怎能要他自行辞掉呢？”

司马懿转过头来，冷冷地正视着司马师的面庞，缓缓说道："师儿！小小一个‘中垒将军’之位就让你利令智昏了吗？任何人都要有自知之明才行啊！在这一点上，无论是你、昭儿，还有为父，都要向太祖魏武帝学习呀！”他语气稍稍一顿，看到司马师一脸的疑惑，便又说了下去："大概是十二年前吧，那时还是建安二十四年，太祖魏武帝拥九锡之礼而成为魏王，大权在握，生杀予夺，连汉献帝——也就是现今还在世的山阳公刘协都在他掌控之中。作为一位权臣，他拥有了一个皇帝所能拥有的一切，只差一顶皇冠还没戴到头上。也就是在那一年，东吴的孙权上书表示愿意俯首称臣归附，并尊奉太祖魏武帝为天下之主……”

“孙权？他……他还曾经自愿俯首归顺我大魏？”司马师吃了一惊，“看来，他还是出于忌惮太祖魏武帝而不惜屈膝称臣哪……”

“哼！匹夫之见！”司马懿不禁嗤笑了一声，“你以为孙权身为一代枭雄却能被你这么简单就揣摩到其心计，那就错得无可救药了！在现实中，当时太祖魏武帝逐字逐句看完了孙权的称臣劝进表之后，只是冷冷一笑：这小子想要把老夫推到火堆上烤啊！于是撕毁了孙权的劝进表，终其一生，以一个臣子的身份离世而去。”

讲到此处，司马懿瞥了一眼司马师，冷冷说道：“你现在可懂得为父讲的这个故事的意思了？天子之位，那是何等诱人的宝座！以太祖魏武帝之天纵雄才，坐上那个宝座，完全是实至名归，又有何不可？然而他居然一口回绝了这天大的诱惑！你说一说，他这是为什么？”

司马师满面通红，不禁垂下了头，嗫嚅道：“父亲，孩儿知错了。父亲时常教导孩儿要细心学会审时度势、知人料事之术，孩儿事到临头却忘了！孩儿认为，太祖魏武帝至死都不代汉自立称帝的原因，就是大势未到、时机未成，所以自抑雄心，始终以臣节自守。而且，太祖魏武帝若依孙权之言而自行称帝，必将成为天下众矢之的，群起而攻之，四方而逼之，当真是坐到了火堆之上一刻也不得安宁！那么，孙权这封甜言蜜语的称臣劝进表，就成了太祖魏武帝的催命符！”

司马懿认认真真听罢了他每一句话，这才点了点头，抚了一下胸前长须，悠悠叹道：“而今，皇上一道圣旨便晋封昭儿为中垒将军之位，又何尝不是把他也推进了火堆之中？‘少年得志，骤登要位’，人人见而忌之，并非什么好事！

“《周易》上讲得对，‘天道亏盈而益谦，地道变盈而流谦，鬼神害盈而福谦，人道恶盈而好谦。’昭儿只需辞去中垒将军之位，一味谦退自守，既得皇上之欢心，又获同僚之敬服，假以时日，必会大有作为，又何必汲汲于名利在此一时？”

司马师听了，不禁为父亲的远见卓识而折服，躬身施礼道：“父亲所言极是。孩儿待会儿回营之后，必会依父亲所言，劝说昭弟辞去中垒将军之位。”司马懿“嗯”了一声，这才如释重负地叹了一口气，脸色变得有些轻松起来。他沉吟片刻，将司马昭寄来的那封信放到烛火上点着，任它慢慢烧掉。信的灰烬在夜风中散尽，他深深的瞳眸里却燃起了两点阴沉沉的光焰。这光焰一亮即逝，被他深深埋进了心底，埋进了心底最深处，默默地酝酿着，等待着合适的机会，终有一天会如同熊熊地火一般奔突而出吞噬整个天下！

“父亲……”司马师看着司马懿这一番异常举动，不禁大惑。却见司马懿向他摆了摆手，又指了指放在营帐角落里的几口木箱，道：“你明早喊几个信得过的亲兵过来，把这几口木箱运送到京城让人往钟太傅、董大夫、王司徒、孙大人、刘大人的府第送去——就说这里边是为父的一点儿小小心意，恳请笑纳。”

司马师脸上一红，犹豫片刻，还是忍不住说道：“父亲……我们这么做是不是有些太委屈自己了？孩儿从来没听说过有人像父亲这样为了公事办得顺利还会动用自己私财上下打点的……”

“是啊！为父这么做，的确有些不清不浊。”司马懿微微一笑，“师儿啊，义利分明固然是美德，清正廉明也是为官的立身之本，这一切都是对的——但官场上人情往来、圆融处世，也不可忽视呀！”

司马师面色沉凝，只是不答。司马懿知道他一时还未想通，便笑道：“你可知道钟太傅、董大夫、王司徒等元老重臣们为何一直坚持不受陈群、华歆的蛊惑，自始至终‘一边倒’地全力支持为父不战而屈人之兵的对蜀方略吗？”

“因为父亲提出的‘不战而屈人之兵’的对蜀方略是绝对正确的，是不容置疑的……”司马师坚定有力地答道，“朝中所有的有识之士都不会被陈群、华歆等蒙蔽的。”

“师儿啊，你这是‘只知其一，不知其二’哪！”司马懿微笑着摇了摇头，一脸的高深莫测，“你可知道，钟太傅在关中地区有四千家朝廷封赐的邑户，董大夫在长安城附近有三千五百家邑户，王司徒在雍州也有三千五百邑户……这些大人每一家都有好几百口人，他们全靠着皇上封赐的这些邑户们供粮供米出钱出力来养家糊口呢！若是关中战事吃紧，每个大臣在关中的邑户都将被抽调钱粮、劳力投入到前方战事之中——几年来曹真天天对蜀兴兵作战，早已闹得这些大人们家中人人不得安生了！再像以前那样连续不断地把仗打下去，只怕各位大人每家几百口人真要个个去喝西北风了！所以为父一提出‘不战而屈人之兵’的对蜀方略，他们是如同大旱之农喜得甘霖，怎不会竭力支持？你想，为父一边以屯田积粮养战，一边以坚壁清野固守险要拖垮蜀寇——这样既不会触动和损害诸位大人在关中地区的私人利益，又可不战而屈蜀之兵，于国于民、于公于私都是‘一举多得’。诸位大人自然是全力支持为父而始终不为陈群、华歆等人所动了！”

司马师认真地听完了父亲的话，不禁呆立当场，脸色变了几变，隔了半晌，才喃喃自语道：“真没想到……原来竟是这样……”司马懿缓缓站起身来，走近了司马师，在他面前站定，几番欲言又止，终于开口说道：“师儿啊，你是不是觉得有些不太明白？这人世之间，你进我退、你胜我负、你盛我衰、你荣我辱、你贵我贱，无非是在‘理、势、道、利’这四个字中各显身手而已。这四个字运用起来，是有经有权、有本有末、有轻有重、有缓有急。天地之大，道藏之深，你我立身处世，岂能用一个框子来圈住自己？看来，今夜是到了为父要向你讲一讲你这一生中最应该听的一些话的时候了！希望你能用心认真听取。”

司马师从恍恍惚惚之中回过神来，急忙脸色一正，定心敛神，肃然而立，道：“父亲请讲，孩儿洗耳恭听。”司马懿对他这番严肃认真的态度有些满意地点了点头表示赞许，同时缓缓说道：“师儿，你可知道此番西征，为父为何要极力上下活动谋取这关中主帅大权？”

“父亲不是常说，大丈夫生于乱世，唯有成大器、掌大权、胜大任，才是实现自己济世安民平天下之大志的必由之路吗？关中主帅之职，掌管着我大魏半壁江山的兵权，岂能落入他人之手？”司马师恭恭敬敬地说道，“父亲教诲的这一切，师儿一直都铭记在心。”

司马懿静静地听着，没有立刻答话。他这番话确曾多次给司马师兄弟讲过。而这番话虽看似简单，却的的确确是他从亲身经验中总结出来的心得。司马懿记得自己从幼年懂事之时起为避战乱，就随父兄东徙西迁，目睹了中原各地军阀混战、民不聊生的惨景。那可真是千里平原，白骨遍野，城郭皆为废墟，百姓陷于沟壑，孤幼哭号流离，令人为之酸鼻！在父兄的教导下，伏膺儒学的司马懿油然生出了一种“哀民生之多艰，常慨然而舞剑”的情怀，念念以济世安民为己任，游历群山，遍访英贤，学贯古今，术通百家，修成异才以求拨乱世返太平，拯救万民于水火。后来，有两个人的命运影响了他的救世观：一是辽东高士管宁，他以德化民，引人归善，甚著嘉名；二是汉末孤臣荀彧，他于乱世之初辅佐曹操，扫除群秽，匡扶汉室，功耀千秋。在司马懿眼里，他们身具大才大德，本当胜任拨乱反正扶世济民的“天之大业”，从而为万民称颂，留美名于史册。然而，由于无权无势，管宁虽然德高节彰，但他仁惠之施，限于巷邻，不出百里，改变不了天下万民饥寒交迫、颠沛流离的悲惨境遇；由于无权无势，荀彧虽志大才广，但他不能挽汉室于将倾，遏曹操之谋逆，自己也被逼忧愤而亡，终究无助于定乱世、平天下、拯万民。正因如此，司马懿才执著地认为：只有成大器，掌大权，胜大任，才是实现自己济世安民平天下之大志的必由之路，否则一切都是空谈、空想！

沉默了半晌，司马懿凝视着司马师，微微笑道："从大的原则上来说，师儿算是答对了，但还有些不尽不实不深不细之瑕疵。其实，为父在宛城统领二十万大军对吴作战，不也一样可以'掌大权、胜大任'吗？为父为何非要来这西北苦寒之地与诸葛亮一争雌雄不可呢？"他说到这里，停顿了一下，见司马师的表情有些惘然，才又说道："是这样的：礁因潮落而高，船因水涨而升。每一个英雄豪杰的成功，都是踩在劲敌的肩膀上站起来的。当年太祖魏武帝正是在官渡一战中大败袁绍，一跃而起，这才成为了众望所归的中原霸主；东吴的那个周瑜，也是在赤壁一把大火烧了连环舟，驱跑了太祖魏武帝，这才威震天下，成为了吴国第一智将……而为父自掌兵以来，虽与吴帅陆逊、诸葛瑾过了几招，但吴寇一向龟缩江南自保有余而进取不足，为父和他们斗得十分乏味，小胜小利倒是不少，却始终未能尽展所长、声威大振、名震天下！

"环顾宇内，唯有蜀相诸葛亮久享盛誉，朝中诸臣都对他推崇备至，堪当为父之敌。而且诸葛亮又不甘蜗守汉中，总想耀武扬威前来犯我大魏！为父若是以他为对手，自然会斗得精彩纷呈，令人叹为观止。若是胜了他，为父便会立威天下，名扬四海……这对提升我司马家族的声望与地位是大大有利的。因此，为父才千方百计要谋得这关中主帅之权，到这西北边陲立功扬威！你懂了吗？"

司马师听了，由衷地佩服父亲的深谋远虑，充满敬意地答道："师儿懂了。"司马懿又缓缓说道："师儿一向喜欢研习兵书战策，这很好。但，你的聪明才智不能仅仅停留在出将入相这样一个水平之上。为父今天要向你讲一讲更深的道理。你也只有更深地理解了这些道理之后，才能飞龙升天！"

"什么……什么'飞龙升天'？"司马师已经听得目瞪口呆，有点不清楚父亲到底想说些什么了。

司马懿的神情却猛然变得极其严肃凝重起来，将前胸一挺，目光深邃，语气深沉，昂然说道："自汉末乱世纷争以来，天下群雄竞起，斗智斗力，逐鹿中原。我司马氏原是河内著名的世家豪族，然而在群雄逐鹿的初期，因为缺少强有力的权柄，不得不暂时忍住了问鼎九州的雄心，想静待天下局势慢慢沉淀之后伺机而动，后来居上。所以，为父在河内老家温县孝敬里整整闭门隐伏了十年！

"后来，太祖魏武帝——也就是曹操，不知从哪里打听到了为父的名气，便不依不饶地威逼利诱着为父出了山，打乱了我司马家族先前的全盘计划。为父也就将计就计，潜入曹府，静观其变。那曹操当真是百年一遇的盖世英杰，为父在他手下任职多年，不仅历练了自己的文韬武略，更是从他身上学到了帝王之术的真谛！"

"帝王之术？"司马师讶然道，"何谓帝王之术？"

"帝王之术，也就是征取天下之术，通常只有两条途径，一是鲸吞，一是蚕食：汉高祖起于布衣，龙兴虎变，啸聚风云，驱恶伐暴，八年之间，威加海内，开基建业，一统天下，此乃鲸吞之功；秦国始据区区之地而终揽万乘之权，历时百年，夺八州而入其囊，纵横捭阖，长驱宇内，然后以六合为家、以万民为仆，此乃蚕食之术。"司马懿悠悠说道，"古人说得好，'皇天无亲，唯德是辅'。如今我司马家族代代英才辈出，据魏室台鼎之位，纳天下赴命之士，总揽英雄，驾驭豪杰，内收人心以蚕食魏室基业，外拓疆域以鲸吞吴蜀之寇，自然四海归心、八荒臣服，何愁宏图不展大业不立？"

这番大逆不道之言若是在别人口中说来，司马师也许还有些相信，然而当他清清楚楚听到这番话竟是出自自己父亲之口时，却几乎不敢相信自己的耳朵。这是他一向都敬若完人的父亲啊！谁能料到一向以"精忠为国"之名而远扬朝野的父亲心底竟然潜藏着这么深沉远大的雄心壮志？他心头顿时犹如一阵惊雷滚过，震得他目瞪口呆。在惊疑之余，他内心深处又慢慢滋生出一种隐秘的兴奋来——是啊！当年西楚霸王项羽在身为布衣、毫无权势之时尚敢直指秦始皇而大胆放言，"彼可取而代也！"又何况如今我司马家族已在魏朝上下根深蒂固、势力庞大，谁敢小觑？问鼎神州、代魏而立，也不是不可想象之事！念及此处，他便如同喝醉了酒一般满脸通红，显得惊喜异常，禁不住搓着双掌仿佛立刻就要大干一场。司马懿讲完了这番话之后，却只是淡淡地看了他一眼，似觉有些疲惫，在原地静立调息了片刻，又缓缓说道："如今我们帮助陛下肃清了郭太后一党，为他救了驾解了急，他应该从此对我司马家信任有加、全力扶持，同时对我司马家也会更为依赖，那么我们司马家就会'百尺竿头，更进一步'。哦……对了，昭儿写来的那封信函中，提到了关于陛下的一件事……"

司马师一愕："关于陛下的事？……什么事啊？"他实在是没有料到父亲这时突然会提起有关皇上的事情来，也没有料到父亲的思维跳跃转换得如此之快，犹如天马行空——仿佛父亲那睿智、深邃的头脑里可以同时盘算各种虚虚实实、远远近近、纷纷乱乱的问题，一刻也没有停息过。

司马懿伸手抚了抚颔下长须，慢慢说道："昭儿来信，说到陛下对为父交上去的那块'青龙琥珀'是爱不释手，天天把玩不已，认为它是天生祥瑞之物，是特来庇护魏室的，并准备在明年或是后年为庆祝获此祥瑞而改年号为青龙，取消现在的太和年号。"

"啊？为了一块琥珀就改年号？"司马师不禁摇了摇头，"想不到皇上也是视国事为儿戏，玩物丧志，难成大器也！父亲应该以辅政大臣的身份劝谏一下他才是！孩儿又犯糊涂了，'皇天无亲，唯德是辅'。陛下今日为政之失德失志，正是我司马家将来执政得民之机遇。父亲以为如何？"

"暂且不要去议论此事了。这一切，你心里明白就是了。"司马懿摆了摆手，一脸的凝重，"为父现在最关心的是，如何在立于不败之地的基础上乘胜追击，一举铲除朝中政敌！"

司马师一听，不禁有些紧张起来："父亲想要对陈群、华歆这两个匹夫下手吗？"司马懿缓缓摇了摇头，冷冷说道："陈群、华歆虽然可恨，但并不可畏，他们只会摇笔弄舌作无谓之争耳！为父岂会将他们放在眼里？况且陛下目前对我司马家倚重甚深，应该不会听进他们的谗言，更是不足为害。为父所忌惮的，乃是曹氏宗亲！"

"曹氏宗亲？"司马师惊问。

司马懿双目凝视在营帐的门帘之外，仿佛在盯着一个遥远的地方不放。隔了半晌，他才沉沉地说道："不错，曹氏宗亲。这世间各种势力的变迁浮沉，往往是此消彼长。三月份时大司马曹真的死，为我们司马家族腾出了关中主帅的权位。可是，你想过没有，万一曹家又有什么得力干将冒出头来呢？皇上一纸诏书便可以赋予我们权力，也可以用一纸诏书把这一切权力又收回到他们曹家手里。所以，我们要占有和扩大手中的权力，就一定要削弱和夺取他们曹氏宗亲的权力！"

"但是，曹氏宗亲那么多，我们又怎么防备呢？"司马师追问。

司马懿语气一顿，停了片刻，深深地看着自己的儿子，又道："不错，曹氏宗亲虽多，但为父却独忌东阿王曹植一人而已！"

"东阿王曹植？"司马师又是一愕。东阿王曹植乃是当今皇上的亲叔父，于十二年前与先帝夺嗣失败后被贬出京城，一直郁郁不得志。他沉吟片刻，道："孩儿听人谈起东阿王曹植，当年颇有贤明之风而乏霸王之才，文笔绝妙而谋略不足，因此才在立嗣之争中失利。像他这样一介儒生，父亲大人还会忌惮他吗？"

"知人料事，应当有真知灼见，岂可凭道听途说的流俗之见为据？"司马懿正了正脸色，冷冷说道，"当年先帝与东阿王曹植之间的夺嗣之争，其中一切的内情，难道为父还不如你清楚？若非东阿王当年心存仁慈顾全大局一味谦退，先帝岂能在最后关头真正胜出？你可知道，当时太祖魏武帝临终之前，曾经急召东阿王曹植之弟曹彰率雄师十万赴京，其本意就是想拱卫曹植继嗣即位。在那千钧一发之时，是曹植自己不愿酿成魏国内战而让外人渔翁得利，方才亲自出面说服了魏武帝，让出了世子之位，又劝退了曹彰，自甘臣服于先帝。这才避免了我大魏重蹈袁绍、刘表等人诸子嫡庶纷争的覆辙！这样的眼光、这样的器量，岂是一介腐儒所能做得到的？"

司马师一听，垂下了头，道："孩儿察事不明、知人不准，在此知错了。"司马懿捋了捋颔下长须，面现忧色，道："为父近来常听孙资、刘放来信称东阿王多次上书皇上，要求为曹氏诸王解禁，亲宗室而远异姓，重用宗室诸王来抗衡朝中权臣。"说着，他忽又深深一叹，道："他这些奏章分明是冲着我司马家族而来的！而且听孙资、刘放的意思，皇上对他这位叔父一向十分同情，似有召他回京起用之心。我们须得及早定下计策，遏住东阿王东山再起之势！”说罢，他双目中寒光一闪，右手一伸，如利刃一般向外劈了出去！

“夫天道极则反，盈则损。故聪明广智，守以愚；多闻博辩，守以俭……”

几枝粗如儿臂、雕鸾刻鹤的大红烛灿灿地燃着，照得书房内就如同白昼一般亮堂堂的。生得童颜鹤发、精神矍铄的魏国太傅钟繇一手抚着颌下银亮的垂髯，一手执一支狼毫大笔，颇有兴致地在一幅白绢上笔走龙蛇般地挥写着。

“父亲的这一笔楷书实在是写得太好了！”一直站在钟繇身畔右侧静静地屏息观赏着的长子钟毓不禁开口深深赞叹道，“毓儿相信，父亲的书法将来必定会彪炳千秋，令后人万世景仰的！”

“是啊！大哥，您看父亲的字，当真是像当年先帝称赞的那样——‘潇洒如舞鹤游天，灵逸似飞鸿戏海’！”站在钟繇左侧的次子钟会也是赞不绝口，“只怕会儿穷尽毕生之功，在这书法造诣上也未必能及父亲万分之一啊！”

钟繇却不答话，仍是全神贯注地写完了最后一个字后，才轻轻长吁了一口气，将那支狼毫大笔轻轻搁在了笔架之上。他转过身来，看着自己的这两个儿子，微微笑了：“毓儿、会儿啊！古人说得好，‘士之致远者，必先器识而后才艺。’为父这一笔楷书写得再好，也不过是雕虫小技罢了！你们应当留意于治国安邦的经纶之道，而不可效仿为父一味浸淫于这毫末小技啊！为父是因为自己年已老迈，才在这笔砚之间聊以自怡罢了！你们可不要学为父……”他说到此处，语气顿了一顿，又缓缓说道：“你们应该知道东阿王曹植的故事吧？毓儿、会儿，你们称赞为父这一笔字儿将来会‘彪炳千秋，令人万世景仰’，这实在是谬赞了！依为父之见，这大魏朝将来真正能‘彪炳千秋，令人万世景仰’的宝物，莫过于东阿王曹植写的那一篇篇绚丽文章！可是，你们瞧一瞧东阿王曹植这一生的坎坷……唉！天妒奇才啊！”

待到钟繇发完了这一通感慨之后，钟会不紧不慢地接过话头道：

“其实父亲所言也有些不尽然。书法笔艺，固然乃是微末之技，但我们亦可从中‘见微知著’——父亲提笔落纸之际，腕力沉实，能刚能柔，能疾能缓，能放能收，这也是朝中诸臣望尘莫及的‘经纶之道’啊！”

“哦？会儿呀！你竟能从为父这书笔之技中看出修齐治平的‘经纶之道’来？”钟繇面色微微一动，抚了抚那长长的雪白须髯，淡淡笑道，“难得，难得啊！”

他正欲继续说下去，却听书房门外被人轻轻敲了一下，传来“笃”的一响。听到这声轻响，钟繇便住了声，拿眼看向了门口。

钟毓会意，转头向房门外问道：“谁？”

“禀告太傅大人和两位老爷，司马大将军府中的管家司马寅带了一箱东西，特来拜见太傅大人。”房门外一个仆人恭声应道。

“司马寅？”钟繇面色一变，蹙起眉头思索了片刻，沉声问道，“他是如何来的？”

“禀告太傅大人，司马寅身着便服，行踪隐秘，是从后门来的。”门外那仆人答道。

“让他进来吧！”钟繇沉吟片刻，终于开口了，“你们要小心一些，谨防有人盯他的梢！”

待得门外那个仆人应声走远之后，钟繇方才轻轻叹了一口气，微微摇了摇头。他自然是明白司马寅深夜拜访自己的来意的——不消说，这司马寅也必是替他的主子司马懿给自己带话来的。

“父亲……”钟毓、钟会兄弟都不禁将惊愕的目光投向了钟繇。

钟繇站在原地抚须凝思了片刻，也不答话，只是向他俩挥手示了示意。钟毓兄弟立刻会过意来，便转到书房内一座近墙的大书柜背后藏起了身。

书房门外传来一阵步履之声，接着“吱呀”一响，房门被轻轻推开。只见一身粗布青袍的司马府管家——司马寅缓步而入，身后跟着两名家丁，合力抬着一口大红木箱走了进来。

“哎呀！司马管家，您这是……”钟繇抬头看着司马寅，脸上微露诧异之色，唇边却挂着一丝淡淡的笑意。

司马寅亦是微微一笑，却不作答，待两名家丁在书房中间放好了大红木箱之后，便向他俩使了个眼色。两名家丁会意，连忙退了出去。

这时，司马寅才向钟繇躬了躬身，一副低眉垂目的模样，毕恭毕敬地说道："太傅大人，您对我家大将军的多方支持，我家大将军一直都是心存感激的。他让在下备了这一份薄礼，恳请太傅大人笑纳！"

"唉！司马管家！您家大将军真是太客气了！"钟繇的眼神只盯在司马寅脸上，瞥也不瞥那口红木箱，带着几分勉为其难的苦笑说道，"本座实在是不敢当啊……"

"哪里！哪里！太傅大人！我家大将军此番前往关中，无意中竟从一位隐士高人那里寻觅到一份秦相李斯亲笔所写的小篆真迹。他素知太傅大人文笔书法冠绝天下，便让在下转呈给太傅大人赏析一番。"司马寅微微笑着，俯身打开了那口红木箱，顿时一派珠光宝气溢然而出，也不知里边装了多少奇珍异宝，莹莹华彩耀得让人睁不开眼来。

钟繇微微眯上了眼，脸上始终带着淡淡的笑容，只是不再做声。

却见司马寅站起身来，从红木箱里取出了一卷字帖，恭恭敬敬地捧在手上，向钟繇献了过来。

钟繇含笑微微点了点头，伸手接过了那卷字帖，慢慢展了开来，认认真真看了起来："唔……这当真是李斯用小篆抄写的荀卿的《劝学篇》嘛！他的字犹如云簇苍穹，姿态横生，潇洒灵逸，确是不可多得的珍品啊！你看，这笔法、这用墨……啧，啧，真是妙极了！"

说着说着，不禁伸出手指顺着字帖上李斯那些字体的笔势走向划来划去，久久不能自抑。

"我家大将军说了，太傅大人若是喜欢这字帖，就请收下了吧！他相信，此等笔砚之珍，在太傅大人手中实乃物得其所，令人无憾的了。"司马寅见状，在一旁恭声说道。

"你家大将军实在是……唉！本座只怕有些却之不恭了。"钟繇听到这话，伸在字帖上面比比划划的手指顿时一停，脸上现出深深的笑意，"本座在此谢过你家大将军的美意了。"说着，他伸手慢慢卷好了那幅字帖，拿在手上，却不再放下。

司马寅又凑上前来，低声说道："我家大将军已经奏报朝廷，今年减免了各位大人关中邑户应缴的粮食，决定在西征大军里面大兴屯田垦荒、自给自足，而无须各位大人的邑户们供粮供饷了——各位大人今年年底的邑户供奉，自然是不会欠缺的了。”

“高明！高明！实在是高明！”钟繇听罢，静了许久，方才仿佛回过神来似的轻轻拍了拍手，悠悠赞叹道，“也亏了你家大将军想出了这样一个两全其美、滴水不漏的办法！司马大人当真是心思缜密、算无遗策，本座钦佩不已，自愧不如啊！”

讲到这里，他语气蓦地一顿，又慢慢说道：“看来，本座与王司徒、董大夫他们全力推助你家大将军出任关中主帅一职，的确是完全正确的。本座到了今天，才懂得了‘贤得其位、职得其人’的万分可贵！”

说罢，他拿着李斯的《劝学篇》字帖，在书房内缓缓踱了几步，忽又停下，像是对司马寅，又像是随意而谈一样，说道：“你回去告诉司马大将军——就说，朝中各位元老大臣对他的支持，一直都是毫不犹豫，也不遗余力的。请他放心大胆地在前方施展身手，早日再立新功，不要有什么顾忌。其实，对于张郃，他不应该有什么担心的。张郃他们在朝廷里掀不起什么风浪来的。不过……”

他话锋一转，目光灼灼地直视着司马寅，深深地说道：“不知道司马大将军清楚不清楚……近来朝中宗室当中要求东阿王曹植东山再起执掌朝政的呼声很高啊！本座就曾多次亲耳听到陛下称赞东阿王文武双全、堪当大任……”

“哦！谢谢太傅大人的提醒。在下知道应该如何回复我家大将军了。今晚已打扰太傅大人太久了。”司马寅垂着双手，躬身答道，“在下临辞之际，不知太傅大人还有什么话带给我家大将军的吗？”

钟繇淡淡一笑，道：“也罢，你家大将军赠给了本座一幅李斯真迹，本座也就觍颜献丑了——将自己随手写就的一篇涂鸦之作回赠你家大将军。见笑了，见笑了！”说着，将自己刚才在书桌上写成的那一幅字帖递了过来。

司马寅接过钟繇的字帖一看，只见上面写着：“夫天道极则反，盈则损。故聪明广智，守以愚；多闻博辩，守以俭；武力毅勇，守以畏；富贵广大，守以狭；德施天下，守以让。此五者，先王所以守天下也。”那字笔锋遒劲，金钩银划，入纸三分，风骨不俗。

“写得好！写得好！在下一定及时转呈我家大将军。”司马寅看罢，慢慢将那张字帖卷好，躬身施了一礼，“在下就此告辞。”恭恭敬敬地垂手退了出去。

听得书房门外司马寅的脚步声渐去渐远，钟繇脸上堆着的笑容一瞬间退了个干干净净，露出深深的思索来。静了半晌，他才长长一叹，道：“毓儿、会儿，你们都出来吧……”

钟毓、钟会兄弟二人应声从那座书架后面一前一后转了出来。

书房里一片静谧，只有那几支大红烛长长的烛焰无声地摇曳着、燃烧着、跃动着。

钟繇静静地凝视着那烛焰，没有回转过身来，而是继续站在原地，久久地沉默着。

“父亲……”钟毓表情有些惶惑地开口了，“您……您是不是和司马大将军走得太近了……”

他的弟弟钟会却是目光闪烁地看着自己的父亲，嘴唇嚅动了几下，想说什么又没说出什么来。

隔了半晌，钟繇才缓缓说道：“怎么？毓儿，你害怕了？”

钟毓沉默了片刻，面色凝肃，答道：“孩儿心中倒不害怕什么。只是孩儿认为，父亲位列三公，位高权重，与大魏朝本是休戚与共，又何必与居心叵测的司马氏搅在一起呢？孩儿还认为，无论是司马大将军，还是华太尉、陈司空，他们在朝中执政都不得不仰仗我们钟氏一族……我们又何必趟入这浑水之中呢？”

在他说这番话的时候，钟会在一旁伸手悄悄拉了他的袖角足足有四次，拼命使眼色让他不要再继续说下去了，钟毓却毫不理会，仍是秉着心直口快的性子，也不怕得罪了父亲，还是侃侃然谈了出来。

钟繇听罢，没有立即答话，静立片刻，方才缓缓开口说道：“毓儿啊，你说得很对！在大魏一朝，我钟氏一族确是能繁荣持久，我们的根基也无人可以撼动。

“但是，你想没想过，倘若大魏朝的运祚有一天猝然就崩断了呢？

我们钟氏一族是不是也必将如丧家之犬一样——惶惶然何以善终？！”

“父亲……”钟毓和钟会都没料到钟繇会把这个问题讲得这般透彻和尖锐，顿时吓得满头汗出，急忙一齐跪倒在地，含泪说道，“父亲为何要出此不祥之言？孩儿们惶恐万分，还请父亲对此宽心以待。”

钟繇脸上便似铸了一层青铜面具一般，表情冷硬得很：“你们不要以为为父是在危言耸听！世事难料，人心难测啊！为父今年就是八十一岁了，这一生中不知闯过了多少大风大浪才挺到今天来！为父一生所见所闻之事的复杂繁庞，岂是尔等少不更事之人可以想象的？想那辉煌的大汉朝，在为父眼中也仅仅是二三十年间便土崩瓦解了！这世间又有什么事情不能发生的？这世间又有什么灾劫不会降临到人们头上的？我们钟氏一族又如何不能‘居安思危，未雨绸缪’？”

钟毓、钟会跪伏在地上，听着父亲的慨叹，大气都不敢透一下。

钟繇停下了讲话，依旧站在原地静默了许久，待得自己心情慢慢平复下来，才又开口说道：“毓儿啊，为父问你，依你之见，平心而论，为父在修文理政之才上，可比陈司空还强么？”

钟毓一愣，竟是语塞起来。

“为父再问你，平心而论，为父在治戎御敌之才上，可比司马大将军还强么？”

钟毓嗫嗫着，仍是不能作答。

钟繇深深地看着他，冷冷地笑了：“为父也不怕揭自己的丑——为父实在是文不如陈群能安邦治国，武不及司马懿能临机制胜。但为父却能在这人才辈出的大魏朝廷稳踞太傅之位数十年，凭恃的是什么？”

钟毓低低地垂下了头，不敢正视自己的父亲。

钟繇捋了捋自己垂在胸前的银白须髯，毫不讳言地说道：“其实为父这一生，除了一手书法造诣还可聊以自慰外，实则一无所长！而为父宦海沉浮数十年，亦无甚卓绝特异之处，仅仅只是会‘通达时务’罢了。”

他将目光投向了窗外苍茫的夜空，若有所忆，悠悠说道：“想那前汉末年，献帝刘协为西凉匪首李傕、郭汜所挟，是为父与董承冒险以刘协的名义，联名潜修书札暗召太祖武皇帝入关平乱，从而使得太祖武皇帝名正言顺地一展其‘挟天子以令诸侯’之大略，终成伟业。这便是为父因通达时务而大获成功的第一次——太祖武皇帝执政掌权之后，百日之内便擢升为父出任相尉！

“第二次则是在当年先帝与东阿王曹植立嗣之争中，为父全力支持先帝继承大统，先赠先帝‘五色宝玦’以示忠款之心，后又联络名士大夫一齐上表公开力荐先帝——所以，先帝刚登大宝，便任为父为魏国太傅……我们钟氏一族绵延数十年不绝的繁兴，就是这样得来的。这一切，毓儿，你可懂得了？”

钟毓涨红了脸，只是闷声不答。

钟繇静静地看了他片刻，忽然柔声说道：“夜已深了，毓儿你也不必再为为父的话去多想什么了，你且下去休息吧！就让会儿留下来陪为父收拾收拾书房吧！”

钟毓应了一声，头也不抬，躬着身退出了书房。

钟繇目送着他离去，不禁微微摇了摇头。他正欲回身，却见钟会双手撑在地上，抬起头来目光闪闪地盯着他，神色恭敬地问了一句：“会儿只想请教父亲，如今您‘通达时务’的这一次为何要选中他们司马氏家族？”

钟繇不料他竟有如此一问，一时竟是怔了，半晌方才说道：“难得会儿竟是这么一个‘有心人’哪……也好，也好……毓儿木讷守道，自有他的一套活法，在大魏朝可为我钟氏一族顶门立户——而你会儿心思灵动，却不妨为我钟氏一族在未来的繁荣昌隆另行投下一注！”

钟会静静地听着父亲的话，无声地点了点头。

钟繇见状，有些满意地点头微笑了一下。他沉吟片刻，忽然伸手指着那几支粗大红烛上灿亮夺目的烛焰，问钟会道：“会儿，你双目能一瞬不瞬地直视这烛焰有多久？”

钟会抬眼盯了一下那烛焰，恭恭敬敬地答道：“孩儿自信可以直视到燃尽半支蜡烛的地步。”

“很好。”钟繇微笑着赞了一声，又道，“那你若是一直不眨眼地盯着三伏天里正当午的太阳去看，又能坚持多久？”

“这……孩儿从未试过……”钟会沉吟着说道，“不过，面对那么灼人的炎炎夏日，孩儿只怕坚持不到一盏茶的工夫。”

“可是司马懿在你这个岁数的时候每天午未时分都要盯着炎炎烈日一眨不眨地看至少一炷香的工夫！”钟繇抚着颌下银须，悠悠说道，“为父是在一次与他参加中午朝议时才无意中发现这一点的。从那时起，为父就注意到了他这个人。他当时不过是一个小小的文学掾，又比为父小了整整二十五岁，但为父却一直感到他身上隐蕴着一股极深极深的锐气，一朝喷薄而出，必是势不可遏……

“唉，为父果然没有看错，司马懿仅仅只用了二十多年的工夫，便平步青云手揽大权，成为了我大魏朝最得力的栋梁之臣……看他这超群绝伦的势头，他还会在朝中更有建树的。也许连当时身为前汉丞相的太祖武皇帝生前所拥有的赫赫威势——他今后都有可能拥有的。”

钟繇说到此处，语气顿了一下，深深说道：“现在回想起来，他早年的‘目中无日’，其实就是‘目空一切’啊！他积蓄了这么多年的野心和实力，一旦羽翼养成，只怕真有掀天揭地之能啊！会儿，现在你可懂得为父为何要选中他们司马氏了？”

钟会深深地点了点头，沉默片刻，却猝然带着一丝浅浅的笑意问钟繇道：“父亲……他们司马氏既有问鼎九州之心，我们钟氏一族又为何不能像他们一样也定下大计、求揽大权呢？父亲如此‘通达时务’，难道从未往这方面去想过吗？”

“嗯？”钟繇双眸深处顿时精光一闪，在钟会脸上一掠而过。他缓缓闭上了双眼，隔了许久，方才睁了开来，直盯着钟会，道：“你错了！这世间不是每一个靠近天子之位的人都能成为司马懿、曹操那样的人的。在今日之大魏朝，要想潜移神鼎，除了他们司马氏能够心想事成之外，其他所有的人，包括我们钟氏一族，都不能存有这个念头。人，应该贵有自知之明。今后，你们想都莫要往那方面去想！”

钟会见父亲说得这般斩钉截铁，却是颇有几分半信半疑。他一时也不再多想，便点头表示了认同。

钟繇见钟会点头称是，这才放下了心。他静立片刻，瞥了瞥放在书房中间的那口红木箱，深深叹了口气：“司马懿送了这些礼物来，为父实在是‘纳也不是，拒也不是’啊！

“若是拒了他这些礼物，他就会以为为父没给他‘面子’，不会在朝中全力支持他的抗蜀大略，必会对为父深怀疑忌；不过，若是纳了他这些礼物，为父又会被他看作是个嗜财轻义的人，在他眼里也没什么分量了……这不行哪！为父总得想个办法把这些礼物换个途径回赠他才是啊！”

他皱着眉头埋头苦思半晌，双眉忽地一扬，面露喜色，道：“对了！我钟府之中还有一柄祖传的‘灵犀剑’，乃是尧舜时代传下来的神兵剑器……会儿，你且去后房拿来！”

钟会应声奔进书房后边的密室，取出一柄装在金鲨皮鞘的宝剑拿来呈给了钟繇。

钟繇从金鲨皮鞘之中慢慢抽出那柄“灵犀剑”来——只见一弧青蒙蒙的寒光似流水般汩汩然一泻而出，闪闪缩缩，映得人须眉俱蓝！

他眯着眼，将那“灵犀剑”持在手中细细观看片刻，忽然青光一闪，手起剑落，“嚓”的一响，竟把那书桌一角如切豆腐般一削而落！

“父……父亲！您……您真舍得将这柄能吹毛断发的祖传宝剑赠予他司马家？”钟会看着这柄“灵犀剑”，语气里颇有些不舍。

“这又有何不可？该舍就得舍！”钟繇还剑入鞘，递向了钟会，淡然说道，“这个人情，为父要让你出面来做。司马懿的次子司马昭眼下深得陛下恩宠，前程自是远大。会儿啊，他和你年纪相仿，你要和他多多结交才是。这柄‘灵犀剑’，你在合适的时候赠送给他吧……他和他的父亲一定会明白我们钟家的心意的。”

“孩儿谨遵父亲教诲。”钟会接过了宝剑，一脸恭敬地点头答道，只是眼神中仍然掩不住那一缕淡淡的不舍之意。

看着钟会那欲舍不舍的表情，钟繇不禁在心底深深一叹：想那司马懿的次子司马昭，面对中垒将军之位这一偌大诱惑，居然能辞之以谦、让之以礼，而我这会儿却对一柄宝剑亦是难以割舍……相比之下，我们两大家族将来的成就已是高下立判了！人，真的应该贵有自知之明啊！

谣言四起

六月伊始，有谣言猝然生于魏国邺城，并迅速在魏国全境传开，又复越过魏国边境，野火燎原一般传遍吴蜀，真可谓“骤起于青萍之末，而狂啸于悠悠众口”。一般来说，谣言的传播面之广与其内容的绝密性与重要性是成正比例关系的。只要听一听这谣言的内容，便知它为何具有如此之大的冲击力了！谣言道：曹叡根本不是魏文帝曹丕的儿子，他是二十七年前其生母甄太后与东阿王曹植在邺城私通时所生的孽种。如今曹叡大权在握，先是在十余日之前逼死了当年向先帝揭发甄太后与曹植奸情的郭太后，现在又大开杀戒，清理那些当年在魏国世子立嗣之争中帮助先帝击败曹植的元老重臣们，然后准备迎回其生父东阿王曹植进京总领朝政。

谣言一传到朝廷，顿时激起一片哗然。怪不得郭太后十多天前暴毙，国舅郭表被族诛，原来竟是这么一回事呀！文武百官听了这条谣言，不禁恍然大悟。大悟过后，他们又是一片恐慌：在当年辅助先帝赢得立嗣之争的那场宫廷内战中，朝中上下大多数官吏都是或多或少出过一份力的，如果当今皇上真的来这么一手“原罪”大清算，那还了得？于是乎，朝廷百官又都人人自危起来。几个胆子小的三品要员甚至悄悄收拾家当作好了流亡异乡的准备。

谣言蔓延到境外之后，吴蜀两国更是来劲。尤其是吴国国主孙权，他本来一向坚守着与魏国之间“划江而治、互不侵犯”的原则，但在这个惊世大谣言的刺激下也产生了主动进攻魏国的冲动。他以一个不次于魏武帝曹操、汉昭烈帝刘备的政治家的敏锐目光洞察到，这样一个谣言一旦被确认，足以让强大的魏国内乱，乃至发生内战。而魏国的内乱，就是吴国进军中原的大好机遇！这个曾被魏武帝曹操巨大的政治军事才能威慑得几乎要俯首称臣，后来又被魏文帝曹丕赐封为吴王的孙权，终于从耻辱的阴影中跃身而出，要公然向三国中第一号强国——曹魏叫板了！他马上派出自己的亲信重臣——辅义中郎将张温前往蜀国联络，准备配合正在关中作战的蜀相诸葛亮，从东线对魏国发起狙击。一时之间，魏国陷入了空前的内外交困的大危机之中！

曹叡初闻谣言，又怒又怕：怒的是这谣言如此恶毒，竟以他自己的生母与叔父作为这种为世人不齿的丑闻的主角，简直是对魏室皇族的一种公开侮辱；怕的是这谣言虚虚实实，正与当前追剿郭太后一党形势的背景相吻合，实非知情人不能发此惊雷一击。但怒过了、怕过了之后，曹叡抬起头来，却是四顾茫然：面对这一大危机，找谁来帮助自己着手进行化解呢？找曹氏宗亲吗？他们一个个生怕自己被卷入这谣言漩涡中去，都是避之唯恐不及，谁敢凑上来添乱？找朝中重臣吗？华歆、陈群之流，虽是忠诚可鉴，却又失于拘执，可与守经，难与从权！天下之大，群臣虽多，竟在关键时刻没有几个人可以推心置腹地站出来替自己尽忠相报！不得已，曹叡只得再次召集孙资、刘放、司马昭等人来商议对策。

司马昭第一个冒着被所有外戚同党切齿痛恨的风险而无私无畏地打破了这一场朝野上下集体失语式的沉默，一针见血地指出：这一谣言一定是郭太后余党捏造出来进行疯狂反扑的，因此要进一步对那些叛臣贼子和郭氏余孽穷追猛打，做到“除恶务尽，不留后患”。刘放第二个站出来建议：必须及时颁布法令于全国，胆敢妄议王室秘事者弃市，传播谣言者灭族。孙资最后发言，建议曹叡主动出击，以实际行动挽回这个谣言的恶劣影响。而这个实际行动就是公开贬斥东阿王曹植，通过对曹植的沉重打击来回击这个谣言。谣言里面不是讲曹叡是曹植的私生子吗？按照常理，骨肉至亲，儿子是绝对不会为难父亲的。而曹叡公开贬斥曹植，便是为了昭示天下，曹植并不是他曹叡的生父！

对孙资、刘放、司马昭三人的建议，曹叡全部不加修改地采纳了，照单全收，立刻施行。于是，魏国历史上第一道面向全民公开发布的圣旨张贴满了各大州县的大街小巷，内容十分精简扼要，便于百姓记忆与流传——“经查，东阿王曹植不遵太祖武皇帝遗令，依旧骄奢淫逸，罚扣除其供禄三年，削去其邑户三千家，面壁思过三年，终身不得进京面圣，亦不得再与宗室诸王交往。”

这道圣旨措辞之严厉、语气之苛刻、笔锋之凌厉，是魏室所有诏命当中最为突出也最为刺眼的。随着这道圣旨的公开颁布全国，曹叡就等于公开宣判了东阿王曹植的无期徒刑，也等于对那个谣言进行了“釜底抽薪”式的致命一击。同时，伴随着曹植在魏国的政坛上就此销声匿迹，那个谣言渐渐趋于沉寂，魏国朝野也渐渐回归了宁静，吴国与蜀国之间“东西夹击”的阴谋更是悄悄地胎死腹中了——一切都平息了。然而，曹氏宗室诸王参政议政、拱卫皇权的最后一线希望，就这样以东阿王曹植被禁锢终身的结局而彻底扼杀。

第七章
蜀魏之争

后方的蜀魏

蜀国的成都城虽是早早就进入了盛夏时节，却不似关中地带那般乍晴乍雨寒暑无定，一直是温熙如春，凉爽宜人。这里远离了前方战场上的惨烈与血腥，和着郊外那一望无垠的平原村落，洋溢出一派安定祥和的气象来，似乎不曾受到战争的任何影响。

其实，这不过是掩饰在蜀国上下的一层迷人的安宁稳定的表象罢了。既然大战已是爆发，就不可避免地影响到百姓的生产生活。且不去谈那些农夫农妇们日日夜夜忙着耕作为前方战士备粮织布，就是蜀国的大小官员也都过上了清汤白菜的苦日子。朝廷规定：每个官员及其家属每人每天只能领到八两大米或麦面下锅做饭，同时自行解决菜肴问题。而节约下来的米面粮食则一律远送前方战线供将士们食用。这样的生活窘状，对蜀国官员而言，自然是清苦得很。但是为了蜀汉的中兴大业，朝野臣民竟都咬紧牙关熬了下来。以诸葛丞相统揽三军号令四方威权显赫之尊，他家中所有亲戚每人每天的供粮也才仅六两左右，比常人的配额还少——这让天下臣民见了还有什么能不心服口服的？

蜀国顾命托孤次辅大臣兼尚书令李严和他家人的日子却并未像诸

葛丞相的亲戚们那样过得粗糙、辛苦。这主要是因为他在自己的府第里修了一个十多亩大的鱼池。他在池子里养了不少龟鳖鲤鲫，既能观赏娱乐，又可拿来炖煮食用，这和他人青菜萝卜糙米饭度日的窘况自是大不相同。

这一日，晴空如洗，那鱼池莹莹然如一块无瑕碧玉，倒映着天际浮云，空明剔透，煞是好看。尚书令李严此刻正端坐在池畔的一块大石之上，双目半睁半闭，手中拿着一支细细长长的绿竹钓竿，一缕银亮的钓线笔直垂入到池水中间，仿佛凝定在这一大块绿冰似的鱼池水中一般，纹丝不动。

忽然一阵微风徐徐掠过，池面上泛起了一层粼粼的波光。李严握着钓竿的右手五指一扣，便欲提竿起钓，却见一名家仆垂手过来，在他身后轻声禀道："大人，宫里的黄公公正在府外求见。"

李严准备提竿收丝的右手蓦地一定，也不答话，只是静静地坐在大石上，对家仆的这番禀报似乎是已经听到了，又仿佛什么都没听到。那名家仆也不敢多言，垂着双手屏息凝神，肃然而立，静静等待着李严的指示。

过了半晌，才见李严似乎有些勉为其难地叹了一口气，头也不回，缓缓开口说道："有请黄公公前来相见。"

家仆口中所说的"黄公公"乃是皇上刘禅身边最信任的心腹宦官——黄皓。李严知道，他和刘禅是自幼时起便游玩戏耍在一起的玩伴儿，二人几乎亲如手足，关系甚为亲密。而且，李严进宫也曾与黄皓打过几番交道，感到这名与皇上年龄相当的青年宦官头脑灵活、聪慧机智、口才颇佳，倒不可等闲视之。所以，李严出于审慎自保的考虑，也不得不对这名小小的从四品宦官予以足够的重视。今日让他入府和自己以便服相见，对他既显得平易亲近，又做到了礼敬有加。

待得那名家仆应声远去之后，李严才转身回头看了一眼家仆的背影。他的脸色慢慢变得凝重起来，仿佛陷入了极深极深的思索之中。俗话说："无事不登三宝殿。"这个黄皓，竟敢出宫前来我府，究竟有何用意呢？宦官出宫私会大臣，这可是与我汉朝礼制大大不合啊！莫非他带了皇上的什么旨意过来与我面议……李严在这一瞬之间心头已是思绪万端，然而脸上表情依然凝重之极，不现半点儿波澜。

不多时，只听得足音“笃笃”由远而近，径自来到他背后停住。李严知道来者是谁，却也并不回头去看。隔了半晌，一个稍显尖细的声音在他脑后终于慢慢响起：“尚书令大人好雅兴啊！黄皓这厢有礼了。”

李严听了，装着吃了一惊，急忙放下钓竿，转身回头，见是身着蓝袍、眉清目秀的黄皓在他背后躬身而立，不禁失声叫道：“哎呀！哎呀！不知黄公公何时竟已大驾亲临寒舍，本座失礼了！”同时又扭头叱责侍立一旁的家仆道：“刚才黄公公都走到了本座身后，尔等却不知出声提醒本座，让本座失礼于贵客，实在是该罚！”

家仆们纷纷跪倒在地，哆哆嗦嗦，惶恐之极。

黄皓的脸色却十分平静，只是唇边带着一抹若有若无的笑意，待李严发完了气、训完了话，这才不紧不慢地开口说道：“黄某不过是一个宦官，卑贱如狗，谈不上要谁来礼敬不礼敬！尚书令大人也不要再训斥他们了，是黄某让他们不通报您的。尚书令大人这般看得起黄某，黄某倒是有些无地自容了。”

李严一边道着歉，一边吩咐家仆给黄皓搬来紫檀木椅坐下。然后，他自己也回到了池畔垂钓而立，悠然说道：“黄公公，今儿我俩就这样随意些，也不拘什么礼数了。请问您此刻到我府中有何贵干呢？”

黄皓却不答话，眼珠滴溜溜往四下里一转，看了看周围的李府家仆，轻轻咳了一声，欲言又止。李严见状，会过意来，左手摆了一摆，让家仆们全都退了下去。

黄皓见家仆都已走远，这才微微一笑，道：“黄某区区一个宦官能有什么要事来找尚书令大人？不过是遵了陛下的旨意，前来向尚书令大人讨要几份咽得下去的肉肴回去孝敬陛下罢了！”

“哦？宫里的膳食开支可是告急了？”李严一怔。

“那倒没有！只不过诸葛丞相天天教导陛下要‘静以修身，俭以养德，卑以自牧’，弄得陛下年纪轻轻便青菜豆腐白米饭地过日子，瘦得是形销骨立……”黄皓说着说着已是满眶泪水，禁不住拿袍袖擦拭了一下眼角，“黄某于心不忍，才苦苦劝得了陛下的许可，冒着被御史弹劾的危险，偷偷跑到尚书令大人这里为陛下讨些肉肴回去补补身子……”

“这……这宫中的各项开支计划可是诸葛丞相一手制定的呀！”李严的神色似乎有些犯难，“他是顾命首辅大臣，很多事情得由他做主……本座若是坏了他的规矩，恐怕对他有些不好交代呀……”

“是呀！是呀！诸葛丞相是顾命首辅大臣，尚书令大人是顾命次辅大臣——难得您对他这般尊重礼敬呀！”黄皓听了，却是微微笑道，“只不过您处处都谦让着他，而他却未必将您和衷共济以渡时艰的那一片苦心放在眼里……同为顾命辅政大臣，但是他自己就可以独立开府治事，却一手阻住尚书令大人开府治事，将尚书令大人置于偏裨之位——这让我们这些外人看了，也为尚书令大人感到齿冷哪！”

李严听了这番话，半晌没有作声，只是握着那钓竿的右手微微颤了几下，钓线随即荡了几荡，立刻在一平如镜的池面上泛开了层层波纹。老实说，黄皓这几句话确实打中了他心头的“痛处”。自当年先帝于白帝城托孤以来，诸葛亮和自己虽是同为顾命辅政大臣，他却对自己一直是处处卡压：起先是把自己分配到蜀东峡江一带对吴作战，不让自己返回成都权力中枢，后来又调自己入朝担任尚书令之职，只是掌管军需后勤事务，不让自己参与军国大事的核心决策过程之中——就像这次北伐，诸葛亮也只是在由他手下蒋琬、费祎、姜维等一群亲信将臣组成的“小圈子”里关门商议，从来不和自己事前通气。而且，诸葛亮向来是自命不凡，独断专行，发号施令，对自己也是调来调去，从不尊重，还振振有词地说什么“宫中府中俱为一体”“丞相府就代表着朝廷”，不需要其他元老重臣也开府治事，免得机构滥设、政出多门。一想到这些，李严心头就大为光火。但他此刻又焉敢形之于色让外人觑破？便也不言不语，静静而立，让自己胸中怨愤慢慢消退下去。同时，他心头暗暗一动：这黄皓今日竟敢偷偷跑来在两大顾命辅政大臣中间挑拨是非，真不知他意欲何为？不禁神色一凛，表面上仍是装得若无其事，却竖起耳朵冷眼观察，静伺其变。

黄皓见他并不接话，便又自顾自说道：“黄某听魏国那边传来的消息说，伪帝曹叡又是大兴土木修建行宫，又是四处派人寻珍觅宝，用的是东吴交州的象牙箸，吃的是辽东海域的鲸鱼肉，纳进宫的是荆扬二州的美女名姬……那个皇帝才当得有滋有味呢！哪里像咱们的陛下——虽然贵为天子，衣食寝处却贱如匹夫！”

李严听到这里，伸起左手掀了掀胸前长髯，不禁咳了一声。黄皓立刻意识到自己的言语一时出了格，便又改口说道：“哎呀！黄某该遭掌嘴！该遭掌嘴！咱们陛下卑其宫室，俭其衣食，心系天下，励精图治，不以百姓之役力而奉已一人，哪里是曹叡那个淫昏之君所能比拟的？”说着，自己连抽了自己几个耳光，又道：“陛下虽然圣明，能够做到卑以自牧、事事俭约，整日里粗衣糙食的苦楚——这在我们身为臣子的眼里，实在也是看不下去呀！黄某心头也别无他念，只是一心一意想将陛下侍奉好了。请尚书令大人恩准黄某带些肉肴回去孝敬陛下！”

却见李严仍是一声不吭地垂着钓，只伸着头望向池面，静立不动。黄皓见他似乎没听自己在讲话，觉得有些自讨没趣，脸色便沉了下来。蓦然间，李严已是钓竿一扬，一条鲤鱼“哗”的一声破水而出，在半空中划过一道金弧，“啪”的一响，被钓线甩上岸来，落在了黄皓脚边的地上，活蹦乱跳个不停。

黄皓低头一看，见这条金鲤长约二尺左右，又肥又大，不禁脱口赞道：“尚书令大人的钓鱼之技真是绝了！”

李严的脸上也放出了一丝不无得意的微笑，用手中的绿竹钓竿指了指在地上蹦来跳去的那条金鲤，道：“这条金鲤，黄公公若是不嫌弃，便拿回宫中去自己煮了吃吧！至于陛下所需要的东西黄公公暂且先回去，一个时辰后，本座自会想方设法找到上等的山珍海味送进宫去。”黄皓一听，不禁大喜过望，连连道谢。

“另外，老臣有一个想法：还有几日，东吴使臣张温就要回去了。这次我们双方虽然没能在联手夹攻伪魏之事上达成协约，但是张温在临走之前专门提出了愿意从我大汉境内采购蜀锦以备国用的要求。”李严又不紧不慢地说道，“你也应该知道，我们的蜀锦一向质量上乘，非常精美，东吴很多将臣、富贾、豪族都极为欣赏、多方购求，就连吴王孙权对蜀锦也是爱不释手。听张温的意思，只要我们愿意提供足够的蜀锦，他们可以拿出任何我们所需要的东西来交换……”

“蜀锦？”黄皓一怔，面色一片惘然，“李大人……黄某知道，如今国库之中确还存放着三十万匹蜀锦，但是诸葛丞相临行之前曾亲口交代了的：这些蜀锦留有急用，是到了万不得已之时拿出来向东吴交换粮食和军械的呀！”

“这个老臣也知道。黄公公是害怕诸葛丞相万一怪罪下来承受不起吗？你大可不必过虑，一切有老臣顶着呢！”李严一手持着钓竿，面朝水池，自顾自地说着，却不回眼看他，脸上慢慢现出深深的笑意来，“前汉贤相萧何当年曾对高祖皇帝言道，‘宫室简陋而无以壮天威，衣膳清苦而无以养君身，是为臣侍君不忠之过也。’所以老臣决定，要用这三十万匹蜀锦从东吴换回一些上品的珍珠、翡翠、玳瑁、彩翎、象牙来，对陛下的皇宫重新修饰一番，弄得更加富丽堂皇一些，借此扬我大汉物华天宝之美！”

“这……这当然是太好了！”黄皓一听，顿时喜得合不拢嘴，高兴地说，“黄某回宫之后，一定要向陛下禀明：还是李大人全心全意体念陛下，不愧为陛下知心知肺的辅政大臣！”

“那就多谢黄公公在陛下面前美言了。”李严一边慢慢收好了钓竿，一边走近前来，向黄皓缓缓说道，“陛下这几十天里过的清苦日子，老臣也很清楚——全是这劳民伤财而又毫无功绩可言的北伐之事引起的。”说到这里，他的眼神蓦地深沉起来，语气却是淡淡的：“不过，请黄公公转告陛下，最多也就再忍耐一两个月时间。老臣也不想为了某一个人的所谓雄图大业，就搞得朝野上下个个面有菜色，不知生人之乐。”

黄皓听罢，脸色一凝，低声道：“尚书令大人和黄某，还有……当真是想到一处去了，要不然怎么说您是‘陛下知心知肺的辅政大臣’，不像有的人那样只顾自己一个人青史留名，却全然不知朝纲大体，让上上下下所有的人都跟着他遭罪！”李严一瞬间懂得了黄皓话里的“还有……”后边那个人指的是谁，便伸出手来向他拱了一拱，笑而不言。

东阿王曹植的猝然被贬，在魏国朝廷中其实还是引起了不少大臣的暗中同情。然而，同情归同情，谁也不敢站出来为他讲一句公道话——他们都知道皇上为什么要那么冷酷无情地打击他这位贤德过人的亲叔父。谁叫东阿王竟在那个轰动天下的谣言中莫名其妙地就成了皇上所谓的"生身父亲"呢？皇上为了向天下臣民昭示他是魏文帝的嫡子，为了向天下臣民昭示他的血统纯正，唯一的绝招就只能是通过严酷打击自己这位亲叔父来平息这个谣言！目前，他这一招果然大见成效，随着曹植被公开贬斥，那个谣言也就慢慢平息下去了。

而东阿王曹植自己大概也是懂得了他这位皇帝侄儿的用心的，立刻上了一道字字含泪句句泣血的谢罪表，承认了朝廷加在他身上的那些"莫须有"的罪名一切属实，同时公开承诺自愿待在东阿城枯守待老，不再系心于朝事，永不涉足京师，誓与诗书典籍为伴，了此残生。

陈群是极少数几个在第一时间内被请入宫内议政阁中看到曹植这道谢罪表的元老大臣之一。他当时就不禁感到一阵鼻酸，热泪几欲夺眶而出。本来，作为顾命辅政大臣的他，应该为曹植这样一个潜在的政敌彻底退出朝局而高兴才是。然而，不知为何，他却还是禁不住在心头泛起一阵"兔死狐悲"式的伤感。他深深地明白了，从皇上对曹氏宗亲的刻薄寡恩与无情打击中可以看出，皇上已然决定不再以宗室诸王作为自己皇权的支柱。曹氏宗亲，就和半个多月前被扫进历史的垃圾堆里的后族外戚一样，也在魏国政坛上苟延残喘了。同时，根据近期皇上对司马懿家族中人的多方恩宠、大加封赏来看，魏室最高权力的天平终于向着所谓"功勋彪炳、深孚众望"的司马家族全面倾斜！这是多么可怕的一个危险信号啊！

他再往深处一想，更是一阵毛发悚然：在当今朝廷之中，只有自己是司马氏左右朝局、专断朝政的最后一个障碍了！如果说，原来朝廷里还有郭太后一党和曹氏宗室可以作为自己拉拢的对象来合力对抗司马氏的话，而现在，他举目四顾却是一个得力帮手也找不到了！他已在不知不觉之中，被时势推到了朝廷的最前线去制衡司马氏了！

沉吟了许久，陈群抬眼看了看和他一起进宫而来观看曹植谢罪表的钟太傅、王司徒、董大夫等人。他们个个脸上表情凝重，全然掩住了心头的风生浪起，让人看不出他们心中念想。隔了片刻，这几位大人纷纷推说年事已高不宜久坐疲劳，一个个告退离宫而去。偌大的议政阁内，末了只剩下总理各部事务的陈群一个人留下来和孙资、刘放一道商议如何处理豫州一带目前农民饥荒的大事。

“依老夫之见，不如和往年一样，继续从徐州、扬州调拨军屯里的富余粮食来救豫州百姓的饥荒之灾。”陈群处置这样的事务已然是轻车熟路，应急方案是不假思索信手拈来，“有请孙大人、刘大人速速拟旨吧！”

不料他话一出口，场中却是一片出奇的沉默。孙资、刘放二人满脸的苦笑，竟都静静地看着他，丝毫没有任何响应的动作。

“二位大人，怎么了？”陈群一愣，“莫非有什么意外？”

刘放拿眼瞥了瞥孙资，苦苦一笑：“敢情陈司空以为徐扬二州还像原来在司马大将军手下时那么容易打理呢！孙兄，你把那两州的情形向陈司空谈一谈吧！”

孙资也是有些无奈地苦苦笑了，抬头正视着满脸疑惑的陈群，道：“陈司空您也知道，往年只要我大魏各地一有饥馑之灾，都是由徐扬二州这两个‘备用粮仓’调粮救急，当真是‘召之即供、供之即足’，从无滞碍——可那是这几年来一直有一位心忧天下的社稷之臣司马大将军在那里随时响应朝廷的诏令啊！司马大将军从来都是宁可让自己麾下的士兵暂时紧着点儿过日子，也要先按朝廷的旨意一丝不苟地把赈灾之粮及时运送过来，解救百姓的饥荒之灾。

“可是今年司马大将军被调往关中地带对蜀作战，留守徐扬二州的满宠和贾逵两位将军可就不像他那样志虑忠纯、顾全大局了！这不，我们还没下诏从他们徐扬二州调粮赈灾，他二人倒来了个先发制人，三天前就送了个八百里加急快报过来，竟然声称今年自己的军屯里粮食收成也不太好，请朝廷不可妄行抽调……您看，他俩倒成了一毛不拔的‘铁公鸡’了！”

“嗯？”陈群听罢，一拍书案，不禁勃然大怒，“真是岂有此理，满宠、贾逵二人真是太过分了！孙大人、刘大人，立刻下诏严词训责他俩！不许他俩对朝廷的旨意推三阻四、讨价还价。”

孙资、刘放见陈群竟然动了真怒，不禁吃了一惊。孙资急忙上前劝道：“司空大人息怒，切莫为了这点小事气坏了身子！”

“哎呀！豫州几十万饥民嗷嗷待哺，这可不是小事哪！”陈群一脸的焦急，“现在关中那边是大敌压境，徐扬二州又不肯调粮赈灾，万一这么多饥民因盼粮无望而在我大魏之中原腹地闹起事来，岂不危哉？”

“司空大人，莫急。司马大将军昨天已送来奏章，决定从关中军屯暂时调拨四十万石粮食火速运往豫州救急……”孙资忽然莞尔一笑，劝住了正急得在议政阁中团团乱转的陈群，“而且，他好像还知道了徐扬二州赖着不肯调粮之事，发出了两封急函，严词训斥满宠、贾逵二将，令他们务必遵照朝廷的旨意及时筹好粮食运送到豫州……相信司马大将军这一出马，徐扬二州必会一切照办的。”

陈群听了，这才稳住了心境，脸色恢复了平静。他定下神来在椅子上静坐了片刻，又呷了一口清茶，方才伸手拭去额上汗珠，叹道：“如此甚好，如此甚好。”

话犹未了，他脑中猝然灵光一闪：眼下徐扬二州无故这么一闹腾，司马懿又随即出马这么一搁平——这一扬一抑一闹一平之际，莫非是司马懿自编自演的一出“活剧”？又莫非是他借此在向老夫示威？想到这里，陈群的心不禁蓦地一沉。他知道，司马懿这么一施援手，就弄得自己再也不好意思在对蜀方略上与他对着拧劲儿了。

他在心底暗暗一叹，脸色一肃，向孙资、刘放问道：“老夫听说皇上要下一道诏书，宣称凡再妄议关中战事者，一律贬官三级，逐出朝廷，流放边关；若有造谣中伤司马大将军者，一经查实，严惩不贷。有这么回事吗？”

孙资、刘放听罢，都点了点头。刘放看起来很随意似的开口说道：“陛下确有此意。陛下以为，今年司马大将军初临关中掌兵作战，能够挡住蜀寇的猖狂进攻，‘无过便是功’，不宜任由一些不识大体、不明大局的臣子在司马大将军背后妄议关中战事，以免造成不必要的喧嚣和纷扰。”

陈群听着，脸色却是微微一变，沉吟片刻，幽幽说道：“既是皇上的旨意，也就罢了。只怕这道诏书一下，朝廷今后可就真安静多了，到时候皇上想让哪个臣子多一下嘴也不一定行了！”他一边说着，一边起身背着手在阁内踱了几步，又道：“老夫听说近来汉中蜀寇流传着这样一段颇有意思的传言，说什么‘逢马莫怕，遇獐要躲’——细细一问，才知这段传言中的‘马’暗指的是司马大将军，这‘獐’暗指的是张郃将军……看来在蜀寇心目中，他们对张郃将军还是更为忌惮几分哪！”

“司空大人，既是蜀寇传言，又岂可以此为据凭空臆测妄断？”孙资一听，知道陈群又要提起“临阵换将”之事了，便正色说道，“蜀寇故意放出这段传言，分明就是在挑拨离间，想要挑起我们大魏内部将帅不和，动摇我们的军心，然后他们可以乘机浑水摸鱼，乱中取胜！依孙某之见，不如将它搁在一边不去理睬，一切待到关中战事结束之后再来一辨张郃将军与司马大将军的高下！但是，目前的关中大局，还是务必保持稳定为上！”

陈群静静地听完了他的话，觉得其中倒也并没什么大的纰漏，现在的情形也只能是这样了，便点头称是，不再多言。

诸葛亮偷袭上邽原

虽然和围攻祁山大营的蜀军营垒仅隔了十里之遥，司马懿和他带来的四万五千魏军却并没有立刻主动向敌人发起攻击，而是找到依山傍水的险要地带稳打稳扎地安营立寨，摆出了一副誓与蜀军进行长期对垒的架势。

司马懿的这一举措，再度招致了部将们的强烈不满。大队人马从上邽原辛辛苦苦长途奔袭近千里，本就是来迎头痛击蜀寇，及时解救祁山之围的。谁曾想司马大将军一到祁山脚下，又是安营扎寨，又是修筑鹿角栅栏，根本没有和蜀军对阵开战的意思。这让费曜、戴陵、郭淮等一干大将又是怨言四起，群情激昂，个个摩拳擦掌，来到司马懿的中军帐里请求出战杀敌。

司马懿静静地坐在营帐内的虎皮椅上，听着手下诸将你一言我一语闹腾得厉害，就是一直沉住气不表态。待到大约半个时辰后，诸将的唾沫也讲干了，话也讲完了，人也吵累了，帐中渐渐静了下来，司马懿才不慌不忙地抬起头来，双眸深处猝然一亮，寒光四射，冷冷地逼视着帐下诸将，含威蓄势，却不发话。不知为何，诸位魏将平时也都是杀人如麻心狠手辣的角色，今日与这不怒自威的司马大将军一对视，竟个个都觉得他目光犀利，仿佛只需一眼便直直地看透到自己心底深处来，顿时全身一阵发寒，不禁闭了嘴，噤了声。

司马懿昂首环视诸将一周之后，缓缓说道："诸君应当知道，此番诸葛亮大举兴兵来犯，本是蓄谋已久，也蓄势已久。他们以光复伪汉为名，蛊惑人心，而蜀中将士俱愿为其效死戮力，已成虎狼之师，岂可小觑？如今蜀军围攻祁山虽有两个多月，但依本帅看来，他们朝气正旺、暮气未生，如饿虎出柙，不食人肉而不止，极为危险。诸君与他们以硬碰硬，就算不吃亏，然而'杀敌三千，自损八百'，这也不是临阵应敌的上上之策！诸君少安毋躁，本帅自有出兵一举破敌之时。"

戴陵听得极不耐烦，等到司马懿的话刚一说完，便一跃出列，嚷道："如今蜀寇临门叫战而缩头不应，岂不让天下百姓讥笑我等胆小如鼠？"

司马懿一听，不禁心头暗怒，却又咬牙忍住，不形于色，藏在袍袖之中的左手顿时咯咯咯一阵骨节发响，竟不知不觉已捏紧了拳头。他沉默片刻，陡然哈哈一笑，道："戴将军忠勇可嘉，不愧为我大魏虎将，本帅钦服。来呀！传本帅的命令，让戴将军率八千人马，前去应战！"说着，将一支令箭掷给了戴陵，深深地盯着他看了一眼，又道："本帅在此静候戴将军的捷报佳音！"

戴陵一把接过令箭，无暇多想，立刻喜笑颜开，欢欣雀跃，鼓舞而去。司马懿待他出营远去之后，抚须沉吟片刻，却又唤来张郃，吩咐道："张将军速带五千精兵尾随戴将军前去应战，在后方为戴将军压阵。切记——此战若胜，则千万莫追；此战若败，则速速撤回！"张郃听罢，点了点头，领命而去。

司马懿目送张郃疾步离去，脸上掠过了一丝忧色。他在心底深深一叹，却是无可奈何。其实，这几个月来，司马懿明察暗访，早已摸清了自己所带的这支关中雄师的底细。关中大军近几年来虽说也曾立下许多赫赫战功，但长年辗转于陇西的崇山峻岭中征战奔逐，早已是"疲而不得休养，劳而不得安逸"，实如强弩之末，难以为继。然而，关中诸将个个却又好大喜功，一味只知逞强冒进，全然不顾自己手下部队之中祸患深伏——正所谓"骄将役疲卒，十战有九败"。司马懿所以一直迟迟不肯应战，也正是虑及此患，不敢轻举妄动。同时，司马懿亦已抱定宗旨，只要此番击退蜀寇之后，便要腾出手来对关中大军进行全面整顿，消其惰气而增其锐气，切实巩固军队的战斗力。但是身为征西车骑将军的张郃，不知是刻意还是无意，不去体察下情，也不懂养精蓄锐，更不配合自己的御蜀方略，只是一味跟着那些好战贪功的将领们瞎起哄，胸无主见，亦无远见，当真是“一将之智有余，而大帅之量不足”。幸好当初曹叡未将关中兵权交与此人之手，否则以他轻躁张扬之作风、急功近利之心性，早已弄得关中局面一败而不可收拾矣！前几年司马懿听人称蜀寇中那名误失街亭的马谡是当代“赵括”，而来到关中之后，他仔细观察所谓“关中第一智将”张郃的所作所为，才从他身上的言语举动中读懂了什么叫做马谡式的“名过其实”。

司马懿慢慢将思绪收回到现实中来，看到帐下费曜、贾嗣、郭淮等将领一个个跃跃欲试的表情，不禁面色一肃，凛然说道：“诸君莫急，我们就在这帐中等待片刻，静候前方战报。本帅有言在先，这一战若是戴将军胜了，本帅立刻放手让诸君奔赴沙场大显神威，决不加以掣肘；若是戴将军败了，则请诸君日后一律谨遵本帅教令，再有妄议出战者以军法从事！”帐下诸将一听，个个面面相觑，都是在心底求神念佛地盼望着戴陵凯旋。

大约过了三个时辰，当天边斜阳的最后一线余晖投进营帐里来爬上每一个将领的鞋尖时，一阵杂乱无章的喧闹声划破了黄昏时的宁静。在听到这喧闹声的一刹那，司马懿从虎皮椅上霍然而立，脸色立刻变得紧张起来，双眼盯着帐外，只是不言不动。

喧闹声越来越近，来到中军帐外却停了下来。过了片刻，“哗啦”一响，只见张郃提着一柄剑锋上正滴着血珠的长剑，一把掀开了帐帘，一身疲惫地走了进来，灰头土脸的，表情十分难看。

顿时，所有的魏将都像木头人一般怔住了！帐中立刻陷入了死一般的沉寂之中！

许久许久，司马懿才颤声问道：“战果如何？讲！”张郃舔了舔干裂的嘴唇，嗫嗫地说道：“蜀寇出动了两万人马和魏延、姜维、王平等三名大将一齐围攻过来……戴将军拼死力战，受了重伤，被……被抬到后营疗伤去了……我们损失了战骑三百多匹、战士四千余名……不过，蜀寇大概也和我军伤亡的情形差不多吧……”

听着张郃断断续续地汇报着战情，司马懿只是沉着脸，一言不发，两道浓眉渐渐拧成了一团。看来事前他料得没错，蜀军果然采用的是“两败俱伤”的消耗战，企图在双方有生力量不对等的情形下折损自己的元气。他站在那里，久久不语，脸色变得极其复杂。侍立在他身边的司马师看着父亲这般神情，知道他心头已是翻江倒海般难受，也只得在一旁默然观之，不敢插嘴前去劝说什么。

隔了半晌，司马懿才挥了挥手，吩咐道：“来人，扶张将军下去休息。”帐外两个亲兵应声而入，扶着满脸血痕的张郃退了出去。

待张郃刚一出营，司马懿便沉下脸来，一字一句地从牙缝里蹦出一段话来：“诸君要记着，忍而又忍，慎之又慎，伺机而动，后发制人，方是我大魏不战而屈人之兵的良策！戴陵逞狠斗勇，损兵折将，失误不小，立即免去官职，留在营中戴罪立功。日后，军中再有妄议出战者以军法从事！”

司马懿这番话讲得声色俱厉，诸将听了，只得点头称是，战战兢兢，不敢多言。司马懿似乎也有些倦了，慢慢坐回到虎皮椅上，便要示意让众将退下。

正在这时，一名探子气喘吁吁奔进营来禀报：“诸葛亮一个时辰前亲率六万人马直奔上邽原而去！”

这个消息如同平地一声霹雳，震得司马懿身形一晃！看来，诸葛亮果然不出自己所料，终究还是使出了这两招调虎离山、金蝉脱壳之计！他果然向素有“关中第一粮仓”之称的上邽原偷袭而去了！司马懿屏息凝神，极其紧张而迅速地思索着。正欲开口说话，又有一名亲兵闯进营来，禀道：“禀告大将军，陛下令度支尚书司马孚调拨长安守卒一万五千人马，由长安太守牛金将军率领，火速前来支援，目前已驰到五百里外的‘狮子口’了！”

后面的这个消息顿时在帐中诸将心头又激起了烈烈战意。郭淮将军一听，出列急道：“大将军，既然援军已到，就请发令乘诸葛亮主力外出之际，以我军全部精锐向祁山下留守的蜀军发起狙击！这一战，末将自信必胜无疑！”话犹未了，他身畔的诸位将领也是纷纷赞成，帐下又是一片请战之声。

司马懿却面色沉凝，用手捋了捋长须，静静地思考了许久许久，才猛一挥手，道：“不要再闹了，司马师听令！”

场中一下静了下来。司马师在众将向他投来的惊疑不定的目光中跨前一步，出列肃立静听。司马懿从书案的文匣之中取出一只锦囊递给了他，道：“你速去‘狮子口’处面见牛金，将锦囊亲自交给他本人，让他遵照囊中之计，立即施行，不得有误！”

“是！”司马师听令，应声接囊而去。

司马懿神色凛然，又向帐下诸将环视一圈，然后沉声说道：“传我两道军令下去，一是立刻派八百里加急快骑……不，就用本帅的那匹千里宝驹将蜀寇偷袭的消息尽快送到邓艾、魏平那里，让他们及时作好应敌准备！

“二是立刻拔寨，全军用过晚饭之后，自带二日干粮，急速赶赴上邽原救援！”

上邽原的夜晚并不寂静，也没有多少凉意，稻田里蛙声起伏，更是给人平添了一丝烦乱。这里虽说半个多月前还是霖雨绵绵，但毕竟已到了六七月份的时节，夏天的暴热又如沸水一般卷袭而来。关中驻军若非因多年居住于此而适应了这种寒暑交替大起大落的气候，恐怕早有不少士卒已吃不消这鬼天气而生起病来。

此刻，在上邽原周围山坡的麦地里，依稀可见绰绰人影在月光下晃动。走近去看，分明都是一群群魏国士卒正在地里弯腰埋头整齐而迅速地割着麦穗，一片细细密密的“沙沙”之声不绝于耳。

地埂边上，一名银盔素甲的青年将官正指挥着士兵们有条不紊地割麦、收麦、运麦，神色显得有些急躁，不时地向士卒们催促几声。

他正忙着的时候，却未曾发现山坡脚下一位身着红袍的中年将官疾步走了上来，身后跟着两名亲兵。渐渐走近了，红袍将官出声招呼道：“邓老弟，你还在忙哪！休息一下吧！”

那银盔青年将官正是魏军主帅司马懿的秘书郎、留守上邽的副将邓艾。那红袍将官不消说自然便是上邽守将魏平了。邓艾听得魏平的话声，连忙回过身来，迎了上来，慢声说道："魏……魏将军，小……小陇山那……那边的营垒工事修……得差……差不多了吧？"

邓艾一直有些口吃，但自从当了关中大帅秘书郎后，他就开始有意识地注意随时纠正自己这口吃之弊。所以他现在讲话，宁可说得慢些也要努力争取不再出现结巴。但这是先天性疾病，所以他的口吃也就做不到彻底根除，只是现在说话不再像以前有那么多的"结巴"罢了。

魏平听完了他的话，点了点头，抹了抹脸上的汗珠，道："魏某把小陇山上的兄弟们大半都派下山来抬石运泥，其余的人在山上修筑工事，大家到现在都还在忙着呢！而且魏某还让兄弟们把山下所有的只要能够搬得走、抬得动的滚石、巨木都弄到山上营寨里储放起来！假如蜀寇真的胆敢前来偷袭的话，包管他们夺我小陇山比登天还难！"

邓艾认真地听着他的每一句话，放眼望向山坡对面那地势险峻的上邽原咽喉要地——小陇山，沉吟着点了点头，又慢慢说道："魏将军既是把这……这营垒工事做得这……这般扎实，小弟也相信小陇山此时必……必是固若金汤，坚不可摧！小……小弟正急着催赶这些兄弟们尽……尽快割下更多的麦运……运到小陇山营寨里积……积储起来！"

魏平看了看那些正埋着头在坡地割麦的士兵们，伸手拉了一下邓艾的袖角，使了个眼色，低声道："邓老弟，说实话，你觉得咱们哥儿俩是不是搞得太认真了？你看，自从半个多月前司马大将军率领大队人马离开上邽救援祁山以来的这段日子里，我们又是忙着割麦又是在小陇山修筑工事，每天都要干到深更半夜才去休息——蜀寇却还远在祁山呢，他们又不会长上翅膀飞过来攻打我们！说不准我们到时候是辛辛苦苦地白忙活了一场，让人笑话哟！"邓艾听罢，一伸手，也是低声说道："魏……魏兄，且让我俩借……借一步说话！"说着，便领着魏平往坡上僻静之处走去。

待得远离了那些士卒耳目所能及的范围之后，邓艾才对魏平说道："魏兄切莫犹豫。这……这上邽乃……乃是'关中门户'、我军'粮仓'，实乃兵家必争之地。而且蜀……蜀寇如今已用调虎离山之计抽……抽走了司马大将军统……统领的关中大军主力，一……一定会乘隙前来偷……偷袭。所以，我们只能抓紧时间多……多积粮草，筑好营垒，备好器械，尽……尽快作好全面应战的准备，才……才会立于不败之地。不然蜀寇猝然来攻，大家届时追悔莫及！”

魏平听了这番话，默默点头，道：“司马大将军临走之前，一再交代凡事要听取邓老弟的意见，魏某一定切实照办，想来总是不会出什么差错的。”邓艾听了很是感动，躬身施礼道：“难……难得魏兄如此信任邓某，邓某感激不尽！”

魏平腼腆一笑，摆了摆手，连身道：“不敢当，不敢当！邓老弟折杀魏某了！”二人谦让了一番，方又站起身来，环视上邽原，胸中各有一番感慨涌上心头。隔了半晌，魏平开口说道：“邓老弟，魏某乃一介勇夫，只知诚心待人、实意办事，也辨不清这大局大势，却有一个问题要请教你一下！别人都说司马大将军掌兵关中以来，怯弱不堪、畏蜀如虎，但魏某总相信他老人家这么做，必有高明之处——只是魏某愚钝，还请邓老弟为我指点一二！”

邓艾未曾想到魏平竟是这般诚朴谨厚，有些意外地看了他一眼，不禁佩服起司马大将军用人之术的高明卓异来：司马大将军正是知道自己一向性格高傲、恃才自负，不易与他人共事，便特意找了个质朴忠厚的魏平来配合自己，既消了双雄并立互不服气各自扯皮之害，又扬了他二人刚柔互济相得益彰之长。想到此处，他不由得为司马大将军这一番良苦用心而深深感动。沉吟片刻，他在魏平近乎求教的眼神里，缓缓开口说道：“魏兄真以为司马大将军坚守不出，是……是胆怯吗？古人讲，‘三年不飞，一飞冲天；三年不鸣，一鸣惊人。’依……依在下之见，司马大将军亦是不战则已，一战惊人，无人能敌！

“春秋时期越国名将范蠡讲得好，‘古之善用兵者，因天地之常，与之俱行。后则用阴，先……先则用阳；近则用柔，远则用刚……彼……彼来从我，固守勿与；尽其阳节，盈吾阴节而夺之。’太……《太公兵法》里也说，‘善战者，居之不挠，见胜则起，不胜则止。’司马大将军对付蜀寇之策，亦正是‘不……不战而屈人之兵’，看……看似初无显赫歼灭之效，终将胜敌于股掌之上。其……其出奇应变，奄忽如神，虽孙武、吴起有所不及，虽韩信、白起亦非其敌！”

魏平听得邓艾引经据典、神乎其神地这么一说，倒真有几分悚然动容，急忙认真倾听下去。只见邓艾停顿片刻，又道："据在下所知，伪蜀国内共有农一……一百一十万人，其中妇女有二十五万人，年满十五岁以下的男子三……三十万人，年满五十岁以上的有二……二十万人，剩下年纪在十五岁至五十岁之间的有三十五……五万人专门从事农耕。但伪蜀国内官吏有六万人，僚佐有十万，军士共三十万。以……以三十五万之农夫耕种所得之粮食供养四十六万之吏卒，真……真可谓是'生之者寡，食之者众'，如此下去，岂……岂能长久？所以在下断定，诸……诸葛亮大兴军旅，犯我大魏，完全是劳师疲民，终究不是长远之计。将……将来伪蜀一旦军饥民疲，则必将人心涣散。司马大……大将军乘虚而攻，必会稳操胜券！"

魏平没想到邓艾以一介区区掾吏，竟对魏蜀大势看得如此透彻，不禁深深叹服，道："邓老弟懂得真多啊！你这番话讲得缜密扎实、滴水不漏，魏某自愧不如！"

二人正谈之间，山坡下一骑人马如风驰电掣般疾驰上来。他俩循声望去，却见来骑之上一名士卒飞身下马，喘着粗气，满头大汗地奔到他二人面前，急急禀道："魏将军、邓将军，司马大将军以他的千里驹送给属下坐骑急驰前来报讯——诸葛亮提兵六万，直袭上邽而来，先头部队可能在明天中午时候便会抵达！司马大将军要求二位将军务必全力守住上邽，同时他已亲率大军奔驰千里回援上邽，请二位将军放心应战！"

"哎呀！蜀寇真的来了？"魏平大惊，扭头看了看邓艾，"邓老弟真是料事如神！"邓艾仰天哈哈一笑，复又脸色一正，道："我们已有备无患，不……不怕他不远千里来偷袭！"说着，又扭过头对那名士卒吩咐道："传我三道命令下去：一是所有精兵全部退回小陇山营寨，分批休息调整，时刻准备作战。

"二是马上派五百士卒到上邽四周山脊上多插军旗以壮声威，迷惑蜀寇。

"三是让农丁们抓紧时间割麦、收麦、运麦！"

魏平像看着另外一个人似的看着邓艾，发觉他此刻竟颇有大将之风，举手投足之间凛然生威，而且也一点都不口吃了。只见邓艾转过头来，又望向漫山遍野的那一片绿油油的麦地，冷冷地在牙缝里挤出一句话来：“看来，有不少熟麦是来不及收割运走了！让那批到各个山脊去插军旗的五百士卒，在插好军旗的同时，把来不及收割运走的那些坡地里的熟麦全部放火烧掉！”

“烧麦？”魏平吃了一惊，“那……那些地里的麦，可是兄弟们辛辛苦苦种的呀！”

“妇人之仁，岂能成就大业？”邓艾脸色极为凝重，伸手在半空中猛地一劈，“我们收割不完的熟麦，决不能落到蜀寇手中！烧！能烧多少是多少！这个时候决不能便宜了他们！”

暗算

在瓦蓝色的夜幕下，崎岖陡峭的山壁栈道上，炬火照耀之中，一列列装满了粮袋、草料的马车犹如无声的河流般向前缓缓行进着。

蜀汉督粮将军岑述和护粮将军张恒各自率着数千名精兵一左一右地护持着这支运粮车队。他俩乘着战马在队伍前面并辔而行，不时地往四下里张望着，一副如履薄冰的样子。

走过一个山腰弯角处时，蓦然间，岑述仿佛听到了什么似的，猛地一拉缰绳，勒住了胯下坐骑，同时左手向上高高一扬，短促而有力地喊了一声：“停！”

正如河流般慢慢前行的运粮车队和护粮士卒们立刻应声停了下来！

驻马立在一侧的张恒心头一震，脸色一变，急忙伸手紧紧握住了腰间刀柄，双目圆睁，顺着岑述的眼神一道看向了前方！

前面，两扇巨门似的峭壁兀然而立，从中间那道窄窄的隘口透视过去，是一片苍茫的夜色，却显得有些阴沉，似乎里边正蹲伏着一头猛兽，随时便会猛扑出来择人而噬。

张恒沉着脸，向身后的护粮士卒们打了一个手势。只听“刷”的一响，蜀兵们齐齐挺起了长矛、铁枪，面无惧色地朝向隘口，作好了立刻迎战的准备。

一时间，场中静得只听见蜀兵们粗细不一的呼吸之声！

许久，“呱呱”几声长鸣猛然掠空响起，一群乌鸦在隘口处“扑棱扑棱”扇着翅膀往四下里飞散开去——隘口那里，仍是毫无动静。

岑述皱了皱眉，右手凌空一挥，唤来五名身手比较矫健的亲兵，低声吩咐道：“你们五个上去探一探！一有风吹草动，立刻赶回禀报！”

那五名亲兵齐齐应了一声，执刀持剑，腾身而起，捷如灵猿，从五个不同的方位朝着隘口处攀驰而去。

岑述和张恒双眼紧紧地盯着他们的身影，直到他们全都没入隘口后面那深深的黑暗之中。

又过了一炷香工夫，听得数声长啸破空掠来，那五名亲兵沿着隘口处的栈道飞奔而回，领头的一人奔到岑述和张恒马前屈膝跪下，高声禀道：“岑将军、张将军，据属下等人越过隘口前行百十丈查探，并未发现任何魏贼伏兵！”

他此语一出，张恒不禁面色一松，放开了紧握在腰间刀柄上的手，抹了抹额头上的冷汗，嘻嘻一笑：“嗨！原来是虚惊一场嘛！”

岑述却没这么轻松，脸色依然似铁铸一般凝重肃然。他驻马静思片刻，问那领头的亲兵道：“你等可曾看仔细了？”

那亲兵神色笃定地点了点头：“属下等看得甚是仔细。”

岑述听了，这才向后边招了招手，示意运粮车队继续前行。

“辚辚”之声顿时大作，众蜀兵押送着运粮马车，又开始向前缓缓行进起来。

“岑兄，你实在是太过小心了！”张恒打了打马，跟着岑述并肩往前驰去。一边走着，一边对岑述不以为然地笑了笑说道，“这条粮道我们走过很多次了，每一次你都是搞得这么紧张兮兮的！”

“唉！张兄，你又不是不知道这批粮草是何等地紧要！”岑述一边放马而行，一边目视前方沉沉叹道，“它们可是我大汉十余万北伐大军的‘命根子’啊！岑某和张兄两个是耐着性子在成都城里苦苦候了七天七夜才等到尚书令大人拨了下来……丞相和姜维将军都来信催了岑某四五次，弄得岑某一天到晚头都大了！所以岑某是粮一到手就立刻出发，丝毫不敢耽搁，生怕误了丞相的北伐大业啊……”

说着，他又深深吸了一口长气，很认真地对张恒说道：“你我都要小心保护好这批粮草啊！千万不能出现任何差池！”

“岑兄说得是！”张恒点了点头，微一沉吟，似乎想起了什么，又道，“对了！这一次回成都调粮，张某总觉得尚书令大人有点儿阴阳怪气的，把我俩晾了七天七夜都不闻不问，如果不是蒋琬大人和董允尚书亲自带着我俩到他府上催办的话……这批粮草他不知道还要拖多久才会拨给我们……”

“唔……这些事儿过去了就别提了！提起来岑某心底里也窝了一团邪火！不过，既然张兄也知道这批粮草得来甚是不易，就要打起十分精神，切莫负了丞相的重托啊！”岑述连连点着头说道，脸上表情却是隐有重忧，“不瞒你说，这一路上岑某都一直在手心里为这批粮草捏着一大把冷汗哪！”

张恒一听，不禁大睁双眼，看着岑述，愣了片刻，方才“扑哧”一声，在马背上笑得有些前仰后合，道：“岑兄你真是……你我二人小心是要小心，可千万别胆小啊！”

“哪里！哪里！”岑述急忙摇了摇头，“你不知道，岑某这一路上一直都是有点儿心绪不宁的，总觉着说不定要出什么岔子……”说到这里，他“啪”地伸手打了自己一个嘴巴，道：“瞧我这乌鸦嘴！”又看着面色有些惊愕的张恒，淡淡地笑了一笑：“岑某自然是希望自己这种感觉是错的，是自己吓自己的……”

“别说了！别说了！岑兄你再说下去，连张某都要心头发紧了！”张恒“铮”的一声抽出鞘中宝刀持在手上，满面肃然地望着前方，“张某知道应该小心了！这时也别乱了阵脚，前边好像再过一两个隘口，就到平原地带了，离祁山也不远了……”

岑述没有搭话，仍是瞻前视后、左顾右盼的，似乎随时都在提防着从哪个角落里钻出魏贼来。

小心翼翼地往前走了半个时辰后，前边又是一个隘口。过了这个隘口，就是直通祁山的平原大道了。

“没事了！没事了！”张恒望着三十余丈外的那个隘口，胸膛里一直悬着的心脏这时才放了下来，对岑述微微笑着说道，“马上就要到安全地带了，大家都不用再怕了……”

岑述皱着眉头沉着脸看着那个隘口，沉吟了片刻，“咦”了一声，问张恒道：“张将军，岑某记得平日里经过这道隘口时似乎都一直有人把守啊！今天夜里怎么没了这些守卒的踪影？！”

“是啊！”张恒听了，亦是立刻反应过来，“这里平时都守着好几百个士卒呢，怪了，今夜怎么一个人都没有？”

他二人正惊疑之际，忽听得“当当当”一阵锣响，隘口处猝然炬火通明，照得四下里亮如白昼。他俩凝神看去，却见是数百名蜀兵“从天而降”，从隘口两侧的峭壁后面纷纷跃出，向着他们这里一边欢呼着，一边招着手。

“嗨！格老子说他们躲到哪里去了呢！”张恒见状，这才松了一口气，两腿一夹马腹，打鞭驱着坐骑径直迎了上去，“原来是想跳出来吓我们一下！老子得要上前去教训教训他们——这些没规没矩的家伙！”

他正自说着，陡然觉得自己胸口一痛，不禁低头一看，凭空飞来一支利箭兀然射穿了他胸前的护心铜镜，深深插进了他的心脏！

在愕然中，张恒伸手捂住了胸口中箭之处，鲜血从他的指缝间汩汩流出——他抬头往前一看，隘口处站着的一名“蜀兵”在炬火掩映之下正弯弓搭箭瞄准着自己！

张恒顿时一下明白了过来，嘶哑着声音急忙扭过头来向着身后正欲跟上前来的岑述用尽全力喊出了最后一句话：“别跟来——他们是魏贼假扮的……”

大风从魏蜀交战中心区上邽的麦原上卷扫而过，吹得那一眼望不到边的黄黄绿绿的麦浪翻翻滚滚，在阳光下鲜亮得有些刺眼。在半空中俯瞰下来，还可以看到上邽周围的山坡麦地里，是东一块西一片的焦黑与枯黄，不消说，那些就是邓艾下令烧掉的熟麦灰烬了。

迎着飒飒朔风，诸葛亮披着斗篷，出了帅营，静静地在麦原上漫步散心，他的身后跟着腰佩长剑的姜维，如影随形，寸步不离。与他俩隔原相望的，就是上邽的门户——小陇山，那绵绵的山梁上驻扎着五万大军，而这支大军正是他有生以来一个最强的对手的部众。他在十日之前毅然留下数万大军围住祁山作饵，以引诱对方上钩，同时日夜兼程，火速赶到上邽抢夺对方的“粮仓”，以补给自己的有生力量。却不料对方对这一切计谋洞若观火，也随后及时追踪而至，在上邽原有的留守将士配合和策应下，迅速进驻了小陇山营寨，控制了制高点，对蜀军形成了俯攻之势，大大制约和压缩了蜀军在上邽的作战空间，使蜀军处于被彻底监控的状态。

诸葛亮想到这里，不禁深深一叹。他们已经在这里和自己的军队对峙近十天了，只要自己的军队一出营到上邽原上割麦，对方就居高临下，倾巢出动，猛力攻击，始终使自己的队伍无法安心收割到足够的粮食。但他们又从来不与自己的主力部队进行大规模正面交战，完全是像毒蛇一样游击个不停！虽然自己这一方的兵马数量远远胜过了他们，但是由于他们占了地利，所以战争的主动权始终掌握在他们手里。这个事实，即使自己是多么地心有不甘，诸葛亮也不得不忍着被打落牙齿往肚里咽的那种痛苦，自我肯定这一点。他远远地望见了对方军营上空高高飘扬的中军军旗上绣着的“司马”两个巨字，不胜惆怅地摇了摇头，自言自语地说道：“想不到我诸葛亮统领精兵十余万，纵横天下，所向无前，却拿司马懿这个奸猾无比的老乌龟束手无策！”

姜维站在诸葛亮身后，咬了咬钢牙，沉声说道：“这司马老儿枉称是魏国大帅，却是胆怯如鼠，只知躲在营寨里不敢出来应战——丞相，干脆我们明天组织大军从小陇山脚下对他们发起大反攻，看他到时候下不下山应战！”

诸葛亮略一沉吟，轻轻摆了摆手，道：“匹夫之勇，何足为恃？小陇山地势险要，居高攻下易，居下仰攻难，只怕他们没有下来应战，我们就已经损失了不少精锐！这一战策，实不可取！”说到这里，他语气顿了一下，又道：“司马懿可不是一个简单的对手哪！本相听到来自魏国内部的探子报告，他在伪魏朝中一向是以刚明勇毅、杀伐决断的行事风格而闻名，从来是雷厉风行、铁腕无情。然而到了关中与本相为敌，他却是一味隐忍沉潜多方示弱，转变成了一种瞻前顾后、小心翼翼的作风，几乎与本相以前听到的关于司马懿的印象判若两人。你可知道，他这是为何？”

姜维摇了摇头，脸上表情一片茫然。

诸葛亮沉默片刻，悠悠说道：“这说明了司马懿是在韬光养晦。正所谓‘鹰立似睡，虎卧似病’，他一直是在麻痹本相，一直是在伺机而动。待到时机成熟，他便会对本相猝然发起最后的致命一击！而且，为了这最后的致命一击，他在事前可以像韩信那样俯身甘受胯下之辱，也可以像勾践那样咬紧牙关卧薪尝胆！这一切的一切，岂是你我其他对手所能做得到的？唉……想不到本相此番北伐，竟遇此劲敌，实乃大汉之不幸也！”说着，抬起头来望了望天际，却见得浮云当空、红日隐隐，不禁怅然道：“伪魏境内前不久发生了郭逆太后一党与曹氏宗亲两股势力猝然受挫事件，朝局动荡、人心不稳，我们本来是可以利用这些大做文章的。但是没想到，他们国内出了这么大的两个乱子，最后竟然全都被化解于无形，伪魏江山依然固若磐石——莫非真的是魏贼气数未尽？本相提兵北伐，真的是过于操切了？”说罢，满面愁云，挥之不去。

突然，诸葛亮似乎想起了什么似的，转头问姜维道：“前几日李严来信，说岑述和张恒已经出发运送着粮草过来了，算起来在这一两天内应该到了呀！怎么还没音讯呢？另外，现在我们军中余粮还可应付几日？”

姜维面色沉郁，道：“我们军中现有的余粮还可应付七日，再加上从上邽原里抢来的粮食，最多也只能撑到第九天。岑述他们押送的粮草这几日再不到位的话，我们就有大麻烦了。”

诸葛亮用手中鹅羽扇拍了拍自己的脑袋，自言自语道：“这几日只顾着和魏贼挑战、抢麦，竟把这件大事给疏忽了。传本相的命令，让王平速带一万人马急往汉中前去接应岑述他们的运粮队伍，千万不能发生任何意外。”

姜维应了一声，便欲飞身离去。

正在这时，忽听得一阵急促的马蹄声响从二人身后传来。诸葛亮回头一望，见是一名小校从大营那边飞马驰来，奔到近前，滚鞍下马，颤声说道：“丞相，大事不好了！岑述将军他们从成都押送过来的粮食在半途中被一支不知从哪里冒出来的魏军给抢了！护粮将军张恒临阵战死，运粮的八千人马亦损伤殆尽，只剩下岑述将军和几百名蜀军兄弟拼死力战，才杀出重围赶来向丞相报告！岑述将军自知无颜来见丞相，现在正负荆自缚于大营内听候丞相回去发落！”

这番话犹如晴空一个惊雷，震得诸葛亮脸色大变，全身晃了几晃，险些跌倒。姜维大惊失色，跨上一步，急忙伸手扶住摇摇欲倒的诸葛亮，带着哭音唤道：“丞相！丞相！”

诸葛亮面色苍白如雪，勉力站定了身形，静立片刻，仰天长长一叹，缓缓说道：“本相现在才明白，原来司马懿这最后的致命一击便是到我们背后去劫北伐大军的粮草！厉害，厉害……

“唉，本相本应该想到的啊！这一次运粮过来，本相只顾着去和魏贼抢占上邽，竟忘了派人去接应岑述他们……不应该啊！实在是不应该……”

他一边喃喃说着，一边连连顿足。

姜维急道：“丞相勿忧！我们可速速派人回成都去让李严再次调运粮草过来！”

诸葛亮神情有些黯然，轻轻摇了摇头，道：“李严来信声称此番押送过来的粮草足够我十万余大军食用两个月，几乎已倾尽了国中粮库的底子，他是再也筹不到多余的粮了！唉，这次竟被魏军悉数劫去，实在是损失惨重！而且，就算李严又能飞快地运粮过来，司马懿一样还是会坚守不战，拖到我们再次弹尽粮绝，不攻自退！”

姜维一听，不由得怔住了，嗫嗫地说道：“既然如此，这……这该如何是好？”诸葛亮亦不再多言，让胸中激荡的心潮慢慢平复下来，举步缓缓向大营走回。其实，他心底还有些话没对姜维细说。前天，留在成都的丞相府主簿蒋琬来了一封密信，告诉他李严似乎在得到了宫里的支持下，竟然将国库中用来战时备急、换取粮食军械的三十万匹蜀锦，擅自拿去从东吴那里换了许多珍珠、美玉、玳瑁、象牙回来献入皇宫大内，取悦皇上。这让诸葛亮心中甚是震怒。他没想到李严为谋私利而刻意逢迎君心到了如此忘国灭公、不念社稷之本的地步，他也没想到皇上为了贪图一己之享乐竟不惜听取奸臣谄媚之言而大兴奢靡浮华之风。北伐出师未久，而国内竟生出这等上昏下佞、荒怠无道之事，怎不让诸葛亮心底的后顾之忧愈思愈炽？想当年东周列国争霸时期，越王勾践为求复国灭吴而能卧薪尝胆，甘受百苦——皇上如今身负光复汉室、一统天下之大任，岂可不效法古人，励精图治以求奋发有为？一念及此，诸葛亮恨不能立刻身生双翼飞回成都对皇上耳提面命一番！

这时，忽又听得一声马嘶，又是一名小校骑马飞奔过来，手里似乎还高高扬着一封信札。诸葛亮一见，不禁一愣，停下了身形。倏忽之间，只见那小校奔到他面前，一跃下马，双手捧上那封信札，道："禀告丞相，这封信札是我们刚才在半路上截下一名魏军信使后从他身上搜出来的，奉请丞相过目。"

诸葛亮沉吟片刻，伸手接过那封信扎，慢慢拆开，认认真真仔仔细细观阅起来。看着看着，他的脸色却是阴晴不定，变得十分复杂，口中还喃喃自语道："他说的是不是真的……也罢，姑且信他这一回，反正本相撤军时都会留后招的，将计就计吧！"

此刻，司马懿和司马师也正站在小陇山顶的瞭望台上俯瞰着上邽那一片麦原和麦原后面屯扎的蜀军大营。

他远远看到蜀军大营那边的麦原上几个黑点似的人影正在慢慢移动，便微微笑着用手指了指他们，对司马师问道："师儿啊，你猜那几个人里有没有诸葛亮？"

"一定会有诸葛亮的。他此刻想必已然得知孩儿与牛金将军一齐劫走了他们的粮草，恐怕正急得像热锅上的蚂蚁团团乱转呢！"司马师含笑答道，"粮草被劫，蜀军必然人心大乱，不敢恋战，父亲为何不趁此良机立刻发起大反攻？我们忍辱负重地等待了这么久，不就是盼着这一天快快到来吗？"

"不必急在一时，再等一等看。孩儿呀！你把诸葛亮想得太容易对付了！实话说，凭我大魏关中大军目前的真正实力，要想一口就把他们全部吞下，那是几乎不可能的。"司马懿微笑着摆了摆手，淡淡说道，"饥饿的猛虎才是最可怕的！他们巴不得和我们拼命大干一场后再风风光光地退回汉中去呢！"

"那……父亲大人的意思真的就是要让诸葛亮无粮自退，我们也不去主动追击他们了？”司马师诧异地问道，“父亲莫非真的怕了诸葛亮？竟致如此优柔寡断！这几个月来，我们和诸葛亮一仗不打，便放他回去，恐怕陈群、华歆那一帮老朽又要借机发难，对父亲百般羞辱了……”

“什么？我会怕诸葛亮？”听到司马师这番话，司马懿脸上慢慢现出了深深的笑意。他们不知道，我司马懿早就在二十多年前就和诸葛亮交锋过了。不过，不是在充满刀光剑影的战场上，而是在运筹帷幄之中。那时，赤壁大战刚刚结束，诸葛亮的“隆中对”方略因其成功实施而为魏国谋士界所瞩目。司马懿当时还比较年轻，官居丞相府军司马，掌管丞相曹操的军旅后勤工作，刚刚才进入曹操的智囊团。一向爱好谋划大事的他，怎么会放过仔细研究“隆中对”方略的机会？经过深思熟虑，他洞察到“东和孙权，北拒曹魏”是这一方略的核心内容。欲破“隆中对”，必先破坏吴蜀联盟。诸葛亮抓住了一个“和”字大做文章，而我们也可以抓住一个“离”字狠下工夫！司马懿想，乱世之中，人心易变，有利则合，有害则离，此乃人之常情，况且吴蜀联盟中不利于团结的因素太多了，如关羽对吴人的骄横态度、吴将对蜀人的强烈不满等……只要抓住时机，便可一举破之。但这些策略，他虽思之烂熟，却深藏不露，耐心地等待合适的机会将它们抛出来一鸣惊人！

机遇总是垂青于那些有准备的头脑。时隔十年，建安二十四年十月，蜀将关羽率军从荆州出发，北进中原，一路上连战连胜，锋芒直指许都。曹操支撑不住，便召集群臣商议准备迁都以避关羽之锐气。看着一个个曾在曹操面前大言炎炎的同僚们在蜀军强大攻势的震慑之下吓得唯唯诺诺一筹莫展的模样，司马懿知道自己脱颖而出的机会已经到来。他静了静心神，从乱成一团的百官群中挺身而出，向曹操进言道：“都城，乃国之根本，不可妄迁。丞相镇之以静，自可安定人心。至于关羽来犯之事，我有一计可以退敌！”

华歆、贾诩等一干大臣乍见司马懿越众而出，已是十分惊讶，又听他讲自有妙计退敌，个个面面相觑，甚是不信。当然，对司马懿这番超常之举，心存讥笑者亦是大有人在。

曹操冷冷说道：“讲来听听。”

场中一下静了下来。司马懿面色平静侃侃而谈："刘备、孙权从外面看似乎联成一气，无隙可乘，但其实他们内部并不团结。据臣所知，刘备强占了东吴的荆州，孙权对此一直耿耿于怀。这一次，关羽轻躁北进，耀武扬威，大出风头，孙权岂会乐意？依我之见，不如立刻派出使者奔赴东吴，劝说孙权从关羽背后进行狙击，我军再从正面实施反击。那时关羽腹背受敌，必亡无疑，又怎能再危及许都？"

曹操大喜，依计而行。果然，不出两个月的工夫，吴将吕蒙白衣渡江，一举夺回荆州，斩杀关羽父子，解了曹魏燃眉之急。而司马懿亦因这一计成功而获得曹操赏识，成为曹操身边的重要谋士，从而青云直上。这便是司马懿从战略层面和诸葛亮的第一次交锋。他这一计，不仅完全瓦解了诸葛亮的"隆中对"方略，而且还在吴蜀之间的联盟关系打进了一根楔子，使他们自此之后再也无法进行真心诚意的合作。自然，吴蜀不和，便给曹魏提供了分而治之的机会。司马懿当时就想，只要有朝一日我能掌握兵权，吴蜀的灭亡便只是一个谁先谁后的问题了。

想到此处，司马懿在心底冷冷笑了。二十多年前，诸葛亮在战略上已败于我手；二十多年后，他仍又在战术上败于我手，被我劫走粮草进退失据！毫无疑问，诸葛亮并不是我的心腹之患，也不足为惧。在当前的形势下，真正能危及自己的，倒是站在自己身后曾经给予自己全力支持的魏室啊！自己现在作好与魏室正面逐鹿争锋的准备了吗？还没有啊！我在关中大军之内根基未稳，也还未曾开始着手肃清异己，树立自己独霸关中的绝对权威——这一切都是需要时间的呀！司马懿仰面朝天，在心底悠悠一叹：事有轻重缓急，老夫现在也只有暂且舍外寇而平内患，待到彻底铲除朝中牵制自己的一切阻力之后，再来伺机灭蜀吞吴，一展自己的雄图伟略了！

他慢慢转过身来，静静地看着司马师，突然问道："哦，对了，为父昨天交给你的那封信函可是送出去了？"

司马师见父亲避开关中战事不谈，却问起昨天他写信给远在长安的三叔司马孚的那封信函，心头颇感意外，便点头答道："父亲问的可是写给三叔的那封信吗？昨天下午师儿就派人送出去了！不过师儿有些不解，父亲大人为何要特别交代送信的信使不走秘密偏僻的小径，却非走引人注意的官道不可？那是很容易被蜀军发现和逮住的呀！”

司马懿哈哈一笑道：“为父就是要让他被蜀军发现和逮住的呀！师儿呀！你以为这封信真的是写给你三叔的吗！为父这封信其实是写给诸葛亮看的。”

“写给诸葛亮的？”司马师一听，大是好奇，“父亲信中写的是什么内容？可否告知孩儿一二？”

“现在暂时还不能说，你自己认真去猜一猜吧！”司马懿一边高深莫测地说着，一边慢步走下了瞭望台，“依为父看来，五日之内，诸葛亮十万余大军便会全线撤退，我们还是先下来作好如何正确应付的准备吧！”

木门道的捷报

黄昏时分，向来是上邽原最为喧闹之时。驻扎在这里的蜀军以前通常都会在每天这个时候得到一段长达半个时辰的自由活动时间：士兵们散步的散步，练操的练操，干活的干活，读书的读书，聊天的聊天，当真是“鸢飞鱼跃，各得其乐”。

然而，今天上邽原的黄昏却异常地沉寂起来。一列列规模浩大的蜀军队伍正秩序井然地向着上邽原外的南方开动。原来，诸葛亮早在四日之前就开始作起了撤退的准备，但却定在了今天全军撤离上邽原。

他坐在马上，情不自禁地回头张望身后的上邽原，目光中有些懊恼，又有些忧伤。上邽原，这一片富庶广阔的“露天粮仓”，被落日镀上了一层灿灿的金光，沉默地屹然而立，目送着一队队蜀国将士的黯然离去。而在小陇山高高的魏军瞭望台上，诸葛亮看到那里人影绰绰，只是看不分明他们的面貌。但他知道，司马懿一定站在那群人影当中，注视着自己和蜀国大军的离去。

他没有猜错，这时司马懿正站在瞭望台上俯视着庞大而漫长的蜀军部队一排排地从视野中远去，一直不曾说话。自从昨天探到蜀军即将撤退的消息后，司马懿便派了邓艾、魏平二人率领一支精兵守在上邽原出口要道附近严密监视蜀军的动向。而今，这个消息得到了证实，诸葛亮终于离开了，然而司马懿却丝毫没有喜悦之情，他脸上的表情也变得越来越凝重了。魏军诸将在一旁观察着，也各想着各的心事。从今晚开始，他们必须面对这样一个事实：魏国最难对付的劲敌终于退却了，而他们却即将进入关中大军的司马懿时代。战争时期，一致对外的意识占了主流；而战争结束后，先前那些被掩盖被沉淀被忽略的东西将不可避免地浮出水面。而他们中间，有的人将不得不对以前自己的某些言行付出应有的代价，自然有的人也将为自己以前的另外一些言行而得到自己应有的回报。

在一片沉默中，司马懿忽然开口说了一个字："听！"

于是诸将个个作侧耳倾听状。有顷，司马懿再问："你们听到了吗？"

费曜、牛金、郭淮等人茫然对视，不知该如何回答。他们已经努力倾听了，却只听到一片夜色将至的宁静，并无特异的声响。静默中，惶惑中，只有张郃一个人接口道："属下听到了。"

司马懿闻言，扭头看向张郃，目光中掠过一丝说不出的惊诧欣赏之色，道："张将军听到了什么？"

张郃正色道："属下听到了一名将帅应该听到的。"

司马懿表情有些复杂地点了点头，道："张将军深知我也。"然后，他静思片刻，又道："看！"

于是诸将再作注目远视状。有顷，司马懿又问："你们看到了吗？"

诸将再一次互相茫然对望，个个眼中一片空白，他们已经努力观察了，却只看到一片空旷的原野，并无特别的景象。在更深的静默中，惶惑中，只有张郃再次接口道："属下看到了。"

司马懿再一次深深地凝视着他，道："张将军看到了什么？"

张郃再一次正色道："属下看到了一名将帅应该看到的。"

司马懿缓缓点了头，慢慢拍了两下手掌，深深一笑，道："说得好！"

他俩的对答，让诸将陷入了云山雾海之中，不知这一正一副两位大帅究竟在猜什么哑谜。幸好，他俩很快便给出了答案。司马懿向张郃微微点头示了示意，张郃也毫不客气，站到台前指着远去的蜀军，叹道："诸君请看——诸葛亮十万雄师，一夕而撤之，势如大山潜移而无声；十里连营，一夕而拔之，势如大河暗流而无形。由此可见，他的用兵之术竟达到了'静如山而动如水'的境界，岂不令人望而生畏？"

此语一出，诸将这才醒悟，为何司马懿见蜀军撤退却不喜反忧了。试想，诸葛亮的千军万马，仅仅花了两个时辰便尽数撤离，而且自始至终，居然能做到不发出一点儿声响，这说明了什么？而他们留下的数十里营址，更是收拾得干干净净，不剩一点儿杂物，仿佛这片平原根本无人来过一样，这又说明了什么？这说明诸葛亮的十万大军因其严密的纪律和精干的作风，竟然达到了"浑如一人"的境界——诸葛亮就是他们的头脑，而他们就是诸葛亮的手足，一切都协调运转得如同一个完整、健康、灵活的巨人一样轻捷自如！

"我们要向他们学习呀！"司马懿长叹一声。

然而，上邽原边上的那十万蜀军却听不到司马懿的这一声由衷的感叹了。他们携着功亏一篑的悲愤和深沉如海的宁静，整整齐齐地往汉中方向行进着。太阳已经落山，整支部队在天际呈现一幅幅黑色的巨大剪影，远远望去，仿佛一群群无声的雄狮，令人压抑，令人畏惧。

过了许久，司马懿打破了瞭望台上的沉默，像是问诸将，又像是问自己，道："现在，我们该怎么办呢？"

诸将"刷"的一下将目光齐齐投向了张郃。张郃沉吟片刻，道："依属下之见，蜀军此番确是无粮而退，必然不敢恋战。但撤退初期，我们也不宜轻撄其锋，待他们退得远了，归心似箭，加之又急欲补给粮草，在途中才会自乱阵脚——那时我们便可乘机施以狙击了！"

司马懿和诸将一样，也在一旁静静地听着张郃的侃侃而谈。他用手轻轻抚着胸前长髯，只是微微含笑不语。旁人见了，都以为司马大将军此举是在对张郃的话进行肯定与赞赏。然而，司马懿外表看似不露声色，心头却是思潮翻滚：对于蜀军目前形势的分析，张郃说得都没错，而且字字句句直指要害，如矢中的。但是，原本一向行事低调、沉静的他，今天为何却要急不可耐地跳出来指点军事、自炫己长？也许他和陈群、华歆已经在私底下达成了什么协议，只要他在此番御蜀之战中稍立战功，陈群、华歆便会在朝内与他遥相呼应，推他上台、挤掉自己？而目前正是御蜀之战的收尾阶段，对他而言实乃“机不可失”，他自然是再也按捺不住了……

一念至此，司马懿的唇边不禁掠过了一丝隐隐的莫可名状的微笑，抬眼看着张郃，慢慢点了点头，悠然说道：“张将军智谋过人，本帅佩服。唉……本帅老了，行动也不够灵便了，这一桩奇功就请张将军去立吧！”说到此处，他脸色一凛，吩咐道：“张将军听令，本帅拨你八千快骑，先行出发，前去尾随追击诸葛亮。同时，本帅自领大军殿后，待张将军在前方拖住蜀军，使其疲惫不堪之时，便发起总攻，以猛虎下山之势将蜀寇一举屠灭！”

诸将个个听得是兴高采烈，意气昂昂。只有司马师站在瞭望台角落里，乍然听到父亲说出这般英勇果断的话来，全无先前的畏首畏尾谨慎多虑之态，心头不禁为之一荡，只是暗暗跺了一下脚，在心底叹道：“父亲行事，当真是神鬼莫测，妙不可言也！”

那边，张郃已是应了一声，领令而去。

望着张郃匆匆走下瞭望台的背影，司马懿静静地站着，不言不动，双眸深处却似闪过了一道寒光，如刀锋般亮利刺人。

“张将军，前边就是蜀寇退入汉中的最后一道关隘——木门道了！”前来报信的探子声音有些急促而紧张地说道，“如果我们再不发起攻击，诸葛亮就会不损一兵一卒全师撤回成都了——那时候我们动手可就晚了！”

张郃听罢，勒住了乘骑的战马，抬眼望了望前方木门道两边的悬崖峭壁，看着崖上树影幢幢一片苍茫，有些犹豫起来，沉吟道：“你说得没错！可是我们前来追袭的骑兵只有八千人，蜀寇留有两万多士兵断后，本将岂敢孤注一掷？还是再等一等吧！司马大将军的后续军队很快就会赶来了！”

说着，他便挥手示意让骑兵们暂时停下。这时，他身边一名偏将却低声嘀咕道：“张将军一向勇猛过人，难道这段时间以来跟在畏蜀如虎的司马大将军身边，竟也变得有些胆怯了吗？”

张郃的耳力一向十分敏锐，对这名偏将的嘀嘀咕咕听得是清清楚楚。他倒不会为自己被手下讥为司马懿那般怕前怕后畏首畏尾而嗔怒，只是真的有些舍不得眼睁睁看着数万蜀寇就此退进了木门道——那么自己在今年御蜀之战中就当真是无功可立了！他胸中思绪万千，纷纷纭纭，乱七八糟地交织在一起。静了半晌，他猛一咬牙，拔剑出鞘，振臂大呼道："冲！冲上去灭了蜀寇！”

他这一声令下，身边的八千铁骑立刻如旋风般疾冲而出，扑向了正在缓缓退进那地形如峡谷口一般狭窄险峻的木门道的蜀军！

就在这一瞬间，那排在尾部的蜀军突然一齐回转矛头，列成一片方阵，挺身而出，迎了上来！同时，只听得木门道进口两侧的悬崖峭壁顶上乍然锣鼓之声大作，旗帜飞扬，无数蜀兵跃身而起，杀声震天——刹那之间，滚石如雨点，箭矢如飞蝗，火炮似天雷，铺天盖地般向山脚下的张郃和他的八千骑兵压了下来！

张郃大惊，一时还没反应过来，他手下的八千骑兵已是死的死，伤的伤，逃的逃，顿时溃不成军！正在他惊疑之际，却听前面又是一声炮响，对方战阵之中驰出蜀将魏延来，挺枪跃马，直扑过来，口里还哈哈大笑："丞相果然神机妙算，料定你们魏贼必来追击，所以早已在此布下了天罗地网——张郃，你今日是插翅难飞，在劫难逃！”

张郃急忙一挥手，喝令道："诸将听令，暂缓进攻，速速退守！”可惜他铿锵有力的声音早已被此刻战场上的人喊马嘶刀枪交鸣所淹没，任凭他如何喝令，也全然控制不了这一团乱战的局面！

就在这时，他身后又是一片喊杀之声骤起。张郃不敢回头去看，仰天长叹，嘶声道："想不到我张郃南征北战，纵横中原，戎马一生，今日却腹背受敌，被蜀寇陷害于木门道下！”

他身边的那名偏将转头一看，却不禁惊喜交加，大叫："张将军！是司马大将军的大队人马赶来了！”

张郃一听，心头一震，急忙回过头去一看，果然见到一排“魏”字大旗高高飞扬，千军万马奔腾冲杀而来！当真是魏国援军到了！

只见司马懿、司马师父子冲锋在前，郭淮、魏平二将护在两侧，直向着张郃与八千魏骑驰救过来！

张郃顿时大喜过望，转身勒马向众骑兵喝令道：“众骑儿，杀上前去！打他们个落花流水！”喊着，一马当先，又迎着魏延冲杀而至！

猝然之间，“嗖”的一响，一支利箭不知从何处猛射而来，破空而至，正中张郃右膝！听得“波”的轻轻一声，张郃立觉这支利箭入肉甚深，然而却不似普通利箭那般令人剧痛，只是一阵阵感到右腿麻痒麻痒的。他低头一看，不由得大惊失色——自己的整条大腿一瞬间已肿成小水桶般粗！

原来这是一支淬了剧毒的利箭！张郃心念电转，不及细想，毫不犹豫，右手手中宝剑一挥，“嚓”的一声，将自己粗肿起来的整条大腿一劈而断！

然而，一切都迟了！那箭毒太过厉害，在他体内蔓延极快，早已侵入了脏腑之间！他顿时觉得脑中一阵眩晕，“当”的一响，宝剑已是把持不住了，脱手落地。同时，他整个人在马背上不禁晃了几晃，颓然跌了下去！

在他跌落尘埃的那一刹那，他看到了司马懿探到自己眼前的那张布满焦急之情的脸，还有他脸上那沟壑纵横的一道道深深的皱纹。他努力地挣扎着想要对司马懿说什么，却觉得喉管似乎被人扼住了一样，什么话也没能说出来。终于，在晃晃悠悠虚虚浮浮的感觉中，他眼前一黑，便什么也不知道了……

木门道一战，消灭蜀军一万二千余人，缴获辎重无数，战绩自然是辉煌的。大司马曹真在世时，灭敌最多的一次也不过才八千蜀军。所以，这个战绩是前所未有的。

然而，魏军付出的代价也是沉重的：关中副帅、征西车骑将军张郃在此激战中被蜀寇弩箭射中，当场壮烈殉国。

御书房内，曹叡盯着关中方面送上来的这份战况报表和司马懿呈上来的关于张郃一事的谢罪表，看了许久许久。

终于，他将这两封奏表轻轻放在了书案上，面色木然，向侍立在旁的孙资、刘放问道：“木门道之役，张郃之死，我军之胜——卿等是如何看的呢？”

孙资、刘放互视一眼，嗫嗫地说道：“陛下，张郃既死，您就不必再过于在意了。您还记得今年年初天降彗星的凶象吗？术士们当时说：此番天象，象征着今年必有兵灾，必丧大将……臣子们以为三月份时曹大司马的病死与天象有关……没想到，末了却是张将军的殒身殉国应验了术士们的预言……这是天意啊！”

曹叡静静地听着，一言不发。隔了许久，他才慢慢说道：“你们出去，朕要一个人好好想一想。”

孙资、刘放急忙应了一声，小心翼翼、恭恭敬敬地退了出去。他二人出得御书房来，无声地往前走了十几步，忽而不约而同地停下了身，怅然若失地对视了一眼，环顾四周并无他人，方才各自吁了一口气，在走廊下静僻之处并肩站住了。

却见刘放神情有些沉滞，只是抬头望向远方，忽然像是对自己，又像是对孙资，慢慢说道：“孙兄，你看皇上今天这态度……在司马大将军这件事上，我俩是不是对他有点儿过于偏听偏信了？他……他真的是我们大魏朝忠心可鉴的栋梁之臣吗？”

孙资“唔”了一声，并没有立刻答话，而是双眸微微闭上，沉思起来。许久，他才轻轻睁开双目，眼神明亮如剑，盯着前方一动不动，缓缓说道：“现在谈这些还有什么意义吗？刘兄，你我在朝中一直力挺司马大将军，这对其他文武大臣而言可是有目共睹的事实啊——我们早就被他们视为‘司马党’中之人了！现在，我们和司马大将军是‘一荣俱荣，一损俱损’，已经别无退路了！”

“啊？”刘放闻言一怔，“这……这……”

“不过，这也没什么！依小弟之见，这司马大将军文能安邦、武能护国，倒还真不愧是我这一生中除荀彧老师之外最为钦佩的奇杰大贤！我以为，他不会成为王莽那样的‘奸雄’，也不会成为董卓那样的‘枭雄’，但他一定称得上是一位‘儒雄’！这可是我们天下儒士之中数百年难得一见的奇才呀！你我与他同为儒士出身。帮他成就一番大业，总比当年的张良、范增不得不屈身去帮刘邦、项羽那样的村夫莽汉好吧？”

说到这里，孙资转过头来正视着一脸疑惑的刘放，又道："不管怎么说，从目前司马大将军的所有形迹上来看，他是无可争辩的栋梁之臣——至少，在表面上，他始终是毫无瑕疵的。说得再直白一点儿，即使他深怀异志、居心叵测，但是你我心中比其他人都更清楚：当今朝野之中，真正能够将我大魏始终凌驾于吴贼、蜀寇之上的强势地位一直稳定扎实地保持下去的，恐怕只有这个司马大将军才能办得到了。我们现在鼎力支持他，又何尝不是在为国分忧、为君解难？只求问心无愧就行了！"

"是啊！"刘放轻轻一叹，伸手掸了几掸衣袍，很用心也很用力，似乎想把衣袍上的那些尘埃全部掸落净尽一般。他一边掸着衣袍，一边在语气里带着有些微微的无奈又有些淡淡的迷惘，道："现在，你我心中也只能作如此之想了。"

且说孙资、刘放离去之后，曹叡便把自己独自一人关在了御书房里，什么人也不见，闭门捧头沉思了一个下午。终于，在黄昏时分，他自己才站起身来打开了房门，准备出去到御花园里走一走，透一透气。刚一开门，就见一名宦官趋近前来，躬身禀报："陛下，司空陈群、太尉华歆两位大人已在殿外求见多时了，奴才怎么劝也劝不走，请问陛下，今日见还是不见？"

曹叡背负双手，在御书房门前来回踱了几步，忽然长长叹了口气，道："速去传召他们来见朕吧！另外，不许任何人近前打扰！"说着，自己便回身进了御书房内。

陈群、华歆一进御书房，便"扑通"一声双双在地长跪不起。曹叡吃了一惊，急忙上前亲自来扶，道："两位卿家快快请起！你们于朕而言，如师如父，不必以老迈之身行此大礼。"

却见白发苍苍的华歆一手扶杖，一手撑地，颤颤巍巍抖抖索索地抬起身来，正视着曹叡说道："大魏危矣！社稷危矣！老臣冒死恳请陛下乾纲独断，力挽狂澜，尽快铲除我魏室之巨奸哪！"说着，低下头向汉白玉地板上连连叩去，叩得"砰砰"直响，额角上已是鲜血直流！

曹叡俯身伸手扶住了他，不禁热泪盈眶，哽声说道："华太尉……你何必如此？谁……谁是魏室巨奸？"

陈群在一旁接过话来，静静地说道：“陛下，这个人还需要我们点明了说吗？陛下应该知道他是谁。”

“司……司马……”曹叡一惊，颤声说道，“你……你们该不会以为他就是……”

陈群面色肃然，冷静地说道：“不错。司马懿心计深沉，借刀杀人，害死了张郃将军；司马懿含沙射影，捏造谣言，钳制了曹氏宗亲；司马懿建功立威，笼络人心，窃取了军政大权。这三条，事实昭昭——他不是魏室鹰扬之臣，那还会有谁是？”

曹叡深深地看了陈群一眼，缓缓说道：“你们说他是奸贼，他就是奸贼吗？他说你们是奸贼，你们又有何话说？要拿出证据来！”

“证据吗？一个多月前那个谣言一起，搅得我大魏举国不安，然而这个谣言最后却是将东阿王打击得最惨！而东阿王被打击得越惨，司马氏就越是得势！”陈群面不改色，缓缓说道，“这个谣言是从何而来的，我们目前还暂时查不出来。但是因这个谣言获利最大的是谁，我们却可以一目了然。”

曹叡脸上表情一阵痉挛，隔了片刻才道：“继续说下去。”

“还有木门道之役中，张郃将军中箭而死之事……据老臣得到的消息，张将军只是在右膝中了一箭，并未射中任何要害……他居然就毙命了！”陈群蹙起了眉头，一脸的疑虑，“这其中难道没有什么蹊跷吗？依老臣之见，张将军所中的一定是一支毒箭！可是当时蜀寇那么多利箭射伤我大魏士卒，关中方面却并不曾报告有人因中毒箭而死呀！那么，这唯一一支射中张将军的毒箭从何而来，岂不是昭然若揭了吗？”

曹叡的心头也正是这么想的。他乍然听到陈群的这番话，心头立刻“突突突”地猛跳了起来，一时脸色大变，难以自抑！忍了许久许久，曹叡才恢复了满面的凝静，深深一叹：“依卿之见，事已如此，朕当如何？”

陈群暗中一咬牙，也顾不得许多了，便直截了当地说道：“老臣冒死骤谏，恳请陛下即刻下诏，夺去司马懿关中主帅一职，把他召回京城担任虚职养老！对此鹰扬之臣，陛下只能是拔其羽翼，去其爪牙！”

曹叡淡淡地笑了，慢慢说道：“不错。朕可以马上下旨召回司马懿进京供职——但是，朕若在此刻撤掉了司马懿关中主帅一职，又有谁能代替他独当一面对付蜀寇呢？据朕得到的密报，诸葛亮此番北伐受挫退回之后，并未善罢甘休，扬言明年又要兴兵来犯啊！”

“这……这……”陈群顿时语塞起来。

华歆急忙在旁插话进来说道：“那就请陛下奋独断之智、扩帝王之度，大胆起用东阿王曹植去代替司马懿！”

曹叡闻言，脸色一暗，缓缓地摇了摇头。

“陛下！此刻已是非常之时，您一定要有非常之识才行啊！”华歆急道。

曹叡抬起头来，望向房中那高高的屋顶，黯然说道：“晚了！晚了！朕已得到消息，东阿王自一个月前受到贬斥以来，就一直在床上卧病不起……朕派去为他诊病的太医回来告诉朕，说东阿王已是病入膏肓，恐怕撑不过这个月底了……”说着，他猛地顿了顿足，凄然一叹：“是朕害了东阿王呀！”

“啊……”华歆一听，顿时如遭雷击，心头一阵狂震，蓦地一口淤血喷出，手中紫竹杖已是脱手落地，发出“啪”的一声脆响。同时，他的身体也应声软软地倒了下去。

“华太尉……华太尉……”陈群扑了上来，伸手捧着华歆苍白如纸的面庞，大失仪态地哭喊起来，“您若是万一也有什么不测，只剩下我陈群孤零零一个人，如何能撑持得了这朝中危局呀！华太尉……华太尉……您千万也不能像曹大司马那样弃我而去呀……”

不知何时，曹叡竟也跪坐到他俩身边，闭上双眼，死一般沉默着，只是腮边却有两行清泪无声无息地缓缓流了下来……

祁山脚下的平原上，秋风凛冽，草木枯萎。司马懿披着一袭玄色披风，和他的长子司马师神情悠闲地散着步，并不时地交谈着。

“父亲，孩儿猜到您写给三叔的那封信函的内容了！”司马师有些狡黠地向司马懿眨了眨眼，不无得意地笑道，“诸葛亮正是及时缴获了这封信，才‘未卜先知’地在木门道设下了埋伏，替我们除掉了……”

“不要再谈这个事了。”司马懿眉头微微一皱，“一切都过去了。

还是多想想办法怎样整顿这关中大军，怎样建好这一带的军屯吧！你三叔昨天来信说想把那条横贯关陕、绵延千余里的成国渠修缮补牢，为父觉得这个事情很是值得认真去做！只要修好了这条大渠，就能够引来渭河之水，那么关中地域内数十万亩屯田就不用再像往年那样怕碰上旱灾了！”

“父亲念念不忘富国强兵，孩儿敬服。”司马师听了父亲的话，不禁面色一正，慨然说道，“父亲胸怀天下，为国为民兴利除害，实在是苍生之福。”

司马懿听着，点了点头，缓缓说道：“你这番溢美之词，为父自是担当不起。但你所说的要心存富国强兵之念，却是你务必切实去做的。孩儿呀！尔虞我诈、阴谋暗算不过是偶尔为之的小技罢了！要肃清万里、总齐八荒，最终靠的是经天纬地的真才实学呀！”司马师听了，脸上微微一红，当下不再多言，便随在父亲身后，徐徐漫步而行。

来到平原边一脉小河前，司马懿蓦然停住了脚步。他的目光静静地凝注在那河畔一棵棵柳树上，久久无语。慢慢地，他一步一步走到那些绿纱帐般蓬勃、青亮的柳树前，伸出手来轻轻抚摸在那丝绦般的枝条上，眼眶里却缓缓溢起了莹莹的泪光。

“父亲……”司马师在一旁低低唤道，“您怎么了……”

“哦……师儿，你可知道吗？这河边的柳树是为父二十年前随太祖魏武帝西征汉中路经这里时亲手栽下的……”司马懿的目光凝视在遥远的前方，用一种平平缓缓的口吻说道，“那时候，这些柳树还不过是像这枝条般细弱，现在却已经长得这么粗壮蓬勃了……唉，时间真的可以改变一切啊！”

他静静地回过头来，缓缓说道：“当年太祖魏武帝在这里集结兵力击败了妖贼张鲁，面临着是否继续向汉中腹地乘胜长驱直入的重大战略抉择关头。他犹豫再三，便召集麾下所有将领、谋士到他的中军帐内共同商议此事。

“为父那时年少气盛，自负才识过人，便不顾自己身为掾佐的低微身份，越众而出，大胆进言道，‘刘备用阴谋诡计搞掉了自己的同宗益州太守刘璋，本当坐镇成都安抚人心，稳定大局，却不识时务，抛下这个乱摊子跑到外边去和孙权争夺荆州。这可是我们难得的机会啊！为今之计，我们不如乘着攻破张鲁占取汉中的赫赫声威，闪电出击，直接进军蜀中，以雷霆万钧之势，打他们个措手不及！那么，刘备、诸葛亮等人的势力必会土崩瓦解，巴蜀之地、天府之国也就自然是轻轻巧巧为我所获。这等大好时机，稍纵即逝，我们千万不能放过。’”

听到这里，司马师不禁赞了一句：“父亲所献的这一计当真是大气魄、大手笔、大智慧！太祖魏武帝最后一定是把它采纳了吧？”

司马懿缓缓摇了摇头，继续说道：“唉，他若是采纳了就好了……为父实在是没料到魏武帝听了此计之后，竟当着那么多人的面，轻蔑地讥讽为父，‘可惜老夫没有像传说中神仙那样长了两条飞毛腿，刚刚好不容易才得到了汉中之地，马上又想着去抢占巴蜀！’引得众人哄堂大笑，羞得为父面红耳赤。

“从那时起，为父就发誓将来一定要当一个拥有足够的力量来施行自己雄图伟略的强者，决不能让庸人与蠢材来压制自己！唉……其实，当年太祖魏武帝若是虚怀若谷、不耻下问，采纳了为父的那番建议，也就不会给魏国留下今日的蜀寇之患了！”

听着父亲的话，司马师顿时明白了：难怪父亲对邓艾这样怀才不遇的异士一直青睐有加，原来他自己年轻时也曾有过邓艾这种“沉落下僚，为上所轻”的经历啊！所以，父亲才会对那些浑金璞玉式的人才看得极准，从无误判，同时对他们的拔擢亦是“视如己出、不遗余力”！

他正想着，却见司马懿忽又伸手拍了拍那柳树的树干，慨然说道：“只不过为父也未曾想到，二十年之后的今天，为父竟也如当年魏武帝那般统领千军万马再度重返此地，与当年因魏武帝拒我之谏而使其侥幸坐大的蜀寇一决雌雄！这也许是天意吧？难道是上天注定要我司马家族来肃清四海、一统三国？”

司马师急忙恭恭敬敬地垂手说道：“父亲文韬武略天下无敌。肃清四海、一统天下的雄图伟业，在您手中有何难哉？”

司马懿听了，并不答话，而是用手轻轻抚着那些柳树，静静无语。司马师也在一旁肃然而立，耐心地等待着。

正在这时，“嘚嘚嘚”一阵马蹄声响传来，司马懿留在大营里的一名亲兵骑马飞奔而来，驰到近前，一跃下马："禀报司马大将军，圣旨已经到了，钦差大臣请您回去接旨。"

"知道了。"司马懿头也不回，自顾自地抚着柳树，只是应了一句。司马师挥了挥手，示意让送信的亲兵上马回去，待他走远之后，才走到父亲身畔开口说道："父亲，昨天昭弟来信，谈到近来朝廷上下对木门道一役议论纷纷，其中不少大臣认为张郃之死与父亲不无干系。据说陈司空、华太尉还密奏皇上，声称张郃之死是您处心积虑所为，其目的就是肃清异己独揽兵权。而且他们都担忧父亲的势力将在关中逐渐坐大，称霸一方，纷纷要求皇上将父亲速速调离，父亲不可不防啊！"

司马懿慢慢转过身来，却是冷冷一笑："这些为父都知道了。为父还知道，在皇上深深狐疑之时，是孙资的一番话减缓了他心头的猜忌——孙资当时是这样对皇上说的，'陛下年仅二十六岁，司马大将军今年五十一岁，已是衰朽之身，而陛下富于春秋，又何惧他会坐大作乱？毕竟，司马大将军注定是会死在陛下前面的呀！陛下何必对他这样一位老臣凭空猜忌？'唉，孙资的话虽说得尖刻难听，倒也不失为明智之语，既淡化了皇上心头之忌，也保全了为父。陈群、华歆那帮老朽遇事只会煽风点火，哪里比得上孙资灵动机变、左右逢源？师儿啊，你还要向孙资他们多多学习呀！"

司马师听罢，垂首应道："父亲指教的是，孩儿一定谨遵教导。不过，请父亲允许孩儿来猜一猜皇上今日送来的旨意。"说着，他见司马懿微微点头，便侃侃说道："皇上此番下旨，决不会将父亲调离关中，反而会在明文中褒奖有加，却在暗中对您有所警诫。因为自今年三月份父亲出任关中主帅之职起，针对父亲的争议就一直未曾停息过。在此期间，皇上一直都是全力支持您的，再加上您在木门道杀敌万余，立下奇功，更证实了皇上当初用人无误。所以皇上绝不会当着群臣的面打自己的耳光，无缘无故便调您离开关中。但是，此番御蜀之战中终究还是折了张郃这员大将，因此皇上又会令钦差大臣对您暗中进行口头警诫！不知父亲以为孩儿所言当否？"

司马懿认认真真听完了他的话，有些满意地点了点头，微微笑道："我儿真是大有长进了，思考问题也越来越周全了，看来这几个月你在为父身边没有白待呀！但我儿只知其一，却不知其二……”说着，他抬起头来，望向祁山那边蜀国的边界线，悠然说道：“其实，只要诸葛亮这个魏国第一大敌还始终存在着，为父在关中的地位就始终稳如泰山，谁也动摇不了……包括皇上也动摇不了……”

“可是，如果诸葛亮此番北伐受挫之后，万一也像吴国孙权那样龟缩蜀中，不敢再出来挑战了呢？关中若是太平无事，父亲可就没有用武之地了！”司马师不无担忧地说道。

“那不可能！”司马懿斩钉截铁地说道，“你也许不了解诸葛亮。但为父了解他！他和为父都是同一类人！他会愿意待在成都城中的那个小朝廷里低眉垂目唯唯诺诺地侍奉那个小皇帝？他决不会那样做的！他和为父一样，都只能通过对外征战立功来巩固自己在国内的权位！从这一点来讲，诸葛亮是一定会将北伐进行到底的。

“而且，为父认为诸葛亮并未在木门道一役中失利！不错，他是在木门道损失了一万多名将士，但他获得了一举击毙魏国大将张郃的佳绩呀！你想，当年汉主刘备都深为忌惮的张郃竟然丧生在他手中，这对他在国内树立自己的最高权威将发挥何等重要的作用！所以，他应该十分感谢为父。并且，受到这一事件的鼓舞，诸葛亮还会养精蓄锐，卷土重来的。

“那么，狡兔未死，走狗岂能烹？飞鸟未尽，弓箭岂能藏？因此，为父断定皇上此番来旨，只会是褒奖有加、一味笼络，断然不敢向为父示警威胁！现在是皇上怕为父，不是为父怕皇上啊！”

说到这里，司马懿又仰起脸来，望着天际那一缕悠悠浮云，脸上现出深深的怅然来：“可是师儿啊，也就是从今天开始，我们司马家就真的走上了一条与曹魏决裂的不归之路……本不该如此呀！魏武帝也罢，魏文帝也罢，他们当年若能像汉光武帝尊奉功臣那样推心置腹地折节礼待于为父，为父又何必走上这条险路？”

他仰望天穹，脸上的怅然之情愈来愈深：“难道古代传说中伊尹辅商、姜尚佐周而得善始善终的故事，就真的只能存在于书简之中，而永远无法在现实里得以实现吗？唉……为父在像你这样年轻的时候也曾鄙视过太祖魏武帝挟汉而立的行径，却没想到日后自己竟也会不知不觉一步一步走上和他相同的道路……真是没想到啊……”

就在他喃喃自语之时，猝然一声苍凉激越的清啸破空而起，吓了他父子二人一跳。他俩仰面朝天循声看去，见到一只双翼高扬的山鹰从祁山那边冲天而飞，逆风而翔，在半空中盘旋着，升腾着，恰似一道黑色的闪电，没入到天际已然渐渐沉郁的云丛中去了……

第八章
帝室的沉浮

周宣解梦

三丈见方的炼丹室当中，那尊二人多高的青铜丹炉巍然而立。炉顶盖上雕着的那只金狻猊锃亮亮的，龇牙咧嘴，活灵活现，煞是威猛。它朝天昂首瞋目，口中冒出一缕淡青色的香烟，袅袅萦萦，升上半空，却不散去，只似一条细线般随风游移，显得摇曳多姿，徐徐然腾挪出千奇百怪的鱼蛇虫鸟之形，令人顾盼流连。

丹炉一丈开外的两个紫草蒲团之上，分别坐着两位苍髯长者，一位身着红袍，一位身着白袍。却见那红袍长者静静仰望着那缕丹炉香烟，轻轻抚须而叹："周大夫的'龙舌香'果然是聚而有形，历久不散，实乃天下罕见的奇香异物啊！"

那白袍长者似听非听，双目微垂，眼缝间神光内蕴，不泄不荡，恍若两泓深潭难以见底。

"照蒋某看来，论起周大夫您的'焚香成形'之技，几乎可以与当年的敬侯荀彧荀令君之术媲美了……"红袍长者继续称赞着。

"荀令君在世的时候，只怕蒋大人您还没出仕吧？"一直悠然沉默着的那位白袍长者冷不丁地冒出一句话来。

“呃……这个……”红袍长者脸色顿时一红，“蒋某也是听闻司马仲达他曾经绘形绘色地介绍过荀令君的‘焚香成形’之绝技……所以，蒋某想当然耳！想当然耳！”

“呵呵呵……原来蒋大人是在‘想当然耳’！那么，您这些赞语，本座又如何受得起呢？”白袍长者双目一张，精芒直射，“蒋大人今日屈尊移驾来访，恐怕不单单是为了专夸本座的‘焚香成形’之技而来的吧？”

那蒋姓长者闻言，脸上笑意微现：“周大夫当真是慧眼无双，洞察人心。蒋济此番前来，确有几事想请周大夫占卜一番。”

这位白袍长者正是魏国太史令兼赞善宣化大夫周宣。他的星相易理占卜之术造诣在当今中原已是首屈一指的绝顶高手，只是因为亲掌皇室易象枢密，一身干系甚重，从不在外抛头露面。平日里，他都是深居简出，时时闭关修心习道。反倒是他的亲传弟子管辂，在朝野之际声名鹊起，几乎压住了他这个师父的名头。

身为谏议大夫的蒋济，也一向对星相易理之学颇感兴趣，又经司马懿引荐，常来周宣府中讨教，彼此各有启发，竟渐渐结成了无话不谈的至交好友。今天，周宣听得他又是有事来问，也不推拒，悠悠而道：“蒋大人有何要事须请本座占卜，尽管坦诚相告吧！”

蒋济面露余悸，愀然道：“孔和（周宣的字为“孔和”），实不相瞒，蒋某近来一直是噩梦连连，心头甚是不快！这不，前日夜间蒋某便做得一梦——我家府院的后花园那片斑竹林白日间竟是猝然失火了，那火越烧越旺，仿佛一直蹿到了天边去，怎么扑打也始终不灭。蒋某醒来之后，心神一片恍惚，颇有不吉不祥之感，还请孔和为蒋某不吝剖析以辨吉凶！”

周宣听了，右手在自己膝盖上搁放着的那柄麈尾拂尘上面徐徐抚摸着，沉吟片刻，慢慢而道：“‘竹林失火，燃升入天’——唔，倒确是一件可虑之事。蒋大夫，你近日可有胸闷肺痛之症状乎？”

“有啊！有啊！”蒋济一听，点了点头，“蒋某近来一直觉得胸肺之间犹如压了一块千斤重石，别提多难受了……”

“那你必是已经看过医师了？如果本座所料不错的话，他应该给你开的是黄连、金菊一类的清热化痰之药材……”

蒋济顿时面露讶然之色：“周……周大夫，这……这样的事儿您也占断得出来？”

周宣闻言，淡然一笑，拿起麈尾拂尘往自己身前轻轻一摆：“本座还能推算出你今日光临鄙府之前，必与他人发生过一场大大的争吵，闹得是‘上达天听、轰动朝野’！”

“呵哟！周大夫，你真是神人了！”蒋济惊得连自己的下巴都快掉下来了，“今日早朝之上，幽州刺史毌丘俭送来了八百里加急快骑讯报，声称辽东公孙渊夺了他叔父公孙恭的牧守之位，以下废上、自立继爵，情属谋逆，特请朝廷明裁。

“在朝议之际，蒋某力主发兵讨而平之，以塞乱源；但陈矫令君却一味主张议和，居然建议陛下默认公孙渊自立夺位之秽行，还要赐封他为‘乐浪公’以羁系之……周大夫，您给评一评，陈矫这不是在养虎为患吗？公孙渊如此狼子野心，今日居然敢明目张胆而夺叔父之位，谁能保证他明日不会心生狂念而来夺中原神鼎乎？蒋某一念及此，便在朝廷之上和陈矫争执了起来，当着陛下的面我俩大大地吵了一架……陈矫优柔壅闭如此，蒋某心中实是愤愤不平！只怕四方藩国都要嗤笑我大魏朝中无人，坐视逆贼行凶夺位了！”

周宣脸上的笑容始终淡若秋水，仍是用左手五指轻轻抚摸着那柄麈尾拂尘，并不多言。他身为观天占星之职臣，地位敏感，自是从不轻易妄论朝事。

蒋济将这一通怒气发泄完毕之后，方才意识到自己大是失态，急忙带着歉意向周宣说道：“哎呀！蒋某刚才一提到公孙渊那事儿就气不打一处来，只怕有些冒犯周大夫了。周大夫身在炼丹室中足不出户，居然这么快就推断出了蒋某与陈矫的争执之事……蒋某真是佩服……”

周宣淡淡地含笑看着他，悠然而道：“蒋大夫所谏本是不错，但陈矫令君也有他的难处啊！如今伪蜀虎视眈眈于西，逆吴蠢蠢欲动于东，我大魏两面受敌、左右为难，已是压力极大；倘若朝廷再为伸张一时之义理，而激得公孙渊举兵作乱于北，则我大魏三面受敌，处境更为艰难！陛下和陈矫令君此刻除了极力羁系公孙渊之外，亦确是再无其他选择！”

蒋济听罢，坐在那里沉吟了一会儿。最后，他长叹一声，双目遥望西方，悠悠言道：“唉……陈矫这么做，蒋某也知他颇负苦心，但他做得终究还是太过优柔迂钝了些……倘若是司马大将军在朝主政，断断不会这么任由他公孙渊公然胁迫朝廷默认其位，纵是不得已而羁系之，也必当软硬兼施以销其野心逆志！否则，朝廷日后哪怕甚至是用‘大司马’之禄位笼络他，也不会填饱他的贪欲的……对他这种贪利忘义之徒，除了先行慑之以威之外，再用其他羁系之法都难免留有后患……”

“呵呵呵！且住！且住！你是知道的，本座炼丹室中从来不谈军国大计，你这些话还是继续留到陛下面前去说吧！”周宣微微笑着，将手中拂尘向外轻轻一甩，“咱俩且先收拾一下服饰，待会儿将有要事不期而到哟！”

“别忙，别忙——你也别故弄玄虚了，就先给蒋某解析一下这个梦的含义的来龙去脉啊！”蒋济急忙将他的袍角拉住。

“好吧，好吧。本座便给你解析一番吧！《庄子》曾言，‘神遇为梦，形接于事，故昼想夜梦，神形所接也。’《礼记》有云，‘梦者，缘也，精气动也，魂魄离身，神来往也。阴阳感成，吉凶验也。’王充曾讲，‘夫梦者，象也。吉凶且至，神明示象，熊罴之占，自有所为。’你所做的‘竹林失火，燃升入天’之梦，其寓意便是：‘竹林’者，隐喻为木，而人身之肝属木；‘火’者，隐喻为人之心火躁气也；你梦见‘竹林失火’，其喻为心气太盛、肝火太旺。心气太盛、肝火太旺，一则伤肺克脾，故而你有胸闷痰壅之疾；二则易激易怒，故而你会与人争执。而‘火燃入天’，则喻为‘上达天听’，所以本座断定你今日在朝会上必定当着陛下的面和他人大吵了一架。至此，你可明白了？”

蒋济听了，若有所思道：“原来周大夫的解梦之道便是这般‘以象通意，以意喻物’地剖析啊？那么，蒋某昨夜又做了一个怪梦，您又如何解释？”

“什么怪梦？你且说来听一听。”周宣徐徐言道。

“蒋某昨夜梦见自家偏屋顶上有两块青瓦被大风吹落于地，一瞬间忽又化为两只燕子振翅飞去。周大夫，您且讲一讲这梦是何寓意？”

周宣掐着手指暗一沉思，忽地讶然看向他来：“想不到蒋大夫您府中制度严明，竟也会发生这等奴婢通奸私逃之事！您须得回府把那管家召来好好训诫一番了……”

蒋济闻言，露出了得意的微笑来：“呵呵呵……周大夫，您这一次的析梦占断之言必是大错特错了！实不相瞒，昨夜本座根本就没做什么睡梦，刚才说什么‘偏屋落瓦、化燕而飞’，都是蒋某故意编造出来诈您的……蒋某之梦既是纯系臆造，你又怎会占断得准？”

周宣一声长笑，却从紫草蒲团上冉冉立起，双手捧着那柄银丝麈尾拂尘，淡淡而道：“一切之梦，其实都不过是你心底意念在你睡梦中的脑际映象而已！归根到底，梦者，实乃心念之动也。所以，你刚才编造的这个‘偏屋落瓦、化燕而飞’之梦，实质上就是你心底意志的一种微妙流露和隐约呈现罢了！本座完全可以依据这个‘假梦’深入解析占断——你且拭目以待它的灵验之应吧！”

说罢，他朝室门口微微一努嘴：“天使驾临，已到鄙府——我等该到正厅前去接旨了！”

他话犹未了，室门口外传来了本府家仆的呼喊之声：“老爷！老爷！府门外来了内廷钦差宣您前去接旨呢！”

蒋济目瞪口呆地看着周宣，随他一同出得炼丹室来，一瞥眼却见自己府中的管家蒋老五在廊檐下满脸焦急地候着，他急忙上前问道：“你来这里做什么？”

蒋老五一个响头朝他磕下，嗫嗫着答道：“老爷，夫人让小人前来禀报您——她房中的丫环阿青和阿红卷了她一包珠宝首饰一大早偷偷逃跑了……”

“哎呀！我府里当真发生了这样的事体！”蒋济不禁惊呼一声，转过身来，望着长廊那边渐渐远去的周宣的背影，喃喃而道，“周大夫，您真是料事如神的高人啊！”

曹叡没有同往常一样在九龙殿召见周宣，而是让传诏谒者直接领他进了后宫最为隐秘的“紫苑禁室”内问话。

禁宫里四角烛光幽幽，当中摆着一座巨物，外面铺了一层厚厚的青毡，让人瞧不分明里边究竟是何物件。

曹叡无精打采地倚在御座龙床之上，一直怔怔地看着那座用青毡掩盖着的巨物，默默不语。直到中垒将军曹爽领着周宣在禁宫门外恭声求见，连呼了四五次，他才霍然一下从深思中惊醒过来："进来吧！"

曹爽恭恭敬敬地带领周宣进了"紫苑禁室"，低声禀道："陛下，周大人奉诏已到……"

"知道了。"曹叡连眼皮也没抬，就微垂着头吩咐道，"你且带领侍卫们在外边将'紫苑禁室'细细严严地把守住，若发现有任何靠近窃听之人——当场格杀勿论！"

"是！"曹爽抱拳应了一声，将脸朝向室内，缓缓倒退而出。

静幽幽的禁室之中，此刻就只剩下了曹叡和周宣二人。

"陛下……"周宣抬起头来，小心翼翼地仰望着曹叡。

"周爱卿，你去把那层青毡拉下来吧。"曹叡忽然举目直视着他，眼底里仿佛藏着深深的阴云，浓得化不开来。

"是！"周宣就在柏杨木地板上膝行着爬上前去，伸手扯住那青毡一角，轻轻往下一拉。

一座乌沉沉的巨石在他眼前赫然而立，形状犹如一只伸颈昂首的硕大灵龟，高达一丈二尺，方圆三丈八寸。在它那宽阔的龟背上，有一脉脉莹白如玉的纹理组合成一幅幅玄妙莫测的古朴图案：麒麟之纹在东，凤凰之章在南，白虎之图在西，犀牛之画在北。而龟背中央则有八匹神骏之马身生双翼，扬蹄飞奔！这八匹飞马如圆环状首尾相衔，拱绕着当中一圈似是天然生成的赤字，内容是"天命有革，大讨曹焉；金马出世，奋蹄凌云；大吉开泰，典午则变"！

一见此石，周宣就惊得一下张大了嘴，呆了片刻，又手忙脚乱地拿起那幅青毡要给它遮盖上去！

"不要遮盖它——就让它那么摆放着吧！"曹叡的声音显得有些嘶哑而干涩，仿佛没有丝毫水分，"周爱卿——它是凉州刺史孟建、张掖太守徐邈在本郡删丹县柳谷玄川河今年正月初三那天发现的，当夜就用了一辆七八匹骏马并辔而拖的大车拉进了宫里来……"讲到这里，他目光猝地一亮："周爱卿，您上通天文、下晓地理，无物不识、无事不明——应该认得出这是何石吧？"

周宣浑身上下都似筛糠一般在地板上抖抖索索地长跪着，结结巴巴地答道："启……启奏陛下，此……此石来得蹊……蹊跷，老臣不……不敢妄言。"

"任汝所言，但讲无妨。"曹叡显然是没了以前在朝会之上"温良礼敬"的耐性，蹙着眉头就撞了一句过来。

"这……这石头只怕是有人刻意伪造的吧？"周宣仍是嗫嗫着颤声言道，"当今太平盛世，岂会有此等异石降临？"

"朕先前已召来不少能工巧匠们仔细验看过了……他们说这巨石上的图案似雕非雕、似刻非刻，说不清楚到底是天然生成还是人力所为……"曹叡静静地盯着那座巨石，悠悠而道，"而且这巨石上面那些黄灰相间的水锈、土锈也是多年形成的，不会是什么人朝夕之际的仓促所为！"说到此处，他有些自失地笑了一下："朕也希望它是人工伪造的啊！所以，朕才召了你来辨认啊！周爱卿——你就放胆直言吧！朕今日恕你讲什么话都视为无罪！"

周宣听他讲得如此恳切，便肃然一敛容色，涩涩地答道："陛下既是这般垂意咨询于老臣，老臣就据实直言了——倘若老臣所知无误，这应该是上古典籍所言的身负'河洛图书'之'灵龟玄石'，常于天命改易之际诞世而现——只怕对我大魏而言，乃是不祥之物啊！"

曹叡还没听完，目光就似冰刀一般冷冷地剜在了周宣的脸上，把牙齿咬得嘣嘣直响，却没有失态发作——这些话若是从别人口中说出来，曹叡早已是毫不犹豫地令人拖将出去斩了。但这些话是从周宣口中讲出来的啊！这个周宣，一向是占卜如神、测算无误：十五年前，他曾经精确地预言了太祖武皇帝曹操驾崩归天的时辰，并留下了"五五纵横，黑鼠遇虎；生而为相，死而称帝"的著名断语（曹操去世之日，正是建安二十五年正月，那一年的天干地支便是"庚子"，而虎为正月，即戊寅月也。）八年之前，他又一次精确地推算出了高祖文皇帝曹丕的寿数与归天时辰，留下了"日继月来，年寿八十；骑马乘马，直攀青云"的断语（"日继月来，年寿八十"，乃是合昼夜之数而为八十，即指曹丕仅能活命四十个昼、四十个夜，而他果然是在四十岁时暴病身亡；“骑马乘马，直攀青云”，是指曹丕该当在马年马月去世，而他亦确是在丙午年甲午月溘然而逝）。这些昔日往事倒也罢了，就是曹叡自己，在为自己是否能够顺利继位为嗣一事之上忧心忡忡之际，也是周宣第一个以外臣的身份悄悄赠送了自己一柄紫金如意以示拥戴——果然，在最后的关头，自己还是被先帝亲笔下诏立为太子。同时，他也明白了周宣当年赠送自己紫金如意的巧妙寓意：“紫金如意”，就是“子今如意”之义嘛！如意者，“心想事成”之谓也，暗示自己继位为嗣之志终能在历尽劫波之后如愿以偿。正是周宣这一系列“百测百中”的占卜推演之能，让曹叡不得不对他惊为天人，奉为神明！所以，此刻他也只能压抑住胸中的惊惧之情，向周宣言道：“周爱卿，此石将会带来何等‘不祥之兆’？你且细细向朕道来……”

“古书有云，‘灵龟玄石横空出世，必有翻天覆地之剧变。’所谓‘翻天覆地之剧变者’，莫过于天命变易、改朝换代……老臣罪该万死，只能言尽于此，不敢再行深语下去！”

“谁？谁？谁能让我大魏朝改天换地？”曹叡的双颊立刻泛出一大片潮红来，“是伪蜀的诸葛亮吗？是伪吴的孙权吗？朕……朕要马上调兵遣将，灭了他们……”

周宣伏在地板之上，以额相触，久久不语——蜀有崇山之险、吴有长江之阻，哪里是陛下他一时想灭就灭得了的？

曹叡愈想愈是偏激，勃然而道：“干脆朕找几个虎贲力士将这妖石砸它个粉碎，如何？”

“陛下，这等天生奇石，乃是应运示警之物，倘若以人力而乱毁之，恐怕会更有不测之灾异而降啊！天谴之锋，谁敢轻撄？”周宣终于鼓起勇气，有些怯怯地劝谏道。

“那你倒是快说究竟应该怎么办啊？”曹叡拧紧了眉头，重重地说道，“难道就真的没有什么转移化解之道吗？”

周宣沉吟许久，才开口奏道：“启奏陛下，为今之计，老臣只有亲自护送这块‘灵龟玄石’重返凉州，寻找当地昆仑山的北峰‘玄阴土’，将石上谶文‘大讨曹焉’中的那个‘讨’字里面那一点窒住，把它修改成‘大计曹焉’，或许尚可转祸为福，化凶为吉！”

“唔……很好！这件事儿，朕就特意委托你专程去办。办好之后，朕自有重赏。”

“老臣谨遵圣谕，尽力而为。”

曹叡这时才慢慢松弛了心弦，在御座龙床上静坐了片刻，似又忽然想起了什么，向周宣问道：“对了！周爱卿，朕一直记得陈群司空去年病逝之际曾经谈起他做了一个怪梦，梦见一头‘九尾灵狐’踞树而立，尾分九枝披垂于地，极似暮云之降……他向朕解析这是暗示我大魏有‘干弱枝强、尾大不掉’之隐患。周爱卿，你深通释梦之术，以为他所言如何？”

周宣深思片刻，款款而道：“启奏陛下，‘九尾灵狐’现于梦境，实系吉兆而非凶象。上古相书有云，‘昔日西伯姬昌登岐山而获九尾狐，则东夷归周；武王姬发游孟津而取白鱼，则诸侯来朝。’又曰，‘九尾之狐者，隐喻后宫九妃各得其所、子孙繁息也。’所以，陈司空梦见‘九尾灵狐’，乃是我大魏基业繁荣隆盛之大吉兆！对此，陛下您应该高兴才是！”

曹叡本来膝下子女就极稀薄，听得周宣这么一讲，脸上顿时不禁浮起了几分喜色。他微一颔首，又徐徐而问：“周爱卿，近日司马懿从雍州境内亦送了一件异物上来——它是一头浑身毛色纯白如雪的三角大鹿，这又是何征兆啊？”

“白鹿之兆？！哎呀！陛下，这可是大吉大利的美事啊！昔日周公旦辅弼成王，忠贯日月，而有岐山素雉之贡；当今司马大将军恭受陕西之任，勤于王事，而有雍州白鹿之献——这不正是古之吉兆而遥应于今吗？陛下能够得臣下如司马大将军之贤，纵有蜀贼、魏虏跳梁来犯，皆不足忧矣！”

曹叡听罢，没有立刻接口答话表态，而是沉吟了好一会儿，抬起眼来深深盯了周宣一眼：“白鹿之兆，倘若真能如你所言，自然实乃大魏社稷之洪福也！这样吧，周爱卿，你便以朕的钦差大臣之身份前去雍凉二州，在明面上去犒劳司马爱卿和他手下的关中大军，在暗地里却以消灾复异之法去镇住那妖石！”

孙权称帝

浩浩荡荡的长江犹如一条巨龙腾跃而来，翻起层层波涛，白沫飘洒，恍若飞雪溅玉，令人看得目眩神迷。

堤岸上柳树成行，江风吹来，低垂的柳枝轻轻摇摆，远远望去就似青翠的烟雾在天际浮动。

吴王孙权仰坐在一架四人共抬的乌漆镶金坐辇上，双手按着两边的玉雕豹螭扶手，神情怡然，晃晃悠悠地行走在半浓半淡的柳荫里。在他的坐辇之旁，白发苍苍的辅吴将军兼娄侯张昭骑着一匹青花斑马，与他徐徐并肩而行。

在他俩的身前，是五队虎贲骑士，挺戈执矛，威风凛凛地走在前面开道导行；在他俩的身后，则是六列宦官、侍女，或握着长柄羽扇，或捧着青铜唾壶，或拎着兽头香炉，或抱着青毡长席，随后恭然而行。宦官、侍女的后面，便是一大群朱袍紫衫的东吴臣僚。

“大王，就是这里了。”走在最前边的那个青衣文吏停下了马，用手中马鞭朝着堤坝下波涛起伏的江面遥遥一指，“微臣就是在这里看到两条黄龙交缠纠结着破浪而起，飞到半空之中扭头摆尾大显威风。当时天上那红彤彤的太阳立刻都暗了半边下来——它俩盘旋了足有小半个时辰方才冲天飞腾而去了……”

孙权一摆手，侍从们立刻将他的坐辇抬到一片柳林浓荫中放下。他微微眯缝着双眼，望向那江面上汹涌澎湃的重重浪涛，悠然吐出一口长气来：“好一派波澜壮阔的气象！神龙在此现身显灵，亦可谓‘恰逢吉地’也！”

然后，他朝那青衣文吏肃容下令道：“韦祥，你既然亲眼目睹神龙显灵呈祥，亦堪称是有福之人了——孤王便封你为‘逢龙侯’，食邑八百户！”

他此令一宣，辇边那个下马而立的张昭不禁微微皱了皱眉，正欲开口而言——他背后不知何时已然趋近过来的吴国丞相顾雍悄悄拉了一下他的袍角，暗暗止住了他。

那边，青衣文吏韦祥一听，立刻从马背上滚下地来，满脸堆欢，眉梢间喜色四溢，连连叩头道："微臣叩谢大王隆恩！微臣恭祝大王洪福齐天、大吉开泰！"

瞧着他那一副欣喜若狂、小人得志的模样，张昭在鼻孔里低低"哧"了一声：这等捏造事实、谎报祥瑞的嗜利之徒，只凭一篇花言巧语便换得孙权的加官赐爵，实在是有违朝纲、有损礼法啊！从今之后，大家都可以乱报祥瑞以邀宠领赏，则浮伪之风渐长，此势岂可持久？

他正在思虑之际，却见一个青年侍卫长分开众人上了前来，"扑通"一头拜倒，向孙权奏道："启奏大王，微臣在此恭贺大王了——《易经》有云，'飞龙在天，利见大人。'黄龙升天，白日呈祥，远近瞩目，灵异罕见，实乃大王您应天受命、开泰称帝之吉兆！"

他此奏一出，周围的吴国臣僚们顿时微微泛起了一片轰动。

孙权在辇上转头一看，见得那青年侍卫长正是征北将军诸葛瑾的长子诸葛恪。他的目光从诸葛恪脸上一扫而过，神色仍是一片淡然："爱卿越众而出，便是为了进献这一篇谄媚之词吗？孤王若不是念在你父亲诸葛谨征北忠谨有功的份儿上，定然是让虎贲力士拖你下去杖责四十了！孤王岂能如你所言？何德何能堪当'开泰称帝'之天命？"

到了这时，张昭这才瞧出孙权、韦祥、诸葛恪等三人表演的是一出"连环戏"。他唇角禁不住掠过一丝轻蔑的微笑，闭住了口不言不语。

当张昭凌厉的目光盯过来时，诸葛恪只觉自己的脸庞似被一块烙铁"吱"地一响灼痛了一般，急忙很不自然地低下头来，慌忙避了开去。

然而，臭蛋一旦裂缝，苍蝇自会闻味蜂拥而来。这时，侍立在孙权辇侧的黄门侍郎孙峻是孙权的同族后生，与诸葛恪年龄相仿，也探身上前奏道："大王，微臣幼时在吴郡富春县老家，便记得乡里之间流传着一首童谣，'黄金车，班兰耳；闿昌门，出天子。'童谣者，乃天之征兆自小儿之口泄于人间也！不可不慎听也！依微臣看来，此谣便是该当应验在大王身上……"

"对！对！对！这些吉兆都是应验在大王您身上的……"随辇臣僚中有些人士也七嘴八舌地争相说道。

孙权用眼角余光偷偷瞥了一下张昭，见到身为百官师长的他仍是一副漠然无动于衷的模样，眉头不禁暗暗一蹙，心道：这个张子布（张昭的字为“子布”）看来也要当阻遏自己称帝改号的吴国“荀彧”了么？他心念一转，便假意向孙峻等厉声叱道：“汝等无知小儿，懂得什么‘天之征兆宣于童谣’？休要在此瞎说！”然后袍袖一挥，让他们退到了一边去。

静默了片刻，孙权又一挥手，示意身旁的侍女们捧出一方长长的锦匣来，直送到张昭面前。他迎着张昭有些惊疑莫名的目光，缓声而道：“张师傅，这是汉相诸葛亮让他的使臣邓芝从成都带过来的一件奇物，孤王有请张师傅您垂目一览。”

张昭不知孙权的葫芦里究竟卖的是什么药，听他这么一讲，便注目看去：但见那锦盒轻轻打了开来，里面竟是粗粗的一大卷绢帛拓图。它铺展开来足有六尺来长、四尺多宽，几乎如同半个坐辇般大。拓图上边，清清晰晰地显现着八匹骏马凌空奔腾之象，当中一圈隶书大字，内容是：“天命有革，大讨曹焉；金马出世，奋蹄凌云；大吉开泰，典午则变。”

“诸葛亮前几日给孤王送来了这幅绢帛拓图，声称是他的‘暗探’从伪魏凉州张掖郡玄川河中溢水而出的一座‘灵龟玄石’背上拓印下来的。他认为这是天降凶兆于伪魏，并解析说这‘大讨曹焉’四个字已明明白白显示出曹氏已为天之所弃、民之所离，希望能和孤王联手结盟，东西并进，大举兴师讨伐伪魏……”

静静地听着孙权的话，张昭双手托着那幅绢帛拓图，泪水泫然而下，两肩也抽动得厉害，久久不能自抑。这二十多年来，他作为侨居江东的汉室孤臣，胸中所怀的兴复炎汉之志始终未懈，今日被这谶文拓图一激，更是令他情不自禁慨然动容！隔了半晌，他才终于慢慢定下心神，抬眼正视着孙权，缓缓而道：“伪魏篡汉自立，神人共愤，为天之所弃亦已久矣！如今上天垂象以明，老臣实在是喜不自胜啊！倘若老臣在有生之年能够亲眼目睹伪魏之土崩瓦解，也亦是死而无憾了！”

说着，他脸色一肃，郑重之极地向孙权说道：“大王，《黄石公三略》有云，‘夫能扶天下之危者，则据天下之安；能除天下之忧者，则享天下之乐；能救天下之祸者，则获天下之福。’大王若能举兵讨灭魏贼，而为四百年炎汉复仇于一夕之间，则届时顺天应人、开泰称帝，虽汉高祖、光武帝重生而不敢复居其上矣！老臣衷心之深意，恳请大王体察之。”

孙权等的就是张昭这番表态。这二十多年来，孙权从年近而立的青壮小伙儿在江东一直打拼到如今这鬓角染霜的半百老者，终于据有了江南四千里疆域，安安稳稳地当上了“土皇帝”。他眼见得曹丕废汉称帝、刘备自立正位，心头也痒痒的，着实想过一把被人山呼万岁的“皇帝瘾”了！但他知道自己若想由王晋帝、大吉开泰，就非取得像张昭这样的士族元老之支持不可！所以，他才煞费苦心地利用了汉魏之矛盾来牵引他们推戴自己——而自己亦可顺水推舟地与蜀汉结盟，共讨伪魏！毕竟，倘若自己开泰称帝，伪魏自诩为中原正统，是一定会向自己极力发难的！这个时候，自己也只有借助蜀汉的力量来化解伪魏的重压了。他此刻听罢张昭之话，脸上不禁露出深深的笑意，亲切地说道：“张师傅之言，寄望于孤王者何其之高也！孤王心意已决，定与西蜀联手结盟，共讨伪魏，为汉复仇！”

“大王若有此意，老臣愿遣犬子张承为讨魏先锋大将，誓灭曹贼！”张昭须髯俱张，欠身毅然而道。

成都东郊外北伐军营的练兵场上，到处人马喧哗，杀声震天！

“誓灭魏贼，肃清中原，共匡汉室，功在不朽！”

一阵阵响遏行云的口号呐喊之声此起彼伏，震得栅门外拥挤观望的蜀国士庶们为之耳鼓发麻！一队队蜀军战士列着方阵层叠如山，齐齐持矛向前劈刺而出，动作之整齐如同“合万众而为一人”！

站在高高的指挥台上，蜀相诸葛亮顶着炎炎烈日，左手握着鹅羽扇，右手搭着眼篷，正向场中静静而观。

他手下的侍卫统领、越骑校尉刘诺在一旁看到诸葛亮鬓角微微见汗，不禁轻声提醒道：“丞相，您在这里已经观训大半个时辰了，眼下这日头太毒，您还是去后帐稍事休息吧！”

诸葛亮轻轻摇着鹅羽扇，回望了刘诺一眼，悠然而言：“刘君啊！

《黄石公三略》曾经有言，‘夫将帅者，必与士卒同滋味而共安危，知乃可加。故兵有全胜，敌有全因。昔者良将之用兵，有馈箪醪者，使投诸河，与士卒同流而饮。夫一箪之醪，不能味一河之水，而三军之士思为致死者，以滋味之及己也。古人有言，军井未达，将不言渴；军幕未办，将不言倦；军灶未炊，将不言饥；冬不服裘，夏不操扇，雨不张盖，是谓将礼。与之安，与之危，故其众可合而不可离，可用而不可疲；以其恩素蓄、谋素合也。故蓄恩不倦，以一取万。’对照这段箴言而观之，战士们烈日当头而本相手操羽扇，已是大大有违诲训！本相只怕更不能擅自下去休息了……”

“丞相大人！您……您真是太不爱惜自己的身体了……”刘诺喉头一哽，堂堂八尺男儿险些当场掉下泪来，“您昨夜批文就一直批到了二更时分，今天一早卯时起床后又来到这里观训……哪怕是铁打的身板也熬不住啊！”

诸葛亮脸上掠过一缕淡淡的苦笑，遥遥望向热火朝天的练兵场，没有搭话。他用眼角余光瞧了一下刘诺，心里暗暗想道：本相这么唠唠叨叨地引经据典，这么不厌其烦地言传身教，就是希望你们能够加紧学习，快快成长起来，时刻准备着在北伐战场上独当一面、建功立业啊！毕竟，来日光复中原、重振汉室的重任，终究还须得由你们前去奋力拓进哪！你懂得了本相的这番苦心了吗？

他正想之间，一名亲兵侍卫“噔噔噔”快步跑上台来，单膝跪地禀道：“启禀丞相大人，尚书仆射蒋琬、度支尚书杨仪、前将军姜维、谏议大夫费诗、太史令谯周前来求谒。”

诸葛亮听了，徐徐摇着鹅羽扇的右手不禁微微一僵：“哦？费大夫和谯大人也来求见？唉！好吧！且请他们去到中军主帐稍候。”

他一边说着，一边招手喊过刘诺来，吩咐道：“刘君，你稍后传下本相的指令给魏延、王平、马岱三位将军，让他们带领众战士再练习两遍‘八卦阵’之战法，然后就放大家休息了吧！”

前几日，吴国特使赵咨来到成都，向蜀汉朝廷带来了一封孙权的亲笔信函，里面的内容主要如下：东吴已经决定依据种种“天降祥瑞之兆”，顺天应人而开泰称帝，并与伪魏的“青龙”年号相对应而改年号为“黄龙”，他非常希望蜀汉能够以“东西二帝并尊同敬”之务实态度而礼待之，最好还能派出使臣前来庆贺。倘若蜀汉接受了以上这些事实和要求，吴国便与蜀汉结为“兄弟之邦”，联手结盟，以“平分中原”为议定条件，共同举兵讨伐曹魏。

他递上的这道来函，在蜀汉朝廷上下掀起了轩然大波。谏议大夫费诗、安汉将军李邈、大司农孟光、少府卿陈祗等纷纷愤然反对，理由自然是堂皇正大的：大汉正统之名分乃是万世一系、至高无上，焉能与江东孙吴这样乘时牟利的割据之雄分享？现在，大汉凌驾于四海六合之上的最可贵的地方，就是这道正统名分了——如果咱们自己也把它拱手分送于人，岂不是“汉将不汉、国将不国”了？这怎么能行？

而且，那赵咨在抛出了孙权的这封信函之后，居然厚着脸皮就在成都使馆里怡怡然住了下来，摆出一副“不得结果誓不还”的姿态，每天还跑到蜀宫午门前去催问汉廷的答复。

这一下，更是激得费诗、孟光、陈祗等义愤交加——孟光有一天傍晚就跑到使馆里和赵咨大吵了一场，甚至喊出让他“滚出成都”的重话，那赵咨却仍是含笑受之，仿佛毫不在意。

孟光气得跑去又联合了费诗，急忙上朝向蜀帝刘禅提呈了请求下诏驱逐赵咨的奏疏。然而，他们那些奏疏呈上去之后却如同石沉大海，再也没有了回音——他们这时才明白：原来刘禅在这个事儿上也是抱着模棱两可的态度啊！他既然存有这样的态度，那就只能请出托孤执政大臣、当朝丞相诸葛亮前来决断此事了。

这一回过神来，费诗等人方才发现：身为蜀汉执政大臣、权重朝野的诸葛亮，竟然一直在这个“大是大非”的问题上保持着耐人寻味的沉默！他的表态，也始终是一个谜呢！

生性耿直的费诗顾不得许多，今天就陪着前来京郊行营汇报军政庶务的蒋琬、杨仪、姜维等人，亲自赶到了诸葛亮面前要问个清楚。

他刚在行营大帐中落座等待没多久，帐门外守卒一声高呼传来：“丞相驾到！”

随着这一声高呼，蒋琬、杨仪、姜维、谯周等肃然而起，毕恭毕敬地迎着那个英挺高扬的身影便俯身揖礼下去。费诗却只是站起身来，向诸葛亮拱了拱手："费某在此向丞相大人见过礼了。"

"公举（费诗的字为"公举"），真想不到你今日竟然亦有雅兴亲临本相这里前来相晤！本相有失远迎了！"诸葛亮笑容满面地和他打过招呼，语气里透出一种别样的亲切来，"坐！坐！坐！你今日来此，有何示教？本相洗耳恭听。"

费诗也不客气，坐回席上就侃侃然言道："丞相大人可知东吴那赵咨小儿此番西来之意乎？"

"哦……公举原来是为他而来呀！"诸葛亮淡然而笑，"本相虽是尚未亲见赵咨，但亦知他之来意一二……"

"费某也清楚丞相大人近日忙于军务，或许对赵咨此行之意知而不尽：那东吴小儿孙权竟派赵咨前来递函，声称意欲与我大汉'并称东西二帝'，还痴心妄想我大汉派遣使臣前去庆贺！是可忍，孰不可忍！"费诗一谈到这事儿，便是双眉倒竖、满脸不平之色，"我大汉堂堂之正统名分，足可光耀日月，岂能由他江东鼠辈私窃偷占？费某特来提醒丞相大人千万莫要受其蛊惑！"

诸葛亮听着费诗这一番慷慨陈词，手中鹅羽扇轻摇，面色凝重，久久不语。这费诗非同常人——他乃是蜀汉朝廷之中资望最深的"益州本土派"士林领袖，素以直言敢谏之行而扬名远近。想当年先帝刘备以汉中王的身份开泰称帝之际，包括诸葛亮在内的朝廷众臣都纷纷联名劝进，只有他作"仗马之鸣"，上疏谏阻道："殿下以曹操父子逼主篡位，故乃羁旅万里，纠合士众，将以讨贼。今大敌未克而先行自立，恐人心疑惑也。昔高祖与楚约，先破秦者为王。及下咸阳、获子婴，犹怀推让；况今殿下未出门庭，便欲自立耶？愚臣诚不为殿下取也！"结果被刘备一顿严训，并贬官两级以思过。但费诗却仍固执己见而不认错。所以，刘备亦不得不称他是"天生硬骨，能立清议"。像他这样的角色，又焉是诸葛亮以口舌之辩所能折服得了的？

诸葛亮沉吟了半晌，最后还是一咬牙，直言而答："本相就此番赵咨前来请求其国与我大汉'并尊称帝'之事写有一道奏折，准备呈给陛下决断——公举您不妨先过目一阅。"

费诗微微一愣：原来丞相已早有定见了？他伸手接过那奏疏，只见上面工工整整地写着：

臣亮启奏陛下：

近闻赵咨之事，老臣思之熟矣。依老臣之愚见，吴越孙权怀有僭逆之心已久而特未公然称号耳！我大汉所以略其衅情而不顾者，求其掎角之援也。今若明加显绝，彼仇我必深，难保其不会移兵西犯。如此一来，我大汉不得不与之角力，须并其土而后再议中原。而彼贤才尚多，将相缉穆，又未可一朝定也。双方顿兵相持，坐而待老，使北贼得计，决非上策之选也！昔日孝文帝卑辞厚币以事匈奴，先帝亦曾优先与吴为盟而抗曹氏于赤壁，皆系应权通变、弘思远益之智举，而非匹夫匹妇之为忿妄动可比。

今议者咸以为若我大汉让其名分以骄之，则孙权必妄自尊大；孙权妄自尊大，则志望已满，利在鼎足，而难有上岸之情，未必与我大汉并力讨魏，实不可信也。如此之议，老臣皆以为似是而非也！何者？其智力不侔，故限江自保耳！孙权之不能越江，犹魏贼之不能渡汉，非力有余而利不取也。若大军致讨，彼高则分裂其地以为后规，下当略民广境、示武于内，非端坐者也。若就其不动而睦于我，我之北伐必无东顾之忧，还能使魏境河南之众不得尽西，此之为利亦已深矣。故而，孙权僭逆之罪，实未宜明也，须当包容之。老臣在此恳请陛下深长思之！

费诗的目光在那奏疏上呆呆地凝视着。过了许久，他的双手才激烈地颤抖了起来，几乎把握不住那卷竹简——他猛地抬起头来，死死地盯着诸葛亮，眸中尽是一派哀伤悲恸之色，声音也变得颤颤巍巍的：“老……老夫真不敢相信——这……这道奏疏居然会是丞相大人您……您写的！满篇利害算计之言，没有一句礼法名理之语！何其悖也！若……若是换了别人，老夫早已骂他为国贼而重重劾之了！”

诸葛亮用手中鹅羽扇微微掩住脸颊侧了开去，仿佛也不愿与他直面相对。

费诗仍是笔直地瞪着他，眼角的泪珠大颗大颗地掉了下来："丞相大人，请听费某直言——玉可碎而不可改其白，竹可焚而不可毁其节。其之白，其之节，正乃玉与竹之可贵于众也！我大汉之所以傲视魏贼、吴虏而雄立于世者，正因我大汉有堂堂正正之正统名分、四百年之气数渊源也！您……您不也是曾经讲过，'汉贼不两立，正伪不同路，王业不偏安'吗？如今我大汉自弃正统之名义而与吴虏并尊同号，岂非'自损其白、自毁其节'乎？又犹如士人之与猪狗同席，岂可谓之宜乎？"

他这番话如同重重一锤打在了诸葛亮的胸口之上，痛得他脸上肌肉一阵抽搐。

"丞相大人，我益州上下百万士民为何对您之号令积极响应耶？只因您与当今陛下拥据四百年炎汉之大名大义矣！当年以奸诈无比之阴枭王莽尚且不能僭逆成功，而又何况今之曹叡小儿与孙权匹夫乎？您自己在建兴二年里不也曾对杜微先生声称，'曹丕篡弑自立为帝，是犹土龙刍狗之有名也，必不能久矣！'您今天却又为何如此媚事江东孙氏，不惜食言而肥乎？"

"费大夫！您未免言之太甚了！"蒋琬在旁边再也听不下去了，愤然而道，"当年先帝为报关侯之仇而致夷陵之败，此为殷鉴不远——如今我大汉可有实力能与魏贼、吴虏两面开战乎？丞相此举，乃是舍小义而取大敌，实为顾全大局、忍辱负重……"

姜维也朗声而道："倘若此番北伐我军挥戈而下长安，届时孙权匹夫自会戒惧自省而归其僭号，于我大汉又何损乎？"

诸葛亮将手中鹅羽扇轻轻一抬，止住了他们的争辩，缓缓闭上双目，深深而言："费大夫说得没错，本相此举，确有负国负民之谬，坏了朝廷名分……公举尽可上表而重重劾之，以示我汉廷有直谏之言；而本相亦自会甘受责罚，决无二言。但，为了此番北伐的底定功成，为了实现先帝和列位先烈诸君'肃清中原、重振汉室、光复两都'之遗志，本相愿以任何代价、任何手段而奉献之——哪怕身名俱焚，亦在所不惜！"

说到此处，他双眸一睁，灼灼精芒暴射而出：“西佛有言，‘吾不入地狱，谁入地狱？’此为本相之心声也！”

他这话一出，帐中立刻静了下来——静得连每个人的呼吸喘息之声都可以听得清清楚楚！

过了许久许久，费诗才从座席上哆哆嗦嗦地站了起来，脸上的表情似悲似喜，复杂莫名。他“扑通”一声，直向诸葛亮磕头而下，喃喃而道：“费某此膝已久不为他人所屈矣！丞相大人为匡汉大业而甘愿牺牲一切，费某衷心敬佩！费某虽与丞相政见不合，但费某亦不禁在此恭祝丞相大人此番北伐能够底定功成，光复中原，重振汉室！一切还望丞相大人能够善自珍重……”

说到后来，他的声音竟已渐渐哽咽了。最后，他伸手一揩脸颊，抹下一大把眼泪，起身徐徐退了出去。

直到费诗走出帐外很远很远，诸葛亮才轻咳一声，倏地用袍袖掩住了口，俯首之际眼角竟有泪珠流下。

这时，杨仪却站起来说道：“丞相，费诗这个人太过冥顽！别看他现在是这么感动涕零的，说不定回去之后仍要上表参劾于您！杨某下来后便也行文劾他‘大不敬’，免得他损了您的威仪……”

“唔……杨君你这话说得可不对啊！”诸葛亮闻言，慢慢抬起头来盯向了他，“俗话讲，‘千金难求直谏言。’费大夫的这种清风高节，正是我大汉朝廷众士之所急需啊！只要是一心为公，咱们便得敬他、重他、畏他、服他！亮既是坐到了这个相位之上，那就应该当得起悠悠众口的斥骂！狷狭之性、偏躁之量，终究成不得大业——你要谨记啊！”

“这个……丞相您训示得是。”杨仪脸上一红，急忙垂头答道。

大战在即

静了片刻，诸葛亮轻轻摇着鹅羽扇，转身向蒋琬问道："我大汉十三万大军此番北伐所需的三百六十万石粮食筹齐了吗？"

蒋琬双手一拱，道："启禀丞相，三百六十万石粮食均已筹齐，足够我军八个月之用了。"

诸葛亮面色微微一暗："真是苦了蜀中父老了！八个月……多谢大家能够信任本相，赐给本相八个月的时间来一尽所能底定乾坤……本相唯有'鞠躬尽瘁、死而后已'！"

蒋琬、姜维、杨仪、谯周等一听，不禁齐齐变色："丞相何出此言耶？丞相智通天下、谋胜古今，此番北伐定能马到成功、一帆风顺！"

诸葛亮脸上现出浅浅的苦笑，又问杨仪道："那四千辆'木牛'之车可曾造好？"

杨仪恭然而答："皆已造好。"

"那三千辆'流马'之车呢？"

杨仪又答："丞相勿忧。在这三年之间，我军伐树数万株，按照丞相您所授的设计图样，将这三千辆'流马'亦已赶制好了。"

诸葛亮微微点了点头，目光投向了姜维，问道："那五千架'连环弩'造得如何？"

姜维拱手答道："属下日夜督办，也已造好。"

"唔……你且拿出来试一试它的功效。"

当下姜维离席起身，非常麻利地从背后取出一把弓弩，握在了手掌之中。

坐在席尾的谯周定睛看去，却见他手里所持的那把弓弩形状有些怪异：它的握柄足有二尺余长，中间的放箭匣恰似驼峰一般高高凸起，两边弓翅伸展开去的幅度之宽足有三尺多，绷紧的弓弦却如小指般粗细！细看之下，可见这弓弩似是硬木所制，外面镶了一层铜皮的弓翅则为黑铁打磨而成！

姜维托起那弓弩在蒋琬、杨仪、谯周等面前细细展示了一番，然后从腰间箭袋之中拔出一把羽箭来，一支支塞进了弩身的放箭匣之中。

塞完了羽箭之后，姜维端起了弓弩，瞄准帐门外练兵场上立着的一座箭靶，手指猛地一下扣住了弩身枕木前端的机簧——那弓翅“嗡”地一阵剧颤，刹那间谯周只觉眼前一花，数束白光连成一道银流，“嘚嘚嘚”一阵骤响，一串羽箭从弩腹中猛射而出，集成一攒倏地深深钉入了那箭靶红心之中！

“厉害！厉害！好生厉害！”蒋琬是第一次见到这“连环弩”的威力，不禁看得目瞪口呆，半晌才回过神来，“丞相大人的这‘连环弩’一发，足可以一当十，所向披靡……”

姜维又向他们介绍道：“为了克制魏贼的‘狼牙弩’，丞相大人还发明了‘百石弩’，其箭粗若儿臂，发射出去势可穿墙洞壁……”

蒋琬等人听得连连点头，一齐向诸葛亮躬身言道：“丞相大人对军械的改良之技可谓‘巧夺天工’，只怕伪魏纵有十万铁骑亦难以对敌！”

“诸位过奖了——这些军械到底厉害不厉害，须得在临阵对敌之际方才见得分晓！而今你等之誉，还言之过早！”诸葛亮用手中鹅羽扇轻轻扇了几扇，徐声而道，“在这三年之间，我大汉上下万众一心，枕戈待旦，夜谋日作，已经为此番北伐作好了‘万全之备’，就等着陛下一声令下直出汉中与司马懿一决雌雄了！”

蒋琬、杨仪、姜维、谯周等齐齐扬声而道：“丞相放心——我等愿为北伐大业殚精竭虑，以死报之！”

诸葛亮听了，显得十分满意。他心念一定，拿眼瞧了瞧站在末尾的谯周，向蒋琬、杨仪二人摆了摆袖：“蒋君、杨君，你二人且先出帐外去稍候片刻，本相有机密要事须得咨询一下谯大夫……”

蒋琬、杨仪二人闻言，急忙长揖而起，退了出去。

诸葛亮这才轻轻放下了鹅羽扇，双手按在书案两边，抬眼看向了谯周。谯周迟疑了一下，瞥了一瞥姜维。诸葛亮会得他意，只淡淡一笑：“伯约（姜维的字为“伯约”）乃本相关门亲传之弟子，谯君你当着他的面尽管直言……”

谯周点了点头，一脸的恭谨："丞相大人，这数日来，经我太史署多名星官术士反复深研，认为那块'灵龟玄石'上的谶文实乃天生奇迹，并非虚妄之物。"

"那么，那块玄石上的'大讨曹焉'之谶文究竟有何寓意？主何吉凶？"

"所谓'大讨曹焉'，其义不言而自明——伪魏今年必将遭到刀兵之劫，并自此堕入不祥之厄运当中！"

"唔……伪魏既是堕入凶灾，则于我大汉岂非大吉？莫非今年正是我大汉气数重振之祥兆？"

"这个……"谯周脸现迟疑之色，犹豫了许久才慢慢答道，"这也正是谯某与太史署诸君最为疑惑之事……"

"有何疑惑？不妨道来。"诸葛亮拿起了鹅羽扇，慢慢扇着。

"丞相大人，请恕下官犯颜直言——我等近来夜观天象，发觉天象甚是蹊跷——伪魏之星相固然正渐趋微弱，而我大汉西蜀上空的星气亦不太旺……"

"唔？怎会有这等咄咄怪事？"诸葛亮手中轻轻摇着的鹅羽扇不禁一停。

"而且，最为诡异的是，在并州方向的夜空之上居然冒出了三颗奇星，呈现三角相峙之状，其光芒亦是愈来愈亮……"

"并州之地的上空？"诸葛亮的眉头微微一皱，"怎会在那里还有奇星出现？"

"是啊！并州之地，便是春秋战国时期的晋国之境啊！它正与伪魏星相之根本——冀州紧密相邻……"

"哦……原来竟是春秋时期晋国之地上空有高星显耀？可我大汉当今之气数龙脉本应在益州之地……不对呀！应该是益州之地的上空现有亮星才算正常啊……"诸葛亮本人亦是精通天文占星之术的，不禁喃喃自语道。

谯周听到他这般言语，只得保持沉默。

过了良久，诸葛亮才敛去杂念，向谯周问道："那么，依谯大夫之推测，我大汉此番北伐之前景究竟如何？"

谯周见他问得犀利，便一下埋头跪地，嗫嗫而道：“下官愚昧，不懂军国大事，不敢对此妄论。”

诸葛亮正容而道：“谯大夫之职，本在观天辨时、占卜吉凶、为朝廷释疑解惑，何言何语不可陈禀？本相恕你可以陈述任何意见而无罪……”

丞相大人既然表了这样的态，谯周自然也不好再一味硬拒，便沉吟着缓缓而道：“近来据闻京郊居民来报，龙泉驿之处的松柏桃竹等树木，入夜之后居然似发人声而哭泣不已，吓得周边住户寝卧不安。六日之前，朗朗白昼之下，竟有千百只白鹤飞凫翔集于锦江上空。盘旋数匝，纷纷投江而死……我太史署反复研判，认为这些都是我大汉‘国有大丧’的预兆啊！下官恳请丞相大人安心定志，暂时不可轻动！”

“‘国有大丧’？你这简直是一派胡言！”诸葛亮一听，神情先是微微一怔，少顷之后又不禁拍案而道，“当今陛下春秋鼎盛，怎会有不测之事乎？”他正说之间，心头突然一紧，似乎隐隐明白了过来，猛地闭住了口，不再多说下去。

谯周却在地板上“砰砰砰”连连叩头：“启禀丞相，天象如此示警，皆是众目共睹之事实，下官也不敢捏造妄言啊……”

他正自急急辩解之际，却见诸葛亮慢慢缓和了脸色，坐回了榻席之上，道：“罢了！谯大夫无须再言了。本相并无责怪您之意——今日您与本相在此帐中所谈之话，务必牢记缄默于心，切切不可轻泄于外！”

“是！是！是！下官一定牢记！”谯周满头大汗地叩头答道。

诸葛亮的目光从帐窗悠悠远远地直投出去，望向北边的天空，缓缓说道：“你们太史署执掌天象观察、阴阳演算、占侯推步之事，以及一切日月星辰、风云气色、地震山洪之预测。我大军北伐，亦不得不需谯大夫您这样的深通天文气候观测之士——这次北伐，您就随本相一道同行吧！”

红球一般的朝阳冉冉升上半空，长安城中的市坊也渐渐热闹起来。

长安位当要冲，又曾为两汉京都，虽然自汉灵帝末年以来历经了多年的烽火战乱，但后来在钟繇、曹洪、曹彰、曹真、司马懿等关中都督的悉心经营之下，已经逐步恢复了往日的繁华富庶。

此刻正值初春之时，出入市坊的车马行人犹如流水一般源源不绝，喧闹之声响成一片。在那森然林立的店铺摊桌上，无论是朔方匈奴之地出产的牛羊皮货，还是西域各国出产的美玉宝石、中原之地出产的特色肴品，或是江南水乡出产的绫罗绸缎、巴蜀益州出产的彩锦亮瓷，可谓琳琅满目。至于日常所需的铜壶、锡灯、铁犁、陶杯、漆盘以及花果鸟兽、鱼肉菜蔬、凉席草鞋等等，更是数不胜数、堆积如山。

不过，长安城的市坊，也不是浑然一体的：它其实包括了两个部分，其一是城南的“民坊”，其二是城北的“军市”。民坊且不论，而“军市”则是当今征西大都督兼大将军司马懿的独创发明，是专门设来解决军营士卒饮食生活之所需的——这一片市坊，由军市令、军市候监管，诸商贩皆持符传而入内经营，并向军市令、军市候缴纳租税，但前提是他们的货物质量一定要合格。而司马懿为何要将市坊分为“军用”“民用”两块，其用意亦是使长安城中军民交易各得其所、各得其宜，避免暴卒欺民和刁民骗军这两类恶性事件发生。

“军市”坊的东角上，一株亭亭如盖的大槐树绿荫下，是一间木板搭建的简易酒肆。在“军市”坊里开设酒肆，也是司马懿的一项创举——只有在疆场上立下功勋的将士，才有资格手持刻有“嘉奖”字样的符牌进入肆铺之中饮酒享乐。

酒肆里靠窗的一张桌几旁，坐着一位方面圆额、须髯苍然、相貌堂堂、年过半百的青袍长者，身边侍立着两位气宇精悍的高大青年，他的对面，端坐着一位红光满面、精神矍铄的白袍老者。白袍老者慢慢呷着自己杯中的酒，向那青袍长者微微笑道：“大将军，您的‘军市’之设，可谓‘军民两便’，各得其宜啊！”

那青袍长者却是一脸的平淡：“赵军师，诚蒙您谬赞了！今日咱们到此便是微服实地察看这‘军市’之制是否完善，是否值得各地推广施行……”

他正款款而说之间，窗外远处的军市坊角里传来了一阵震人耳鼓的吵闹之声，打断了他的话语。

青袍长者面色一滞，循声望去：只见那边有一群关中士卒围住了几个商贩，正你推我搡地争吵着什么。他略一沉吟，便向身边的两个青年丢了丢眼色。他俩一抱拳就转身出门前去察看了。

那人群当中，一个满嘴喷着酒气的红脸壮汉正一手提着那个小贩的衣领，一手举起钵盂般大的拳头，作势要向他脸上砸去："你这奸商——竟然敢嫌大爷我给的铢钱少了？嘿！你小子不想活了么？"

小贩哭丧着脸答道："军爷——您想用八个铢钱就买下小的这一袋麦面，这……这……咋行？"

"大爷我说行就行！"红脸壮汉几乎是喷了那小贩一脸的唾沫星子，"弟兄们——把他的这几袋面粉都给我搬了！"

"住手！"随着一声劲叱，那小贩身边有一个中年绸商挤了过来，生得一身斯文，手中折扇一点，向那红脸壮汉劈头喝道，"你这蛮汉，竟敢在光天化日之下强抢民货，眼里还有没有王法？"

"王法？呵呵呵……在这军市里，大爷我就是王法！"那壮汉一把丢开小贩，几乎脸贴着脸朝那绸商俯压过来，"哼！真是欠揍！就你这一副瘦排骨也敢来大爷面前逞英雄？也不好好打听打听本大爷在这军市里是什么来头……"

他旁边一个小卒厉声喝道："你这'猪头'晓不晓得，咱家大哥的来头说出来吓死你！咱们乃是已故大司马曹真的弟弟、安西将军曹璠门下的部曲！别说你们小小的商贩，就是外面民坊间那些长安府衙的差役瞧见了咱们也只有绕道走的份儿！"

"哦？原来是曹璠将军的部曲？"那绸商冷笑一声，摘下头上帻巾就往地下一扔，硬声而道，"好！你们几个就陪本官到长安府衙去走一遭吧！"

"到长安府衙？"那红脸壮汉全身霍然一震，"你是何人？口气倒是不小啊！"

那绸商双手一拱，凛然而道："本官行不改姓、坐不改名，正是长安府署郡尉颜斐！近来得到不少民贩举报你们这'军市'里时常发生恶徒抢人越货之劣迹，特此易服化装前来调查——如今人赃俱获、事实昭然，你等还不乖乖随同本官回长安府受审？"

"嘿！原来你这小子是来咱们'军市'里故意'挑刺'的啊！"那

红脸壮汉冷冷地尖笑了起来，“可惜——在这‘军市’里，咱们听从的是军法，不是你那个小小府衙的王法……来啊！弟兄们！把这不知天高地厚的家伙给我狠狠教训一顿！”

他话音一落，身旁那群兵卒齐齐一声吼，就要打将上来！

而周围那几个长安府衙假扮成的商贩也一起拥了过来，牢牢护住了颜斐——颜斐却是毫无惧意，仰天哈哈一笑：“好！好！好！你这厮竟敢妄言‘军法大于王法’，真真正正是自寻死路，再也埋怨不得别人了！”

正在这千钧一发之际，斜刺里一声暴喝传来：“住手！”

双方一怔，纷纷扭头去看：却见一位青年将校横眉立目，正在三丈外肃然注视着他们！旁边一位白衫青年亦是正色不语。

“梁……梁参军？”那红脸壮汉一见青年将校，顿时全身一个激灵，体内所有的酒意竟都化作一股股冷汗沁出——他在曹璠府中经常见到这梁机来来往往，所以对他那大将军府署参军的身份是相当熟悉的。一惊之下，红脸壮汉口里的话也开始说得有些不利索了：“您……您……您老人家怎么来了？”

“梁某不来，还要等着你给咱们关中大军闯下弥天大祸吗？”梁机皱了皱眉，“曹丙，你们还不快向颜郡尉他们赔礼道歉？！”

红脸壮汉脖子一硬，扬头就说：“他们这些地方衙役是故意混进咱们‘军市’里‘挑刺’的——曹某决不会给他服这个软！”

“挑刺？曹丙！你刚才说什么‘在军市里听从的是军法，不是长安府衙的王法’——这句话就错得厉害！”这时，那白衫青年却缓缓开口了，“军法、王法，都是大魏朝廷所颁，二者均为一体，哪里能分谁大谁小？你家曹璠将军日常便是这般教你的？亏你还是颇有资历的老兵，怎会讲出这般‘浑话’来？”

“你……你是谁？”曹丙听这白衫青年一上来便给自己一顿教训，脸上立时有些挂不住了，但瞧着梁机在旁，也不敢肆意乱行发作，只得哼哼叽叽地问道。

“这位公子乃是大将军府署记室司马昭。”梁机肃然向曹丙介绍道，“曹丙，怎么你竟连大将军府署里的郎官前来质询也不放在眼里吗？”

曹丙嗫嗫地说道：“你……你们是胳膊肘往外拐，跟着这帮地方衙役来乱挑刺……曹某就是不服！有胆量咱们到曹璠将军面前去评一评理……”

“挑刺？这个‘刺’儿，他们挑得对啊！”刚才在那酒肆里饮酒议事的青袍长者不知何时已走了过来，他身后还跟着那个白袍老者，“曹丙！你这根‘刺’儿，就该被颜君他们挑走啊！这事儿，无论到哪家老爷面前去评，恐怕都还得是这个理儿！”

“司……司马大将军？！赵……赵军师？”曹丙一下吓得两腿发软，顿时便和那伙儿狐朋狗友全丢了棍棒，纷纷瘫跪在地。

颜斐听得分明，侧头来看，亦是心旌飘摇：原来这青袍长者便是当朝大将军兼征西大都督司马懿，而那白袍老者则是他的幕府军师赵俨。

司马懿右手一扬，冷冷吩咐道：“来人——把他们拖下去每人重打七十军棍，在军市里全都上枷示众三日！日后敢有效尤者，严惩不贷！”

“诺！”一队逻卒应声过来，像拖死狗一般将曹丙他们拎了下去。

“司马大将军……下官这里见礼了。”颜斐等这才醒过神来，个个慌忙拜倒。

赵俨看了司马懿脸上表情一眼，心中一动，上前一步，向颜斐问道：“颜君——你今日之事本也处置得不错。但本军师亦不得不秉公而言：你既已明知这‘军市’之中有恶徒欺民抢货之事，却为何不事先行文报给军市署知晓？似你今日这般改服换装偷偷来查，总是不太妥当——倘若今日司马大将军未在此处与你相遇，你且又如何善后？你还当真要鼓动地方衙役与军营士卒械斗吗？”

“启禀大将军、赵军师，下官岂敢如此胆大妄为？”颜斐一听赵俨这话可轻可重，也悚然惊出一脸冷汗来，“您等有所不知，这十余日来下官向军市令、军市候连发了三道急函请求协办此事，又见得商贩哭诉而其情可悯，方才不得不出此下策……”

司马懿听到颜斐这么解释，这才渐渐缓和了面色，一摆手又向梁机、司马昭吩咐道：“这‘军市’里多次发生了这等恶徒逞强、抢人掠货之事，那军市候、军市令他们是怎么当的？你俩给本帅传令下去，将他们一律就地免职追责，再择贤能以任之！”

说罢，他转过脸来，朝向赵俨笑道：“赵军师，你我今日微服巡访‘军市’，怎料到会有这段插曲乎？看来，这‘军市’之制虽是善政，但若无好官守之，终是无益于众。用人也罢，行政也罢，犹如车之双轮、鸟之双翼，丝毫不可偏废啊！”

“大将军睿智明达、触类旁通、举一反三，老夫佩服。”赵俨急忙拱手而答。

司马懿拈须一笑，转身直直地看向了颜斐。

颜斐已是惊得手足无措：“大……大将军……下官失……失礼了……”

“失礼？你有什么失礼的？”司马懿向他莞尔而笑，“好！颜君能不惧豪强、为民执法，本帅甚是欣赏——这样吧，本帅赏你们长安郡尉署一项特权，允许你们府衙官役随时可以根据百姓的举报进入我‘军市’里来捉拿各种不法之徒！”

颜斐听了，面色顿变，猛地一头磕下，感动得哽咽出声：“大……大将军至公无私、毫不护短，下官敬服之极。”

待得颜斐一行离去之后，司马懿才唤过司马昭，吩咐他道：“昭儿，你给为父好好拟写一道密奏，为父要举荐这颜斐出任平原郡太守之职……似他这般的耿直循吏，现在是越来越少了……”

赵俨在一旁听得真切，不禁失笑而道：“大将军既有这等为国举贤的美意，为何却不向他当众说明？”

司马懿听罢，却向赵俨肃容而道：“赵军师，爵赏者，朝廷之公器也，本帅何敢自专而为己功？为国择贤而纳谢私门，本帅不为也！”

赵俨抚掌而笑：“世人皆言司马大将军极有当年荀令君之‘忠智至公’，今日俨亲眼所见，实是不假！”

他们正在交谈之际，一名亲兵打马飞驰过来，远远地便扬声呼道：“司马大将军！朝廷圣旨已到，钦差大臣已在大将军府中等候……”

“昔日周公旦辅弼成王而臻太平，忠贯日月，终有素雉之贡；当今司马爱卿身受陕西之任，诚实勤敬，而有白鹿之献——岂非忠诚协符、千载同契、俾乂邦家、以永厥休耶？而今吴贼僭号、蜀寇蠢动，朕深以为忧，唯仗司马爱卿而分之！特赐先帝信物、镇国重宝‘紫龙玦’以示褒宠——钦此！”

周宣字正腔圆抑扬顿挫有节有奏地念完了诏书，待司马懿叩首谢礼过后，才卷好了诏书，上前一手扶起他来，笑道：“辂儿，快将那锦匣送来，呈给司马大将军过目。”

太史丞管辂应声捧了一只五彩锦匣过来，当着司马懿的面，轻轻打开：只见一块雪白脂润的半月形玉玦在明黄缎垫上赫然呈现，玦身上那条浮凸玲珑的龙形紫纹似是盘踞得愈发张扬生动了，它虬须飞舞之际更加显得威势夺人！

凝视着这块“紫龙玦”，司马懿的眼眶里顿时冒起了晶亮的泪珠在滴溜溜打着转儿，脑海里倏然似闪电般掠过了一幕幕往昔的情景——

当年在荀府育贤堂上，一代儒圣荀彧亲手将这块“紫龙玦”佩在自己的腰带之上，他那眉间颊边到处都洋溢着亲切而真挚的鼓励与欣悦；

在先帝曹丕的东宫之中，自己为了讨好曹丕、取信于他，谦恭异常地将“紫龙玦”转赠给他，他当时兴奋得颇为失态地从座席上跳了起来，连连叫好；

在前太尉贾诩府邸之内，自己为了拉拢贾诩而助曹丕继位承嗣，又不惜俯腰折节地将此玦作为信物送给贾诩；

在皇宫内殿之中，贾诩在已经登基称帝的曹丕明言暗示之下，只得强装笑脸，又乖乖地将“紫龙玦”恭然交还曹丕，而不敢再据为己有；

而到了今天，曹叡又像他的父皇曹丕笼络贾诩之时那样，向老夫抛出了这块“紫龙玦”作为施恩示宠之信物……

……

短短二十年间，这一块“紫龙玦”在尘世间各人手中飘来游去的那一番辗转曲折之命运，细细想来竟是何等地耐人寻味啊……

然而，最终，这块“紫龙玦”还是回到了自己的手中——仿佛一切又回到了原点！司马懿的耳畔又似乎悠悠然响起了荀彧那一贯从容平和、温文亲切的话语：“如今，为师却将此宝玦赠送于你——望你睹玦生志，砥砺不已，早日成就一代伟器，为我大汉朝立下赫赫奇功！”

一瞬间，司马懿再也控制不住，眼中莹莹泪珠夺眶而出，滚滚落下，打湿了胸前的衣襟。

“大将军……”周宣和管辂见了，都不禁大吃一惊。

司马懿一下就反应了过来，急忙举起袍袖擦了擦自己的眼角，哽咽而道：“陛下竟将这等重宝奖赏于本帅，这一份恩宠可谓天高地厚……本帅不禁感激涕零，在此立誓为我大魏尽忠竭诚、死而后已，以回报陛下的殷殷优崇之礼！”

“司马大将军对大魏的一片赤胆忠心，周某等俱是钦敬不已啊！”周宣携着管辂连声称赞。

司马懿慢慢收敛了表情，右手一摆，请他俩在侧席上坐下，哈哈道：“来人，上鲜牛奶酥！本帅要好生为两位钦差大臣接风洗尘！”

“鲜牛奶酥？”周宣一听，面有诧色，转过头来看了管辂一眼，“辂儿，你现在的卜算之术果然精进了不少——前日夜里，你梦见火牛冲山，便断言会品尝到与牛相关的美食……此刻，你的占语可不是已经灵验了么？”

“谢谢师傅夸奖！”管辂颔首浅笑，却向司马懿躬身问道，“司马大将军，辂觍颜请问，您中午是准备以何等膳食款待区区在下呢？”

司马懿抚须而答：“当然是我关中的名肴——红辣烤牛肉啦！”

听了此言，管辂这才回过身来，向周宣长揖而道：“还是师傅您高明过人！弟子只能测算到会品尝到与牛相关的肴食，而师傅您却一下断定我等会一入关中就能吃到烤牛之肉！弟子所测模糊不清，远远不及师傅您研判分明啊！”

“哎！你们师徒二人都是能够探知过去、预测未来的奇人异士，且就别在这里大显神通以惊世骇俗啦！”司马懿呵呵笑着抢过话头，“本帅日后仰仗您二位的地方还多了去也！对了，周大夫，本帅要向您讨教一下近来朝廷里的几件事儿。”

周宣一听，脸色立刻一片肃然，右袖一举——管辂会过意来，端起那装着鲜牛奶酥的铜碗就“咕嘟咕嘟”一口喝了个精光，用袖角抹了抹嘴，然后站起身向司马懿深施一礼，便出门而去。

司马懿也将眼色往左右一丢，梁机马上带着所有的仆从、侍卫齐齐退了出去，只留下司马昭一人在一旁侍奉。司马昭的大哥司马师本也该在大将军幕府的，但司马懿先前派他前去陇凉督办军屯事务了，一直没有回来。

“周师兄，您这次奉诏亲赴关中，应该就是为了那‘灵龟玄石’上面的谶文之事吧？”司马懿面不动色，端着一碗鲜牛奶酥，慢慢放到唇边抿了一口。

“不错。仲达啊，确是不出你之所料——陛下派了周某前来想方设法镇住这‘灵龟玄石’上的煞气呢！”

“嘿嘿！”司马懿放下漆碗，微微一笑，“现在才想起来厌镇这玄石上的谶文又有何用？它们的形文拓图早就流传出去了，只怕陛下想堵也是堵不住了……”

周宣听出司马懿“话里有话”，他拈着胡须，眨了眨眼，笑道：“这个……周某身为钦天占星之官，奉了皇命圣旨，该去做的法事还是得去做的！至于将来有没有什么效果，周某可不敢打什么包票的。”

司马懿听着，用手指了一指周宣，哈哈一笑：“周师兄啊！您呀……行！明天懿就派人好好护送您到昆仑山去采那‘玄阴土’来填石镇邪。”

“如此，周某就多谢仲达了！”周宣笑着点了点头，“陛下也真是英明——一下就听从了周某所提的改‘讨’为‘计’的法门妙方……”

司马懿心中暗想：在玄石谶文上说什么改“讨”为“计”，其实就是掩耳盗铃，自欺欺人！这样做只能是越描越黑——也愈加显得你曹叡底气不足，胆虚意怯！但他脸上却并不露出异样的表情来，脑海里忽又想起一事，就正色问道：“周师兄既从洛阳京都而来，可曾知道朝廷对辽东公孙渊废叔自立一事的处置方略如何？”

“还能怎样处置？”周宣摇了摇头，一脸的无奈，“朝廷的诏书已经发出去了，承认公孙渊为新任辽东太守，并加封他为‘乐浪公’以羁系之……”

“唔……此事岂可如此处置？陈矫等人优柔萎靡，实在是有损国威也！”司马懿一听，当场就气得须眉戟张，“只恐那公孙逆贼一见此诏，反会暗暗窃笑我大魏朝中无人也！”

“那么，依仲达之见，此事本该如何处置方才妥当？”

“依本帅之见，凡事皆有本末，而治事者重在执本而御末：公孙氏自前朝建安初年以来，便已割据辽东，水则由海，陆则阻山，外连胡夷，绝远难制，而世官相承、掌权日久，可谓我大魏‘异己之患’。而今公孙渊反状已萌，今若不诛，后必生变。倘然朝廷一时受其蒙蔽而委顺从之，待其坐大作乱，再又兴兵致讨，怕是于事为难。不如趁其乍起夺位之际，境内人心不一，有党有仇、有恩有怨，朝廷先其不意而雷霆出击，发兵临之，开设赏募，斩枝断叶、孤弱其势，则可不劳师而定！”

“仲达此策倒是剖断如流、高明之至，只可惜陈令君乃一介雍容循吏而已，岂有您这等的大智慧、大魅力、大手段？”周宣听了，不禁深深赞道。

“罢了！罢了！本帅之见再高明，他们也总是不听……白白地让本帅听了生气！”司马懿沉沉一叹，悠悠而道，“说实话，据本帅观之，像夏侯玄、邓飏、何晏等朝廷所谓‘后起之秀’个个都是清谈高卧、雍容无为、阅历不足之士，日后怎能撑得起‘灭吴吞蜀、平一天下’的社稷大业？本帅甚是忧之。”

周宣将手中麈尾拂尘轻轻向外一摆：“仲达你为那些事儿忧得未免有些太远了，关键是你眼下已有危机倏忽而来，你这才该当深以为忧！”

“哦？你指的可是吴蜀二寇联手结盟准备来犯之事？”

“不错——周某在赴关中的半途上，就听得吴蜀二寇已在武昌结盟，并称‘东西二帝’，约定一齐兴兵来犯大魏，甚至连战后的地盘划分都确定下来了：他们要中分天下，以兖、冀、并、雍、凉等五州归属于蜀，以豫、青、徐、扬、幽等五州归属于吴，而于京畿司州之土则以函谷关为界各取一半！说不定在这旬月之间，我大魏东西两翼又要烽火连天了……”

司马懿一边听着周宣的话，一边沉着脸深深地点了点头：“诸葛亮这一次与伪吴联手结盟，实在是来得出人意料——谁能料到他竟然让出了汉室正统之名分、公开承认江东孙权与大汉并尊称帝以求换取助力？其人之忍辱负重、矢志进取，委实是小觑不得啊！他在这三年间‘厚积而骤发’，必是来势汹汹、难以对敌。懿近来亦是忧不自胜啊！”

“仲达也会惧了诸葛孔明？”周宣一愣，抬起双目看了他一下。

“诸葛亮韬略极深、用兵如神，而且据说又发明了不少厉害武器，这让本帅如何不惧？他如此锐意极力前来北伐，本帅若是稍有一丝闪失，被他抓住亦定是在劫难逃啊！”

周宣不想再让司马懿沿着这个话题愈忧愈深，便岔开了话头去：“仲达，你知道吗？孙权在武昌称帝，不但与我大魏针锋相对地起了一个‘黄龙’年号，还准备着迁都到长江下游的建业城呢……”

“建业城？”司马懿眉头一拧。

“是啊！建业城！他还让手下术士到处宣扬那座建业城蕴有王者之贵气龙脉，是他伪吴国运蒸蒸日上之福地……”

司马懿背着双手在厅堂上踱了几步，举目遥望东南方向，慢慢说道：“对这建业城，本帅也有些了解。它依山傍水，龙盘虎踞，以天文妙理言之，本亦堪称‘帝王之宅’。即使从地理之利而言，此城也可谓之为军国枢要之地，不可不察。当今伪吴，西部靠近我大魏荆州，而荆州的王昶、州泰等皆为良将，所以孙权留其伪嗣之子孙登与陆逊共掌武昌以敌之；中部毗邻我大魏扬州，而扬州田豫、王观等亦非凡士，所以孙权又留诸葛瑾、朱然于柴桑城以抗之；东部依畔徐州，则又有伯宁（满宠的字为“伯宁”）那个镇东大都督坐镇在那里，对他伪吴的威胁也最大——所以孙权才迁都建业立足生根，意欲自率全琮、朱据等诸将从此处北上进犯我大魏！唔……不好！本帅须得赶紧写一封八百里加急快骑急函，提醒伯宁早作防备！”

周宣听得又是赞不绝口：“仲达明察善断、算无遗策，周某佩服。”

司马懿转过身来，深深凝视着他：“周师兄——懿有一事相求：您此番从昆仑山取‘玄阴土’填石镇邪归来之后，就不妨留在我关中大军之内暂任军祭酒一职，以您的阴阳推算、天文占断之术在懿身边参赞军机，怎样？”

周宣迟疑着答道："这个倒是可以。只是陛下那里……"

"没关系。本帅今夜就给他那里呈进一道奏表，请求将您暂时留在关中以作奇用……陛下应该是不会对本帅这一请求轻加拒绝的。"

目送着遮天蔽日的滚滚烟尘渐去渐远，站在欢送台上的蜀帝刘禅仍是满面恭敬地弯着腰，不敢稍有怠慢。

"陛下……丞相已经走远了……"侍立在台侧边缘的黄门丞黄皓一溜碎步儿地趋近前来，"您还是回龙床上休息一下吧……"

刘禅依然半躬着身，用袍袖轻轻擦了一下眼角，将那晶莹的泪珠儿拭去，喃喃地自语道："相父……相父真是太辛苦了！黄皓啊！这几个月没见，朕看到相父的鬓角又花白了不少了……朕真担心相父的身体怎么吃得消啊？"

黄皓听了，只是低眉垂目地俯着腰，也不多说什么。

"朕是真心希望相父这一次最终能够底定中原、肃清魏贼啊！"刘禅这才慢慢直起腰来，望着北方的天际，深深而道，"相父——在您此番北伐期间，朕每日入夜都会在未央宫寝殿为祝您胜利而焚香祈祷的……"

黄皓斜眼瞧着刘禅，随口附和道："是啊！丞相此番北伐集结了大汉上下十三万精锐王师，其中还从南蛮那里征用了一万'藤甲兵'……而且，他调发各郡县农夫多达二十余万人！这真可谓是'举全蜀之力以求毕其功于一役'！他费了这么大的劲儿，应该是能够殄灭魏贼了吧！"

"可是，朕听闻魏之关中一带布下了二十万人马，相父此番亲率十三万王师前往，只怕亦仍是以寡击众啊……还有司马懿那老贼又是那么狡猾……"

看到刘禅一副忧心忡忡的模样，黄皓款款开解道："陛下，丞相如今发明了'连环弩''百石弩''轩辕车''木牛流马'等神妙器械，而魏贼'器无所长、技无所精'，必非我大汉之敌也！"

"但愿这一切能够如你所言吧！"刘禅双眉稍展，忽又想起了什么，迟疑着说道，"你大约也知道了，太史署曾经送来奏折，奏告近日益州境内多有不祥之象发生：成都郊外龙泉驿之处的松柏桃竹等树一入夜晚居然便发出人之哭声；还有光天化日之下，锦江水面竟有千百白鹤翔集于空，盘旋数匝之后纷纷投水而死……这些都让朕心头好生不安啊！”

“陛下……陛下您为这样一些稀奇古怪的现象担心什么？这大千世界，无奇不有——奴才小时候还曾见到过长着三条腿的蛤蟆和只有一只爪子的野雉呢！这些也算是怪物了吧？也没见有什么不吉之事发生……”

刘禅瞧了瞧他那故作憨态的样儿，先是抿嘴一笑，然后又板起脸来说道：“你这阉儿懂什么？古语有云，‘物反常即为妖。’凡有怪物异事，皆是上天垂象示警于朕，与你这样的奴才有何干系？你根本就不配……”

黄皓听了，慌忙叩伏在地，连声急道：“哎呀！奴才该遭掌嘴！该遭掌嘴！奴才本就是一个区区的阉宦，也不懂什么‘天理大道、国家大事’……奴才一个心眼只想逗陛下开一开心呢……”

“起来吧！若不是瞧在你这份心意上，朕早就让人把你拖出去重责八十杖啦！”刘禅有些不耐烦地摆了摆手，让他平身而起。他正欲迈步向欢送台下走去，忽又回过头来向黄皓说道：“黄皓，你知道相父在此番北伐临行之前曾经写了一份密折上来吗？”

“这个……奴才不晓得。”黄皓其实在给刘禅传送文书时曾经看到那份密折匣盒的，但它是诸葛丞相写的——他就有十个脑袋也不敢乱动它一下啊！

“相父在这份密折里要求朕对内廷服侍的宦官、侍女予以大力削减，让你们出宫返乡为农……”刘禅盯着黄皓，慢慢地说道。

“奴……奴才不……不愿出宫！奴才愿意一辈子好好侍奉陛下……”黄皓腿膝一软，又给刘禅跪了下来。

“朕没有答应，但朕也不敢否定。这毕竟是相父的意见嘛……”刘禅瞥了他一眼，继续说道，“朕和董允商量了一下，想出了一个折中的办法——暂时不削减你们这些宦官、侍女，但你们必须要在后宫林苑里像宫外的农夫农妇一样耕织自足……黄皓，你近来可有的忙了……”

“奴才叩谢陛下隆恩！”黄皓一边连声称谢，一边心底却想：还是陛下体恤咱们这些奴才啊！咱们这些奴才在宫廷中待了这么多年，一个个早都没了什么“耕织之长”，一下被逐出宫去，还不都是给活活饿死？这个诸葛亮怎么这么心狠啊？！他其实并不知道：诸葛亮为人最是“清浊分明”，他一直痛恨当年阉宦弄权而毁了东汉，所以对黄皓他们也是视为猪犬而不甚爱惜，每欲逐之而后快！若无刘禅拼命抵挡，那些内廷宦官、侍女几乎早就被削减一空了！

黄皓看到刘禅已经走到了台梯边，急忙又小跑上去奏道：“启奏陛下，此番订立盟约之后，东吴进贡了三头白象和六只五彩孔雀前来……它们那模样生得煞是好看。陛下可否有意前去欣赏？”

“这……这……相父给朕安排了每日要抄写一篇《孟子》《韩非子》的功课，朕……朕还没写完呢！你没看到董允已在那边等候了吗？朕这……这时只怕没空……”

“陛下！您这是去检阅外邦方物，又不是去擅自嬉戏游乐。董侍中他凭什么约束您？！走！走！奴才这便去传旨起驾……”

刘禅犹豫了半晌，大袖一甩，道：“罢了！罢了！董爱卿这个人的脾气你又不是不知道——满朝上下，除了相父之外，谁能拧得过他？他万一乘车追上来谏阻，朕怎么办？罢了！罢了！朕还是先回宫抄好了相父布置的功课之后，再去‘检阅东吴方物贡品’吧！”

第九章
吴蜀联盟

两翼受敌

“吴蜀联盟已经结成，诸葛亮大军已经抵达汉中郡，我关西边境形势实是岌岌可危！”司马懿指着大将军府署议事厅正壁上的关中军事地形帛图，开门见山地肃然言道，“各位将军、大人，你们以为此番诸葛亮进兵北犯的所由途径应在何处？”

凉州刺史孟建双眉紧锁，显得甚是忧虑：“诸葛亮前几次发兵进犯，都是从祁山方向来袭——这一次他莫非仍是直攻祁山大营而来？”祁山位于他所辖的凉州境内，万一诸葛亮真的再次兵取祁山，他肩上所承受的压力之大可想而知！这如何不让他愁眉不展？当年在“青云山庄”求学之时，他已知道自己的才识远远不及诸葛亮，而今在关西与他正面对敌，自己岂有招架之力乎？

破虏将军邓艾却不以他的深忧多虑为意，换了另外一个角度说道：“依邓某之愚见，诸葛亮这一次应该不会再重复前几次进兵北犯的路线了——因为他知道咱们一定会在凉州一带层层设防，不断消耗他的锐气。一个祁山、一个街亭、一个陈仓，这三大要害中任何一个都足够让他‘啃’上个一年半载的了！说不定，他会剑走偏锋，自秦岭往东，再由子午谷而北，闯过武功山，以最快的速度走最短的捷径，只需十余日便可打到长安城下……”

司马懿认真听了他俩的意见，一言不发，又把目光转向了赵俨，款款问道：“赵军师，您的意见呢？”

赵俨是当今魏国军事经验最为丰富的一代宿臣，而且自诸葛亮首出祁山之时起他就一直在协助曹真对付蜀军，所以他对蜀军的战术战法之了解始终是远超常人之上。他听得司马懿点名而问，便在座席上将上身一挺，凝神敛气，一边抚着白髯，一边慢声而道：“这个……依本军师看来，诸葛亮一生行事最是严谨周密，决不轻易弄险！况且，他蜀国的家底只有那么薄，他也舍不得浪费——再加上我大魏在武功山、子午谷一带的沿山栈道上设立了重重岗哨，他们稍有异动，而我军就在长安立即有所察觉！这样一来，蜀军以‘奇兵’偷袭长安，便再也‘奇’不起来了！那咱们只需待在子午谷栈道出口给他来个兜底包抄就行了！”

他这话一出，帐中其他将领都哈哈大笑了起来。邓艾“腾”地一下涨红了脸，便要前来争辩。赵俨却不理他，把目光倏地落在了关中军事地形帛图的一个地址之上：“本军师这几日思之烂熟，愚见如下——这斜谷道倒有可能是诸葛亮此次进兵北犯的一个重要来向！”

“斜谷道？”雍州刺史郭淮愕然一惊，“赵军师您有没有搞错？斜谷道是渭河平原通往汉中的出入口，也是咱们关中大军平时最为着意的关隘……诸葛亮他不会傻到在咱们眼皮底下运兵来袭吧？这不是自己送上门来受死吗？”

“唔……本帅倒认为赵军师所言甚是。”司马懿这时才开口了，深深地赞了赵俨一句，同时转头看向郭淮，“郭牧君啊！你有所不知，这世间有时候看起来最危险的地方，说不定恰巧正是最安全的地方！”

“赵军师和大将军您是不是都太过虑了？”郭淮微微摇了摇头，直接便提出了自己的反面意见——这种“畅所欲言、无话不谈”的议事氛围是在司马懿的极力倡导之下建立起来的。他有根有据地辩驳道：“首先，咱们在斜谷道北关放了八千精兵把守，诸葛亮意欲偷袭得手几乎是有如登天之难；其次，就算诸葛亮运兵奇袭得了斜谷道北关……那里山道崎岖、坡斜路窄，他的后方粮草供应又如何跟得上来？咱们只要挥师一卷，他们就再也站不住脚了，还不得乖乖地沿着原路退将回去？”

司马懿听着，却是沉吟不答——据他派去潜伏在蜀国内部的“眼线”送讯来报：诸葛亮在此番北伐之前已经发明了一种名叫“木牛流马”的运输器械，运送粮草又多又快又小巧便捷，只怕诸葛亮这一次进兵来犯时的后方粮草供应可谓顺畅自如、毫无迟滞矣！

但目前“木牛流马”的样图，司马懿还没有亲眼看到。所以，他也不好向帐下诸将明说什么，就随口而道：“郭牧君，身为将士，千万不可存有‘依险自恃’之念。斜谷道北关固然险要，但它亦决非不可逾越之天堑。司马昭，你替本帅拟写一份手令给斜谷道北关守将何迟，提醒他切要小心。还有祁山大营那里，就仍由孟建刺史回去亲自驻防。子午谷那边，梁机你立刻亲自前去巡查，让那些守将昼夜不息地加紧警戒……”

他正说之间，突然厅门外传来了“哗啦啦”一阵震耳欲聋的巨响，连自己的话声都被一下掩盖住了，什么也听不到……

司马懿静默了片刻，待得那阵巨响逝尽之后，厅内重又归于寂然，他才将两眼朝梁机一横，示意他出去看看是何缘故。

这时，却听厅门外又是一阵长笑之声响起，太史令、赞善宣化大夫兼关中大军军祭酒周宣一边施施然迈步而入，一边摇头晃脑地说道：“哎呀！你们关西的朔风好大啊！连操练场上碗口那么粗的帅旗旗杆都被吹断了！”

原来是帅旗旗杆被大风吹断了呀！厅中诸将这才回过神来——平蜀将军胡遵当场就叫道：“这个鬼天气！看来今后这旗杆要换成海碗那样粗才行了！”

周宣仍然旁若无人地抬步走到司马懿书案之前，右手一伸，向他递了一张纸条过来，口中禀道：“大将军，这是周某今日观风望气而得出的占断。”

听到他这样的话，厅上诸将当中有不少人忍不住掩口暗暗窃笑。而周宣却仍是双目直视司马懿，一点儿也没有因遭别人嘲笑而失神失态的模样。

“唔……真是有劳周大夫了。”司马懿伸手接过那张纸条，在它上面飞快地扫了一眼，就收进了自己的袍袖之中。然后，他举目环视了一下厅中诸将，强调道："刚才本帅的吩咐，你们听清楚了吗？"

"末将听清楚了。"司马昭、孟建、梁机三人开口而答。

司马懿低下头沉思片刻，还是感觉斜谷道那里的情形不能让人完全放心，冷声又道："不行！斜谷道乃我大魏进出汉中之地的咽喉之道，千万不可怠忽——胡遵、牛金，你二人齐率三万兵马前去进驻斜谷道北关，一方面对它严加把守，一方面须得伺机而动。在必要的时候，咱们还须得握紧拳头主动出击、御蜀寇于国门之外！"

"末将遵令！"胡遵、牛金二人出列，齐齐抱拳躬身而答。

司马懿吩咐完了这些军机要务之后，便让诸将退下遵命而行。他用拳头轻轻捶着自己的腰杆，坐回到了胡床之上，正欲与周宣谈话。

就在这时，厅门外突又进来一个亲兵禀道："禀大将军，斜谷道北关守将何迟派了一名特使乘八百里加急快骑前来禀报紧急军情……"

"斜谷道北关？"司马懿心头"砰"地一跳，暴吃一惊，"快快让他进来！"

"启禀大将军，斜谷道北关告急！三日前蜀军一批为数不少于四千的敢死之士乘夜狙袭了北关城池……他们是从悬崖峭壁上偷攀进来的——何大人带领众兄弟在那里拼死抵抗，也没能将他们尽驱而出。这三日之间，蜀寇援兵已是源源不断地增调而来，其中的南蛮'藤甲兵'最是厉害，力气又大，身手又刁，皮厚肉粗，咱们军士十个合起来才打得赢他一个……"

何迟派来的那名特使一进大厅便跪在地上急声禀报着，语调快得就像被火焰焚烧的干竹筒一般噼里啪啦直响。他浑身衣衫血迹斑斑、残破不堪，到处是披一块、吊一缕的，一看便知是从枪林箭雨中奋命拼杀而出的。

"唔……你是何迟手下何人？目前何迟那里的战况究竟如何？还撑持得住吗？"

司马懿双眉暗皱，脸色却平如秋水，沉沉而问。

"启禀大将军，下走乃是何迟帐下的亲兵校尉刘巩，前天夜里奉了何大人一道告急血书，拼命杀出重围，特来向您紧急求援。"那特使一边朗声说着，一边从怀里摸出一卷殷红点点的帛书，双手高托过顶，呈了上来。

司马懿见状，将眼色暗暗一使，侍立在他身畔的司马昭会意，疾步过来便接了刘巩呈上的那份“告急血书”。

司马懿是认得何迟的字体笔迹的，一眼便辨出了这份血书实为何迟的真迹。他细细看罢，有些惊讶地问道：“何迟在这‘告急血书’上谈起，他还有紧要事宜委托了你前来口头禀报……那是何等样儿的紧要事宜？你且速速道来。”

“这……”刘巩张口欲言，忽又想起了什么，目光往议事厅内左右一扫。

司马懿一见，举手一扬，厅堂之上的侍卫、仆役们会意，纷纷退了下去。

一时之间，厅堂之上只留下了周宣和司马昭陪侍在司马懿的身边。

看着周宣和司马昭二人，刘巩脸上仍有迟疑之状。司马懿冷冷说道：“周大夫和司马郎官都是本座最为信任的心腹之人——刘巩，任何事情你当着他俩的面尽可坦陈直言而无妨！”

刘巩“唔”了一声，伏地恭然而道：“大将军，下走此番前来告急之际，何大人贴耳告诉了下走一个绝密消息——他察觉此次蜀寇来袭，可能关中帅府伏有诸葛亮的内奸与外敌里应外合、遥相呼应，否则北关城池的要害之处不会这么轻易地就暴露在贼兵的炮石弩箭之下的……”

“什么？帅府里伏有诸葛亮的内奸？”司马懿面色一紧，“何迟究竟察觉到了什么？谁是内奸？”其实，他先前也一直在暗想：斜谷道北关本是城坚墙厚，在这么短的时间里就匆匆告急，没有内奸泄露城中军情，是绝不可能会出现这等情形的。

刘巩仍是伏在柏杨木地板之上，并不抬起头来，道：“大将军，倘若您要想知道谁是真正的内奸……这个，恐怕只有恭请您移步近来了……”

“移步近来？”司马昭脸色骤变，右手一下按紧了腰间的剑鞘，“你这话是什么意思？”

“司马郎官不必多心——下走是经过门外守卒搜身后进来的，身上并无一物。”刘巩仍是埋头伏地，恭恭然而道，“大将军请容下走禀报，下走领命临行之前，何大人为防泄密，已将他所察觉到的内奸姓名以刀刃刻写在了下走脊背的肌肤之上，连下走自己都瞧不见那字迹……所以，下走才贸然恭请大将军您移步近来观看了……”

说着，他将自己背上的衣裳拼命一挣，“哧”的一响裂了开来，顿时露出了血污遍布的宽阔脊背——那上面有一道道深浅不一、长短各异的血痕横七竖八地刻画着，赫然便是一行行触目惊心的“血字”！

“义士啊！刘君真乃举国无双之义士啊！”司马懿一见，饶是他个性深若渊潭而纹风不动，也不禁悚然变色，当即便从胡床上一跃而起，直向他身畔趋奔而来，伸出双臂便欲扶他，“好！好！好！且让本座细细辨认一下这些内贼的姓名——亏你这刘君是怎么忍得下这份剖肌裂肤之痛的……”

就在他堪堪走近刘巩身旁一尺之际，一直弓身跪地的刘巩猝然间便动了，他的这一动，并不是举手投足的起伏之动，而是犹如卧虎骤跃、兀鹰展翅、灵豹捕食，来得迅捷如电而飘忽如风！

司马懿只觉眼前一花，接着便听得“嘭”的一声闷响，自己的胸膛如同遭到千斤铁锤的重重一击，整个身躯都似皮球一般被震得飞滚而起，倒翻出去二丈开外，“啪嗒”一声摔落在地板之上，一时竟是爬不起来！

原来这刘巩负痛隐忍、苦心孤诣，便是为了此刻向司马懿发出这足有数百斤之力的惊雷一击！

“父帅……”司马昭最先醒过神来，蓦地一声厉吼，拔剑在手已是飞身刺出，去势如虹，“嗖”的一响，剑锋竟已深深没入刘巩的腰际！

刘巩却似石头人一般一动不动地站在那里，任由司马昭的青锋长剑横插进他的腰际，仿佛感觉不到任何疼痛。他两眼直盯着司马懿那具直挺挺地平躺在地的身躯，同时哈哈笑道：“司马懿！刘某终于不负丞相大人的使命，一拳了结了你的性命了！丞相大人！您北伐途中之大敌已除，我大汉复兴有望了！”

就在他扬声大笑之际，守护在议事厅门外的侍卫武士们听得里边的异响，已是纷纷冲了进来，将刘巩围在了当中。只有坐在偏席上的周宣，初时乍见司马懿遭袭之际似乎脸色微变，但旋即已恢复成一脸淡笑地望着场中的一切情形。

“父……父帅……”司马昭丢了剑柄，声音里明显地带出了哭腔，几乎是连滚带爬地朝司马懿那里扑去，“快……快来抢救大……大将军啊！”

“哭什么哭？为父的身子骨还没那么脆呢！哪里就能被人一拳打散啦？”随着一个冷峻而熟悉的声音缓缓响起，却见那一直横躺在地的司马懿居然用双肘撑着地板慢慢爬了起来。

“你……你……”刘巩脸上笑容一僵，呆呆地瞪视着司马懿，如同大白天见到了鬼一样，双眼睁得像铜铃般大，“不……这……这么可能？刘某这一拳平日里足可以打死三头牛呢……”

“父帅！”司马昭已然滚到了司马懿身旁，一边手忙脚乱地扶着他，一边泪流满面地望着他。

“没关系……没关系……你别乱了心神——为父这不是好好的吗？”司马懿向司马昭轻轻摆了摆手，止住了他的哭泣，同时俯首看了一下自己的胸前——那一块衣襟已然被刘巩一拳打得粉碎，里边赫然露出了一片绿莹莹的玉鳞软甲！

原来就是这一件贴身玉片软甲替他挡住了刘巩足以开碑裂石的重重一拳！

“三年之前，本帅初赴关中持节掌兵之际，诚蒙陛下恤念本帅的安危休咎，临行时特意赠送了本帅这一套‘金丝软玉甲’……”司马懿仰天深深一叹，“本帅恭托陛下之洪福，今日竟能逢凶化吉、毫发无损，实在是万幸、万幸！”

这时，周宣也徐徐然长身而起，双掌一合，含笑而言：“《道德经》讲，‘圣人终日行，不离辎重。’司马大将军如此念念自防，始终处于不危之地，当真是不必需要周某多言叨念了！”

刘巩顿时有若被人重重击了一记闷棒，脸色倏然一滞——自己腰间的剑伤疼痛也随即骤然剧烈发作起来，直痛得他额上冷汗直冒：“你……你这老贼好生狡猾！”

“你以为你这一次以‘苦肉之计’狙袭暗刺真的是‘天衣无缝’

吗？”司马懿唇边笑意微泛，伸手指了一指周宣，“你绝对不会知道：本帅这里有一位神机妙算的高人，他早已推算出了你今天要来行刺本帅……所以，本帅对你早是结网以待了！”

“不可能！我刘巩自八年多前在丞相大人还未初出祁山之际就以陇西难民的身份潜伏在了何迟的身边，一直没有暴露！直到半个月前刘某接到丞相大人‘里应外合’的绝密指令，才赚得了何迟的血书来见你……你怎么会察觉得出来？”刘巩冷冷硬硬地说着，同时伸手指周宣，“他这个老头儿又凭什么推算得出来？哼……你骗人！”

“你不相信？这张纸条就是这位高人刚才写的占断之语，你自己瞧一瞧吧！”司马懿一声冷笑，将袖中刚才周宣所递的那张纸条，一下取了出来，轻飘飘地抛在了刘巩的脚边。

刘巩的目光在那纸条上一瞟，看到它上面清清楚楚地写着一行字迹：“风吹大旗而折杆，必有刺客来行凶！”

一见之下，他的声音顿时颤抖了起来：“这……这怎么可能？！”

周围包围着他的魏军武士们也将那纸条看得分明，一个个将又惊又服的目光投向了周宣——这个看似毫不起眼的老头儿竟真是神了！

“刘君，你也是一位大忠大义的国士啊！诸葛亮能揽到你这样的人才在他麾下，实在是了得……只可惜，他不该让你这样忠义两全的国士如此亲蹈死地——他为了使北伐一举功成，忒也急功近利了些！”司马懿手抚须髯，慨然而道，“若是换了本帅是你的主公，日后必能保你才尽所用，前程远大！刘君，倘若你能洗心革面、归顺大魏，本帅定会既往不咎，给你拜将封爵，不吝重赏！”

刘巩却朗声而笑：“司马懿，任你巧舌如簧，说得天花乱坠，刘某也决不会背主求荣——刘某此来，早已深怀必死之志，何劳你来诱降？！”

司马懿眉角掠过一丝痛惜之色：“本帅真的是爱惜你这个忠义兼备的人才啊……”

看到了司马懿那片亦真亦假、似真似假的表情，刘巩的心底也不禁微微一荡。但他转念间想起当年在益州时诸葛亮对自己平日里推衣解食、谆谆教诲的恩待之举，他心头一硬，让那些杂念一下尽消无余。他凛然注视着司马懿："司马老贼——你想知道何迟在临死之前托我向你口头禀报的是什么内容吗？我告诉你——他的原话就是提醒你，此番我汉军北伐，所携的'连环弩''轩辕车''霹雳炮'实在是无坚不摧、攻无不克！你们魏贼这一次是在劫难逃了！我会在黄泉之下等着看你们如何下来相陪的！"

说罢，他狠狠地瞪了司马懿一眼，仿佛要把他的所有印象都吸进自己的眼底，然后他伸出右掌将先前司马昭插进自己腰际的剑柄拼命往里一按——"嚓"的一响，那剑一下横贯了他的腰身，直没至柄！

在厅中所有人士意味复杂不一的目光中，刘巩静立良久，宛若一棵高大的白杨树轰然倒地，以一种英挺兀立的姿态，永远留在了他们的记忆之中……

终于，司马懿微颤的声音打破了这一片沉寂："国、国士啊！一定要厚葬……"

曹魏青龙二年仲春四月，诸葛亮奇袭斜谷道北关得手，十三万大军犹如决堤之河一举杀入关中渭河流域，直逼长安城外围的第一道关隘——郿县而来！

与他遥相呼应的是，东吴孙权也同时提兵十八万，分三路进攻魏国：西路方面，由陆逊、诸葛瑾共率四万舟师自长沙而袭江陵；东路方面，由张昭之子张承与宗室大将孙韶齐率四万人马从东关而直扑魏国的巢湖津口；孙权自己则亲率十万大军为中路主力，渡过长江从皖城往北仰攻魏国的合肥新城而来！

一时之间，魏国东西两翼烽烟骤起——在这万分危急的情势之下，明帝曹叡听从了中书令孙资、中书监刘放的建议，驰诏镇东大都督满宠为东线三军统帅，指挥镇南将军王昶、荆州牧州泰、徐州刺史田豫、合肥太守王观等从江陵、合肥、淮阴三个方向朝吴军分头发起抗击。

而面对西翼的蜀国攻势，孙资、刘放却安慰曹叡道："关西雍凉二州有司马大将军坐镇，纵生天塌地陷之变，陛下亦可安枕无忧。"

而司马懿在关中这边得悉斜谷道北关失陷之后，也确如孙资、刘放所言，并没有乱了阵脚，立刻以胡遵、牛金为先锋大将而率三万铁骑在前开路，自己则亲率郭淮、邓艾、魏平等十万步骑押后而来，意欲在渭河之南展开第一场硬仗以最快的速度压住蜀军挺进关中的扩张势头。

渭河之南的十里坡处，烟尘如幕，腾空而起。“呼呼啦啦”的战旗声，“嘀嘀嗒嗒”的马蹄声，“叮叮当当”的兵甲碰击之声，还有“吱吱呀呀”的木牛移动之声混杂着，吵醒了沉寂整整三年的关中这一片丘陵河溪！

一辆四轮车在两排蜀军骑卒的拱卫之下缓缓前行，在上面超然而坐的诸葛亮气定神闲地摇着鹅羽扇，略显瘦削的脸颊露出了一抹深深的笑意：这次以迅雷不及掩耳之势拿下斜谷道北关，十三万大汉王师终于长驱挺进了关中腹地——八百里外的长安城，不再是那么遥不可及的“猎物”了！而自己的宿敌司马懿，这一次只怕也一定能被逼得现身迎战吧？只要他胆敢前来应战，本相就一定会叫他有来无回！

他正沉思之间，蓦一抬头，举目望见东北角上一块黑云翻卷而起，不禁微笑着暗一点头。与他同驾并行的北伐行营军祭酒谯周也将那块黑云觑得分明，从马背上转身过来正欲禀报——诸葛亮一扬手便止住了他，向刘诺吩咐道：“传令下去：前方将有大队魏兵来袭，令各部及时作好迎战准备！”

果然，只过了两三刻钟，前方一片狂风骤雨一般密集的马蹄声响卷地而来——但见尘土飞扬，一列列魏军铁骑已是如同层层巨浪一般滚涌而到！

“丞相，魏贼杀来了！”姜维从前边打马过来禀道。

“摆下八卦阵，给魏贼一个迎头痛击！”诸葛亮徐徐摇着鹅羽扇，面不改色地缓缓言道。

魏军骑兵的前锋主将胡遵一马当先，他生得宽脸大眼、浓眉密须，满面煞气四溢。他一边策马疾冲，一边将手中长槊舞得呼呼风响：“众儿郎！随我杀上前去，把诸葛亮这厮打回斜谷道去！”

牛金则在中锋督战而驰，打马紧紧跟随在他身后八丈之处——他远远瞧着那蜀国步卒一排排如同兵墙一般层层叠叠挤压过来而毫无退避之相，心头暗暗一惊：难道这数万蜀军步卒就真的愿意充当我大魏铁骑马踏人踩的活靶子？

他还未及多想，猝然看到对方步卒已经齐齐停了下来——然后，蜀军的方阵便如同孔雀开屏一般向左右两边缓缓铺展而来，一辆辆如同偏厢小屋般大的铁壳战车从他们背后疾驶而出，列出一条长长的防线护在了那数万步卒的前面。

接着，就在车阵的前方，一队队步卒飞奔而上，纷纷掏出腰间皮囊，“哗哗啦啦”地向地面上抛撒着什么东西。他们抛撒了大约一两刻钟的工夫，又纷纷飞快地退了转去。

牛金在中锋队内清清楚楚地看到：那些蜀兵步卒在地面上的所有抛撒之处，居然都闪闪灼灼地亮起了一片银星！他心念电转，急忙一扯缰绳，就要勒住自己的战马骤停下来：“不好！胡将军——前面有暗器！”

然而，一切都晚了——冲在最前面的那一队骑兵陡然便似撞上了一堵无形的墙壁一般纷纷哀鸣着滚倒在地！而那些前仆后继地冲杀上来的一队队骑兵也是再也无法闯进距离蜀军车阵前的十五丈之内！

“嗖嗖嗖”一阵暴响划过长空，那一辆辆铁壳战车顶篷一开，密如骤雨的弩箭从车厢里猛射而出，魏军铁骑顿时又是纷纷人仰马翻！

“哧啦”一响，牛金只觉犹如破竹裂帛一般刺耳，他亲眼看到：一杆粗若儿臂的弩箭笔直穿透了身边那名亲兵所乘战马的颈脖，然后再将那个亲兵贯胸而过，一下就把他钉死在地上！

这是多么迅猛而犀利的弩箭啊！牛金顿时脸色一白！更让他骇然失色的是：对方的弩箭并不是一波接一波地袭来的，而是如同道道激流一般绵绵不断地直射而至的！连细若发丝的间隙也没有！自己这边的骑兵连躲避退让的丝毫机会都逮不住！牛金的心头蓦地提紧了：难道蜀军的弩箭是能够永无休止地连环发射的？

“快！快！快撤退！”他拉着马缰，拼命向后退去，“不……不能再往前冲了！”

……

十里坡一役，短短一个时辰内，魏军便伤亡骑兵四五千人，而蜀军仅仅折损了八百二十余人。

司马懿的后续主力赶到之后，立即就在渭河南原扎下了营寨，不再前去妄行挑战。

“蜀寇就是用这个东西扎坏了咱们的战马马蹄？”司马懿手里拿起士兵们从战场上捡回的那些由蜀卒抛撒在地、扎伤己方马脚的东西，在眼前翻来覆去地观看着。

那是一件生铁铸造的利器，状若荆棘，中间一个铁球，球身生出四支锋利的尖刺，各有三四寸长。他往桌案上一掷，那利器便是三尖撑地而一尖竖立向上。他用手一推，那铁球上尖翻倒而下尖又起，始终是尖刺朝天，令触者不能避其锋而必被扎伤。

“哦——原来咱们的战马是这样被它扎伤的啊！”司马懿恍然大悟，深深地点了点头，又问牛金道，“亏得诸葛亮竟能发明出这等厉害的独门武器来！牛金你可知道它叫什么名字么？”

“启禀大将军，据那些蜀兵俘虏们讲，此物名叫‘铁蒺藜’，是用来专扎骑兵马脚的。”牛金抱拳答道。

“唔……有了这个东西，咱们的大魏铁骑就怕是难有用武之地了！”司马懿的眉头皱了一下，沉吟着又问，“听说他们还发明了‘连环弩’与‘百石弩’？把那些弩箭给本座瞧一瞧……”

胡遵将一支粗得就像婴儿手脚那般的蜀军弩箭双手捧着递了上来。

“好粗的弩箭！这简直是一杆长枪嘛！”司马懿把那弩箭抓在手中舞了几舞，脸上流露出一丝骇异之色，“他这一箭射来，怕是连一头牛犊也会被它洞穿而过吧？”

他正说之间，忽然瞥见那支弩箭箭杆上居然刻有一行铭文：

建兴十一年四月，中作部左典业、刘纯业，吏陈锋督，工杨深造，重八斤八两。

司马懿立刻明白了这行铭文的意思：“建兴”就是蜀汉当今的年号；“左典”“刘纯”二人，实际上就是蜀国兵器制造署——“中作部”内主管弩箭加工的郎官；“陈锋”就是这支或这批弩箭的现场督造官；而“杨深”就是这支或这批弩箭的制造工匠。难怪诸葛亮的这些弩箭质量如此过硬，原来他在军械冶制事务上的每一个环节都建立起了一套严密细致的管理体系！司马懿不禁暗暗叹服：这一点，自己须得向诸葛亮好好学习啊！

他微一转念，将那支弩箭随手递给了司马昭：“你把这支弩箭拿下去称一称，看一看它究竟有没有八斤八两重……”

然后，他面现愁云，转过来向众将深深而叹：“诸葛亮精于巧思、长于械器，能够‘物究其极、器尽其用’，本帅诚不能及也！诸君啊！在这三年之间，他竟已研制出这等厉害的武器——咱们纵有十万铁骑，亦是不能和他硬碰硬接的了！”

听到一向傲视当世、睥睨自雄的司马大将军本人也这么说，帐下诸将都面色黯然、垂头不语。

“大将军，若论工械制作之巧，我大魏也有一个奇才……”周宣若有所忆，徐徐进言而道，“他或许能与诸葛亮一竞长短……”

“谁？”司马懿眸中一亮，急忙便问。

“少府寺郎官马钧。”周宣款声答道，“大将军也许有所不知：皇宫之中的那座百轮水车和我们太史署的‘水动浑天仪’就是他制造出来的……”

“他如今人在何处？”

“陛下正在让他制造可以日行六百里的‘八轮追风车’和华彩无双的‘青盖沉香辇’……”

“唉！如此巧匠，岂能让他闲置于宫院之中做那华而无用之物事乎？”司马懿摇着头叹了一口气，“本帅稍后就要拟写表章，请陛下将他派往我关中大军帐前效力……”

正在这时，司马昭走了进来，将那支蜀军“百石弩”箭矢奉上，道：“启禀大将军，属下下去亲自称过了，这支弩箭恰有八斤八两之重，与其所刻铭文中的重量一丝不差……”

司马懿缓缓颔首而言：“从这小小一支弩箭，就可见得诸葛亮治军行事确是严谨异常，一丝不苟！你们都要向他认真学习啊！”

幽幽烛光之下，夜已经很深了，司马懿与赵俨还在寝帐之中对面凭几而坐，正在严肃而又紧张地磋商着关西军情。司马昭则在侧席以幕府记室的身份记录着他俩的交谈。

赵俨双眉紧锁，沉沉叹道："大将军，这一次诸葛亮从斜谷道北关杀将而出，并在十里坡处以一役之威挫坏了我关中大军的锐气，直趋渭河南岸而来——他来势汹汹，又挟精械奇技之长，大有孤注一掷之意，而且所用纯系同归于尽的打法，实在是不可不深思预防啊！"

司马懿微微低头沉思片刻，将头蓦地一扬："既是如此，依本帅之所见，唯有'以守为本、伺机而攻'之策以应之！"

"以守为本、伺机而攻？"赵俨伸掌抚了一抚自己的须髯，有些意味复杂地瞧了他一眼，"司马大将军您这一计看似平平无奇，却本是此时此刻最为适当的一条万全之策。但是上一次诸葛亮在太和五年之时兴兵来犯，您已经用过一番'以守为本、伺机而攻'之对策……当时戴陵、费曜等莽夫不明您的良苦用心，就一直攻击您是'畏蜀如虎'，那个内外交迫的局面您又不是没见识过……这一次您若是再用此策，只怕又会激得诸将反弹起来，群情鼎沸。届时，您如何弹压得住啊？"

司马懿的脸色骤然一凝，语气也倏地变得又冷又硬："俗话讲，'打脱牙和血吞'。本帅认准了这是一条正确可行之策，就必定会将它坚持到底的！虽千夫所指、万人唾骂，本帅也不会皱一皱眉头！"

"这个……司马大将军择善固执、百折不挠之坚韧，固然令赵某敬服无比，"赵俨听罢，现出一脸的敬意来，"但是……那些粗莽好战之士们却未必能如赵某一般体会到大将军您的深意啊……"

"父帅……依孩儿之见，您这一次不必这么硬扛。"这时，司马昭却在侧案上搁下了笔，鼓起勇气插话进来讲道，"您不如马上写一封八百里加急快骑密函给中书省孙资、刘放两位大人，让他们劝说陛下发来一道圣旨，就称：要求我等固守关中隘口，不给诸葛亮任何可乘之机，坚持'以静制动、蓄势而发'，如同上次一样再次拖得蜀寇无粮而退……"

"二公子好聪明！这一招'借力卸力'之策当真巧妙！大将军您就可以用这道圣旨作为自己在关中大军面前的'挡箭牌'，把帐下诸将急于应战而不得的怨气消泄出去……”赵俨深深赞着，不由得向司马昭竖起了大拇指，“高！高！二公子你这一计实在是高！”

“微末小计，何足称道？赵军师可别将他夸坏了。”司马懿带着半嗔半喜之情斜了司马昭一眼，抚须而言，“子上（司马昭的字为“子上”），赵军师乃我大魏军中硕果仅存的宿臣元老，阅历丰富、经验充足，你日后还须得向他老人家多多讨教才是！你那点儿粗浅之见，只会贻笑大方的！”

司马昭听到这里，急忙垂手而起：“父帅训示得是。孩儿愿拜赵军师为师，认真研习治军御敌之道。”

赵俨慌得连连摆手：“赵某之才，岂堪为子上之师？不敢当，不敢当的。”他话还没讲完，司马昭已是伏在地板上向他一气磕了九个响头。赵俨推辞不过，也只得受了。

大家复又言归正题。司马懿敛容正色而道：“也罢，本帅就依子上所言，稍后下来就写一封那样的密函给孙大人和刘大人吧！现在，本帅也只能是‘以守为本，以静制动，蓄势而发，伺机而动’——再来个‘遵旨照办’，相信那些好战之将纵有满腹怨气，也不致坏了本帅的章法！”

赵俨缓缓点头，沉吟而道：“大将军，既然您已经决定‘以守为本，以静制动’，那么我关中大军究竟是屯守渭河北岸还是渭河南岸？依赵某看来，若是真要守得稳当，咱们撤到渭河北岸隔水而守，应该还要更为安全一些……”

“撤到渭河北岸屯守，固然不失为一条稳妥之策，但却未免太过消极了些。守，也有守的技巧。”司马懿捋着颔下乌亮的长须，深深而道，“渭水南岸的东面一带，正是我关中民屯之腹地，实乃一大无形‘粮仓’，怎可轻易拱手让给诸葛亮？诸葛亮得到了这一大片良田沃野之后，倘若继续东进武功山，那还得了？咱们只有扼守渭河南岸，方能阻断诸葛亮的东进之路……”

赵俨眉目之间仍是垂着一缕忧色：“可是在渭河南岸背水筑营而守，几乎就是‘半守半攻’之态势，到时候咱们大军还是不得不与蜀军正面交锋啊……”

司马懿双目凛凛有神地看着赵俨："本帅施行的就是'守中有攻、屈中有伸'的计策，而不是单纯的退御防守之方略。蜀军的器械再精良、人马再强悍，亦是终有士气懈怠之时——到了那时，我关中大军便可就近发起袭击，免得贻误战机！"

赵俨认认真真地听完之后，思忖许久，才颔首而道："大将军胸中所怀原来仍是'后发制人'之方略，当真是不屈不挠、韧劲无穷啊！"

"赵军师谬赞了！"司马懿谦逊了一句，又沉吟着讲道，"咱们扼守渭河南岸之后，那么诸葛亮进犯关西的来路就只剩下了两处：一是向西挺进、夺取凉州；二是向北渡河、抢占郿县。向西，他必须要经过陈仓要塞；向北，他必须要占据渭河北津口。这两个咽喉要地，我大魏都须得派出智能双全的大将前去驻守……"

赵俨听到这里，点头而道："大将军所言甚是。首先来谈陈仓要塞吧——赵某以为邓艾将军能谋善战、沉勇有略，可以派他率领二万人马衔枚潜去陈仓，在那里为我关中大军牢牢守好'西大门'！"

"可。"司马懿颔首而答。

"只有那渭河北津口……"赵俨迟疑了起来，欲言又止，"这个守将人选还不好确定呢……"

"郭淮牧君可以胜任。"司马懿直截了当地说道，"本师可以拨给他三万人马撤到渭河北津口处，阻断蜀寇渡水北进之途！"

赵俨目光一闪："那么，大将军您……"

"本帅亲率八万大军驻扎渭河南岸，随时就近监控诸葛亮！"司马懿很干脆利落地答道。

这时，赵俨的表情显得有些复杂起来，嗫嚅着说道："大将军，请听赵某之心声，为了保护您的万全之躯，您不如与郭牧君易地而守——您去坐镇渭河北岸，而郭牧君则扼守渭河南岸，岂不更佳？"

司马昭也从旁劝道："父帅，赵师傅所言甚是。您一身关系关中三军之安危存亡，实是不必亲临险境啊！"

"本帅多谢赵军师的关心了。"司马懿双目炯亮如炬地看着赵俨和司马昭，将手一摆道，"罢了！罢了！诸葛亮足智多谋、兵精械良，实乃我大魏第一劲敌！郭牧君固然智能兼备，却决非其匹也！本帅派别人来对付他，始终显得有些不放心啊！唉……似诸葛亮这等的盖世劲敌，还是交由本帅亲自在前为诸君拼死挡下了吧……”

魏室之忧

“张掖郡玄川溢涌，激波奋荡，宝石负图，状像灵龟，宅于川西，巍然磐峙，苍质素章，赤字异纹，麟凤龙马，焕炳成形，文字告命，粲然著明。可谓天赐玄石重宝于我大魏，实乃我大魏拥享无穷福祉之吉兆。现特请诸臣卿观赏之，而使心生敬天奉运之诚，而识蜀寇、吴虏之不足为忧也！”中书令孙资将诏书读罢，右手一举，皇宫偏殿之上那十名虎贲武士便将那层青毡扯开，焕然夺目的“灵龟玄石”便在各位大臣的眼前赫然而现。

经过周宣采来凉州昆仑山“玄阴土”的填窒，那“灵龟玄石”龟背上的天然铭文终于被改成了“天命有革，大计曹焉；金马出世，奋蹄凌云；大吉开泰，典午则变”！而已经御驾亲临陪都许昌为东南王师“打气”督战的曹叡，为了借此天降灵石以示大魏国运如日中天，便传诏让留守后方的孙资、刘放将这“灵龟玄石”公开当众展览，希望能够凭借它来安抚人心。

迎着一列列卿僚上前来参观，孙资用玉尺指着那石背上的字迹介绍道：“诸君请看这‘典午则变’的字样，周太史已经解析出来了，到了今年的五六月份，我大魏必会后发制人，令蜀寇、吴虏遭到丧师折将的重创……”

这时，官居三品的黄门侍郎何晏慢慢走了上来。何晏是太祖武皇帝曹操生前的养子，并娶了曹操的女儿金乡公主为妻。论这份人脉关系，他也算是魏朝的皇亲国戚了。但在文帝曹丕时期，曹丕憎恨他与东阿王曹植过从亲密，便一直故意压抑着他，不让他在政界有任何出头之机。直到明帝曹叡登基，曹叡为了表现自己的雍容大度，这才勉强授了自己这个姑父一个纯属帮闲性质的黄门侍郎之职。

何晏在年轻之时就喜欢效仿大汉敬侯荀彧，特别嗜好在自己衣衫熏上各种奇香——他此刻徐徐迈步上前微风拂过，全身恍若玉树临风而顾盼生香、袅袅诱人。

“何侍郎……”孙资看到何晏走近前来，微笑着向他招呼了一声。

何晏也还了他轻轻一笑，随即凝眸注视在那‘灵龟玄石’之上。不知为什么，他总感觉这块玄石的纹理和色泽似乎都有些眼熟……他心念一动之下，不禁探手握住了自己腰间所佩的那块豹纹玉佩，慢慢托在掌上一看——那也是一块乌亮如漆的圆形玉佩，上面有一条绿若竹叶的花纹，形状正如一头瘦长螭豹。

他的这一块玉佩乃是以豫州汝南郡的“梅花斑玉”雕刻而成。何晏将它和那“灵龟玄石”暗暗一对照，发觉这两种玉石的质地都是黑亮亮的，除了表面的花纹脉路不同之外，似乎并无太大差异。难道这块“灵龟玄石”就是汝南郡的“梅花斑玉”形成的？何晏脑中忽然冒出这个念头，几乎将他吓了一大跳：这怎么可能啊？那“灵龟玄石”据诏书上讲，明明是产自偏远荒僻的凉州张掖郡柳谷啊！它怎么会和汝南郡的“梅花斑玉”扯得上关系呢？但是，它的质地居然却和“梅花斑玉”如此相似，这也太奇怪了吧……

何晏胸中的思潮这么翻翻滚滚着，却始终是不敢将此疑虑泄之于口——陛下已然公开宣称了此石乃“有魏之祯命，东序之至宝”，显然是要借此宣扬国威鼎盛、国祚绵远，自己在这个时候又焉敢提出这等异议？一念及此，何晏便暗暗一叹，闭住了口，不再多言。其实，他也相信：在场的衮衮诸君中间，肯定也有不少人士瞧出了“灵龟玄石”质地的蹊跷之处，但他们也可能都是出于这种“避讳”心理而不好提出质疑之声。

远在他右手一侧的散骑常侍王肃与黄门令何曾却在那里交头接耳地窃窃私语着。

何曾悄悄地向王肃说道：“王大人，何某在私底下曾经听到了这样一条传言，据说那‘灵龟玄石’上的天然铭文原本不是今天咱们看到的这样的……里边似乎有个别字迹被人偷偷篡改了……”

“是啊！是啊！”王肃抬眼瞧了一下四周，见到旁边无人注意，便伸过头来附在何曾耳畔低低说道：“外边不是到处在传播那幅玄石图文的拓片吗？那‘一点之差’，可就是这‘灵龟玄石’的吉凶征兆判若云泥了啊……”

“王大人您是如何看得此事的？”何曾也低低问道。

王肃眼睛瞧着别处，口中却道：“你伸掌过来！”

何曾伸过手掌递了过去——王肃用左手将它一把抓住，拉入了自己的袍袖之中，以右手中指在他掌心上一个字一个字地慢慢划写：“夫神以知来，不追已往，祯祥先见而后废兴从之。汉已久亡，魏已得之，何所追兴征祥乎？此石乃当今之变异而将来之祯瑞也。”

何曾辨完这些字迹之后，脸色骤紧：“王大人此语太过玄虚……万望再加明示。”

王肃抬眼深深地瞅了他一下，继续用手指在他掌心上写道：“‘金马出世’，谁为‘金马’？此乃天变之兆的关键之处——何君自可深长思之！”

他刚一写完，何曾已是双鬓见汗：“原……原来是这样啊！何……何某有些……有些懂了……”

夕阳西沉，金灿灿的斜晖笼罩着夏侯府的后堂，在一片辉煌之中掩不住透出愈来愈逼近的昏黄之色。堂屋里烛光粲亮，虎贲中郎将夏侯玄与他的妹妹、司马师的夫人夏侯徽对席而坐。

夏侯徽今天是专门回来娘家探亲的——她的母亲、魏室德阳乡主曹茹患了暴疾，她便携了礼物前来探望。不料探望结束之后，大哥夏侯玄却将她留在了后堂，说有要事密谈。

淡淡的茶水热气腾腾而起，迷蒙了夏侯玄的眼帘。他注视着妹妹，她黑亮的长发在头顶盘起了一团柔美的堕云髻，洁白的面庞似满月一般丰满，耳边垂挂着的宝石吊坠闪烁如星，妙不可言。只是她的眉梢间却隐隐透着一丝莫名的憔悴。

“媛容（夏侯徽的字为“媛容”），你近来在司马府中可曾察觉出什么异样的迹象吗？”夏侯玄用手提了提衣襟，开门见山地直接问道。

自先帝黄初年间夏侯徽刚一嫁入司马家时，她就遵奉父亲夏侯尚之密令而一直在暗中监视司马氏父子的各种动静。然而，直到今天，她也仍是同往常一样，向夏侯玄沉沉而答："小妹近来在司马府中潜心观察，发现他们并无任何异样的动静。"

"不会吧？董昭、王肃、钟毓兄弟和他们司马家近来可有什么联系吗？还有，他们家张老夫人近来又宴请了哪几位诰命贵妇？"

"子元、子上都跟着我家公公一起去了西疆对蜀作战，董司徒、王大人和钟氏兄弟登门拜府来见谁啊？我家婆婆近来身体也不太好了，时常闭门卧养在室，和外面的人几乎都没什么走动了……"夏侯徽微皱着眉头有些不耐烦地说道，"这么多年了，你们就是一直这样神经兮兮地怀疑着我夫家不放手……"

"媛容！这是父亲的遗命、陛下的密旨！你难道想不遵从吗？"夏侯玄狠狠地瞪了她一眼，"你晓得什么——你家公公可不简单哪！他近年来在关中一番苦心经营，把那里的三千里平川沃野搞得是'水泼不进、箭射不入'，连我魏室的权威都被他盖了下去。听说那里十七八个郡县居然都给他立了'生人祠'用香火供奉起来了……"

"我家公公本来就是朝廷德高望重、劳苦功大的社稷之臣，老百姓感念他的功勋给他立'生人祠'又怎么了？陛下不也是下诏称赞他为'当朝周公'嘛……"

"周公、周公！你知不知道，这'当朝周公'倘若稍一怀有异志，说不定立马就变成了'当朝王莽'了！"夏侯玄见他这个妹妹硬是有些"不开窍"，就丢过去一幅绢帛拓图，冷冷说道，"媛容，你身为我魏室国戚，心底还是要警醒着点儿！这'灵龟玄石'上连'天命有革，大讨曹焉；金马出世，奋蹄凌云；大吉开泰，典午则变'这样的谶文都出来了！你若再不警觉，咱们魏室可是要大难临头了！"

夏侯徽怔怔地看那绢帛上"八马奔腾"之拓图，只见它们一匹比一匹更是显得张扬跋扈，仿佛直欲破帛飞去！她心头隐隐一动，似乎感到了一丝莫名的异样：这些骏马撒蹄腾跃的形象好像曾经在哪里见过啊？只是，她一时却忆不起来……

"'金马出世'……这句谶文里含有一个'马'字啊！你知道的：我满朝上下姓氏中带有'马'字儿的没几个！他司马氏父子的嫌疑是最大的！还有，听表哥曹爽讲：司马懿一入关中，舅父曹真大司马当年在雍凉二州悉心栽培的将才，如戴陵、费曜、贾嗣等人，都被他先后排摈到了郡守偏将之职上去了……你瞧，他从荆襄行营带过来的牛金已经取代了戴陵，当了后将军之职；他从颍川郡征辟过来的胡遵，已经取代了费曜，当了征蜀将军之职——听说这个胡遵还是他当年一个姓胡的同窗旧友的侄儿……”

“大哥！你也不要偏信曹爽表哥的一面之词！小妹也听子元他谈起过，那戴陵轻躁冒进，给关中大军捅了不少娄子——我家公公把他调到河西一带去对付同样是亢猛多躁的匈奴、羌虏，岂不恰是尽其所长？至于费曜，除了在关中大军里仗着资历倚老卖老，又有什么长处？我家公公撤下他去南安郡当屯田校尉，也没有怎么埋汰他啊！”

夏侯徽说到这里，声调蓦地一提，又向夏侯玄直言道：“大哥！不是小妹无礼，今日在这里指责你们，你们也要多多学习子元、子上两兄弟……你自己也亲眼看到了，这七八年来他们陪着我家公公东征西战，磨砺出了多少本领？你和曹爽表哥、何晏姑父他们却只知道清谈玄理、不亲庶务！长此下去，你们如何能成为我大魏撑天撑地的栋梁之材？到了某个时候，也许还用不着别人出手暗算，你们自己就已经把自己打倒了……”

夏侯玄听了，顿时僵在那里，脸色变得青一阵紫一阵的，过了半晌，才嗫嗫而答：“媛容！你是闺门巾帼，哪晓得朝中大势？现在朝廷上下的要津重职几乎全被他们那些异姓豪门把持着，咱们哪有历练的机会啊？那一天，咱们想把曹璠叔父推到司空的位置上去，结果却又被司马懿和董昭司徒联名举荐的司隶校尉崔林给顶了下来……”

“这事儿，小妹也是清楚的。崔林大人是前朝吏部尚书崔琰的堂弟，崔琰当年因翼戴先皇立嗣而被丁仪所暗害，是对我大魏朝廷建有大功的……当今陛下听从我家公公、董司徒的建议而‘饮水思源’，还他们冀州崔氏一个合理的恩典来报答，这也不算过分吧？”

“媛容你好糊涂，虽然晋位司空的恩典是咱们魏室颁下的，但崔林却只会记得这份恩典是司马懿极力给他争来的——这是你家公公至为高明的笼络人心之术啊！你莫非连这一点也看不出来？”夏侯玄被夏侯徽呛得直翻了一阵白眼，勃然大怒之下，袍袖一拂，恨恨地站了起来，

“且住——媛容！你不要再说了！为兄在这里无意与你辩论孰是孰非，总之，为兄郑重警告你一句话：无论你的心到底已经投向了哪边，但你本人始终是我魏室肺腑之亲，你身上流淌着的是曹家、夏侯家的血脉——这一点，你切莫忘记！你就狠得下心肠眼睁睁看着我曹家和夏侯家一天天败落下去？你自己且掂量着瞧吧！”

说完，他气咻咻地一转身就进了里屋，把夏侯徽一个人扔在后堂上木然而坐。

一辆辆马车从魏军渭南行营辕门前驶过，车身上满载着的是一捆捆青青嫩嫩的饲马草料。

恰在此时，司马懿带着牛恒、牛金、梁机、胡遵、黄华、魏平等将领从里面巡营而出。他一眼瞧见那些马车，便举手一扬——身为关中行营军司马的牛恒立刻会意，上前喝住那些运草马车停了下来。

“这些就是运到咱们后营马圈里的饲马草料？”司马懿抬步上前，一边向这支车队的那名督运官淡淡地问着，一边走到一辆马车旁伸手从上面扯下一把绿油油的饲马草料，塞到嘴里就嚼了起来，“它们是从哪里收割来的呀？”

“大将军！不可，不可呀！”胡遵、黄华、魏平等一见，都纷纷出声劝阻，“您这般尊贵的身份，怎能去嚼这样的东西……”

司马懿却似毫不在意，对他们的话全不理会，仍是自顾自有滋有味地慢慢咀嚼着。他嚼完之后，“哧”地吐出一口草渣来，咂了好一阵儿的味，才缓缓说道：“唔……这批草料选得还不错，又新鲜，又滋润，又甘甜，还有些嚼头！那些战马能够吃到这批草料，可算有口福啦！”接着，又伸手拍了一拍那督运官的肩头，笑微微地说道：“这可真是辛苦你们了！”

“大……大将军……下走……下走当不起这等宠礼啊！”那督运官被他这一掌拍下，几乎是瘫软了半边身子，“扑通”一响就跪了下去。

“大将军——您漱一漱口吧！”牛恒急忙解下腰间的水壶递向了司马懿。

司马懿一边从水壶里喝了口水漱着，一边转身过来笑着看向诸将：

“怎么？你们的意思是看到本帅身居高位要职，就嚼不得草根吗？当年太祖武皇帝在世时，本帅担任丞相府军司马之职，那也是位高势显啊，可是，本帅却像马倌儿一样在后勤马厩处里嚼了三四年的草根！当时武皇帝给本帅下的评语就是‘刍牧之间悉皆临履，兢兢业业，难能可贵’！诸位将军，这没什么可羞的！《道德经》里讲，‘天下难事，必作于易；天下大事，必作于细。’这才是咱们治军齐民的要诀啊……”

“大将军之勤勉笃实、巨细无遗，我等实是佩服！”诸将齐齐躬身而赞。

司马懿却瞅了瞅那督运官：“你们这批草料是从河水边收割的吧？不然，它的水分没这么丰润……”

督运官惊得两眼圆睁：“大将军真是神人！它们都是在泾河边收割的……”

司马懿沉吟了一下，又问：“它们是谁负责收割的？”

督运官伏首而答：“是扶风郡太守孙礼大人……”

“孙礼？”司马懿的心念一动：这孙礼乃是中书令孙资的堂弟，并且也正是孙资将他推荐到自己手下任职的。当然，孙资这么做，显然是有着他自己的“小算盘”——他把孙礼安插到关中行营，就是希望孙礼能够得到司马懿更多的关照和提携，最好给他记上几个功勋，充实一下他的资历，这样孙资就可以找个“幌子”名正言顺地把孙礼调回洛阳担任部院尚书之职。想到这里，司马懿便开口道：“梁机，你拟一道手令下去——扶风太守孙礼，供应粮草笃实有功，着加官一级！”

然后，他又向那督运官吩咐道：“据太史令周宣大夫观测，今年夏秋两季天将大旱，你们回去转告孙礼大人，让他们多多收割一些新鲜、干净、肥美的草料囤积起来，以备万一之需——本帅可在这里向你们郑重拜托了！”

督运官顿时感动得涕泪横流：“大将军待下走等竟是这般平易亲切——下走回去后一定和孙大人尽心竭力办好此事！”

送走这支车队之后，司马懿又仰起头来望着对面高高的山原上扎着的那一排排蜀军营垒，双眉一跳，有些惊诧地问雍州别驾黄华道：“黄将军啊！你是最熟悉这雍州一带的地形了……在本帅看来，这里虽然名称为‘五丈原’，但它的高度岂止五丈？只怕连五十丈高都有！它应该称作‘五十丈原’才对……”

“司马大将军——您有所不知啊，这‘五丈原’里的‘五丈’并不是指这里的山原有五丈高，而是指传说这里的原头曾经在秦二世西巡銮驾之前刮起五丈之高的尘柱大风，挡住了他这个昏君的去路……”黄华上得前来，向司马懿款款介绍道。

“唔……原来是这样啊！难怪这里的西北风刮得这么大！”司马懿点了点头，长长一叹，“这诸葛孔明可真是会挑选安营扎寨的好地方啊——他居然一下便把这‘五丈原’抢到了手中。如今他们居高临下，占了大大的地利，我大魏雄师自下仰攻甚为吃力啊！

“传令下去，让各地增援到来的各路人马分前、中、后三列在渭河南岸扎下营盘，设下鹿角栅栏，挖好沟堑暗堡，以闭门自守为本，不可轻举妄动！”

“这……”黄华略一迟疑，还是忍不住开口了，“大将军，您这近一个月来已经拒绝了诸葛亮的五次挑战……咱们关中大军从三年前开始就已经养精蓄锐，准备在此番战役中狠狠痛击一下诸葛亮的气焰……请大将军您还是准允咱们前去应战吧！”

“应战？你们凭什么去应战？”司马懿浓眉一竖，凌厉的目光一下扫了过来，“诸葛亮的那些‘连环弩’‘百石弩’‘轩辕车’‘铁蒺藜’的滋味你们还没尝够吗？陛下的圣旨，你们也想违抗吗？罢了，尔等还是先行守好营盘，待到本帅找准他的可乘之隙后，再施一鼓而击，方可得手！”

黄华、胡遵、魏平等只得应了一声，领命各自安营而去。

待得这些将领散尽之后，刚从陇凉军屯事务中被抽调回渭南行营效劳的司马师走近前来，瞧见四下无人，便压低了嗓音向司马懿进言道：“父帅，您莫非又准备像太和五年那时一样和诸葛亮闭营对垒、不交一战？这样只怕会使朝廷对您的猜疑之心更为加重的……”

“朝廷已经下旨命令为父‘严守不出、待机而战’了嘛！”

“父帅，朝廷这道圣旨是从洛阳中书省颁来的，可是远在许昌陪都督战东南的陛下心底真实的想法就有些难说了……”

司马懿听了司马师这话，面色沉峻，半晌没有回答。他慢慢转过脸来，悠悠道："师儿啊，站在这平原旷野之间，为父倒是忆起了当年在陆浑山'灵龙谷'求学时看到的一幕情景。也是在一片荒地之上，一头兀鹰和一条蟒蛇相持而斗——兀鹰蹲在岩石上，蟒蛇伏在草野间，你看着我，我盯着你，各自一动不动地对峙了整整六七个时辰……它俩的那份耐性，啧啧啧，那可真是厉害！后来，因为一片树叶从半空中猝然随风飘落而下，惊得那蟒蛇微微一颤，这才露出了转瞬即逝的一丝空隙，刹那间就被那兀鹰伺机疾掠而出，以快得不能再快的速度一喙便啄中了蟒蛇的七寸要害……禽兽虫豸尚能沉心定气以静制动，而我等贵为万物之灵，反倒不及它们吗？"

"父帅您的这个寓言的确有理。但孩儿所说却是'象外之意'的另外一些事情……"司马师也是拗着不放，"从陛下近年来对您的态度，您应该看得出来啊，自从两年前华歆病亡之后，他的太尉之位就虚悬了出来——几乎朝野上下所有的人都会以为这个'三军之首'的职位应该由父帅您来接任，甚至听说孙资大人把封拜您为太尉的诏书文稿都拟好了……但是，整整两年过去了，您仅仅是从'骠骑大将军'的头衔换成了'大将军'而已！太尉之职却始终降临不到您的头上！这……这不正是说明陛下对您确实是'外示尊崇而内怀忌惮'吗？您若再不有所表示……"

"那又怎么样？该怎么个'有所表示'？自己跳出来被诸葛亮打个头破血流才算让他们满意？本帅总不可能靠着无辜将士的淋淋鲜血以'杀敌一千、自损八百'的愚蠢方式去昧着良心赚取那一个'太尉'的虚号吧？"

"可是，父帅——陈矫他们会猖狂攻击您'拥兵以自专、养寇以自重'的……"司马师急得眼中都快流下泪来。

司马懿横视了他一眼，凛然道："那也只得任由他们说去了！如今这关中战场，无论换了是谁来掌兵主阵，唯一的对策也只有与本帅一样'以守为本、以静制动、蓄势待发、伺机而攻'！"

第十章
司马氏权倾朝野

魏帝的制衡之策

“朕刚才出巡进香祭拜先帝太庙之际，一路上看到街边坊头的庶民们脸色都是菜黄菜黄的，”刘禅下了銮舆，劈头便向黄皓问道，“难道户部又对他们横征暴敛啦？黄皓！你看一看，境外大战连绵不休，而国内却又是民有饥色——朕实在是忧心如焚啊！”

黄皓抬眼瞅了一下四周，发现无人注意，但仍是不敢接腔，只低埋着头一溜小跑跟着刘禅进了皇宫后院。

刘禅坐在龙床之上，闷闷地自语道：“昨天陈祗进宫前来禀报，三年之前，我益州士民人口共为一百一十万，不料过了这三年，我益州士民人口仍为一百一十万左右！黄皓！黄皓！你懂得这是什么意思吗？这说明在这整整三年里，我益州子民上上下下除了忙于备战之外，连人口生息繁育之事都不做了……百姓过得忒也辛苦了……”

“哎呀！陛下，这一切恰巧说明我大汉子民心系天下、胸怀奇节，为陛下中兴汉室之大业而分忧解难嘛！”黄皓眼珠一转，急忙开口将刘禅的话题岔了开去。同时，他举手向外一挥，阁室内的侍从、宦官们齐齐会意，纷纷退了下去。然后，他凑上前去，低低奏道：“奴才在此恭请陛下切要慎言。刚才您这些话若被董允大人听见了，他再到丞相大人面前劾您一本，那可如何是好？”

刘禅全身微微一震，双眉之间倏然掠过一丝怯色，急忙抬头向阁室门口那里张望了一下，发现无人窃听，这才倚靠在龙床背上，深深叹了口气：“朕是实话实说嘛！他董允自己不明白吗？相父这一次出动了十三万精兵，征用了十八万农夫，每天消耗粮草就达四万石……一个月就是一百二十万石，两个月就是二百四十万石……国库只怕很快就要被这场北伐掏光了！倘若万一国中再有什么天灾人祸，朕届时在后方拿什么去应付万一啊？”

“陛下您操这份闲心干什么？蒋琬大人会替您分忧解难的……”

“朕身为大汉天子，怎么不该去挂念这些军国大事？朕今年二十六岁了！朕再不加紧学习学习这治国之道，今后还怎么去收复中原、振兴汉室？”

黄皓双眼一眨，瞳眸又暗暗转了几转，挑着词儿拣着句儿地说道：“陛下真是孝武大帝、光武大帝一般励精图治的盖世明君！您既有这等高迈雄远之壮志，奴才也就斗胆冒昧陈言了——其实奴才也觉得诸葛丞相此番虽然制造了三千多辆‘木牛流马’昼夜运粮，仅仅亦是稍稍减轻了我大汉子民的负担罢了……丞相大人他若是再不能攻城略池、以战养战，将偌大的压力转嫁到伪魏士庶的身上，咱们大汉的国力总有一天会难以为继的……”

刘禅听到这里，神情若有所思，深深地盯了他一眼。

黄皓以为刘禅在厌恶自己“妄言干政”呢，顿时吓得面色一白，慌忙言道：“奴才该掌嘴！奴才该掌嘴！难道奴才这话讲错了么？事实便是如此，丞相大人这一次的的确确是把我大汉所有的存储都兜出来孤注一掷了……”

“罢了，你所说的，朕都知道了。”刘禅一摆手止住了他。他静静地坐在那里沉吟了半晌。终于，他一咬钢牙，仿佛下定了最后的决心：“北伐中原，匡复汉业，一直是相父的夙愿。如果连这个夙愿也不让相父满足，相父可能就会立即垮了……朕只有不遗余力、毫无异议地支持他……”

“陛下英明天纵、仁心博大，奴才真是叹服。不过，奴才心底一直怀有隐隐的一缕忧虑，不知当讲不当讲……”

“相父曾经教导朕说，‘臣于君前，有言不谏，实乃莫大之咎。’你这贱材，虽然身为阉宦，可也毕竟是朕的臣子啊——你有什么话但讲无妨，纵有过差，朕亦恕你无罪。”

“陛下，奴才一直在想这样一个问题，倘若丞相大人北伐成功之后，朝中政局又会是怎样一个情形呢？”

“还能有什么样的情形？”刘禅不以为然地撇了一下嘴，“朕那时就率着你们起驾赴长安、洛阳等名都大邑优哉游哉地共享升平盛世之清福呗……”

“嗯……陛下这话，说得奴才真是心花怒放。不过，奴才所思考的是，丞相大人那个时候还会是丞相吗？”黄皓一边慢吞吞地说着，一边暗暗打量着刘禅的反应。

“你这话是什么意思？”刘禅目光一凛盯向他来。

黄皓一见，心底骤然一阵发毛，但心中又想到诸葛亮平日对自己这样的宦官的歧视和打压，恨意大涨，又硬起了头皮继续奏道：“奴才听得李邈大人讲过，四年之前，前任尚书令李严就曾经给丞相大人写信，劝进他拥享九锡之礼、晋爵称王……丞相大人的复函却有些意味深长，‘吾本东方下士，误用于先帝，位极人臣，禄赐百亿，今讨贼未效、知己未答，而方宠齐、晋，坐自贵大，非其义也。若灭魏斩叡（指曹叡），帝还故居，与诸子并升，虽十命可受，况于九耶？’陛下，您听一听丞相大人这话说得也太……”

“住口！相父若能真的收复中原、振兴汉业，朕就是加封他为十锡之礼、王公之爵，亦可谓心悦诚服、无所不从！”刘禅紧盯着黄皓的眼神蓦地冰冷下来，“黄皓——你若再在朕的面前搬弄这些是非，朕就马上割了你的舌头喂狗吃……”

“陛……陛下！微……微臣该……该死……微臣日……日后再……也不敢妄……妄言了！”黄皓吓出了满身冷汗来，慌忙在地板上“咚咚咚”地磕起了头。

“罢了！且住吧！”刘禅喝住了他，似乎又想起了什么，吩咐道：

“太史令谯周近日呈进密奏，说相父他因操劳戎事而致寝卧难安，竟已得了心火亢盛、肺气阴虚之疾，时有烦热胸闷之症状，病情甚是可虑……朕也很为挂念。黄皓，你下去挑选几份清心润肺、消火去痰的名贵药材来，速速给相父送去食用……”

许昌行宫的后院御书房里，曹叡静静地倚着龙床微微垂目而坐。

这座行宫就是由当年汉朝末代皇帝刘协所居的那座未央宫改建而来。不知道为什么，曹叡坐在里面不时总有一股心血泛潮、坐卧不宁的感觉——难道因为这里是前朝废帝的宫宅而使他暗暗生出了晦气之感？想着那个现在被幽居在山阳县的刘协，曹叡不禁就冒出了一份说不出的怪怪的滋味。

在东翼合肥一带，镇东大都督满宠正带领王观、田豫等与孙权亲率而来的东吴主力部队打得难分难解；在南线荆州一带，镇南将军王昶和荆州牧州泰亦将陆逊、诸葛瑾抵抗于北岸之外，遏住了他们咄咄逼人的锋芒。然而，只有西翼关中一带，征东大都督兼大将军司马懿和诸葛亮仅在十里坡稍一交手之后，便陷入了“不战不斗”的对峙僵持状态——其情形完全有如太和五年之时一模一样！

当然，司马懿也给出了明面上的抗蜀方略——“以守为本，以静制动，蓄势待发，伺机而攻”，而且通过孙资、刘放说服了自己下旨予以采纳。但这一切都是表面上的现象，司马懿私底下又究竟是想做什么呢？他会不会想通过拥兵自专、养寇自重来“逼宫”吗？逼朕要加封他为太尉之尊、县侯之爵吗？本来，曹叡先前也曾想到让周宣奉旨劳军长安之时，就顺势加封司马懿为新任太尉而励其斗志，但在最后关头又被尚书令陈矫劝阻了下来。陈矫给出的理由是：司马懿如今是秉钺关中、手控强兵、专任阃外，倘若再加给他太尉之权，那么整个大魏的兵马将士都将落入他的统辖之中，谁人还能予以制衡？

虽然曹叡最终听从了陈矫的劝谏，但他心底里却一直七上八下而不得落实。他这一次故意远离洛阳而来到许昌陪都“督战”，其实就是想暂时摆脱孙资、刘放、董昭、崔林、王肃等“司马党”人氏的控制和影响，跳出京都那个小圈子来另谋对策。于是，今天他又召来了陪驾同行的尚书令陈矫、武卫将军曹爽、虎贲中郎将夏侯玄、卫尉夏侯霸等共议制衡司马氏之事。

“司马公忠智至公、勋绩赫奕，可谓‘栋梁之臣’也——值此大敌当前之际，朕能否晋封他为当朝太尉以彰其荣乎？”曹叡瞧着陈矫，若有意又似无心地问道。

“微臣只知道司马大将军眼下可谓‘朝廷之望’也，至于是否确系‘栋梁之臣’，似非微臣所能知也。”陈矫也巧妙地答了一句上来，“太尉一职，责大任重，若不得忠贞方毅的‘栋梁之臣’以守之，恐有不测之后患也。”

曹叡知道陈矫是前太尉华歆、前司空陈群联名推举出来制衡司马懿的能臣，便开门见山地问道：“陈令君，依卿之见，司马懿如今在关中与诸葛亮对峙不出，是否另有居心？他莫非还想逼着朕和他做什么交易吗？”

陈矫听罢，沉默良久，方才徐徐而道：“启奏陛下，华太尉在当年临终时所写的遗表中曾言，‘司马懿盗仁窃义以饰阴谋，此为其奸；隐忍诡伏以蓄异志，此为其险；欺世骗国以纳人心，此为其雄。如此奸险之雄，实为大魏之祸胎。’此语时隔两年，微臣犹是感觉历历在目……陛下请思，这三年来，司马懿坐断关中，名为厉兵秣马、练卒备战，而实则暗摈异己、独揽大权。到了今日与诸葛亮交战之际，他却又故伎重施，如同太和五年之时一样‘闭营不出、养寇自重’……”

“这些事情，朕都知道了。”曹叡淡淡地看着他，“朕需要的是制衡他的对策。”

陈矫一听，便急忙长话短说：“依微臣之见，陛下可以派出监军大将前去关中大营监控司马懿，并着力督促他与诸葛亮相机交战！”

“谁是合适人选？”

陈矫显然对这个问题已经思考了很久，也有了一个相当成熟的方案。他和曹爽、夏侯玄他们交视了一眼，开口便奏：“骁骑将军兼宗室驸马秦朗近日刚刚平定并州羌虏之乱方才班师回京——臣等建议，就让秦将军以‘征蜀护军’之名义率领京畿禁军二万‘虎豹骑’前去渭南大营……”

“秦朗有这个本事担得起这副担子吗？”曹叡有些拿不准把握。

曹爽、夏侯玄、夏侯霸等齐齐伏身奏道：“臣等恭请陛下给他一个机会去勉力试一试吧！”

曹叡幽然一叹：“好吧……朕这就马上下旨让他从洛阳整装出发……”

陈矫忧心忡忡地又道：“启奏陛下，对司马懿的亲家满宠大都督也不可不防……他若是在东南方面与司马懿遥相呼应，试问谁能遏制得住？”

“可是朕现在还要依靠满宠去对付东吴逆贼啊……”曹叡无可奈何地说道，“朕哪里能轻易动他？”

陈矫双目精光连闪，上前低声而道：“但是陛下可以顺势在他的麾下打进一根‘楔子’去……”

曹叡顿时精神一振：“这么说来，陈爱卿你果然是早有绸缪了……”

“微臣今日之所言，皆是当年与华太尉、陈司空苦心商讨而来的。”陈矫凝容肃然而言，“陛下可将青州刺史王凌调移到淮南，任命他为镇东副都督，由他来制衡满宠……”

曹叡知道王凌是当年汉末司徒王允的亲侄儿，亦系名门世族出身。他们王家自王允时代起就与司马家关系亲密——倘若派他前去制衡“司马党”，应该不会引起司马懿和满宠太大的疑心。只是，王凌此人亦是胸怀雄豪桀骜之志，在关键的时候靠得住吗？他不禁迟疑着沉吟道：“王凌可堪此任否？”

陈矫深深地正视着他：“启奏陛下，微臣亦知牵引王凌进入淮南，乃是以狼制虎之道——若不如此，试问我等还有别的选择吗……”

曹叡沉沉一叹，是啊……以毒攻毒，亦是一剂颇有奇效的药方啊！王凌此人素来心高欲大，他若打进淮南，必会替朕搅乱司马懿和满宠在那里布设而下的一些格局……那样也好！搅拌搅拌一下，多透一些空气出来，不要让他们捂得严严实实、始终不见天日……

陈矫的思路是一环扣着一环的，继续进言道：“还有太尉一职，陛下亦不可久久虚悬……据微臣所知，当年一代儒圣、玄通子管宁先生已然乘公孙渊事变之际从辽东翩然而回。他德高望重、睿智绝伦，听说似乎还是司马懿当年在灵龙谷紫渊学苑里的授业恩师……由他来担任太尉一职，应该可以弹压得住司马懿的野心异志……”

“管宁先生的大名如雷贯耳，”曹叡点了点头，但是忽又双眉一皱，“只不过，他既是司马懿的授业恩师，会不会也和司马懿搞到一块儿去呢……”

“陛下您这是过虑了……”陈矫苦苦地笑道，“在微臣看来，此刻微臣担心的倒不是管宁担任太尉之职压不压得住司马懿的问题，而是担心管宁先生他究竟愿不愿意涉世入仕的问题……”

离间计

渭河的层层浊浪就如鼎中的沸水一般翻滚不息。乘着漆黑夜幕的掩护，魏延和姜维带领二百八十条小舟和一万三千精兵，准备偷渡过河直袭郭淮所驻的北津口而来。

魏延所乘的旗舰刚刚驶到河流当中，他便远远看到北津口对岸魏军的堤坝上站了一排又一排身材魁梧的干卒，密密麻麻的，竟是黑夜中仍不眠不休地坚守着。

他手中令旗一举，舟中士卒会意，将高有六尺、方正如箱的“铜弩机”齐齐推上了船头，对准了彼岸堤坝上那一排排魏军守卒。然后，魏延手中令旗一落，顿时“嗖嗖”之声大作，万道寒芒激泻而出，向那些魏军守卒们攒射过去!

在魏延的想象中，那些魏军守卒应该是纷纷应箭而倒的——不料这一场箭雨射过去后，他们一个个居然仍是若无其事地岿然直立着，几乎一动不动！这一下，惊得他差点儿暴跳起来——“继续放箭！”

“铜弩机”里的寒光继续泼雨一般向外飞泻着，那些堤坝上的魏军守卒们竟然仍是箭插全身而兀自屹立不倒!

就在蜀军战士错愕之际，北津口对岸上空骤然升起了一朵焰花，“嘭”的一响爆了开来——接着，从那堤坝上的暗堡之中，无数支“狼牙弩”箭矢暴雨一般飞射而出，密密集集地罩向了蜀军船队！

登时，魏延这边被弄得措手不及，急忙传令各舰船上士卒纷纷卧倒躲避！

这时，姜维也乘着一条战船赶近前来。他一边举槊拨打着乱箭，一边向魏延遥遥喊道：“魏将军——魏贼设在津口堤坝上的那些‘守卒’全是木头人和稻草人！是他们扰乱了我军的心神！”

“快撤！快撤！”魏延一听，心道：既是这样，那还搞得成什么“夜袭狙击”啊？他立刻慌了手脚，急忙抓起令旗拼命挥动起来。

在他的指挥示意之下，蜀军船队只得缓缓倒退了回去。

合肥新城之下，孙权全身披挂，乘着乌斑马站在阵前，望着那岿然不动的城墙，黯然无语。

这个合肥太守王观当真厉害！吴军已经连续不分昼夜地猛攻了一月有余，他居然仍将这座城池守得牢牢实实的！

孙权最为忧虑的是，听得手下斥候来报：西翼一带，王昶、州泰联手合力，已在江陵城敌住了陆逊、诸葛瑾的狙袭；东边徐州淮阴一带，满宠和田豫已将张承、孙韶击退，正火速驰援合肥新城而来……倘若满宠大军一临，自己与之对敌恐怕就更为吃力了！唉！想不到自己竭尽了全力，竟也未能撼动伪魏的根基……

“关中那边的情形进展如何？”孙权定住了心神，向侍立在自己身旁的诸葛恪问道。

“据信使来禀，司马懿仍是如同三年之前坐守祁山一样，在渭河南岸闭营不出，似乎一直要与我家叔父硬拖下去……”

“是啊！司马仲达这只‘老乌龟’，实在是狡猾无比——纵然你西蜀兵精械利，他却兀自缩进营垒，硬是不和你等交手……真是拿他没辙！”

“陛下所言极是，倘若有人能够从第三方施加压力逼迫他发兵出战，那我家叔父的甲械之利可就有了用武之地了……”诸葛恪躬身瞧着孙权，若有所悟地说道。

孙权双眉一动，伸出手来抚了几抚胸前须髯，徐徐而道：“看来——朕也该得出手帮你叔父一下了……元逊（诸葛恪的字为“元逊”），你且瞧一瞧朕给你叔父写的这封《致诸葛丞相书》。”

诸葛恪有些诧异，急忙接过那封帛书，细细而看，只见上面写道：

诸葛丞相亲启：

闻君在西驰骋，朕甚为挂念。今有数语冒昧相告，万望勿加轻弃。

昔日曹操鞭笞天下，亲率其师，南征北战，无一夕而释甲。司马懿其时仅于府内雍容治务、勤于吏职而已，未尝一求将其兵，虽曹操之锐目，亦不识用兵之才而使之。曹操身亡之后，司马懿始制其兵，旬月之间便擒孟达，数年之内威行雍凉，实乃你我之大敌也。

此人极擅韬略，出奇制胜，变化若神，所向无前，虽孙武、吴起有所不逮，虽韩信、曹操亦非其敌。尤为可惧者，此人素以术略自将其身，更是老谋深算、诡计多端、不可捉摸。诸葛丞相与其对阵之际，不可不如履薄冰、慎而又慎矣！

孙权切嘱

他缓缓读罢，一脸惊诧地看向孙权：“陛下，您如此夸赞司马懿，这似乎未免太……”

“朕是在夸他吗？朕是在拿这封信当作一柄无形的利剑在‘刺杀’他啊！”孙权冷然笑道，“朕还要让人将这封信抄写数万份，送到他们伪魏境内大加散播……这样一来，你认为司马仲达还有那份镇静能在自己的营垒里‘稳坐钓鱼台’吗？”

“唔……陛下此计果然高明——您原来是想用这封信离间司马懿与曹叡的君臣关系……确实，眼下也只有曹叡能够逼迫司马懿了！司马懿若是心弦一乱，就必会仓促出战；他一仓促出战，我家叔父就有了可趁之机了……”

可孙权听了，脸上却无笑意，只是深深一叹：“爱卿，朕这一计究竟能不能奏效，眼下去谈还言之过早。朕就尽力从旁帮助他们西蜀一下罢……司马懿如此厉害，他不仅是西蜀罕见之大敌，也早成了我大吴的头号劲敌啊……”

“陛下胸怀全局、忧深思远，微臣叹服。”诸葛恪急忙直拍孙权的“马屁”。

孙权心头忽然想起一事，向诸葛恪问道：“爱卿，你近来在底层营盘之中可曾听到我大吴士卒当中有什么流言吗？”

诸葛恪心念一转，两眼眨了几眨，看了看周围无人，方才上前低声奏道：“微臣听得从荆行营抽调过来的一些士卒们有一些古怪的说法……”

“他们说什么？”孙权目光一寒，射向他来。

诸葛恪迎视着他凌厉的目光，缓缓答道：“他们私下里说——‘这场合肥攻坚战，倘若是换了陆大都督来主持，只怕早就把它拔下来了！’”

孙权听罢，脸上微微一青，但转瞬间又恢复成一片湖泊般的沉静。他默然了半晌，才咯咯一笑：“他们是在这么议论啊……没关系！待到咱们下一次北伐伪魏之时，朕一定要调伯言（陆逊的字为“伯言”）过来专门攻打合肥城……”

他虽然连眼角都笑得像开了一朵花，但双眸深处却似有一缕寒芒隐隐游掠而过……

渭河南岸魏军大营里，处处铺毡结彩、热闹非凡。原来司马懿正与关中诸将热情欢迎征蜀护军秦朗的到来。

正值壮年的秦朗穿着曹叡亲赐的紫金连环锁子甲，头戴凤翅朝天狮头盔，一副趾高气扬、睥睨不凡的模样，施施然走入中军帐内。司马懿满面堆欢，将他引到帐中帅案的右侧长席首位之上坐下，笑脸相迎：“秦将军近日殄灭羌虏、战功卓著，而今又前来我关中大营坐镇护军，必有妙策以教我等——还望切加指示。”

秦朗再怎么贡高自大，也还晓得司马懿是智能兼备的老成宿将，自己在他面前是万万不可妄自矜夸的。但他最近在并州一役歼灭数千羌虏的战果，确实冲得他头脑有些发热，随口就道：“司马大将军，照秦某看来，这蜀寇再骁勇、再善战，可有朔方边塞的羌虏厉害？！嘿！您是没瞧见啊，那些羌虏全是茹毛饮血、嗜杀成性的豺狼杂种！他们一个个打起仗来像玩命儿似的凶悍，左胁挟奔马、右胁挟人头，活脱脱便像恶鬼下凡一般……”

司马懿抚着颌下黑亮水滑的须髯，微微颔首而笑：“秦将军真乃天生神通也——连那啸聚沙漠的凶悍羌虏都折损在了您的手底，本帅佩服之至。”

“大将军过奖了！秦某能在朔方歼灭羌虏，完全凭借的是陛下的天威——秦某这一次到关中来，也一定要再接再厉为陛下再立新功！”秦朗听得司马懿这么一夸，心头大悦，却装出一副忠君爱主的模样，双拳一拱，遥遥向东行礼而道，“秦某一定要像剿灭羌虏一样剿灭蜀寇！”

司马懿知道这秦朗此番明面上虽以“护军”之名而来，但其所暗行的职务必是“监军”之实。但他素知这样的贵戚子弟都不乏“志大才疏”的“通病”，便也不和他计较什么，只当他讲的豪言壮语全是笑话，便哂然一笑，正欲将话题引了开去，恰在这时，大帐门口处有亲兵来报：“启禀大将军，蜀将姜维又来挑战！”

司马懿连眼皮也没抬一下，就沉沉而答：“传令出去，高挂‘免战牌’……”

那秦朗一听，却蓦地开口打断了他：“司马大将军，蜀寇既来挑战，我等天朝王师为何却要避而不战？”

司马懿这八九年来持节掌兵，在发号施令过程当中何曾被旁人这般横加打断过？他面色微微一变，腮帮子鼓了一鼓，不快之色一显而隐。静了片刻，他才若无其事地向秦朗徐徐解释道：“元明（秦朗的字为“元明”），你今日是初来乍到，可能是不太清楚：蜀寇手里现在执有‘连环弩’‘百石弩’‘轩辕车’‘铁蒺藜’等精良器械，我等若是贸然应战出击，便如自动送死一般白白折损广大将士罢了……”

“他们那些精良器械算什么？秦某连羌虏的‘蛇毒箭’都不怕，又怎惧他们这什么‘连环弩’‘百石弩’来？”秦朗奋然跃身而起，“大将军，您且允准秦某出营去狠狠教训一下他们吧！”

司马懿听了，不禁迟疑沉吟起来。

秦朗见司马懿似无允许之意，心头一急，便搬出自己的“杀手锏”来：“司马大将军，您有所不知，秦某此番离京之前，陛下从许昌行宫发来手诏切切叮嘱，‘秦爱卿，你此去若是不能在关中杀敌立功，就再也勿要回京来见朕也！’秦某的终身荣辱，可就都拜托司马大将军您了……您若不放秦某出去放手与蜀寇一战，秦某日后还有何颜面去见陛下？”

司马懿听他这么一讲，眉角微微一动，唇边露出一丝隐隐的冷笑来，缓声而道：“哦……秦将军既有这等奋勇杀敌之壮气，又有陛下如此殷切之鼓励，本帅焉能妄加拂逆？也好，你便出去应战吧！本帅在这里恭候您凯旋。”

“好！好！好！在下多谢司马大将军了！”秦朗一听，顿时面现喜色，只向司马懿略一躬身，当场便带着自己部下的将校们乐颠颠地跑将出去了。

待他离去之后，司马懿才放下脸来，沉吟片刻，终于还是忍住怒气，吩咐道：“牛金君，你且带领一万精兵出去，在营寨门外给秦将军压一压阵。”

司马师一听，心头气愤不过，便附耳向司马懿低声讲道：“父帅！您让牛将军去为他压阵做啥？瞧他秦朗那副狂态！他不知高低、一意求败，您便任他去吧……”

司马懿右手轻抚须髯，却不答话，心想：秦朗年少气盛、自高自大、目空一切，本帅借着诸葛亮之手稍稍挫一挫他的骄气也就罢了！倘若本帅放任他一意妄动，弄得兵败身殁，这倒不好了——再怎么说，毕竟他还是朝廷派来的“护军”之官嘛！若是一“护”之下，却把他自己也“护”没了，岂不是大大有损朝廷颜面？损了朝廷的颜面，就是损了曹叡的颜面——谁知道曹叡在恼羞成怒之下，又会给自己制造出多少麻烦呢？

于是，他心念一定，果断下令道：“牛金君——你且遵照本帅之令切实去办，不得迟疑！”

中军帐外的阳光正在渐渐淡去，黄昏时分已然悄悄到来。

司马懿踞坐在胡床之上，双手撑着床侧，面无表情，正静静地等待着外面的军情讯报——他已猜到秦朗此番出击，必败无疑。只是他知道自己个性强硬，倘若出去亲眼目睹秦朗和他手下虎豹骑的败象，说不定会当场发作起来，弄得秦朗下不了台！所以，他待在中军帐内一直没有出去观战，干脆来了个“眼不见而心不烦”。

突然，中军帐外一片哗然，仿佛山崩地裂一般，震耳欲聋。

司马懿在胡床上盘腿坐着，仍是纹丝不动。他暗暗一叹，想来秦朗在阵上必是遭到了重挫！只可惜那些好兵好马了……

他正欲起身，一个亲兵“呼”地一下掀开帐帘飞步而入，扑地跪倒，扬声禀道：“胜了！胜了！司马大将军——秦朗将军大获全胜了！”

“大获全胜？”司马懿一怔。

“不错！秦朗将军身先士卒率领八千铁骑冒着蜀寇的枪林箭雨，一路砍杀进去，所向披靡，不到半个时辰竟已斩得蜀寇近二千人……那贼将姜维见势不妙就仓皇逃走了！”

司马懿听着，面色微微一凝，喃喃而道：“真有这等厉害？”他正自语之际，双目一瞥，瞅到牛金亦是进了帐来，便向他问道：“牛君——秦将军果然胜了么？”

“不错。此番秦将军旗开得胜，已然斩杀蜀寇一千九百零七人……”

司马懿眉头一皱，暗暗吃惊：“难道秦将军带来的禁军‘虎豹骑’那些战马竟是铜铸铁打的？居然连‘铁蒺藜’也不怕？”

“大将军，这一次交战之中，蜀贼并没有使用‘铁蒺藜’。”牛金肃然答道。刚才，他看到秦朗那副得意洋洋、大呼小叫的模样就好不气苦——自己怎么没碰上他这样的好运气？！

“原来蜀寇没有使用‘铁蒺藜’呀！”司马懿若有所思地自言自语了一句。他稍一沉吟，便从胡床上长身而起。一直侍候在他床侧的司马昭上前低声说道：“父帅，秦将军此番胜利来得甚是轻易，只恐其中有诈……”

“有诈？有什么诈？秦将军此番胜了就是胜了——他又没有冒领什

么、谎报什么！他斩杀的蜀寇人头在那里明明白白地摆着呢！”司马懿并不理他，吩咐左右两旁亲兵侍卫道：“尔等速去前营安排鸣炮升旗、大张鼓吹——本帅要亲自步行前去辕门口处欢迎秦将军凯旋！”

蜀军帅帐之中，此刻正吵成一团。魏延须髯暴张，横眉立目，对姜维大声叱道：“姜伯约！你好没种！想我大汉王师所向披靡、战无不胜——怎地到了你手中却这般损兵折将、溃退而窜？本将在阵后望着你那情景就是气不打一处来！你今日之败，丢尽了我大汉天军的脸……”

姜维双手反缚，跪倒在地，面色沉痛，不答一语。

安汉将军李邈素来嫉妒姜维在诸葛亮面前得宠，也在一边不阴不阳地煽风点火：“是啊！魏将军说得没错，自今年二月我军北伐以来，何曾败过一仗？姜将军，你损了我大汉王师的天威，依着你一向忠直刚烈之心性，你自以为应当如何自裁呢？”

姜维脸颊两边的肌肉顿时一阵剧烈地抽搐，却仍是沉默不答。

正当众人将他骂得狗血淋头之际，帐门外一个清朗沉着的声音缓缓传来：“诸君——且住！伯约这一场败仗，乃是本相交代他故意去打的。若要追究罪责，恐怕本相第一个该受追究！一切皆与伯约无关！”

众将听得这个声音，一下都噤住了口，齐齐回过头来——只见诸葛亮的四轮车停在了门口。他面色沉肃，手中鹅羽扇轻轻挥动，正视着诸将，继续一字一句地言道：“本相在此下令，自今以后一月之内，凡是敌将秦朗前来应战，你们只许示弱而不许逞强、只许失败而不许取胜——敢有违令者，严惩不贷！”

一连七天下来，秦朗率领二万禁军虎豹骑出去应战，竟是每战告捷！一算战绩，他竟已杀敌近八千人，取得了非常骄人的功勋！而且，在他的拼杀之下，关中战局戏剧性地出现了扭转，反倒是蜀军大营天天高挂“免战牌”了！

接着，曹叡从许昌亲笔颁发的褒奖诏也是如雪片一般飞来，又是给秦朗加官晋爵，又是给秦朗赏金赐宅，一时之间搞得好不热闹！秦朗也自认为有累累大功于关中大军，愈发地变得不可一世起来，每次出战也不再咨询和请教司马懿的意见，总是一握令牌就傲然而出，砍了蜀军的人头回来便到处显摆！

十五日后，关中大军副帅、雍州刺史郭淮突然从渭河北岸津口大寨过来，更是在三军决策大会上公开提出：秦朗将军战功赫然，须当由他前来执掌关中帅印，以便带领大家尽早消灭蜀寇、肃清西疆。

郭淮的这个提议顿时在关中大军内掀起了轩然大波。而身处风口浪尖的征西大都督、大将军司马懿却是力排众议，带头响应郭淮的提议，声称自己年事渐高、精力不济，又加之近来患有头痛之疾，实在不宜再理关中军务，便当场拟写了一道奏请表，向朝廷请求：一是准允自己返回洛阳京都养病；二是即刻以征蜀护军、骁骑将军秦朗代理关中大帅之职。他发表之日，就和秦朗交接完了关中军务代理事宜，下午就随郭淮渡过渭河准备返回关东而去。

最耐人寻味的是，秦朗竟然毫不推辞，几乎是当仁不让、迫不及待地接过了司马懿交托过来的关中帅印，正儿八经地代理起关中军政机务来！

渭河北岸津口浮桥处，司马懿从平日所乘的那辆“追风车”里掀开车帘，慢慢探身走下地来。

郭淮早已下马在旁侍候，上前抱拳而道：“大将军，郭某前日奉了您的密令渡河前来肆语逼责，简直是迹同犯上作乱、无礼之极！郭某在此请罪了！”

司马懿脸上始终带着似有若无的隐隐笑意，摆了摆右手，道：“郭牧君此言差矣！你有何罪可请？本帅与你如同当年的‘周瑜打黄盖’，是‘一个愿打，一个愿挨’啊！若无郭牧君你此番咄咄逼责，咱俩这一出双簧戏又岂能骗过军中上下？又岂能骗过诸葛亮的耳目？诸葛亮不是想处心积虑地逼本帅离开关中大营吗？好！本帅就离开一段时间，瞧一瞧他日后如何腾挪使诈！”

郭淮面现惊愕之色：“难道大将军真的要回洛阳？”

司马懿摇了摇头，含笑注视着他：“这个……本帅就要叨扰郭牧君了——本帅可能须得在你这北岸津口大寨里悄悄蹲下来住上几日……”

“行！”

司马懿又回头瞧了瞧身后的“追风车”一眼，喊过牛恒近来，认真吩咐道：“诸葛亮为人极是谨慎，本帅今日虽已对外声称离开关中返回洛阳，他必然不会深信，定会派出暗探前来沿途探查——牛恒君，你便换上本帅的装束，且去‘追风车’上坐着，继续向东而行。一路上便把鼓吹礼乐高高奏起，尽量摆出‘鸣锣开道、衣锦还乡’的气派和热闹来，要让他们相信是本帅真的返回洛阳去了……”

“是！”牛恒爽利地应了一声。

目送着那一大队鼓吹侍卫们簇拥着“追风车”锣鼓喧天地洋洋而去，一身便服的司马懿静立许久，忽然又是想起了什么，一招手向同来的司马昭吩咐道：“昭儿，你且派人悄悄与牛金、胡遵两位将军联系，让他们务要善自保重麾下的兵马实力，不可随着秦朗一味轻举妄动。若是碰上小战小役，就把秦朗带来的那两万虎豹骑禁军推到前面去‘大出风头’。不过，假如秦朗近来有何大战部署，他俩却定要事先派人速速告知本帅，本帅自有应对制变之方。”

秦朗在司马懿离去之后，又接连打了几个胜仗，但这几次的战果，再也没有先前那般辉煌了，其中最厉害的一次斩获俘虏也不过七八百人而已！

他大感颇不过瘾，便召来左军统领胡遵、右军统领牛金等二人，决定倾尽全军精锐主力乘夜狙袭而直捣诸葛亮五丈原前营，由他和胡遵、牛金各率一支劲旅，从左、中、右三个方向朝蜀军营盘发起偷袭。

入夜亥末时分，秦朗亲率两万虎豹骑禁军与两万关中步卒，浩浩荡荡杀向蜀军前营中门而来。

蜀军前营中门似是仅有三四千人把守，秦朗大喜过望，发一声喊，犹如摧枯拉朽一般，领着四万兵马杀了进去！不料他们冲进营盘之后，却发觉里边的帐篷之中全是空无一人！

“糟了！中计了！”秦朗平日再蠢，这时亦已觑出大事不妙，急欲引兵撤去——蜀军营门口外突然杀声大作，一列列“轩辕车”疾驰过来，犹如重重铁墙森然而峙，堵住了秦朗的退路！

接着，每一辆“轩辕车”顶篷敞开，“嗖嗖嗖”万箭齐发，暴雨一般将那四万魏军罩在当中无处可逃！

秦朗倒也并无怯色，急忙指挥虎豹骑禁军在阵围中拼尽全力东冲西杀，但被对方一排排“百石弩”箭矢横扫过来，他身边的骑士们顿时“哗啦啦”倒下了一大片！

他急得双眸环睁，右手长槊一舞，荡开一簇“连环弩”箭矢，尚还未及还招——“波”的一声闷响，一支拳头般粗细的“百石弩”箭矢飞身而来，正中他那柄长槊的槊身，一下竟撞得他连人带马倒跌出去一丈六尺之远！

“啊呀呀！本将军与你们拼了！”秦朗在绝望中大吼一声打马直冲上前——恰在此时，他突然听得对方车阵之后又是一片杀声涌起，约摸过了三四刻钟的时间，那层层车阵终于被撕开了一道缺口！全身披挂的司马懿和郭淮领着一支铁甲骑兵似从天而降一般冲了进来！秦朗狂喜得两眼含泪，急忙率着本部残余人马迎上前去，与他俩合兵一处，这才且战且退地逃了出去。

“大将军——您的救援来得真是及时啊！”在逃归途中，秦朗不禁向司马懿衷心感谢而道。

“秦护军，您没伤着吧？”司马懿一脸关切地向他说道，“这几日本帅正在渭北大营与诸位僚属叙旧话别，忽经军祭酒周宣大人亲来提醒，渭南上空似有杀气成云，蜀寇恐会布下陷阱害人——于是懿便与郭牧君连夜渡河飞驰来救，幸托陛下之洪福，终于救了秦护军您安然脱险……”

秦朗羞得满脸通红，恨不得在地上找一条缝直钻进去：“大将军您真是神机妙算、韬略过人，朗永不能及也！”

……

这一场夜袭下来，秦朗所带的二万虎豹骑禁军竟在一夜之间剧损一万二千余人，败得一塌糊涂。七日之后，朝廷来了圣旨：司马懿仍然任关中统帅之职，同时免去秦朗的“征蜀护军”之官，由廷尉着人带回洛阳问罪。

司马懿重掌关中帅印的当天，就下了一道钧令：鉴于蜀寇兵精械良，难以硬碰，诸军不得妄言战事，继续闭营守垒不出，若有违者，必当重罚！

劝进

“肤如脂玉映斜阳，月似秋水笼寒烟。唇赛三春花色亮，眉聚五岳青峰秀……”

张春华慢慢地吟诵着这首极为罕见的七言诗乐府歌曲，忽然在中途停住，问了一直默然跪坐在她对面的夏侯徽一句：“徽儿，你觉得这首诗写得怎么样？”

夏侯徽盈盈然答道：“这首诗的词藻堆砌得太繁华太夸张，反而失去了灵气与韵味，耐不得别人咀嚼寻味……”

“呵呵呵……你可知道么？这首诗是师儿的父亲年轻之时所写的……”张春华瞥了她一眼，微微地笑道。

“啊！”夏侯徽芳容微微变色，那个在她眼中一直正襟危坐、威仪肃重的公公，居然也曾写过这般华丽而又浅扬的诗文？这简直令人难以想象！

她迟疑了片刻，轻轻赔笑道：“母亲大人您当年的音容笑貌都可谓在父亲这篇诗歌中栩栩如生、粲然若新……”

“你错了。他在这篇诗文中描绘的那个‘窈窕淑女’，却并非为娘。”张春华缓缓放下手里的诗卷，表情显得有些复杂，“而是另外一个女人。”

夏侯徽心头一荡，急忙闭住了口，不敢多说什么。

张春华抬起双眸向西边的天空凝望了许久，才悠悠言道：“徽儿啊，你是幸福的，昨天师儿他瞒着他的父亲，用自己立功所得的赏赐偷偷给你买了两朵西域特产的‘玛瑙镶金白玉珰’寄回，看来他可是把你时时刻刻都搁在心底里呢……”

夏侯徽听着，脸上不禁露出甜甜的笑意。

张春华将她的所有表情暗暗瞧在眼里，又淡淡地点了一句：“女孩子若能得到自己所钟爱的男子为夫君，自然是莫大之福。那么，徽儿呀——你为师儿对你的一腔真情而准备好付出什么了吗？”

夏侯徽听得一怔，有些惊疑地看了张春华片刻，款款答道：“孩儿所以回报子元者，正如母亲您所以回报父亲大人者矣。”

“哦？你能这样想，那自然是再好不过了。”张春华十分认真听完后，深深地盯了她一眼。隔了半晌，她才从自己的锦垫坐枰后面“哗”地推出一方锃亮的银匣来，慢慢地说道：“你应该也知道了，元姬她近来已为昭儿身怀胎孕。徽儿，你作为她的亲嫂嫂，应该前去探视一下她吧？为了给她母子祈福求吉，你便代为娘将我司马家祖传的这方‘殷王之印’带过去，镇在她寝室内的香龛之上，如何？”

说着，她若有心又似无意地将那银匣缓缓打开：一方碧光流转的青玉宝印赫然而现，那精致的印钮被雕成了一匹撒蹄奔腾的高头骏马，昂昂然直欲从匣中飞跃而出！

一见这“殷王之印”上的神马印钮，夏侯徽顿时如遭雷击般娇躯一震，这印钮上的骏马之形居然与她在“灵龟玄石”拓图上看到的那“八骏齐奔”之状一模一样，甚至连扬蹄腾身的动作都如出一体！

这一下，夏侯徽是彻彻底底地呆住了——耳畔还回响着张春华那忽然变得仿佛又遥远又飘忽的声音：“我司马家的这‘殷王之印’是有大灵通、大福荫的——为娘听到宫里的那些嫔妃们谈起，这一次‘天降祥瑞’的那块‘灵龟玄石’背面上也天然生成了八匹骏马的图案。只是，却不知道究竟是那‘灵龟玄石’上的‘骏马’好看，还是我司马家‘殷王之印’上的‘骏马’好看呢？徽儿，你若有闲暇进宫且代为娘去瞧一瞧，将它这两者之间的异同之处带回来给为娘说一说……”

听着张春华的话声，夏侯徽明亮如珠的双瞳已然渐渐暗淡成一片灰茫的阴霾……

……

五日之后，夏侯徽暴毙于司马府寝室之中。夏侯玄亲自带了十八名御医前来查验病情，得出的结论是：忧虑伤脾，心气郁结，壅而不通，积愁骤崩，闷闷而死，并无他异。

"近来孙权老贼所写的那封《致诸葛丞相书》，在京城里'炒'得是沸沸扬扬的……寅管家，您怎么看呢？"

张春华召来了管家司马寅，在密室中交谈起来。司马寅听问，思忖着答道："依属下看来，夫人您也不要对那封信太过敏感。其实，孙权的那封《致诸葛丞相书》是一柄奇异的'双刃剑'，一方面它可以引起魏室心腹们对老爷的深深忌惮，另一方面它也可以引起朝野上下对老爷之无双才略的深深敬畏……从这种意义上讲，它是在为老爷进行巧妙的宣传。这，就看夫人您怎么去适当引导了……"

张春华似有所悟，缓缓地点了点头。她静了一会儿，又问道："管宁先生已经答应受聘为当朝太尉了吗？"

"玄通子"管宁是司马寅与司马懿在灵龙谷"紫渊学苑"共同的授业恩师。张春华这么一提他，司马寅立刻敛容避席而答："据属下派人前去探视，管先生自年初从辽东驾舟渡海回来之后，便一直卧病在床……看来，他是难以应聘入京任职了。"

"他毕竟是老爷当年的授业恩师，老爷对他也一向尊崇有加——由他来担任太尉，老爷自然是心服口服、决无异议的。"张春华也款款而言，"本夫人已经吩咐下去，不允许任何人对管先生应聘太尉一事妄加阻挠。"

"是。属下在此谢过夫人和老爷的仁明之心。"司马寅伏在地板上深深叩了一下头，"老爷之器量如此豁朗开阔，实在不愧为命世之英、旷代之雄！"

张春华挥手止住了他，继续问道："秦朗这一次丧师辱国、逃回京都，你可探到朝廷准备给他怎样一个处分了吗？"

司马寅小心翼翼地禀道："据属下查到的消息，廷尉署和御史台的意见是拟将他流放三千里，贬到幽州边塞为庶民……但是，这个意见被尚书台陈令君挡了下来，他想只将秦朗免官削爵，留在京中严加管束。"

"陈矫的意思，大概便是陛下的意思吧？"张春华慢慢地开口言道，"哼！他们对这些无能之辈倒是这般偏袒！只怕这一次若是换成了我司马家中人丧师失利，陛下和陈矫或许就不会这样轻轻放过了。"

“对了！夫人，属下要提醒您，这个陈矫，似乎一意在与我司马家作对，可谓‘无所不用其极’——他让那个‘刺头儿’王凌到淮南与满大都督掣肘争权，甚至还暗中唆使王凌上书攻击满大都督‘嗜酒好怒、年老体衰、贪财弄权’而不宜久临方面……这件事儿在淮南一带闹得是不可开交！幸好有孙资大人、刘放大人从中在陛下面前力保满大都督之清白无误，方才化解了这场风波。这个王凌真是的，明明淮南前线正有孙权等大敌当前，幸亏满大都督率田豫、王观等拼死抵抗，这才保得了一方平安。倘若他王凌真把满大都督排挤走了，就凭他那份能耐还敌得过孙权、张承他们？”

张春华专心致志地听罢，思忖良久，冷冷言道：“唔……这样看来，陈矫他们为了对付我司马家已是不择手段、不计后果了！连这种毫无章法的伎俩都使出来了，我等岂可坐视不理？”

司马寅一听，心弦一紧，恭然问道：“依夫人您之见，咱们应该如何对付陈矫？”

张春华指尖拈起一枚银光闪烁的绣花针，在自己所绣的那幅“天马行空”绢帛图上倏地一穿而下，慢声讲道：“羚羊夜宿，挂角于树，足不沾地，无迹可寻！”

司马寅脸色骤变：“夫人您真要下此杀手？”

“早早拔掉这颗钉子也好，免得他在那里再出些馊主意既害人又误国！”

“可是当年华歆太尉、陈群司空那么刁难和排挤我家司马大将军，司马大将军他都忍住了……”

“寅管家——时变则事变，事变则谋变。”张春华双眸一抬，寒芒闪动，“前几年曹魏尚有宗室重将、外戚大臣为辅，我司马家不宜四面树敌，故而一直隐忍不发。而今曹魏上下再无足以掣肘我司马家之势力，他区区一个陈矫，不过是螳臂挡车，把他除了也就除了——我等要在后方尽快为司马大将军应天开泰、禅代魏室之大业扫清一切‘绊脚石’啊！况且，本夫人还听到风声，据说这陈矫居然还想劝谏陛下解放所有宗室贵戚之禁锢，要召楚王曹彪、燕王曹宇等回京辅政呢……本夫人不能再让他把洛阳这一潭水搅得更浑了……”

司马寅沉沉颔首答道："夫人所言极是，寅明白了。"他考虑了一会儿，问道："如何方能剪除此人而不着痕迹、不留后患，还请夫人您指示。"

"陈矫在朝野之际可有宿仇？借其仇敌之利刃而巧妙铲之，乃是上策。若是实在不行，也只得制造成意外猝死之象，让人觉察不出异样便可。"

……

十日之后，陈矫从许昌回到洛阳府邸时，恰巧撞见一名旧仆正在室中行窃。那旧仆被他当面撞破行状，顿生杀意，竟拿刀刺死了他，然后挟宝仓皇而逃。四日之后，那旧仆落网，对所有罪行均是供认不讳并遭凌迟伏法。

陈矫这一富有戏剧性的猝然身亡，使得司马氏在魏廷当中最后一个最有分量的反对派头面人物也被顺利消除。自此之后，曹叡再也拿不出一个够斤够两的心腹重臣与司马懿公开抗衡了。

"这个王凌！真不是个东西！居然胆敢跑到陛下那里去告本督的黑状！"满宠"咣"地一下将手中的茶杯摔在地上碎成了八九瓣，"他才到淮南掌兵几天啊？昨儿个还跑到本督的议事厅里指手画脚的，那一派骄横狂妄之气，真是可恶！"

他的幕府长史李辅坐在旁边的侧席上默然听着，一对眼珠儿却灼灼然闪着亮光，不时地转个不停。他是四年之前由司马懿亲自推荐给满宠门下做幕僚的。这几年来，满宠对他的得力辅助甚是满意，已然视他为自己的心腹"智囊"。

待得满宠一口气发泄完胸中的怨言之后，李辅才从容徐缓地开口说道："大都督勿忧，俗话说得好，'浮云岂能遮白日？水落石出是非明。'王凌这等造谣中伤的伎俩焉能奏效！中书省孙大人、刘大人已经替您在陛下面前澄清过去了。"

"是啊！多亏了孙大人、刘大人从旁巧妙化解——唉！本督真不知当如何感激他们才好。"

李辅瞅了一眼满宠，"哧"地一笑："大都督，您感谢孙大人、刘大人自然是该当的。但是站在孙大人、刘大人背后的那位真正的‘大贵人’，您似乎却有些忘却了。”

“哦？李长史您是说本督的亲家翁——司马大将军吗？本督怎会忘却他呢？他与本督素来亲如一家，本督再说什么感激不感激的，反倒似是有些见外了。”

“是啊！司马大将军为人行事最是重情重义，‘见善如在己，助人若顺流’，从来是‘广施恩泽而不求回报’——李某也一向佩服得紧啊！”李辅缓缓而道，“不过，若是稍有一线机缘，李某相信大都督您和本人一样，都会尽心竭诚地回报司马大将军的。”

“这个当然。”满宠说着，眉头却忽地紧紧一拧，“本督觉得今年这朝廷里似乎愈发有些‘邪门’了！李长史，你想——那王凌的为人如何，尚书台、中书省不知道吗？陛下却硬是非要把他塞到咱们淮南不可！那秦朗的本事如何，尚书台、中书省也应该清楚啊！陛下也是硬要把他派到关中司马大将军那里去当什么‘护军’，结果没几个回合下来就丧师辱国了……”

李辅认真地听着他的每一句话，眸中一阵精芒闪烁，心念一定，装出若有所思的模样，旁敲侧击地说道：“原来大都督您也发觉这些事儿有点儿蹊跷？”

“是啊！确是有点儿蹊跷。”满宠重重地点了点头。

李辅一言不发，起身走到书房门口，伸头向外面打望了一圈，看到并无他人，便将两扇木门紧紧闭上。然后，在满宠惊疑莫名的目光中，他缓步走回，朝满宠附耳说道：“大都督，近日朝廷里公然对外展示的那块天降吉物——‘灵龟玄石’上的图案拓文您看到过没有？”

“都看到过了。”满宠点头应道。曹叡为了宣示魏室国祚悠长，乃是天命攸归，对各大州郡的牧守也发放了“灵龟玄石”图案拓文进行宣传教化。

“那‘灵龟玄石’上有二十四字谶语，‘天命有革，大计曹焉；金马出世，奋蹄凌云；大吉开泰，典午则变’。您应该也不陌生吧？”

“唔……是有这么一段谶文——怎么？这里边有什么蹊跷吗？”

李辅双手一拱，面色变得沉肃之极：“您大概有所不知，关于这

‘灵龟玄石’上的二十四字谶文，还流传着这样一种说法——它的原文内容是‘天命有革，大讨曹焉；金马出世，奋蹄凌云；大吉开泰，典午则变’！是陛下为了厌恶那个‘讨’字触目惊心，才让人将它偷偷篡改成‘计’字的，还自欺欺人地向外面说，‘计’者，与‘济’同音也。所谓‘大计曹焉’，即为‘大济曹焉’也……”

满宠霍然一震：“竟有这等事儿？”

李辅目光似电地直视着他：“千真万确。”

满宠亦是聪敏睿智之人，他在心底暗暗一阵咀嚼，“呼”地一下站了起来，变了脸色：“‘天命有革，大讨曹焉；金马出世，奋蹄凌云；大吉开泰，典午则变’——这段谶文中的‘金马’……‘金马’却是指喻何人哪？”

李辅的目光变得愈来愈深：“满朝文武当中，姓氏里边带有‘马’字的，就只有那么几位——大都督您还没猜出来吗？”

“姓氏中带有‘马’字？难……难道是本……本督的那位亲家翁？”满宠的脸庞顿时变得煞白煞白的，“这……这不会是真的吧？”

“大都督真是善于洞烛先机啊！”李辅微笑着将他的话头牵展开来，“那‘灵龟玄石’乃是天生祥瑞；那二十四字谶文乃是天降启示，那‘八马腾空’之异图更是天人呼应之吉兆……这一切如何不是真的？况且司马大将军如今功高无双，名重四海，所作所为正与‘灵龟玄石’之谶文交相辉映，本就是实至名归、天顺人从啊！”

“嘘！噤声！噤声！”满宠一下从榻席上跳了起来，拼命伸手按住他的嘴，“李长史，您再说下去可是要犯灭门之罪的呀！”

“好了！好了！李某不再说这些了……”李辅急忙摇着脑袋低低叫道。满宠这才松开了手，退回到榻席之上惊魂未定地坐下，额门上早已是冷汗涔涔。

“大都督，这些‘河洛图书’、天生谶文，李某自然是在外面‘知而不言’的。但是，这一切您能保证就没有其他人士会悟透玄机吗？以李某之愚钝，尚且能够猜知一二，更何况陛下身边那些‘高人’？您现在可明白了，陛下为何先前要拼命在关中那边硬塞一个秦朗在司马大将军身边了？他又为何拼命要硬塞一个王凌在您身边了？说穿了，他自己也是害怕‘天命有革，大讨曹焉；金马出世，奋蹄凌云；大吉开泰，典午则变’这段谶语会成为现实啊！”

满宠神色黯然，双掌在自己膝盖上重重一拍：“唉！身处这重重漩涡之间，老夫身心交瘁，干脆不如辞职归京，像臧霸一样去享一享清福算了……“

李辅双目寒光一闪：“大都督此刻身据要津、挺立激流，岂可轻易言退？依李某之直言，你们满氏一门与司马家已然联为姻亲、合为一体，倘若他司马家万一有何不测，你们满家又如何可以‘置身事外’？届时，满大都督您欲想成为臧霸那样的‘逍遥翁’亦绝无可能……”

满宠一直很认真地听着，脸色渐渐变了。沉吟许久之后，他才抬头正视着李辅，悠悠说道：“李长史啊，不瞒您说，其实，本督早就看出我那位亲家翁决非大魏‘池中之物’了……只是本督一向不愿承认罢了！唉！既然天命人事都已如此明晰，本督也就顺天应人而行吧……”

“好！好！好！大都督果然不愧是通达时务的一代人杰！”李辅抚掌而叹，“您知道吗？眼下司徒董昭、司空崔林、散骑常侍王肃、廷尉高柔、黄门令何曾等诸位名士重臣，都已在暗中联络，只要关中司马大将军击败诸葛亮的消息一传过来，他们就要联名劝进，上奏请求朝廷以九锡之礼、丞相之位褒奖司马大将军了……”

“啊？”满宠愕然一惊，原来洛中诸贤都已有了应天禅代之意了？看来，本督那位亲家翁果然是众望所归啊……

既然这时候自己已经替司马懿在满宠面前把一切都挑开了，李辅也就毫无顾忌地说道：“这个……以大都督您公心而断，司马大将军这些年东征西战、累有丰功，难道还当不起九锡之礼、丞相之位吗？董司徒、崔司空、王大人他们也是顺应天道人心的‘先机之举’。不过，李某在这里讲一些题外话，要说真能干大事、成大业的人，那诸葛孔明可算一个！他为了实施其逼走司马大将军的‘欲擒故纵’之计，不惜拿出自己麾下近一万名将士的性命为香饵，诱使秦朗步步中计，最后再来个‘彻底翻盘’，一下赚了秦朗的一万四千虎豹骑去……高！这份手法实在是高！”

满宠以手抚须，静静地倾听着。他此刻早已回过神来，暗暗想道：

这个李辅，当真算是个人物！司马懿不声不响地将他推荐到自己的身边来，明面上是为了辅助自己治军行政，说不定那暗地里的使命就是为了今天这一番游说而来呢……

李辅继续说道："然而，司马大将军亦是厉害非凡！他早就一举识破了诸葛亮的这'以屈为伸，欲擒故纵'之计，便来了个'随君入瓮，将计就计'一步一步把秦朗推到前面去当自己的'挡箭牌'。他本来对秦朗和那二万虎豹骑禁军视为异己，顺势就借着诸葛手把他们几乎'清洗'了个干干净净，还让别人逮不到任何把柄。"

满宠听得暗暗而叹。经李辅这么一点，他也明白过来了——那两大绝顶高手"隔空斗法"，当真是精彩纷呈：诸葛亮到最后算是赢了，司马懿到最后肯定也算是赢了，只有这老曹家被别人翻来覆去地当作棋子摆弄，最后连二万虎豹骑禁军也几乎给输了个精光！

他一念及此，眉头慢慢皱了起来："亲家翁他在关中当然是翻云覆雨、机变无穷，那秦朗已然被他搬开……只是本督对这边的这个王凌，却有些如鲠在喉啊！"

李辅弯弯绕绕地讲这些，就是要引出他这句话来，当即便道："大都督勿忧——李某已为您想好一计，必可制王凌而有余。"

"怎么个制约之法？"满宠两眼一亮。

李辅拿自己的手指慢慢捻着胡茬沉吟了好一会儿，方才说道："大都督您亲自出面去和王凌斗嘴交锋，确是有些失了身份。但，不给王凌一点儿教训也不行。依李某之见，您完全可以用以毒攻毒之计，扶诸葛诞而抑王凌……"

"兖州牧诸葛诞？！唔，他倒是一把好手——可是，本督与他的私交不熟啊？"

"司马大将军和他的关系却很熟啊！诸葛诞当初在洛阳时，曾经是司马大将军所掌御史台辖下的治书侍御史。他本来亦算是文武全才，但因了他与其堂兄诸葛瑾、诸葛亮的关系，一直在朝中备受冷落，后来是司马大将军秉公据实、力排众议将他力荐而出，才放他出来做了一州之牧。而且，他上任之初，司马师大公子还亲自将他送出十里长亭。"

满宠听得心头悚然一惊：难怪这司马懿会造出"实至名归、天顺人从”之天命来——原来他平日里网罗人心、培植羽翼的功夫竟已下得如此之深，如此之实！

李辅还在那里娓娓而道：“所以，大都督您完全可以放心大胆地扶持诸葛诞来制约王凌——他是咱们自己人！这样吧，王凌居然敢向陛下诬告您‘嗜酒好怒’，李某下来就通知诸葛诞狠狠劾他一本‘傲上无礼、贪权恣肆’。”

满宠静静地点了点头，又是徐徐一叹：“这‘内忧’之事，多谢李长史您为本督巧妙化解了。只是那孙权兴兵来犯的‘外患’之事，依本长史之见，您看……”

“这个……大都督亦不必过虑。”李辅仿佛对这个问题早已成竹在胸，开口侃侃答道：“王观太守已将孙权的十万大军拖在合肥新城之下足有两月之久——吴虏而今是士气大衰。只要咱们再稍待二三十日，等到田豫、诸葛诞、王凌三路人马及时到齐之后，抓住江潮秋降之机，便可一鼓出击，定能将孙权一举包抄于合肥新城外围……”

在司徒府后院的卧室之中，烛光摇曳不定，半明半暗，显出一派莫名的神秘和幽静来。

白发如雪的董昭半躺在榻床之上，他的儿子汝南太守董胄坐在床边用双手扶持着他枯瘦似柴的身架。

榻床对面的一排长席，自右至左地坐着崔林、王肃、司马芝、何曾等人。

“崔司空、王大人、何大人……你们真的要将本座推到前面来吗？”董昭满颔的长髯都微微颤抖着，声音更是嘶涩得厉害，“本座老了……本座哪有精力再牵头去做这件事儿了？你们自己去办吧！”

“董司徒您德高望重，是大魏硕果仅存的三朝元老，由您来领衔上奏劝进司马大将军加礼九锡、晋位丞相，这是最合适不过了。”王肃满面恭然，款款而言，“一切还望董司徒万勿推辞。”

董昭侧过头来瞧了瞧他，突然嘴角一歪，老脸一抹，号啕大哭起来：“太祖武皇帝啊！您能告诉老臣现在究竟该怎么办吗？司马大将军如今功德巍巍，实乃大魏栋梁之臣，一如您当年之于汉朝……您说，老臣该不该领衔上奏为他劝进呢？”

他一边放声大哭，一边一把鼻涕一把眼泪地诉说起来：“老臣若是拘守常礼，只怕又逆了天心民望——那‘灵龟玄石’上的谶文都写了‘金马出世，大吉开泰’嘛！但老臣若是真要破格而为，又怕您在九泉之下不高兴啊……您说，老夫究竟该怎么办呢？”

听着他这一番半真半假的哭诉，崔林、王肃、何曾等都不禁脸现尴尬之色，面面相觑起来。

这时，身为董昭亲侄女婿的司马芝却冷冷地插了一段话进来：“伯父大人，您知不知道，就在您告病在府的这几天里，曹爽、夏侯玄他们一直在陛下耳边鼓噪着要把曹播从长安调回接替您的司徒之位呢……在这关键时刻，若不是叔达（司马孚的字为“叔达”）在尚书台拼死敌住，说不定让您离职逊位的诏书早已签发下来了。”

他此语一出，恰似立竿见影，其效极快：董昭的号哭之声戛然而止。他连腮边的泪珠都来不及揩净，便斜睨了董胄一眼：“胄儿，这事儿可是真的？”

董胄和司马芝对视了一下，恭恭敬敬地向董昭答道：“父亲大人，子华（司马芝的字为“子华”）姐夫他讲的话千真万确。前几天孩儿担心这事儿会影响您的心情和身体，便一直压着没敢告诉您。”

“唉！他们这事儿做得实在是不地道啊……”董昭沉沉地叹了口气，低着头思忖了半晌，才抬眼正视着司马芝、崔林、王肃、何曾他们，慢慢说道：“芝儿，你和崔司空、王大人、何大人他们径去拟写那道劝进表的草稿吧……到时候，给本座通知一声，本座一定会亲笔签名领衔上奏的……”

他说到这里，似乎又想起了什么，讲道：“镇东大都督满宠、镇南将军王昶、镇北将军裴潜这三个封疆大吏，你们下来后也要及时和他们通一通气。当然，凭着他们和司马大将军平日里的交情，他们三个人肯定是会鼎力支持这事儿的。就让他们三个人去私底下做一做各州各郡之牧守长官的联络沟通功夫。你们不晓得，当初太祖武皇帝就是被那些州郡牧守们联名拱上魏公之位的呀！”

炽红的太阳如同火炉一般炙烤着整个大地，就连微微吹拂而过的夏风都热得好似沸水一般烫人。

五丈原东边的“方面坡”上，一片绿荫之下，诸葛亮坐着四轮车静静伫立。他右手持着鹅羽扇轻轻而扇，领口被一丝不苟地抚平，竟无半毫褶皱。虽然是铄石流金的高温天气，他那玉树临风的峭拔姿态却似永难磨灭。

姜维扶着腰间的剑柄，站在诸葛亮的车旁，遥望着对面的那一排排魏军大营，深深而叹：“这一番秦朗被丞相打得大败而逃——只怕魏贼畏威惧难，再也不复出击矣！”

“可惜没能将魏贼一举重创啊！胡遵、牛金那两支敌军最终还是没进本相的‘圈套’啊……”

诸葛亮徐徐地摇着鹅羽扇，眺望着那魏营上空高高飘扬的绣有“司马”二字的大旗，看着它犹如一簇黑色的火焰在猎猎夏风中上下跃荡，缓缓自语而道：“本相真希望能够发明一种鼓翼而翔的‘木鸢’，让咱们的大汉勇士骑在上面，从这里凌空飞进贼营之中……那么，司马懿再想闭营避战也没用了！”

姜维用满是信服的眼神看向诸葛亮：“在下坚信，以丞相大人的无双聪慧，这种鼓风飞翔的‘木鸢’您一定能够研制出来的……”

诸葛亮那慢慢浸润了淡淡忧伤的目光抬了起来，投向了那高高远远、苍苍蓝蓝的天穹，仿佛一直要看穿到天穹的外面去：“是啊！倘若老天爷再赐给本相十年之寿，本相就一定可以做到的……唉！可惜——本相的时日不多了！”

“丞……丞相！您……您怎么能说这样的话？”姜维顿时惊得面色苍白如纸，连音调都变了。

“哦？”诸葛亮也被他这一声语调失常的呼喊惊了一下，他转眼看着姜维那张说不出有多么恐慌的脸庞，在唇边淡淡地绽开一片笑意，对他说道：“伯约你怕什么？生老病死，犹如四季更替，这是很平常的事情啊！”

“可是，丞相是一定能够活到亲眼目睹我大汉天军肃清中原、收复两都的那一天的！”姜维以不容辩驳的语气十分刚硬地说道。

“好的！好的！为了伯约的这番话，本相就是拼了所有的心力也要活到那一天的！”诸葛亮不得不像哄骗小孩子一样也噙着泪花哄起姜维这个“大男孩”来——一瞬间，他眼前蒙眬了：刘禅那敦厚而又熟悉的面庞“刷”地浮现了出来！

陛下……陛下！陛下他那日给本相钦赐而来的治疗心火之疾的名贵药材当中，怎么会有鹿茸、人参、赤枣这样的催火助热之药？难道他不知道本相的病情恰巧是忧思成疾、心火亢炽吗？陛下若是真的关心本相，就应该是送夏枯草、青竹叶、金菊花、百合花等阴凉药材给本相泻火、清火、降火，而不是送鹿茸、人参、赤枣等纯阳药材给本相生火、催火、旺火啊！陛下这么做，究竟是何用意呢？越想下去，诸葛亮就越觉得心头一阵莫名的烦闷。他急忙摇动鹅羽扇，“呼呼呼”地连扇了五六下，然后定下心神，徐徐吩咐道：“伯约，你且去将邓芝将军喊来，本相要派他前去魏营送一件‘礼物’给司马仲达……”

《司马懿吃三国》第5部即将出版，精彩预告：

诸葛亮派人送来的那只朱漆大盒被缓缓开启，盒中所呈的究竟是何物？

五丈原上，诸葛亮大摆火攻之计，司马懿同诸葛亮的最后一战终于开场！

曹爽、夏侯玄等曹氏宗亲再次崛起，并拉拢了足智多谋的司马懿同门师兄——桓范联手对抗司马懿。面对司马家族在朝中的最后一支劲敌，司马懿欲擒故纵，称病告老还乡，躲在暗处一味纵容曹爽兄弟胡作非为、积恶成山，终以堂堂正正的大义之名将其铲除无余！

敬请关注《司马懿吃三国》第5部大结局，看司马家族如何取得最终的胜利，大口吞吃三国！

读客®“公务员读史”丛书

读历史，更懂政治，修身治国平天下

什么是读客“公务员读史”丛书？

中国官场，自古如一。你今天碰到的难题，大秦宰相李斯也碰到过；你昨天遇到的麻烦，晚清名臣曾国藩也遇到过；他们是怎么一一化解的？

在中国公务员群体中广泛流传的读客“公务员读史”丛书，讲述历代帝王将相跌宕起伏的传奇命运，重走他们飞黄腾达的仕途之路，收获他们老谋深算的官场智慧与技巧，常常让人在不经意间，茅塞顿开，于纷繁复杂的官场万象中，认出规律、方法和道路来，修身治国平天下。

**认准读客“公务员读史”丛书——读历史，更懂政治
修身治国平天下**

《血腥的盛唐》全国热卖中！

让中国历史上最著名的主角们，为您讲述中华民族历史上最辉煌、最璀璨也最黑暗、最血腥的朝代

一部289年的唐史，就是一部中国5000年历史的缩影。

在最鼎盛时期，唐朝经济GDP高达世界总量的六成，领土面积是当今中国的两倍，300多个国家的人们怀着崇敬之心，涌入长安朝圣，2300多名诗人创造了无法逾越的文化盛世；然而事实上，如此繁荣的景象只持续了不到整个朝代一半的时间，大唐王朝的最后近百年间，连年内战，四处硝烟，黄河流域尸横遍野，千里无鸡鸣，万里无狗吠，落日的余辉下，是一望无际的地狱之国。

翻开本书，中国历史上最著名的主角们：李渊、李世民、武则天、杨贵妃、唐明皇、李白、安禄山、黄巢……帝王将相，轮番上阵，诗人草寇，粉墨登场，紧锣密鼓，不容喘息，连演数场好戏：一场比一场令人血脉贲张！一场比一场起伏跌宕！一场比一场充满血腥和阴谋！说尽这个最辉煌朝代的骄傲、耻辱与秘密。

大唐王朝的兴起与没落，辉煌与黑暗，就像一部中华民族历史的缩影。